U0857524

物业服务实用手册

王比刚　王寿华　编著

中国建筑工业出版社

图书在版编目（CIP）数据

物业服务实用手册/王比刚，王寿华编著．—北京：中国建筑工业出版社，2009
ISBN 978-7-112-10674-5

Ⅰ．物…　Ⅱ．①王…②王…　Ⅲ．物业管理-商业服务-手册
Ⅳ．F293.33-62

中国版本图书馆 CIP 数据核字（2009）第 012454 号

本书从物业服务的实用需要出发，总结和整理了物业服务工作中的一些知识和具体做法，包括10个方面的内容：概述、物业服务方案、物业服务企业经营与管理、前期物业服务与运行、物业服务日常运行与管理、设备运行与管理、物业服务责任与风险应对、紧急事件应急预案、规章制度及标准、案例分析与思考等。

本书通过通俗易懂的文字、简明扼要的工作流程图、各种实用的技术参数和表格，以及典型案例的分析，给物业服务企业提供借鉴。

本书可供广大物业服务从业人员指导实践，也可供大中专院校相关专业师生参考阅读。

* * *

责任编辑：封　毅
责任设计：郑秋菊
责任校对：兰曼利　梁珊珊

物业服务实用手册
王比刚　王寿华　编著

*

中国建筑工业出版社出版、发行（北京西郊百万庄）
各地新华书店、建筑书店经销
北京嘉泰利德公司制版
北京圣夫亚美印刷有限公司印刷

*

开本：787×1092 毫米　1/16　印张：28¾　字数：717 千字
2009 年 4 月第一版　　2012 年 7 月第三次印刷
定价：**68.00** 元
ISBN 978-7-112-10674-5
（17607）

前言

随着我国经济建设蓬勃发展和人民生活水平不断提高，近年来在我国的一些大、中、小城市相继开发建设了大量的生活小区、写字楼等。为适应市场经济的需要，物业服务企业应运而生，并逐步发展成为一个新兴的行业。尤其是2007年10月国家颁发了《物权法》以后，如何做好物业服务工作，如何进行物业管理的具体操作，如何为业主提供高质量的服务，已成为当前亟需解决的问题。

本书从物业服务的实用需要出发，总结和整理了在物业服务工作中的一些心得体会和具体做法，将其编撰为概述、物业服务方案、物业服务企业经营与管理、前期物业服务与运行、物业服务日常运行与管理、设备运行与管理、物业服务责任与风险应对、紧急事件应急预案、规章制度及标准、案例分析与思考10个方面。通过通俗易懂的文字、简明扼要的工作流程图、各种实用的技术参数和表格，以及典型案例的分析，告诉读者什么是物业，怎样进行物业服务，如何提高物业服务质量，在物业服务工作中遇到问题时应如何应对，并通过一些案例分析及规章制度，给物业服务企业提供借鉴。

由于物业服务行业是一个新兴的行业，各地的物业服务做法也不尽相同，各个物业服务企业也有自己不同的特点，所以本书仅作为有关物业服务人员的参考。本书在编撰过程中得到一些物业服务企业提供的资料和帮助，在此表示衷心的感谢。但由于物业服务是一项新兴事物，很多内容尚需进一步探索，加之本人水平所限，不妥之处在所难免，敬请读者提出宝贵意见。

王比刚

2008年10月

目录

1 概　述 …………………………… 1

1.1 物业及物业服务 ……………… 1

1.1.1 物业 ……………………………… 1

1.1.2 物业服务 ………………………… 1

1.2 物业服务的内涵 ……………… 2

1.2.1 物业服务范畴 …………………… 2

1.2.2 物业服务范围 …………………… 3

1.2.3 物业服务的形式 ………………… 3

1.3 物业服务企业的角色定位 ……… 4

1.3.1 从物业管理型转向物业服务型 ……………………………… 4

1.3.2 转变服务观念与服务态度 ……… 5

1.3.3 关注服务细节 …………………… 5

1.3.4 向市场角色定位 ………………… 5

1.3.5 物业服务集成商的角色 ………… 5

1.4 物业服务企业的组织机构 ……… 6

1.4.1 物业服务企业的种类 …………… 6

1.4.2 物业服务企业的组织形式 ……… 6

1.4.3 物业服务企业机构设置原则 ……………………………… 7

1.4.4 物业服务企业的运作流程 ……… 7

1.5 物业服务企业的资质 …………… 8

1.6 物业服务企业的策划和运作框架 …………………………… 9

1.6.1 物业服务企业的组建 …………… 9

1.6.2 物业服务企业的管理模式 ……… 9

1.6.3 物业服务企业的管理目标 …… 10

1.6.4 物业服务企业的管理重点 …… 10

1.6.5 物业服务企业的人力资源战略 ……………………………… 11

1.6.6 物业服务企业的约束机制 …… 11

1.6.7 物业服务企业的激励机制 …… 11

1.6.8 物业服务企业的管理标准 …… 12

1.6.9 物业服务企业质量保证体系 … 12

1.6.10 物业服务企业的财务管理 …… 13

1.7 物业服务企业发展要求 ………… 13

1.7.1 规范物业服务企业的经营 …… 13

1.7.2 提高物业服务企业员工的素质 ……………………………… 14

1.7.3 强化物业服务的过程控制 …… 14

1.7.4 明确物业服务企业的职责与范围 ……………………………… 15

1.8 物业服务现状与展望 …………… 16

1.8.1 物业服务现状 ………………… 16

1.8.2 物业服务展望 ………………… 16

2 物业服务方案 ……………………… 17

2.1 物业服务方案的编制原则 ……… 17

2.1.1 要服务于物业的保值增值 …… 17

2.1.2 要以诚信为前提 ……………… 17

2.1.3 要满足人性化设计和使用功能设计 ……………………………… 17

2.1.4 要结合物业项目实际情况 …… 18

2.1.5 要符合当地自然条件和人文地理 ……………………………… 18

2.2 物业相关技术参数采集 ………… 18

2.2.1 设备技术参数的采集 …………… 18
2.2.2 设施技术参数的采集 …………… 19
2.2.3 建筑面积数据的采集 …………… 21
2.2.4 楼宇特征数据采集 …………… 22
2.2.5 其他情况采集 …………… 22
2.2.6 市场调研数据采集 …………… 23

2.3 物业服务方案的编制 …………… 23

2.3.1 物业服务方案内容设置要求 …………… 23
2.3.2 前期物业服务方案内容设置 …………… 24
2.3.3 常规物业服务方案内容设置 …………… 28
2.3.4 前期物业服务方案与常规物业服务方案的联系与区别 …………… 29

2.4 物业服务费用测算 …………… 29

2.4.1 物业服务费用测算的重要性 …………… 29
2.4.2 物业服务费用变化因素 …………… 30
2.4.3 人员配置及劳动定额 …………… 30
2.4.4 测算依据 …………… 32
2.4.5 物业服务费用测算时注意事项 …………… 32
2.4.6 物业服务费用测算原则 …………… 32
2.4.7 物业服务费用测算的形式 …………… 33
2.4.8 物业服务费用测算方法 …………… 33
2.4.9 物业服务费用的构成 …………… 33
2.4.10 物业服务费用测算公式 …………… 36
2.4.11 物业服务费用测算流程 …………… 37

2.5 物业服务项目的策划与筹备 …………… 37

2.5.1 物业服务项目策划的含义 …………… 38
2.5.2 物业服务项目策划的原则 …………… 38
2.5.3 物业服务项目策划的内容 …………… 38
2.5.4 物业服务项目策划流程 …………… 39
2.5.5 物业项目筹备 …………… 39

2.6 物业项目服务工作计划制定 …………… 41

2.6.1 工作计划分类 …………… 41
2.6.2 工作计划编制要求 …………… 42
2.6.3 工作计划编制方法 …………… 42

2.7 物业项目服务方案示例 …………… 43

××商务大厦前期物业服务方案 …………… 43

3 物业服务企业经营与管理 …………… 73

3.1 物业服务的市场经营现状 …………… 73

3.1.1 激烈的市场竞争 …………… 73
3.1.2 陡涨的管理成本 …………… 73
3.1.3 单薄的管理规模 …………… 73
3.1.4 偏颇的风险责任 …………… 74
3.1.5 低劣的服务水平 …………… 74

3.2 物业服务经营原则和要素 …………… 74

3.2.1 物业服务经营原则 …………… 74
3.2.2 物业服务经营要素 …………… 75
3.2.3 物业服务经营的意义 …………… 76

3.3 物业服务经营分类 …………… 77

3.3.1 策划经营 …………… 77
3.3.2 人才经营 …………… 77
3.3.3 成本控制经营 …………… 77
3.3.4 多种经营 …………… 77

3.4 物业服务经营市场调研与数据采集 …………… 78

3.4.1 物业服务经营市场调研 …………… 78
3.4.2 物业服务经营市场调研作用 …………… 78
3.4.3 物业服务经营市场定位 …………… 78
3.4.4 物业服务经营市场调研前准备工作 …………… 79
3.4.5 物业服务经营市场调研阶段 …………… 80
3.4.6 物业服务经营市场调研实施 …………… 80
3.4.7 物业服务经营市场调研数据采集 …………… 81
3.4.8 物业服务经营市场调研分析 …………… 81
3.4.9 物业服务经营市场预测 …………… 82

3.5 物业服务企业的经营决策 …………… 82

3.5.1 物业服务企业经营决策

的内涵 …………………………… 82
3.5.2 物业服务企业经营决策的具体内容 …………………… 83
3.5.3 经营决策的要求和原则 ……… 85
3.5.4 经营决策的程序……………… 85
3.6 物业服务经营实施方案编制 ………………………… 86
3.6.1 市场现状分析与预测 ………… 86
3.6.2 经营项目服务组合设计 ……… 86
3.6.3 发展目标 ……………………… 86
3.6.4 经营策略 ……………………… 86
3.6.5 经营实施准备工作 …………… 87
3.6.6 经营实施方案编制流程 ……… 87
3.7 前期物业服务项目经营费用 ……………………………… 88
3.7.1 前期物业服务开办费 ………… 88
3.7.2 物业接管验收费……………… 89
3.7.3 物业质量保证金……………… 89
3.7.4 专项维修资金 ………………… 90
3.8 物业服务企业的多种经营方略 ………………………… 90
3.8.1 咨询服务经营 ………………… 91
3.8.2 特约服务经营 ………………… 92
3.8.3 商业和商务经营……………… 92
3.8.4 文化资源经营 ………………… 93
3.8.5 人力资源经营 ………………… 93
3.8.6 其他服务经营 ………………… 93
4 前期物业服务与运行 ………………… 95
4.1 签订前期物业服务委托合同 ………………………… 95
4.1.1 签订前期物业服务委托合同应遵循的基本原则 ……… 95
4.1.2 签订前期物业服务委托合同应注意的事项……………… 96
4.1.3 前期物业服务委托合同与常规物业服务委托合同的主要区别 …………………… 97
4.1.4 前期物业服务委托合同内容 ………………………………… 97
4.2 物业服务企业前期介入工程项目 …………………………… 98
4.2.1 物业服务企业前期介入的意义 ………………………………… 98
4.2.2 物业服务企业前期介入阶段的划分………………………… 100
4.2.3 物业服务企业在工程施工阶段介入过程中应注意的问题 ………………………… 100
4.2.4 物业服务企业前期介入的工作内容…………………………… 101
4.2.5 物业服务企业前期介入流程 … 102
4.3 从物业合理使用角度提出工程改进建议 ………………………… 102
4.4 物业服务人员的招聘及岗位技能培训 ……………………… 106
4.4.1 招聘计划的制订 ……………… 106
4.4.2 招聘组织实施 ………………… 106
4.4.3 岗位技能培训 ………………… 106
4.5 物业项目接管验收 ………………… 108
4.5.1 制定物业项目接管验收方案………………………… 108
4.5.2 物业项目接管验收运作……… 109
4.5.3 物业项目的室内查验要点 …… 110
4.5.4 物业项目的公共部分查验内容 ………………………………… 113
4.5.5 物业项目的接管验收方式 …… 114
4.5.6 接管验收所发现问题的处理…………………………… 114
4.5.7 物业项目移交时注意事项 …… 116
4.6 钥匙接管与领用管理 ……………… 116
4.6.1 钥匙分类……………………… 116
4.6.2 钥匙接管……………………… 116
4.6.3 钥匙保管……………………… 117
4.6.4 钥匙发放与领用 ……………… 117
4.7 前期物业管理服务常见问题与应对措施 ……………………… 118
4.7.1 房屋验收阶段存在的问题 …… 119

4.7.2 物业移交后存在的质量问题 …… 120
4.7.3 装修阶段违章处置问题 …… 120
4.7.4 装修垃圾堆放的问题 …… 123
4.7.5 装修人员出入管理的问题 …… 123
4.7.6 物品出入管理问题 …… 124
4.7.7 装修阶段电梯使用管理问题 …… 125
4.7.8 装修阶段装修材料运输问题 …… 125
4.7.9 工程甩项和遗留问题 …… 126
4.7.10 公共设施设备运行问题 …… 126
4.7.11 公共区域内的相关提示标志问题 …… 126
4.7.12 安防管理遇到的问题 …… 127
4.7.13 保洁服务遇到的问题 …… 127
4.7.14 装饰装修公司管理遇到的问题 …… 128
4.7.15 车辆管理服务遇到的问题 …… 128
4.8 工程质量问题协调处理与保修 …… 129
4.8.1 起到桥梁作用 …… 129
4.8.2 反馈信息要记录准确和到位 …… 129
4.8.3 反应要及时跟踪要到位 …… 130
4.8.4 处理情况要清楚 …… 130
4.8.5 工程质量的保修范围 …… 131
4.8.6 工程质量保修期限 …… 131
4.9 前期物业服务质量控制 …… 132
4.9.1 物业服务质量教育的意识培养 …… 132
4.9.2 建立和健全物业管理服务质量责任制 …… 132
4.9.3 实行以人为本管理，对业主进行情感服务 …… 133
4.9.4 制订和贯彻执行服务质量标准 …… 133
4.9.5 物业服务质量控制方法 …… 133
4.10 前期物业巡查内容及存在问题代码 …… 134
4.10.1 巡查分类和方法 …… 134
4.10.2 巡查内容及要点 …… 135
4.10.3 巡查工作流程 …… 135
4.10.4 土建巡查及存在问题代码 …… 136
4.10.5 装饰装修巡查及存在问题代码 …… 138
4.10.6 电气系统巡查及存在问题代码 …… 140
4.10.7 避雷系统巡查及存在问题代码 …… 142
4.10.8 二次加压设备巡查及存在问题代码 …… 142
4.10.9 排污系统巡查及存在问题代码 …… 142
4.10.10 管道阀门巡查及存在问题代码 …… 143
4.10.11 计量表巡查及存在问题代码 …… 145
4.10.12 消防巡查及存在问题代码 …… 145
4.10.13 门卫巡查及存在问题代码 …… 147
4.10.14 安防巡查及存在问题代码 …… 148
4.10.15 卫生保洁巡查存在问题代码 …… 148
4.10.16 绿化养护巡查及存在问题代码 …… 152
4.10.17 锅炉设备巡查及存在问题代码 …… 153
4.10.18 其他巡查及存在问题代码 …… 157
4.10.19 电梯巡查及存在问题代码 …… 158
4.10.20 填表及存档备案 …… 159
4.11 物业服务现场组织与协调 …… 159
4.11.1 组织能力 …… 159

4.11.2 协调一致 …………………… 160
4.11.3 注意事项 …………………… 160
4.11.4 组织协调的目的 ……………… 161
4.11.5 组织协调的内容 ……………… 161
4.11.6 协调工作要点 ………………… 161
4.12 前期物业服务运行数据采集分析与成本控制 ………… 162
4.12.1 现场运行数据采集 …………… 162
4.12.2 数据分析 …………………… 162
4.12.3 修订方案的重点 ……………… 163
4.12.4 物业服务运行成本控制 …… 163
4.13 装饰装修现场监督管理 ……… 166
4.13.1 装修审批 …………………… 166
4.13.2 装修审批时应考虑的内容 … 166
4.13.3 现场装修管理 ………………… 167
4.13.4 物业区域内装饰装修广告管理 …………………… 167
4.13.5 物业区域内装饰装修材料运输管理 ………………… 169
4.13.6 违章处理措施 ………………… 171
4.13.7 违章处理原则 ………………… 172
4.14 对外通信联络与沟通 ………… 172
4.14.1 对外通信联络 ………………… 172
4.14.2 对外通信联络注意事项 …… 173
4.14.3 沟通的意义和目的 …………… 173
4.14.4 沟通原则 …………………… 173
4.14.5 沟通性质分类 ………………… 174
4.14.6 沟通对象分类 ………………… 175
4.14.7 沟通技巧 …………………… 176
4.14.8 沟通方法 …………………… 177
4.14.9 沟通前的各项准备工作 …… 178
4.14.10 沟通后针对存异拿出解决办法 …………………… 178
4.14.11 逐级进行沟通 ……………… 178
4.14.12 掌握物业专业知识和有关规定 …………………… 178
4.15 物业服务中应澄清的十个问题 …………………… 179
4.15.1 业主与物业服务企业不是“主仆”关系 ………… 179
4.15.2 业主与物业服务企业不是“冤家对头” ………… 179
4.15.3 物业服务企业不是业主的“保镖” ………………… 180
4.15.4 物业服务企业无权“包打天下” ………………… 180
4.15.5 没有“免费午餐” …………… 180
4.15.6 物业服务费不是“越低越好” ………………… 180
4.15.7 物业服务费是对房屋的“投资” …………………… 181
4.15.8 物业服务企业不是“水、电、气供应商” ……………… 181
4.15.9 物业服务企业不是“唐僧肉” …………………… 181
4.15.10 业主的咨询不是“投诉” … 181
5 物业服务日常运行与管理 ………… 182
5.1 安全防范管理服务 ………… 182
5.1.1 安全防范管理工作方法 ……… 182
5.1.2 安全防范服务范围 …………… 183
5.1.3 安全防范服务内容 …………… 183
5.1.4 安全防范工作检查方法 ……… 184
5.1.5 安全防范工作中注意事项 …… 184
5.1.6 安全防范具体工作内容 ……… 184
5.2 保洁管理服务 ………………… 186
5.2.1 保洁管理服务工作方法 ……… 186
5.2.2 保洁服务范围 ………………… 187
5.2.3 保洁服务内容 ………………… 187
5.2.4 保洁工作检查方法 …………… 187
5.2.5 保洁工作中注意事项 ………… 188
5.2.6 保洁具体工作内容 …………… 188
5.3 工程维护管理服务 …………… 189
5.3.1 工程维护工作方法 …………… 189
5.3.2 分项维修操作方法 …………… 190
5.3.3 工程维护服务范围 …………… 190
5.3.4 工程维护工作检查方法 ……… 190
5.3.5 工程维护工作中注意事项 …… 191

5.3.6 工程维护具体工作内容……… 191

5.4 绿化养护管理服务 ……………… 192

5.4.1 绿化养护工作方法 ………… 192

5.4.2 绿化养护管理工作检查方法 … 195

5.4.3 绿化养护管理工作中注意事项…………………… 195

5.5 能源消耗与节能管理 ………… 197

5.5.1 能源消耗的内容及管理……… 198

5.5.2 节能降耗具体措施 ………… 198

5.6 车辆管理服务 …………………… 199

5.6.1 车辆管理服务内容 ………… 200

5.6.2 车辆管理服务工作方法……… 200

5.6.3 车辆管理服务检查方法……… 200

5.6.4 车辆管理服务工作中注意事项………………… 201

5.6.5 车辆管理服务措施保障……… 201

5.7 特约服务 ………………………… 202

5.7.1 特约服务的分类 …………… 202

5.7.2 特约服务的基本要求 ……… 202

5.7.3 特约服务的具体内容 ……… 203

5.7.4 物业特约服务中的注意事项…………………… 203

5.7.5 特约服务如何开展 ………… 204

5.8 日常接待业主投诉与入住服务 ……………………… 204

5.8.1 接待投诉的原则 …………… 204

5.8.2 接待投诉工作要点 ………… 205

5.8.3 投诉内容…………………… 205

5.8.4 投诉真实性的界定 ………… 206

5.8.5 接待投诉处理要求 ………… 206

5.8.6 接待投诉处理程序 ………… 207

5.8.7 入住服务…………………… 207

5.9 物业收费与服务 ……………… 208

5.9.1 物业服务费构成 …………… 208

5.9.2 物业服务费收取原则 ……… 208

5.9.3 物业服务收费的误区 ……… 209

5.9.4 物业服务收费工作中注意事项…………………… 210

5.9.5 物业服务收费工作流程……… 210

5.10 物业服务常用文书与记录表格 ……………………… 212

5.10.1 报告 ……………………… 213

5.10.2 请示 ……………………… 213

5.10.3 会议纪要 ………………… 213

5.10.4 通知 ……………………… 213

5.10.5 通告 ……………………… 214

5.10.6 函件 ……………………… 214

5.10.7 规定 ……………………… 214

5.10.8 办公室常用表格…………… 215

5.10.9 人事管理常用表格………… 219

5.10.10 物业服务综合运行常用表格 …………………… 224

5.10.11 有关业主情况常用表格 …… 226

5.10.12 安防常用表格 …………… 230

5.10.13 消防常用表格 …………… 236

5.10.14 保洁常用表格 …………… 238

5.10.15 绿化养护常用表格 ……… 241

5.10.16 工程维修常用表格 ……… 244

5.10.17 房屋移交及装修管理常用表格 …………………… 247

5.10.18 水电及财务常用表格……… 250

5.11 物业服务质量调查与回访 …… 252

5.11.1 物业服务质量调查与回访要点 ………………… 253

5.11.2 物业服务质量调查与回访基本原则……………… 255

5.11.3 物业服务质量调查与回访实施步骤……………… 255

5.11.4 物业服务质量调查与回访流程 ………………… 255

5.12 物业服务企业与业主委员会的沟通 ………………… 256

5.12.1 与业主委员会沟通应注意事项 ………………… 257

5.12.2 操作要点 ………………… 257

5.12.3 物业管理与业主委员会沟通、协调流程…………… 258

5.13 社区文化活动的组织安排 …… 258

5.13.1 物业服务企业开展社区文化活动要抓的主要工作 … 258
5.13.2 物业服务企业开展社区文化活动程序要点 ………… 259
5.14 周例会与周计划 ………… 260
5.14.1 周例会的召开与解决问题措施 ………… 260
5.14.2 每周工作计划的编制与落实 ………… 260
5.14.3 日常工作记录 ………… 260

6 设备运行与管理 ………… 262
6.1 物业设备管理概述 ………… 262
6.1.1 物业设备运行的特点和要求 ………… 262
6.1.2 物业设备运行的目标 ………… 263
6.1.3 物业设备运行管理要点 ………… 265
6.2 消防设备运行与管理 ………… 267
6.2.1 消防设备管理的目的 ………… 267
6.2.2 消防设备的配置 ………… 267
6.2.3 消防设备档案建立 ………… 267
6.2.4 建立消防设备运行制度 ………… 269
6.2.5 消防设备的系统构成 ………… 269
6.2.6 消防设备安全检查与维护 ………… 270
6.2.7 消防设备的运行管理 ………… 272
6.3 电梯运行与管理 ………… 272
6.3.1 电梯分类 ………… 272
6.3.2 电梯的组成 ………… 273
6.3.3 电梯运行管理的主要工作 ………… 273
6.3.4 电梯运行安全的预防措施 ………… 274
6.3.5 电梯困人的紧急救护步骤 ………… 274
6.3.6 电梯保养要点 ………… 275
6.3.7 电梯维护保养安全要求 ………… 275
6.3.8 电梯运行管理职责 ………… 276
6.3.9 电梯运行管理巡检 ………… 276
6.3.10 电梯设备的运行监控 ………… 277
6.3.11 电梯运行突发事件处置 ………… 277
6.3.12 电梯机房管理 ………… 278
6.3.13 电梯运行管理交接班要求 … 278
6.4 给水设备运行与管理 ………… 278
6.4.1 给水系统的分类 ………… 279
6.4.2 给水方式分类 ………… 279
6.4.3 给水设备运行管理要点 ………… 279
6.4.4 给水设备设施的管理内容 … 280
6.4.5 给水设备的运行管理职责 … 281
6.4.6 给水设备运行管理的基本要求 ………… 282
6.4.7 给水设备运行监控 ………… 282
6.4.8 给水设备运行突发事件处置 ………… 282
6.4.9 给水设备运行管理巡检 ………… 283
6.4.10 给水设备保养 ………… 283
6.5 供电设备运行与管理 ………… 285
6.5.1 物业区域内的供电设施构成 ………… 286
6.5.2 供电运行服务的基本内容 ………… 286
6.5.3 供电运行管理工作的主要内容 ………… 286
6.5.4 供电运行安全操作要求 ………… 286
6.5.5 供电运行保养要求 ………… 287
6.5.6 供电运行巡视内容 ………… 287
6.5.7 供电设备运行管理巡检 ………… 287
6.5.8 供电设备运行突发事件处置 … 288
6.5.9 变配电室管理 ………… 289
6.5.10 交接班要求 ………… 289
6.6 安全防范系统运行与管理 …… 289
6.6.1 安全防范系统的构成 ………… 289
6.6.2 安全防范系统运行服务的基本内容 ………… 290
6.6.3 安全防范系统运行管理工作主要内容 ………… 290
6.6.4 安全防范系统运行要求 ………… 290
6.6.5 安全防范系统运行维护 ………… 290
6.6.6 交接班要求 ………… 292
6.7 供暖设备运行与管理 ………… 293
6.7.1 供暖运行管理的特点 ………… 293
6.7.2 燃煤锅炉设备构成 ………… 293
6.7.3 锅炉运行注意事项 ………… 294

6.7.4 锅炉运行管理工作内容 ········ 294
6.7.5 锅炉运行管理操作程序 ········ 296
6.7.6 锅炉运行管理标准内容 ········ 296
6.7.7 锅炉运行管理巡检 ········ 297
6.7.8 交接班要求 ········ 297
6.8 中央空调设备运行与管理 ······ 298
6.8.1 中央空调设备构成 ········ 298
6.8.2 中央空调运行注意事项 ········ 298
6.8.3 中央空调设备运行管理工作内容 ········ 298
6.8.4 中央空调设备运行管理巡检 ········ 300
6.8.5 中央空调设备保养 ········ 300
6.8.6 交接班要求 ········ 301
6.9 车库运行与管理 ········ 301
6.9.1 车库运行管理的主要工作 ······ 301
6.9.2 车库运行安全的预防措施 ······ 302
6.9.3 车库运行管理巡检 ········ 302
6.9.4 车库运行管理巡检内容 ········ 303
6.9.5 交接班要求 ········ 303
6.10 防雷系统安全运行与管理 ······ 303
6.10.1 防雷系统安全运行与管理工作要求 ········ 303
6.10.2 防雷系统安全运行与管理保养内容 ········ 304

7 物业服务的责任与风险应对········ 305
7.1 物业服务的责任 ········ 305
7.1.1 强化员工的法律意识 ········ 305
7.1.2 认真履行合同约定的责任 ······ 306
7.1.3 明确物业服务责任范围 ········ 306
7.2 物业服务企业风险的防范 ······ 306
7.2.1 前期物业管理风险的防范 ······ 307
7.2.2 日常物业管理风险的防范 ······ 307
7.3 物业风险的应对措施 ········ 311
7.3.1 提高风险防范的法律意识 ······ 311
7.3.2 建立健全各项规章制度 ········ 311
7.3.3 妥善处理物业服务企业与相关主体间的关系 ········ 311
7.3.4 将防范风险落实到每个工作环节 ········ 312
7.3.5 共用设施设备风险法律责任 ········ 313
7.3.6 消除风险的措施 ········ 313
7.4 物业现场安全提示 ········ 314
7.4.1 现场安全提示50条 ········ 314
7.4.2 物业提示牌内容 ········ 316
7.5 监督检查记录与措施改进 ······ 320

8 紧急事件应急预案········ 321
8.1 紧急事件应急预案编制 ········ 321
8.1.1 组建编制队伍 ········ 321
8.1.2 危险与应急能力分析 ········ 321
8.1.3 应急预案编制 ········ 322
8.1.4 应急预案的实施 ········ 322
8.2 紧急事件应急处理 ········ 322
8.2.1 紧急事件处理 ········ 322
8.2.2 典型紧急事件的处理 ········ 323
8.3 停水、停电、停暖应急预案 ········ 325
8.4 突发治安事件应急预案 ········ 326
8.4.1 盗窃、匪警案件应急处理预案 ········ 326
8.4.2 斗殴应急处理预案 ········ 327
8.4.3 酗酒闹事或精神病人事件应急处理预案 ········ 327
8.4.4 对爆炸物品及可疑爆炸物品事件应急处理预案········ 327
8.4.5 接报治安案件应急处理预案 ········ 327
8.4.6 盗窃案件应急处理预案········ 328
8.5 突发各种自然灾害应急预案 ··· 328
8.5.1 洪涝灾害应急预案 ········ 328
8.5.2 地震灾害应急预案 ········ 329
8.5.3 风雨灾害应急预案 ········ 330
8.6 火灾应急预案 ········ 330
8.7 其他应急预案 ········ 332
8.7.1 突发性水浸和室内水浸

的应急预案 …………………… 332
8.7.2 化学药品的应急预案 ……… 332
8.7.3 可燃气体泄漏应急预案……… 333
8.7.4 电梯困人应急预案 ………… 333
8.7.5 噪声控制应对预案 ………… 334

9 规章制度及标准…………………… 335

9.1 物业区域管理规定 ……………… 335

9.1.1 小区安防管理规定 ………… 335
9.1.2 小区交通道路、车辆管理规定…………………… 335
9.1.3 小区绿化管理规定 ………… 336
9.1.4 小区环境卫生管理规定……… 336
9.1.5 小区生活垃圾、装潢垃圾倾倒管理规定 ………… 337
9.1.6 小区宠物豢养管理规定……… 337
9.1.7 小区燃放烟花爆竹管理规定…………………… 338
9.1.8 小区二次装饰装修管理规定…………………… 338
9.1.9 小区装修施工人员管理规定…………………… 340
9.1.10 小区电梯使用管理规定 …… 341
9.1.11 小区消防管理规定 ………… 341
9.1.12 小区地下车场管理规定 …… 342
9.1.13 摩托车、电动自行车、自行车管理规定 ………… 342
9.1.14 临时机动车辆管理规定 …… 342
9.1.15 空调外挂机管理规定 ……… 343
9.1.16 水、电、暖气使用管理规定 ………………… 343
9.1.17 业主房屋租赁管理规定 …… 345
9.1.18 小区物业设施设备使用管理规定 ………………… 346
9.1.19 小区物品进出放行管理规定 ……………………… 346
9.1.20 小区外来人员进出管理规定 ……………………… 346
9.1.21 小区收费管理规定 ………… 347
9.1.22 小区广告宣传、信息发布管理规定 ………………… 347
9.1.23 小区单元防盗门及对讲系统使用管理规定 ………… 347
9.1.24 小区公共区域使用管理规定 ……………………… 348
9.1.25 小区油烟机清洗管理规定 … 348
9.1.26 小区室外高空管理规定 …… 348

9.2 物业服务企业管理制度 ……… 349

9.2.1 首问制度………………………… 349
9.2.2 财务管理制度 ………………… 349
9.2.3 借支与报销制度 ……………… 351
9.2.4 考勤制度……………………… 351
9.2.5 计算机使用管理制度 ……… 352
9.2.6 员工培训制度 ………………… 353
9.2.7 员工守则………………………… 354
9.2.8 劳动条例………………………… 355
9.2.9 奖罚条例………………………… 356
9.2.10 员工职业道德规范 ………… 362
9.2.11 安全措施、意外与紧急事故 ……………………… 363
9.2.12 会议制度 …………………… 364
9.2.13 保密制度 …………………… 364
9.2.14 文件档案管理制度 ………… 364
9.2.15 印章使用管理制度 ………… 366
9.2.16 电话使用管理制度 ………… 366
9.2.17 仓库管理制度………………… 366
9.2.18 物品出入库管理制度 ……… 367
9.2.19 入户服务规范 ……………… 367
9.2.20 交接班制度 ………………… 368
9.2.21 值班制度 …………………… 369
9.2.22 投诉处理及回访制度 ……… 369
9.2.23 办公用品、工具管理制度 … 370
9.2.24 物业服务质量标准 ………… 373
9.2.25 薪金发放管理制度 ………… 373
9.2.26 员工工作服管理制度 ……… 374
9.2.27 员工劳保用品发放标准 …… 375
9.2.28 变、配电室管理制度 ……… 375
9.2.29 水泵房管理制度 …………… 376

9.3 物业服务岗位职责 …… 376

9.3.1 经理岗位职责 …… 376
9.3.2 副经理岗位职责 …… 377
9.3.3 办公室岗位职责 …… 377
9.3.4 会计岗位职责 …… 378
9.3.5 出纳岗位职责 …… 378
9.3.6 收费员岗位职责 …… 379
9.3.7 采购员岗位职责 …… 379
9.3.8 项目经理岗位职责 …… 380
9.3.9 工程主管岗位职责 …… 380
9.3.10 综合主管岗位职责 …… 381
9.3.11 保洁员岗位职责 …… 382
9.3.12 绿化员岗位职责 …… 382
9.3.13 管道工岗位职责 …… 383
9.3.14 电工岗位职责 …… 384
9.3.15 车管员岗位职责 …… 384
9.3.16 门岗员岗位职责 …… 385
9.3.17 巡逻员岗位职责 …… 385
9.3.18 监控员岗位职责 …… 385

9.4 物业服务质量标准 …… 386

9.4.1 总则 …… 386
9.4.2 车辆管理标准 …… 386
9.4.3 环境绿化管理标准 …… 387
9.4.4 环卫保洁管理标准 …… 387
9.4.5 收费管理标准 …… 388
9.4.6 安全防范管理标准 …… 388
9.4.7 安全供电管理标准 …… 389
9.4.8 公共设施管理标准 …… 389
9.4.9 社区文化管理标准 …… 390
9.4.10 房屋修缮管理标准 …… 390

10 案例分析与思考 …… 391

10.1 工程维护保养案例 …… 391

10.1.1 下水道弯头堵塞冒水案 …… 391
10.1.2 楼上跑水漏入楼下案 …… 392

10.2 安全防范案例 …… 393

10.2.1 业主家中失窃案 …… 393
10.2.2 入室凶杀案 …… 394

10.3 环境与保洁案例 …… 395

10.3.1 雪天滑倒骨折案 …… 395
10.3.2 环境管理不到位纠纷案 …… 396

10.4 车辆管理案例 …… 397

10.4.1 小区内汽车丢失案 …… 397
10.4.2 小区内自行车丢失案 …… 400

10.5 服务接待案例 …… 400

10.5.1 解决延误供应煤气纠纷案 …… 400
10.5.2 协调噪声扰民案 …… 401

10.6 设备运行事故案例 …… 402

10.6.1 电梯机房突然跳闸案 …… 402
10.6.2 电梯“意外”致人摔死案 …… 402

10.7 其他案例 …… 403

10.7.1 拖欠物业服务费纠纷案 …… 403
10.7.2 小区物业服务质量纠纷案 …… 404

附录一 中华人民共和国 物权法 …… 406
附录二 物业管理条例 …… 409
附录三 住宅室内装饰装修管理办法 …… 418
附录四 城市异产毗连房屋管理规定 …… 424
附录五 物业服务收费管理办法 …… 426
附录六 住宅专项维修资金管理办法 …… 429
附录七 房屋建筑工程质量保修办法 …… 437
附录八 房屋接管验收标准 …… 439

主要参考文献 …… 446

1 概 述

随着我国经济建设的蓬勃发展和人民生活水平不断提高，20 世纪 90 年代我国的房地产行业迅速发展起来，在一些大、中、小城市相继开发建设了大量的生活小区、写字楼等。为适应市场经济的需要，物业服务企业应运而生，并逐渐发展成为一个新兴的行业。

按照社会产业部门划分的标准，把这种集社会化、专业化、企业化与市场经营为一体，寓经营与管理于服务之中的物业管理服务，定性为一种服务性行业。也就是说，物业服务属于国家产业结构分类中的第三产业，是房地产业的分支行业。所以我国《物权法》将过去“物业管理”明确定性为“物业服务”。

物业服务也是房地产综合开发过程中的最后一个环节，直接关系到业主和使用人的利益。在生活小区、写字楼等建成使用过程中，物业服务越来越显示出其重要的地位。

在一个生活小区中如果没有良好的物业服务，新的房屋很快就可能损坏破旧，业主的生活和工作环境也会日趋恶化，所以物业服务的好坏，直接关系到业主的生活质量和社区的和谐发展。在综合型的高层建筑中如果没有良好的物业服务，就会使各种设施设备不能正常运行，甚至发生本来可以避免的各种事故，影响正常的工作秩序。

1.1 物业及物业服务

1.1.1 物业

物业是指已建成投入使用的各类建筑物（公寓、住宅楼、写字楼、商场、医院等）以及其配套的设施、设备和场地。一般来说物业应包括以下几部分：

1. 已建成并具有使用功能的各类供居住或非居住的楼宇。
2. 与这些楼宇相配套的设备和公用设施。
3. 楼宇的建筑和相应的场地、庭院、停车场、非主干交通道路。

1.1.2 物业服务

物业服务是指物业服务经营者按照物业服务合同的约定，对所服务区域内的房屋及配套的设施设备和相关场地进行维修、养护、管理，维护相关区域内的环境卫生和秩序等的活动，并向物业所有人或使用人提供综合性的特约服务。

所以，物业服务的核心就是对物业进行日常的维护和保养，保证其始终处于正常的运行状态，以发挥物业的最大使用功能，使其保值增值，并为物业所有人和使用人创造整洁、文明、安全、舒适的生活和工作环境，最终实现社会、经济、环境效益的统一和同步增长。

1.2 物业服务的内涵

1.2.1 物业服务范畴

物业服务范畴是一种广义上的范畴，体现在以下几方面：

1. 服务特征

物业服务的特征是社会化、专业化、市场化。

（1）社会化：即改变了过去自建自管或行政部门对物业管理的模式，而由产权单位或多个产权人通过业主大会选聘物业服务企业来进行物业管理服务。

（2）专业化：就是物业服务企业根据与业主签订的合同，配备专业管理人员，组织专门机构，进行科学的、规范的专业化服务。

（3）市场化：是物业服务的主要特点，在市场经济条件下，物业服务企业提供的商品是劳务，通过业主招标竞聘，提供等价有偿服务。

2. 服务关系

物业服务与服务对象的关系是雇佣与被雇佣的合同关系。物业服务企业是依法成立并具有独立企业法人的经济实体，物业企业的产品就是服务。物业服务企业被业主雇佣后，为业主提供物业服务。

3. 服务阶段

物业服务一般分为早期物业介入、前期物业服务、常规物业服务三个阶段，其中：

（1）早期物业介入：是指新建项目在建设过程中，工程竣工之前，建设单位根据开发建设的需要引入的物业介入。一般表现为咨询服务，主要由物业服务企业根据过去物业服务的经验，由物业服务的角度对开发建设项目的规划设计、使用功能、设施设备等提出改进意见或合理化建议。

（2）前期物业服务：是指业主、业主大会选聘物业服务企业之前所实施的物业服务。虽然前期物业服务是一个过渡时期和过程，但为常规物业服务打下基础，对以后的物业服务产生直接和重要的影响。

（3）常规物业服务：建设项目已全部竣工，办理了竣工验收手续并已交付使用，根据入住情况已成立了业主委员会，并通过招标投标，选聘了物业服务企业，签订了物业服务合同，即开始进入常规物业服务。

4. 服务场所

物业服务场所包括：

（1）居住：指一些常规的居住小区，以及居住小区内的所有设施设备。

（2）休闲：包括一些餐饮、文化、娱乐、商场等休闲场所。

（3）商务：主要是指一些高层写字楼、商务住宅、综合性商业、营业场所等。

5. 服务人群

物业服务的人群包括居民阶层、白领阶层、高端阶层等不同的服务人群，要根据不同人群的需求，提供不同的物业服务。

6. 服务内容

一般包括常规性服务、针对性服务或专项服务、委托性的特约服务。

(1) 常规性服务：根据物业服务的对象、业主的服务需求及合同约定的服务内容进行常规性的物业服务。

(2) 针对性服务或专项服务：由于物业服务活动内容广泛，许多领域专业性强，一个物业服务企业可能很难完全胜任，必须将这些专业性的服务活动委托给其他专业服务公司来完成。

(3) 委托性的特约服务：指物业服务合同约定内容以外，就业主或物业使用人的自有部分有关设备、设施的维修保养事项，由业主或物业使用人特别委托的物业服务。

1.2.2 物业服务范围

物业服务的范围，根据不同的服务对象而有所不同，如对住宅小区、不同使用条件的写字楼、商业及餐饮休闲娱乐等公共场所等，其物业服务的范围也不完全相同。在实际的物业服务工作中物业服务的范围大致可分为以下两类：

1. 住宅小区

物业服务的范围一般是按建设用地规划红线以内，业主户门以外的所有设施、设备、共用部位进行维护保养；对公共区域的秩序和环境卫生的维护和绿化养护等。对于业主户门以内的物业服务实行委托性的特约服务。

2. 写字楼等公共项目

物业服务的范围虽仍为建设用地规划红线以内，但应根据不同的设施情况、使用功能、业主要求和物业服务合同约定的服务范围，对室内外的物业进行统一的维护保养。

1.2.3 物业服务的形式

《物权法》第八十一条规定："业主可以自行管理建筑物及其附属设施，也可以委托物业服务企业或者其他管理人管理。对建设单位聘请的物业服务企业或者其他管理人，业主有权依法更换。"

因此，物业服务可采取业主自行管理、委托物业服务企业管理、委托其他管理人员管理三种形式。

1. 业主自行管理

业主自行管理是指业主直接对建筑物及其附属设施进行管理，或者组成业主会议并选举业主委员会对建筑物及其附属设施进行管理。

2. 业主委托物业服务企业管理

业主委托物业服务企业管理是指业主将有关对建筑物及其附属设施设备管理事项交给物业服务企业进行管理。委托管理又可分为全部委托管理和部分委托管理。

3. 业主委托其他管理人员管理

业主委托其他管理人员，是指受全体业主委托管理建筑物及其附属设施的个人或者组织。

物业服务的形式及适用范围如表1－1。

物业服务形式 表1－1

管理形式	适用范围	优缺点
业主委托物业服务企业管理	适用于业主较多，建筑面积较大，设施设备先进的居住小区或大型的综合性高层建筑	优点： 1. 专业化、规范化，技术含量高 2. 降低物业运行成本费用 3. 避免分散多头管理 4. 物业服务综合性强 缺点： 物业服务企业自身技能参差不齐
业主委托其他管理人员管理	适用于一些中小型的居住小区或综合型物业的某些专业物业服务	优点： 专业更具体 缺点： 1. 综合管理有一定局限性 2. 不利于长远发展
业主自行管理	适用于业主为一个单位的物业，或业主人数较少，面积不大的居住院落，以及一些如商场、餐饮、娱乐等公共物业	优点： 1. 责任心强 2. 管理比较直接、方便 缺点： 1. 专业化、规范化、技术程度不高 2. 综合管理有一定局限性

1.3 物业服务企业的角色定位

物业管理服务发展已有20多年的历史，经历了管理理念从“管理型”到“服务型”的深刻变革。不管时代如何变迁，“为业主服务”的理念和主旋律一定会得到秉承，物业服务的核心是如何满足和超越业主不断增长的需求，这就要求物业服务企业在提供物业服务这个“产品”之前，必须定位自己的角色，摆正自己的位置。只有找准自己的“坐标”位置，才能在物业服务过程中提供合格的服务“产品”，才能赢得业主的信赖。

物业服务企业在物业服务活动中如何定位自己的角色呢？通过多年的服务实践，一般应从以下几个方面进行定位。

1.3.1 从物业管理型转向物业服务型

物业服务企业的定位是“服务”而不是“管理”。所谓物业管理，应该是服务与管理的结合，首先是物业服务企业对业主的服务，其次才是物业服务企业对物业的管理。实践中，过去只提物业管理，不仅误导了物业服务企业，也误导了业主，认为物业服务企业是管理者，业主是被管理者，业主只能被动地执行物业管理企业的规定。因此，很多物业服务企业与业主的矛盾都是由于“管家”以“主人”自居，角色颠倒，才造成这样或那样的矛盾纠纷。自《物业管理条例》和《物权法》出台后，对业主的“主人”身份也已进行了明确，业主才是真正的管理者。

1.3.2 转变服务观念与服务态度

1. 在物业服务工作中，服务观念与服务态度至关重要，有时比服务技能更为重要。物业服务工作在提高服务技能、规范作业程序的同时，应坚持强调企业、员工的观念转变，要格外重视服务态度的强化和培养。

2. 服务态度本身也是一种服务技能，而且是一种随时能让业主、客户感受到的非常重要、独特的技能，是物业服务工作中重要的基本技能，需要不断培训，持续灌输，用心培育。

3. 有了正确的服务观念与服务态度，才能真正做到以业主、客户为关注焦点，以人为本，用“心”服务，真诚、热情、微笑发自内心，自然流畅，在点点滴滴中体现出亲情、人性，传递给每一位业主、客户，相互建立良好的沟通，达成理解、信任、认可，而决不会勉强、牵强。

1.3.3 关注服务细节

物业服务是一个过程，由无数细微、琐碎、枯燥、单一、重复的小事汇集而成，但每一个细节、过程都关系到业主、客户的切身利益、亲身感受。物业服务就是踏踏实实地做好每一件小事、做好每一个细节的过程，将小事作为大事来抓，以细节换来喜悦。做好小事，成就大事。因此做好小事是物业服务成败的关键，否则将在服务工作中出现服务方向错位、服务态度错位和行为方式错位。

1.3.4 向市场角色定位

目前的许多物业服务企业是从房地产公司或脱胎于计划体制时代的房屋管理机构派生出来的，在物业管理和服务上仍然沿袭原有思维方式，并未形成社会化、专业化、市场化的模式，在今天的物业市场经济中缺乏竞争力和服务水准，甚至出现了角色错位，错把自己当成业主的管理者，不但没有增强服务意识，反而降低了服务质量。因此，作为一个物业服务企业首先必须具有市场竞争意识和能力以及必要的服务意识，如果物业企业服务意识差、服务水平低、观念不及时更新，这样的物业企业在今后市场竞争中将不可避免地被淘汰出局。因此，物业服务企业必须以服务标准为准绳，以服务质量求生存，才能在物业市场经济中找准自己的位置。

1.3.5 物业服务集成商的角色

所谓物业服务集成商，就是社会服务资源的搜集者、统筹者和组织者，通过提供间接服务、人文服务和信息服务，组织和落实社会专业服务资源为业主提供服务，达到业主满意的目的。

总之，物业服务企业的角色定位至关重要，不仅关系到物业服务企业的发展，同时也关系到在实际的物业服务中是否能够提供合格的物业服务；是否能够满足业主的需求；是否能够赢得业主的信赖；是否能够衔接好物业服务企业与业主之间的关系；是否能够在物业市场的环境中提升自身的服务品牌。

1.4 物业服务企业的组织机构

1.4.1 物业服务企业的种类

1. 全民所有制物业服务企业

全民所有制物业服务企业资产属于国家所有，以原有的企业或行政事业单位的房屋管理和维修部门为基础进行组建，具有自建自管的特点。

2. 集体所有制物业服务企业

集体所有制物业服务企业资产属于集体所有，组建形式可分为两种：

（1）一般是以街道原有的房屋管理机构为基础，由街道或其他机构组建的物业服务企业。

（2）由集体所有制的房地产开发公司组建的物业服务企业，主要管理企业自行开发的各类房产。

3. 民营物业服务企业

民营物业服务企业属于民营性质的企业，组建形式可分为两种：

（1）专营的物业服务企业，主要承接物业市场上的各类房产。

（2）民营开发公司组建的物业服务企业，主要承接自建开发的各类房产。

4. 外资及合资物业服务企业

是以外商独资经营、中外合资经营或合作经营等形式进行运作的物业服务企业。

1.4.2 物业服务企业的组织形式

物业服务企业的组织形式有以下几种：

1. 直接领导式（直线制）

（1）特点：物业服务企业各级领导者亲自执行全部管理职能，按垂直系统直接领导，不设专门职能机构。

（2）适用范围：业务量小的小型物业服务企业。

（3）优缺点：

优点是集指挥和职能于一身，责权分明，指挥及时畅通。

缺点是要求领导者必须熟悉多种专业知识，具备多方面的知识和技能。

2. 部门负责式（直线职能制）

（1）特点：由各级主管人员直接指挥，职能部门专业指导。

（2）适用范围：业务量较大的中、大型物业服务企业。

（3）优缺点：

优点是加强了专业职能管理服务，服务多样化，综合服务性强。

缺点是人员较多，运行成本较高，协调困难，不利于提高工作效率。

3. 项目管理式（矩阵式）

（1）特点：在同一组织中既能设置纵向的职能部门，又能建立横向的管理系统，成员受双重领导，既属职能部门领导，又受项目部领导。

（2）适用范围：业务量较大的中、大型物业服务企业。

（3）优缺点：

优点是充分利用人力资源，解决处理各自范围内的问题，具有较强的机动性和适应性。

缺点是组织机构稳定性较差，机构人员较多，运行成本较高，部门之间关系复杂，协调工作量大，易产生矛盾。

1.4.3 物业服务企业机构设置原则

1. 适应物业项目的规模

承接物业项目时，物业规模的大小决定着组织机构的设置。管理服务规模越大，人员配置也就相应增多，划分的管理服务层次也就越多，部门和职能设置也就越全面，分工也就越细。因此，在机构设置时，必须根据物业规模的大小，重点在保证关键职能的前提下，将几个相关的部门整合成一个具有实力的综合部门，采用一专多能、一职多责的组织机构设置形式，以保障服务目标的实现和任务的完成。同时，减少了部门之间的协调工作量，降低了运行成本，也满足了物业项目的合理运行。

2. 符合统一指挥原则

设置组织机构时，除物业项目的规模因素外，无论进行怎样的组织机构设置，都要服从统一的指挥原则，只有避免多头领导、多头指挥，才能保证正常的运行和领导指挥的畅通，才能提高工作效率和服务质量。

3. 做到权、责明确

物业服务企业各部门和物业项目应做到权责明确、分工到位，把企业的任务和目标层层分解，落实到各部门和项目，有效控制管理行为，实现集权与分权相结合。只有权、责分清，才能做到物业服务企业内人人有事做，事事有人管，避免瞎指挥，有利于提高物业服务企业的管理水平和服务质量，才能在物业服务中赢得业主的信赖。

4. 有利于分工协作

在设置组织机构时，还应从有利于分工协作方面予以考虑。应根据物业规模的大小，确定采用相应的组织机构，尽可能做到在保障物业服务正常运行的前提条件下，合理设置部门，以有利于加强上下级之间的纵向沟通，改善各职能部门、各项目、各岗位之间的横向协作关系。

1.4.4 物业服务企业的运作流程

物业服务企业的运作流程如图 1－1。

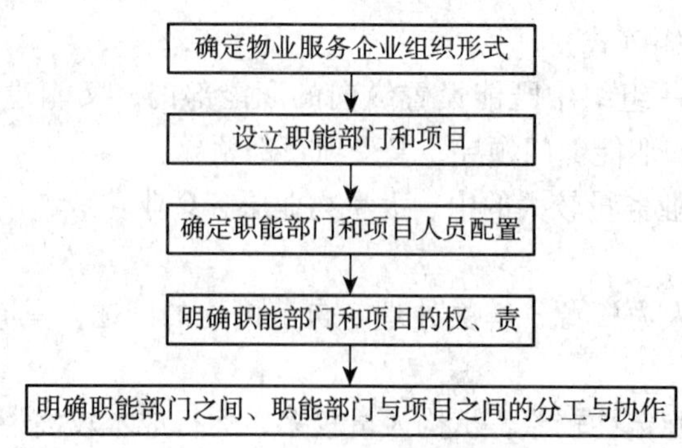

图 1－1　物业服务企业运作流程

1.5　物业服务企业的资质

依据《物业管理企业资质管理办法》，物业服务企业的资质可分为三个等级，即：一级物业服务企业、二级物业服务企业、三级物业服务企业。各等级物业服务企业的具体划分条件如表 1－2。

物业服务企业资质等级表　　**表 1－2**

划分条件＼资质等级	一级	二级	三级
管理物业的建筑面积（m^2）	多层住宅：200 万 m^2； 高层住宅：100 万 m^2； 独立式住宅（别墅）：15 万 m^2； 办公楼、工业厂房及其他物业：50 万 m^2	多层住宅：100 万 m^2； 高层住宅：50 万 m^2； 独立式住宅（别墅）：8 万 m^2； 办公楼、工业厂房及其他物业：20 万 m^2	20 万 m^2 以下住宅项目和 5 万 m^2 以下非住宅项目
资格证书	物业管理专业人员应按照国家有关规定取得职业资格证书	物业管理专业人员应按照国家有关规定取得职业资格证书	物业管理专业人员应按照国家有关规定取得职业资格证书
标准制度	建立并严格执行服务质量、服务收费等企业管理制度和标准，建立企业信用档案系统，有优良的经营管理业绩	建立并严格执行服务质量、服务收费等企业管理制度和标准，建立企业信用档案系统，有良好的经营管理业绩	建立并严格执行服务质量、服务收费等企业管理制度和标准，建立企业信用档案系统
人员要求	物业管理专业人员以及工程、管理、经济等相关专业类的专职管理和技术人员不少于 30 人。其中，具有中级以上职称的人员不少于 20 人，工程、财务等业务负责人应具有相应专业中级以上职称	物业管理专业人员以及工程、管理、经济等相关专业类的专职管理和技术人员不少于 20 人。其中，具有中级以上职称的人员不少于 10 人，工程、财务等业务负责人应具有相应专业中级以上职称	物业管理专业人员以及工程、管理、经济等相关专业类的专职管理和技术人员不少于 10 人。其中，具有中级以上职称的人员不少于 5 人，工程、财务等业务负责人应具有相应专业中级以上职称
注册资本	500 万元以上	300 万元以上	50 万元以上

1.6 物业服务企业的策划和运作框架

策划是人类有意识的实践活动，物业服务企业的策划就是要通过对物业服务市场的调查和了解，在掌握大量信息资源的基础上，结合企业本身的具体情况，通过综合分析、判断，制定企业可持续发展的战略规划，实现企业发展的目标。

1.6.1 物业服务企业的组建

根据物业服务市场的需求，在对物业服务市场的调查、研究的基础上进行综合分析，提出组建物业服务企业的可行性，包括：

1. 企业设定方式

物业服务企业的组建方式，应根据当前的客观条件确定企业的名称和地点，股东共同制定的企业章程，以及股东会、董事会、监事会的产生办法，明确职责权限、议事方法、工作程序等。

2. 注册资金筹划

物业服务企业的注册资金，应按照物业服务企业资质等级规定的数额进行筹划。对于中小型物业服务企业注册资金可由个人认购；对于大中型物业服务企业的注册资金可由股东出资等。

3. 企业规模设定

在设定物业服务企业规模时，不仅要充分考虑当前物业项目的承接情况，而且要以战略眼光考虑企业的发展远景，做到既适应当前物业项目服务的需要，又给企业以后的发展留下空间。

4. 企业服务理念

企业服务理念应表述对物业项目服务的宗旨，明确对业主及使用人进行服务的承诺。提出企业的服务价值观、企业的团队精神、创新意识和质量方针。在服务理念中应充分体现“以人为本”的企业文化。

1.6.2 物业服务企业的管理模式

1. 机构设置

在进行物业服务企业的机构设置时，应结合企业的具体情况，根据已承接物业项目的规模，在符合统一指挥原则的基础上，本着权、责明确且有利于分工协作的条件下，合理地设置管理服务机构。

2. 管理程序

管理程序可采用图表形式表现企业用哪种程序进行管理，以表明物业服务企业的现代化管理程度。一般管理程序如图 1－2。

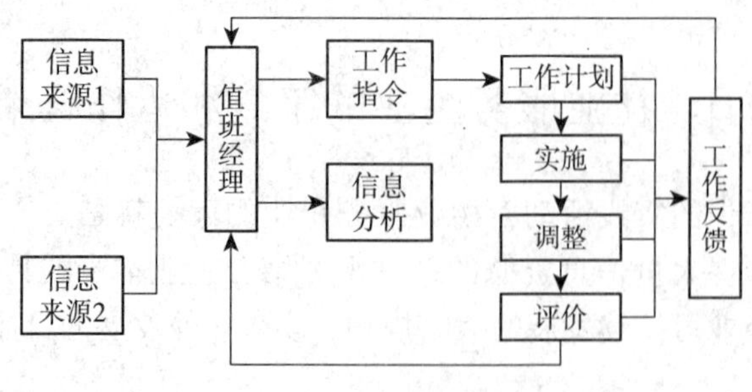

图1－2　管理程序

3. 管理方法

应从运作方式到核算方法进行阐述，以表明企业的先进性、超前性。

1.6.3　物业服务企业的管理目标

1. 总体目标

总体目标是在一个量化的时间内，要求实现物业服务的标准化目标。这个总体目标必须是经过努力可以实现的目标。

2. 分项指标

分项指标是指将物业服务承诺的内容进行分解，并在量力而行的范围内结合业主的期望值提出量化标准，指标体系内要相互关联。如对合理服务的及时率、完好率、满意率等都应该作为专项指标，用以展示物业服务企业的标准化水平。

3. 用优质服务创企业品牌

物业服务企业要在管理范畴内设计管理技术、控制技术、保障技术、专业技术等方面的技术拥有程度，来展示技术支持的力度。通过技术支持的积极实施，展示企业管理服务的科学性，争创优质服务企业，树立企业的品牌。

1.6.4　物业服务企业的管理重点

作为一个物业服务企业，其产品就是管理服务，服务的主体就是“业主”，管理的对象就是“物业”。所以企业的服务管理就应侧重以下几方面：

1. 设施缺陷

因为设施的功能缺陷会影响其使用功能，所以对物业项目所属的建筑物、道路、排水、排污、避雷、路灯照明、消防设施等存在的缺陷应列为管理重点。

2. 设备缺陷

如果设备存在严重的缺陷，应引起高度重视，以免影响设备使用功能的正常运行，故应列为管理的重点。

3. 节能降耗

节能降耗是我国当前的一项主要技术政策，在管理服务中应作为重点进行关注。

4. 核心技术

在物业管理服务中，对能够展示物业服务企业的创新内容、核心技术等，应列为管理重点。

1.6.5 物业服务企业的人力资源战略

人是物业服务企业之本，有了各个层次需要的、配套的人力资源，又设定了好的人力管理机制，企业的发展壮大才有根本的保证。

1. 企业员工的选聘

物业服务企业招聘员工时，要由从业人员的年龄结构、文化水平、技术职称等方面进行考虑，做到既能适应当前物业管理服务工作的需要，又能满足物业服务企业资质等级规定的要求。

2. 用人策略

用人策略是衡量物业服务企业的一项重要工作。在用人问题上，企业必须倡导“以人为本，尊重人性”的核心价值观，把以人为本作为企业人才战略的基石。要构建以人为本的价值改善系统，才能驱动团队群体来实施企业的优质服务目标。

3. 建设学习型的团队

物业服务企业要树立学习型团队的新理念，要探索打造学习型团队的做法，展现其科学性、创新性，要对员工进行全方位的理念教育，岗位技能培训，用以提高管理、服务人员的作业水平。

1.6.6 物业服务企业的约束机制

1. 建立规章制度

物业服务企业要建立既符合国家法律法规，又适合企业本身具体情况的规章制度，做到对业主的任何服务行为都在约束之内。约束机制提倡机制约束，也就是说约束的内涵不仅限于制度约束，而是更全面的机制约束。

2. 约束机制的人性化

管理服务的基本点是以人为本，因此规章制度也应充分体现人性化。企业的规章制度应能被企业员工普遍理解、接受、认可。在制度内容上应从人性的特点考虑，避免不近情理的要求，以确保制度的公正性、严肃性、制约性。

3. 规章制度的执行

企业制订的规章制度应对企业所有员工都有约束力，在制度面前人人平等，只要有人违反，就必须受到惩罚，做不到这一点，制度就失去了公正性，再好的制度也难以起到好的管理效应。

1.6.7 物业服务企业的激励机制

物业服务企业的激励机制是人力资源管理的根本机制。

1. 引进竞争机制

通过引进竞争机制，实行能者上、平者让、庸者下的竞争上岗方式，以促进员工的工作责任心，激发员工的创造性和提高业务水平。

2. 重视人性行为

人性的多种期望会引导人们用行动去实现目标，这种期望能调动人的积极性去实现所期望的目标。所以企业要激励员工上进，鼓励优秀的物业服务人员，不断提高服务工作的品味和质量。只有将企业与个人的目标在一个管理场中进行整合，才能使企业的人力资源动力机制真正发挥作用。

3. 实施管理激励方法

物业服务企业对员工的管理激励方法是多方面的，如让下属参与管理，以提高士气和工作效率；开展各种形式的评优活动，重视绩效考核和物质奖励；实行工资与绩效挂钩，把报酬与工作成果相联系；激励物业人员向更高层次的岗位努力等。

1.6.8 物业服务企业的管理标准

1. 服务管理标准

物业服务企业的服务管理标准包括客户服务管理标准、设施设备服务管理标准、秩序服务管理标准、环境服务管理标准、停车场及车位服务管理标准、紧急事态处理服务管理标准等。

2. 人力资源管理标准

物业服务企业的人力资源管理标准包括岗位竞聘保障、岗位责任保障、专业培训保障、过失处理保障、劳动管理保障、星级评定保障、技术支持保障、档案管理保障等。

1.6.9 物业服务企业质量保证体系

1. 物业服务质量反馈体系

建立业主投诉备档制度，并以此为基础考核物业管理水平和服务质量。在不断征得业主意见和建议的同时，通过优质服务实现业主的需求，并使物业管理服务水平不断提高。物业服务质量反馈体系如图1－3。

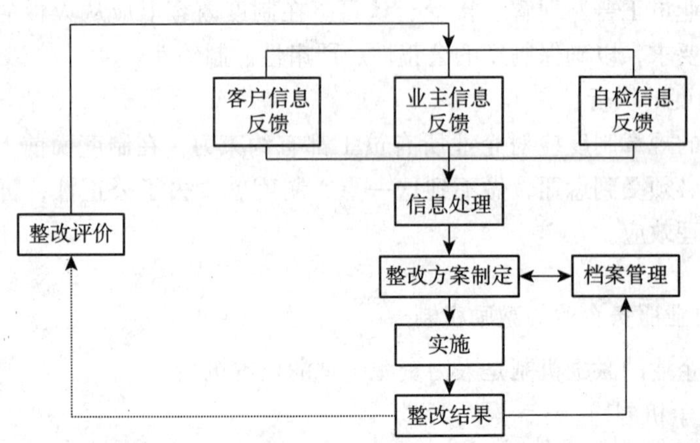

图1－3 物业服务质量反馈体系

2. 物业服务质量控制体系

物业服务企业经理为服务质量总控制，各职能部门负责人为服务质量分控制，专业班组设服务质量控制反馈员，物业服务质量控制体系如图1－4。

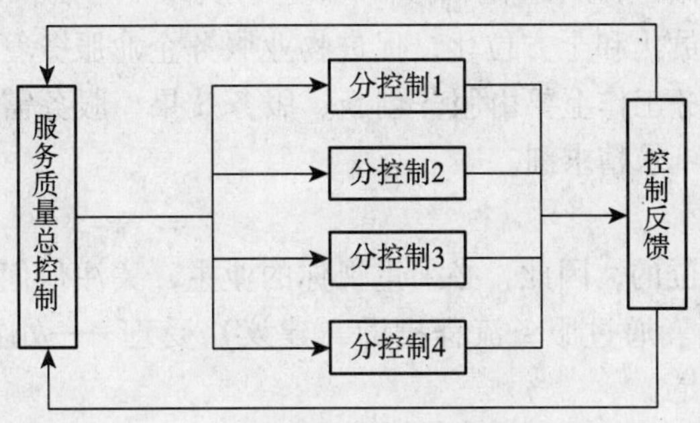

图1－4　物业服务质量控制体系

1.6.10　物业服务企业的财务管理

1. 财务管理要求

物业服务企业应设定财务管理模式，提出财务管理措施，设置财务管理机构及财务人员，建立财务管理制度，加强管理服务成本核算，提出有关财务的管理措施。

2. 监督与审计

物业服务企业要接受业主委员会或业主委托的相关部门审计，根据审计报告，需要及时调整账目和报表，以确保会计资料的合法性、公允性和一贯性，切实保障业主的利益。

3. 财务收支定期报告

物业服务企业要定期向业主或业主委员会公布财务收支报表及分析报告，接受业主的质询和监督。分析报告可从定量和定性两个层面充分反映企业的经营现状及预算的执行情况，并对经营管理中存在的问题提出改进的措施。

1.7　物业服务企业发展要求

1.7.1　规范物业服务企业的经营

1. 管理标准化、服务人性化、过程亲情化

（1）管理标准化：物业服务企业规模化经营需要规范的标准、流程及完善的制度。通过标准、人力资源、制度，使得服务质量和服务效率得以保证。

（2）服务人性化：对不同物业项目、不同的业主体现个性化服务和物业管理，使业主产生愉悦，获得充分的个性张扬和成就满足。

（3）过程亲情化：和谐的物业环境源自于业主共创同守的管理规程，这就体现出亲情化的管理和服务的一个全过程。

2. 细节决定服务品质

物业服务发展是一个全过程，在物业服务过程中物业服务企业应注重物业服务细

节，更应突出服务细节的发现和处理；并从精细管理和精细服务入手，严格按照服务合同承诺的服务内容、服务标准实施管理，从服务的细微处较真。在每个服务细节和服务环节上力争做到精益求精，使物业服务企业管理服务水平从量的积累实现质的飞跃。要求员工从小事做起，从每个操作环节做起，从每一句话和每一个规范动作做起，以推行优质服务的全员化和全方位化，促进物业服务企业服务管理工作的程序化、规范化。在具体物业服务工作上要由服务创新、服务效果、服务需求、服务到位四个方面保障物业服务，做到求精求细。

3. 重视你的业主

业主始终是第一位的，因此，必须重视你的业主，关注他们的每一种需求，每一个投诉，每一句话语。通过服务流程投诉（建议）受理——处置——反馈——回访，使业主的需求得到满足。

4. 依法管理和服务

随着法制的健全，社会对物业管理服务的认知度逐步提高，物业服务企业在承接物业项目时必须依法管理和服务。物业服务企业的角色定位为物业“服务”，由于这个特性也就决定了管理、服务的繁琐和敏感，因此，物业服务企业必须进行定期的法律知识培训。对每一个案的处理、每一规定的出台、每一合同的签订，都要注重评审和法律程序的介入，设法把法律风险降低到最低值，这样既可保障物业服务企业的利益，又能化解业主与物业服务企业之间的矛盾，使物业服务真正走上良性循环的轨道。

1.7.2　提高物业服务企业员工的素质

物业服务企业应对员工进行不定期的针对性岗位培训，主要培训内容包括：物业服务企业的规章制度，质量服务体系标准，国家制定的物业法律、法规，职业道德手册，公共关系知识，仪容仪表行为规范，标准作业规程，业务技能及技能考试等。通过培训提高员工的整体素质，从而使员工业务水平能满足物业服务的需求。

1.7.3　强化物业服务的过程控制

1. 工作任务要量化管理

（1）为了确保物业管理服务的质量，应对各岗位实行量化管理，同一岗位工作定工作量、定工作区域、定工作完成时间。

（2）根据所定的区域量化服务标准，量化各工序的操作过程。

（3）结合员工工作量完成情况，量化监督、考核细则，并贯彻到不同的工作区域和员工。

2. 服务质量监督、检查考核

每日由物业主管、管理员按物业服务企业制定的标准要求，对不同岗位员工的工作质量进行监督、检查，并落实工作完成情况，服务质量达标情况，落实遵守纪律情况，督导存在问题的处理情况。

3. 每日班前班后半小时会议

每日班前班后半小时会议是物业服务质量达标的一个重要手段。班前会议重点是安排当天工作的完成定额、工作进度、完成时间和提出工作中需要注意的事项。班后会议重点是提出当日工作中存在的问题，并提出整改办法，在次日工作中杜绝类似问题的再次发生。

4. 各项服务标准落实到位

结合各岗位服务标准，要求员工熟记操作规程，按照服务标准的要求进行作业，并在工作实践中充分发挥个人业务技能水平，提高物业服务效率，使得物业服务质量能满足业主的需求。

5. 日常的监控与管理

（1）接待工作：物业服务企业要做好业主的接待服务工作，并及时受理和处理业主的投诉、报修、物业咨询等事项。要求服务做到：礼貌、热情、友善、乐观、主动、平等，并及时安排物业相关人员做好服务工作，进而跟踪回访服务工作落实到位情况。

（2）安全防范服务工作：加强物业区域内的安全巡视工作，对进出物业区域的外来人员要进行登记询问，对搬迁物品需由业主证明。充分发挥监控系统高科技设备的使用功能，确保物业区域内的安全。做好物业区域内的消防工作，建立防火责任制，定期检查消防设备，不定时巡检装修现场，查看有无消防隐患。制定一套完善的应急预案。加强物业区域内的交通车辆管理。

（3）环境卫生绿化服务工作：对物业区域进行划分，责任到人，重点将各划分的物业区域内的环境保持整洁。对物业区域内的绿化进行保养，重点做好浇水、修剪、追肥、打药等工作，确保植被完好。

（4）房屋及设施设备管理工作：房屋、设施设备在保修期内应及时将维修情况反馈给建设单位，衔接处理好建设单位与业主的沟通和维修工作。做好房屋公共部位与设施设备的定期保养工作。建立设备台账，并设置标志，每日巡检，并做好巡检记录备案。对物业区域内出现的问题，及时到现场，组织人员进行抢修。对业主家中自用部位的报修服务工作，应采取即时上门与预约上门服务，并对维修服务质量进行跟踪回访。

1.7.4 明确物业服务企业的职责与范围

1. 约定物业服务合同条款

《物业管理条例》规定，物业管理服务是指业主通过选聘物业服务企业，由业主和物业服务企业按照物业服务合同约定，对房屋及配套的设施设备和相关场地进行维修、养护、管理，维护相关区域内的环境卫生和相关秩序的活动。明确了物业服务企业与业主之间法律关系的性质，也就是明确双方权利及义务关系的前提。

2. 明确物业服务的范围

物业服务企业按照物业委托服务合同的授权范围，管理建筑区域内的建筑物及其附属设施。从对物业区域公共设施设备的角度，主要表现为对建筑物及其附属设施、设备和相关场地进行的维护、保养、修缮等行为，防止发生坏损，以保持物业的正常使用功能。从对物业区域环境的角度，主要表现为火警防范、清洁维护、维修公共设施、整理花木等内容，以维持物业区域内环境的整洁美观和良好的公共秩序。

3. 履行物业服务企业的职责

物业服务企业有两项职责，一是对“物”的管理，二是对“人”的服务，依据《物业管理条例》规定，双方可在物业委托服务合同中明确物业服务企业的职责范围，其约定的内容很多，其中约定的内容大致有以下几方面：

（1）贯彻执行国家、省、市对城市物业区域实施物业服务企业专业化管理的有关方针、政策和规定办法，认真落实物业区域内的各项规章制度。

（2）按照物业服务合同约定负责物业区域内的物业管理、经营、服务事务。

（3）负责物业区域内综合性的有偿服务，为业主提供便利服务。

（4）遇到突发事件时，积极组织协调处理。

（5）完成上级有关部门交办的其他工作任务。

1.8 物业服务现状与展望

1.8.1 物业服务现状

目前，全国绝大部分城市已经引进和推广了物业服务新体制，不仅在新旧住宅区全面推广，而且已被工业区、学校、医院、商场、办公楼等各类物业广泛采用。物业服务市场不断成熟，物业服务企业间的竞争不断加剧。截至2007年，全国的物业服务覆盖面已占物业总量的40%以上，从业人员300多万，全国3万多家物业服务企业已由单一的市场竞争发展到全方位的市场竞争。可以预计未来数年内，物业服务行业将在市场机制中通过价值规律以及政府产业政策宏观调控，进入一个企业数量与管理规模的调整期，届时会出现大量的物业服务企业间的兼并或其管理的物业相互调整兼并现象，以使企业数量及其管理的物业面积更趋合理化、效益化，出现较强的社会影响力。

但是，就目前情况来看，由于地区间的物业服务发展不平衡，沿海地区、发达地区物业管理服务发展较快，运作也比较正常；而在边远落后地区，物业管理服务的体系还没有建立，有的地方甚至还没有实行物业管理服务；再加之业主对物业管理服务认识存在着较大的差距，致使物业服务工作中普遍存在困难和矛盾，物业管理服务行业将面临严峻的挑战。

1.8.2 物业服务展望

我国物业服务企业经过20多年的探索和实践，已开始走上区域化管理、市场化经营、集团化发展、法制化运作的道路。区域化管理将逐步取代分割管理的模式，成为物业管理服务的发展方向。市场化经营将打破地方保护主义、本位主义的垄断，成为承揽物业管理服务项目的主流。集团化发展将结束小兵团分散作战的局面，成为物业管理服务行业的主体。法制化运作将结束缺少法规的现象，推进物业管理服务行业走上规范化发展的轨道。

随着互联网技术、通信技术、物业智能化等高新科技的迅速发展，物业服务企业的信息化水平也在不断提高。在物业管理服务中引入诸多高新科技的设施设备，已经是物业服务发展大势所趋。

2 物业服务方案

2.1 物业服务方案的编制原则

物业服务方案是指对物业项目服务工作的具体计划或对物业项目服务制定的策划。对一个物业项目而言，物业服务方案又分为前期物业服务方案和常规期物业服务方案。一般要求在业主大会选聘物业服务企业之前，在进行前期物业服务时，应编制前期物业服务方案。当业主委员会已正式成立，选聘了物业服务企业，并签订了物业管理委托服务合同，开始进行常规物业服务时，则应编制常规物业服务方案。

编制物业服务方案是物业服务企业在物业项目中服务思想的具体化，体现了物业服务企业对该物业项目准备做什么、什么时候实施、由哪些物业相关人员做以及如何做，是对未来物业项目服务行动的指导性文件。物业服务方案是对物业项目的服务构思前景、预测未来，确定欲达到的目的和取得的成绩，估计可能遇到的问题，并提出实现目的的措施、手段，以及解决问题的有效方案，进而确定安排达到满足业主服务需求所进行的必要工作。物业服务方案是调查、预测、预见、策划和预言的过程，也是物业服务企业在物业服务运行过程中的指南。因此在编制物业服务方案时，必须遵循以下原则：

2.1.1 要服务于物业的保值增值

1. 物业服务方案的核心内容是通过管理服务的策划、措施、方法使物业能够保证使用功能的正常运行。

2. 使业主拥有的物业设施设备使用年限有效延长。

2.1.2 要以诚信为前提

1. 物业服务企业是为业主服务的，物业服务方案要展示物业服务企业在服务方面的一些承诺，承诺要以诚信为前提。

2. 物业服务方案对今后的物业服务具有很强的指导性，也是业主检查物业服务工作的依据，诚信就显得越发重要。

2.1.3 要满足人性化设计和使用功能设计

1. 使业主能够感到物业服务企业带来的人性化服务，这是硬件充分发挥使用功能之后的一种亲情服务，在方案中自始至终都要表现出来。

2. 体现出在物业服务方案中每一项服务的功能性，使其能够真正发挥服务功能的作用。

2.1.4 要结合物业项目实际情况

不同的物业项目有各自不同的特点，因此在编制物业服务方案时，必须掌握以下几点：

1. 根据物业服务项目的不同特点、使用功能和业主的不同需求，编制不同的个性化物业服务方案。

2. 物业服务方案的内容必须按照实际情况设定，做到有针对性、有可操作性。

3. 结合物业项目的具体条件，进行人力资源和管理服务内容的优化，在确保管理服务质量的前提下，降低运行成本。

2.1.5 要符合当地自然条件和人文地理

由于我国地域广大，南方和北方、东北和西北等地的气候条件、地质情况、风俗习惯等均有较大的差异，因此在编制物业服务方案时应注意以下几点：

1. 要充分考虑物业项目所在地区的气温、风雨、雷电、冰冻等气候条件，并根据竣工图纸及设施设备的具体情况，提出保养、维护的措施。

2. 要根据物业项目所在地区的地质情况、地下水情况以及建筑物沉降变形等，在满足设计要求的前提下，提出预见性的维护方案。

3. 在物业服务方案中，要充分体现当地的人文环境、风俗习惯、卫生要求等，以适应不同地区、不同人群的需求。

2.2 物业相关技术参数采集

在编制物业服务方案之前，必须通过建设单位对物业项目的介绍以及物业服务企业组织相关人员对准备承接的物业项目进行现场勘察和了解，采集重要的技术参数，特别是要采集到物业相关的设施设备配置情况，物业项目的总建筑面积和实际使用面积，所建物业有哪些优势，存在哪些问题或缺陷等。通过对现场采集到的相关技术参数进行分析，不仅为下一步编制物业服务方案提供了第一手资料，而且有利于设施设备运行中的管理、维护工作。

技术参数的采集可分为以下几个方面。

2.2.1 设备技术参数的采集

设备技术参数主要包括以下内容：

1. 供水排水设备

包括各种加压水泵、深井水泵、热水泵、污水泵、稳压设备、中水处理设备等。

2. 供电设备

包括变压器、高低压配电柜、自备发电机等。

3. 弱电设备

包括电话交换机、卫星接收装置、ICD 数字中心设备等。

4. 制冷供热设备

包括溴化锂直燃机、燃油燃气低压锅炉、高压蒸汽锅炉、换热器、冷却塔、风机盘管、组合空调机、新风机等。

5. 垂直运输设备

包括高速低速电梯、扶梯、专用货梯等。

6. 监控设备

包括闭路电视监控装置、防盗报警系统、机电设备监控系统等。

7. 门禁设备

包括出入口控制系统、智能卡系统等。

8. 消防设备

包括消防水泵、消防定压设备、CO_2 灭火系统、喷淋设备、烟感温感探头、室外消火栓、消防水泵结合器等。

9. 其他设备

包括洗衣设备、厨房设备、擦窗机等。

在采集设备数据时要注意了解设备配置数量、实际运行数量和要求、功率大小、技术性能和规格、生产厂家及地址、联系电话、联系人、厂家维保费用、常用备件费用和保修期限等。并将采集到的有关设备技术参数，列入设备技术参数汇总表，如表2－1。

设备技术参数汇总表 **表2－1**

设备名称	配置数量	实际运行数量	功率大小	技术指标	规格	维保费用	备件费用	保修期限	生产厂家	地址	联系电话
供水排水											
供电设备											
弱电设备											
制冷供热设备											
垂直运输设备											
监控设备											
门禁设备											
消防设备											
其他设备											

注：本表仅列了 9 大类，采集数据时可按各大类中设备的具体规格、型号、数量等单独按类列表。

2.2.2 设施技术参数的采集

设施技术参数主要包括以下内容：

1. 供水排水设施

包括水泵房、饮用水箱及水池、中水清水池、中水处理曝气池、污水集水井、室内外供水、污水、雨水管网等。

2. 强电设施

包括变、配电室、照明及动力供电系统、避雷设施等。

3. 弱电设施

包括电话线路、安防监控中心、有线电视、通信卫星无线系统、室外监控系统、Internet 接入和宽带接入等。

4. 煤气设施

包括室外煤气管网、煤气调压站等。

5. 制冷供热设施

包括锅炉房、直燃机房、新风机房、组合空调机房、风道系统，以及集中供热物业项目的室外热力管网等。

6. 消防设施

包括消防楼梯、正压送风道、排烟道、消防监控中心、消防水系统、消防水池、防火门、防火卷帘、消火栓箱等。

7. 汽车存放设施

包括地下汽车库、地下室入口装置、室内外车位配置等。

8. 污物处理设施

包括化粪池配置、生活垃圾中转站设置。

9. 室外环境设施

包括区域内的交通道路、区域出入口设施、室外路灯及草坪灯、草坪及花池、绿化带、种植屋面、水池、景观等。

10. 其他设施

包括自行车库（棚）、洗浴设施、食堂厨房等。

将采集到的设施技术参数及有关说明列入设施技术参数汇总表，如表 2－2。

设施技术参数汇总表 **表 2－2**

设施名称	数 量	位 置	说 明
供水排水设施			
强电设施			
弱电设施			
煤气设施			
制冷供热设施			
消防设施			
汽车存放设施			
污物处理设施			
室外环境设施			
其他设施			

注：本表仅列了 10 大类，采集数据时可按各大类设施的具体内容单独按类列表。

2.2.3 建筑面积数据的采集

建筑面积数据包括以下内容：

1. 总用地面积

指“国有土地使用证”中红线划定范围内的全部面积。

2. 总建筑面积

指地上全部建筑面积与地下建筑面积的总和。

3. 建筑占地面积

指地面上所有建筑物第一层建筑面积的总和。

4. 容积率

在物业项目区域内总建筑面积与总用地面积的比值，用以反映用地的开发强度。

5. 建筑密度

在物业项目区域内建筑物的基底占地面积与总用地面积的比例（%），用以说明建筑物分布的疏密程度。

6. 绿化面积

包括室外的所有草坪、花池、绿化带以及种植屋面的总和。

7. 业主使用总面积

指业主用房面积的合和。

8. 物业用房面积

指用于物业服务的办公用房、库房的面积。

9. 各户型面积

指物业区域内各种不同户型的面积。

10. 商业休闲面积

指物业区域内的商店、活动室、健身室等面积的总和。

将采集到的建筑面积数据列入建筑面积数据汇总表，如表2-3。

建筑面积数据汇总表 **表2-3**

名 称	数 量	单 位	说 明
总用地面积		m^2	
总建筑面积		m^2	
建筑占地面积		m^2	
容积率			
建筑密度		%	
绿化面积		m^2	
业主使用总面积		m^2	
物业用房面积		m^2	
各户型面积		m^2	
商业休闲面积		m^2	

2.2.4 楼宇特征数据采集

楼宇特征数据包括以下内容：

1. 楼宇幢数

指物业区域内所有楼宇幢数的总和。

2. 楼宇层数

分别指物业区域内各幢楼房的层数。

3. 楼宇面积

分别指物业区域内各幢楼房的面积。

4. 各种户型

分别指物业区域内各幢楼中的户型数量以及各种户型的总量。

5. 总户数

指物业区域内的全部户数。

将采集到的楼宇特征数据列入楼宇特征数据汇总表，如表2-4。

楼宇特征数据汇总表 **表2-4**

名　称	数　量	单　位	说　明
楼宇幢数		幢	
楼宇层数		层	
楼宇面积		m^2	
各种户型		户	
总户数		户	

2.2.5 其他情况采集

1. 人群结构

向销售商了解入住人群分布的具体情况。

2. 物业服务要求

向建设单位或业主委员会了解对物业服务的具体要求。

3. 物业缺陷

在采集这方面的数据时，要反复多次下现场实地了解物业项目的建设情况，发现物业存在哪些缺陷。主要了解地基基础、主体结构、装饰装修、地下和屋面防水、设备设施等方面存在的问题，并进行记录采集。

将以上采集到的数据和问题列入其他情况汇总表，如表2-5。

其他情况汇总表 **表2-5**

项　目	内　容
人群结构	
物业服务要求	
物业缺陷	

2.2.6 市场调研数据采集

通过对物业项目的全方位了解后，应组织相关人员进行市场调研，了解当地同类型物业项目的运行情况，在进行物业市场调研时，要全方位了解以下情况：

1. 同类型物业运行经济指标；
2. 物业服务人员配置；
3. 物业服务收费标准；
4. 物业服务标准；
5. 物业管理服务模式；
6. 运行过程中存在哪些不足之处或长足之处等。

将市场调研采集到的数据列入市场调研数据汇总表，如表2-6。

市场调研数据汇总表 表2-6

调研项目	调研结果	备注
人员配置情况		
物业服务标准		
物业服务收费标准		
其他收费标准		
物业服务模式		
物业运行成本		
节能降耗情况		
人员工资待遇		
物业运行控制情况		

通过市场调研，加以进行综合对比，为下一步方案的编制提供技术保障。

2.3 物业服务方案的编制

2.3.1 物业服务方案内容设置要求

1. 要确定方案的具体章节，并且章节之间要相互连贯，每个章节的编制必须在以后的实际操作中具有可操作性。

2. 各方面要考虑周全，没有纰漏，既能满足双方的需求，又能避免以后出现不必要的分歧。

3. 物业服务方案中提出的各项工作必须满足双方的合同要求，并能满足物业的使用功能，使其充分发挥有效性。

4. 物业服务方案中必须明确提出对物业本身的设施设备的具体运行及维护保养方案，提出设施设备保值增值的具体措施。

5. 按照“量出为入”的原则，根据物业正常运转的成本支出设定物业服务价格。

6. 根据物业项目的面积和服务内容，合理设定人员配备，并依据人员配备及其他方面的因素设定物业服务成本。

2.3.2 前期物业服务方案内容设置

前期物业服务方案的内容主要有以下几个方面：

1. 物业服务企业简介

在前期物业服务方案中主要阐明物业服务企业的企业文化、服务理念、管理模式、发展目标、管理过的项目、目前运行情况等，以此展示出物业服务企业的管理服务能力和实力。

2. 物业项目概述及分析

主要内容应包括：物业项目概述、物业项目特点、综合分析优缺点，了解物业项目存在的缺陷，并从缺陷的种类和数量两个方面入手，摸清底数，以展现物业服务企业对缺陷的弥补和整改的能力。

3. 物业项目管理服务模式

主要应明确提出本物业项目的管理服务定位（用图表形式表现物业服务企业对物业项目采用哪种模式进行服务）、服务流程（主要讲工作程序）、构想、物业理念及保障措施等。

4. 物业服务架构图与人员配置

在物业服务框架中应提出适应本项目的物业服务架构图、人员配置（包括管理人员、各岗位人员）。

5. 物资装备

要充分考虑本物业项目的具体情况和条件，提出启动资金、办公用品、设备工具、保洁绿化耗材及工具、安防用品、消防用品等。

6. 前期物业运行工作计划

对物业项目的运作安排，应包括进驻前各类文件的编制工作、派专职人员进场熟悉情况、员工培训、物业验收移交等工作。

7. 前期物业运行保障措施

为了做好前期物业运作，要求做到数据跟踪采集、人员到位、能源消耗控制、运行成本控制、设施设备运行监控和保养、人员培训、岗位工作明确到位、现场管理到位、工作业绩与工资挂钩、运行动态管理、进场后各类厂家（装饰装修公司）的备案管理及费用管理、现有设施的运行管理（电梯、供水、路灯照明等）。

8. 前期物业验收与房屋移交

应包括验收流程、验收标准、移交程序、移交后的其他衔接工作等。同时，查物业项目所涉及的相关图纸、工程技术档案以及物业单体和综合验收手续。

9. 前期物业服务运行具体工作

如表 2－7。

前期物业服务工作 表2-7

序号	工作内容
1	电梯运行管理（包括：联系厂家、临时处理问题、开启与关闭等）
2	公共区域电表核对与分析计算（表号、指数、位置、互感倍数、用途）
3	公共区域水表核对与分析计算（表号、指数、位置、用途）
4	装修材料运输监管与投诉处理
5	装修审批及装修现场管理
6	监控设备调试与运行
7	安防、消防、车辆管理（现场管理、监督检查、人员调配、训练等）
8	公共区域卫生管理（室外、室内、电梯管理、监督检查等）
9	日常电表、水表核对与供电、供水、开启与关闭暖气工作
10	业主户门钥匙管理（领用与归还）
11	物业全面管理与服务
12	公共区域钥匙管理（领用与归还）
13	房屋移交与手续办理（票据、填写文件等）
14	售电、收费、建立相关台账
15	制冷供暖运行工作（现场管理、设备运行等）
16	全面供暖管理工作（水、电用量等成本核算及建立专项台账）
17	档案完善管理
18	房屋移交后，房屋质量问题的衔接与处理
19	业主接待、咨询、投诉工作
20	现场监督检查工作落实
21	物业运行成本核算（制冷供暖、电、水、人员、物资等）
22	物品采购与发放管理
23	管网系统运行（无负压设备运行、高低压区管网等）
24	库房管理
25	夜间运行管理（安防门卫值班、巡逻、处理突发事件等）
26	人力资源招聘
27	办公室日常工作（文件、人员管理等）
28	各岗位运行记录
29	装修垃圾清运
30	设施设备运行中存在不足之处及改进措施
31	物业运行中，各方面运行数据的收集与分析和改进措施

10. 前期物业中可能预见性问题与应对措施

应提出前期物业中出现的工程质量问题、保修期限问题、返修问题、物业缺陷问题等，并根据存在的问题提出针对性的应对措施。

11. 对设备管理的建议

包括对电梯、供水设备、供电设备、智能化监控设备、地库等管理的建议以及对设备维修服务管理内容与办法，从物业实用角度考虑物业运行的合理建议。

12. 物业成本运行与控制

要建立能源消耗、材料消耗、人员配置费用消耗、办公费用消耗、交通与通信费用消耗等台账（每月进行动态分析）。

13. 前期物业运行记录

应详细说明时间、地点、内容、出现的问题、物业记录人、受理人等。

14. 专项服务内容

其中包括：公共设施、设备维护保养服务、物业共用部位、业主或使用人自用部位维修服务方案、环境保洁服务、公共秩序维护服务、绿化养护服务、车辆停放与疏导服务、业主接待服务、装修管理服务、消防管理服务、档案管理服务等。

15. 应急预案

应急预案是指业主、使用人自用部位停水、停电、停气应急预案；公共区域内停水、停电、停气应急预案；跑水应急预案；业主、使用人自用部位排水设施阻塞应急预案；雨、污水及排水管阻塞应急预案；灭火应急预案、安全防范应急预案、车辆出入与停放应急预案、防风雪灾害应急预案、防汛应急预案、防冻应急预案等。

16. 物业项目管理规定

物业项目管理规定主要包括：

（1）物业区域安防管理规定；

（2）物业区域交通道路、车辆管理规定；

（3）物业区域绿化管理规定；

（4）物业区域环境卫生管理规定；

（5）物业区域燃放烟花爆竹管理规定；

（6）物业区域生活垃圾、装修垃圾、办公垃圾倾倒管理规定；

（7）装修管理规定；

（8）外来人员进出管理规定；

（9）物品放行管理规定；

（10）电梯使用管理规定；

（11）消防管理规定；

（12）车场管理规定；

（13）非机动车辆存放管理规定；

（14）广告宣传、信息发布管理规定；

（15）室外自用设施设备安装管理规定；

（16）临时机动车辆管理规定；

（17）水、电等使用管理规定；

（18）业主房屋租赁管理规定；

（19）公共设施设备管理规定；

（20）收费管理规定；

（21）室外高空管理规定；

(22) 材料吊运管理规定等。

物业项目管理规定可参考本书 9.1 节。

17. 物业服务企业内部管理制度

根据实际情况制定物业服务企业内部相应的管理制度，主要包括：

(1) 物业服务企业首问制度；

(2) 财务管理制度；

(3) 借支与报销制度；

(4) 考勤管理制度；

(5) 计算机管理制度；

(6) 员工培训制度；

(7) 员工守则；

(8) 劳动条例；

(9) 奖罚条例；

(10) 员工职业道德规范；

(11) 安全措施、意外与紧急事故处理办法；

(12) 会议制度；

(13) 保密制度；

(14) 文件档案管理制度；

(15) 印章使用管理制度；

(16) 电话使用管理制度；

(17) 仓库管理制度；

(18) 物品出入库管理制度；

(19) 入户服务规范；

(20) 交接班制度；

(21) 值班制度；

(22) 投诉处理与回访制度；

(23) 办公用品、用具管理制度；

(24) 消防管理制度；

(25) 薪金发放管理制度；

(26) 员工工作服发放管理制度；

(27) 变、配电室管理制度；

(28) 物业服务质量标准；

(29) 员工劳保用品发放标准等。

物业服务企业内部管理制度可参考本书 9.2 节。

18. 物业服务人员岗位职责

根据实际情况制定相应的物业服务人员岗位职责，主要包括以下内容：

(1) 物业服务企业经理岗位职责；

(2) 项目经理岗位职责；

（3）工程主管岗位职责；
（4）综合主管岗位职责；
（5）办公室岗位职责；
（6）采购员岗位职责；
（7）会计岗位职责；
（8）出纳岗位职责；
（9）收费员岗位职责；
（10）绿化员岗位职责；
（11）管道工岗位职责；
（12）电工岗位职责；
（13）空调工岗位职责；
（14）车管员岗位职责；
（15）门卫岗位职责；
（16）巡逻员岗位职责；
（17）监控员岗位职责；
（18）接待员岗位职责；
（19）监督员岗位职责等。

物业服务人员岗位职责可参考本书9.3节。

19. 物业服务费用测算

物业服务费用测算包括以下内容：
（1）物业服务费；
（2）电梯运行费；
（3）地下车库运行服务费；
（4）制冷供暖运行费等。

物业费用测算内容及方法详见本书2.4节。

20. 业主规约

2.3.3 常规物业服务方案内容设置

常规物业服务方案内容包括：
1. 物业服务企业简介及企业文化理念；
2. 物业项目概况及综合分析；
3. 物业服务管理模式及体系；
4. 物业服务定位与构想；
5. 物业服务人员配置与机构设置；
6. 物业人员岗位培训；
7. 物业装备；
8. 物业服务具体内容；
9. 物业服务具体标准；

10. 物业服务质量保障措施及承诺；
11. 物业服务现场监督与管理；
12. 物业服务工作计划与落实措施；
13. 节能降耗管理措施；
14. 社区文化活动的组织策划；
15. 物业常规服务具体方案；
16. 应急预案及保障措施；
17. 物业项目管理规定；
18. 物业服务企业内部管理制度；
19. 物业服务企业岗位职责；
20. 物业服务各项费用测算。

2.3.4 前期物业服务方案与常规物业服务方案的联系与区别

1. 前期物业服务方案与常规物业服务方案的联系

前期物业服务方案所制定的工作内容多，特别是前期物业服务特定内容的合理设定和编制，可为日后常规物业服务奠定基础，对常规物业服务有着直接和重要的影响。在前期物业服务方案中既要体现物业服务企业的常规服务内容，还要体现出在承接物业项目时前期物业服务阶段的具体内容，并使前期物业服务与常规物业服务有机的结合起来进行运作。常规物业服务方案是前期物业服务方案子文件。

2. 前期物业服务方案与常规物业服务方案的区别，如表 2－8。

前期物业服务方案与常规物业服务方案的区别 **表 2－8**

名 称	区 别	相似之处
前期物业服务方案	既有常规物业服务内容，又包含物业共用部位、共用设施设备承接查验、业主入住、装修管理、工程质量保修处理、物业服务项目机构的前期运作、沟通、协调等特殊内容	含常规物业服务内容
常规物业服务方案	常规物业服务内容具体、明确物业服务标准、建立服务质量控制体系及保障措施，重点是对设施设备的运行保养、环境的保洁、绿化的养护、公共秩序的维护与防范、交通车辆的停放与疏导管理、社区文化活动的开展等日常服务性内容	在常规物业服务方案中有一部分内容与前期物业服务方案相同

2.4 物业服务费用测算

2.4.1 物业服务费用测算的重要性

任何一个物业服务项目的成本或支出的内容都是有所区别的，在进行物业服务费用测算时不能超越国家所制定的法律法规范围，因此，在这种情况下，如何科学地计算出每一项具体内容所发生的费用最为关键。如果计算不准确，无论是多是少最终都会使物业服务企业蒙受损失。如果测算少了，将形成支出大于收入的被动局面，以至于影响到物业的正常运行，使物业服务企业蒙受经济损失；如果测算多了，将加大业主的经济负担，也不利于市场竞争。所以，保持一个较为合理的科学而准确的物业服务费用测算标准，就是做好物业服务成本的一个重要环节，在本章中前面所涉及的相关内容就是为物业服务费用测算进行必要的前期准备，都是辅助环节。因此，在作物业服务费用测算前，首先是根据物业项目的要求以及业主的需求进行服务定位，并依照建设部颁布的《物业服务等级标准》（试行）制定出本物业区域内的物业服务标准；其次，根据所制定出的物业服务标准，进行人员配置，通过合理的人员配置和精细到位的项目列支，测算出一个较为合理的物业服务费用标准。物业服务费用测算在方案编制中的地位至关重要，是方案编制当中的核心内容之一，其主要根据是整个方案要体现工作范围、工作标准和服务费用价格，是三个互相密切不可分的重要环节，因此物业服务费用的测算在方案当中地位特殊。服务方案的成与败也取决于物业服务费用的测算，因为任何产品都是用性能价格比进行比较，物业服务是一种产品，它依然依据性能价格，因此物业服务费用在方案当中起到决定性的作用。对我国许多优秀的物业项目不仅要看物业服务标准，而且非常关注价格，而对普通物业项目的服务方案，则更应注重服务费用的测算。

2.4.2 物业服务费用变化因素

在进行物业服务费用测算时，要综合考虑到可能发生的各类变化因素，其中最为重要的因素为：

1. 物价上涨指数的变化；
2. 人员劳务费用随经济发展逐年调整变化；
3. 各种规定费用的变化指数等。

因此，在进行物业服务费用测算时，一定要了解清楚当地变化因素的具体情况和数据，并将变化因素考虑到费用测算中去，避免在测算时漏算这部分变化因素的支出费用。

2.4.3 人员配置及劳动定额

1. 人员配置

在进行物业服务费用测算时，合理的人员配置是制定物业服务费用的重要前提，在费用支出中人工费用占到整个物业服务项目支出的50%以上还要多。因此，人员数量的配置多与少直接影响到费用的变化，但是最终还是以业主的需求和管理服务的标准来进行物业服务费用测算。物业服务企业不可能为了节约支出而减少人员，这样易造成物业服务质量下降或业主遇到问题时不能得到及时的处理，导致无形中增大管理服务方面的风险。根据多年物业服务的实践经验，物业项目服务管理的人员配置可参考表2－9。

人员配置参考表 **表2-9**

序号	服务内容	管理面积	人员配置	配置数量（人）	备注
1	项目负责人		项目经理	1	
2	客户服务	10～30万m^2	客服主管	1	
		5万m^2以下	客服人员	1	
		5～10万m^2	客服人员	2	
		10～15万m^2	客服人员	3	
		以后每增加10万m^2	客服人员	增设1人	
3	工程管理	30万m^2以下	工程主管	1	
			设施运行代班长	1	
			维修代班长	1	
		30万m^2以上	设施设备运行代班长	1	
			机电维修代班长	1	
			综合维修代班长	1	
		每个高压配电室	值班电工	3	
		每10万m^2	水工	1	
			空调工	1	
			维修电工	3	
			综合维修工	2	
		每10部电梯	专职电梯工	1	
4	安全防范	30万m^2以下	安防主管	1	
			安防代班长	3～4	
		每个出入口	门卫	6	
		封闭车库出入口	门卫	3	
			监控安防员	3	兼消防
		10万m^2以下	楼宇巡查员	1	
		10～15万m^2	楼宇巡查员	1	
		20万m^2	楼宇巡查员	2	
		30万m^2	楼宇巡查员	3	
5	环境保洁	10万m^2	保洁主管	1	
			保洁代班长	1	
			保洁员	9	
		10～20万m^2	保洁代班长	2	
			保洁员	17	
		每增加5万m^2	增设保洁代班长	1	
6	园林绿化	30万m^2以下	绿化主管	1	
			绿化代班长	1	
		30万m^2以上	绿化代班长	2	
		30万m^2以下	园艺师	2	
		每增加10万m^2	增设园艺师	1	
		室外6000m^2绿化面积	绿化工	1	
		室内2万m^2建筑用地	绿化工	1	

2. 劳动定额

在物业服务实际运行中，应根据所服务物业项目的种类、条件、面积，给物业服务人员安排监护任务。根据多年物业服务的实践经验，物业服务人员劳动定额可参考表2－10。

物业服务人员劳动定额 **表2－10**

序号	名称	物业面积	劳动定额	备注
1	物业管理人员劳动定额	多层5万m^2以下	每人监护面积2500～3000m^2	
		多层5～10万m^2	每人监护面积3000～3500m^2	
		多层10～30万m^2	每人监护面积3000～4000m^2	
		高层住宅、写字楼5万m^2以下	每人监护面积2000～2500m^2	
		高层住宅、写字楼5～10万m^2	每人监护面积2500～3000m^2	
		高层住宅、写字楼10～30万m^2	每人监护面积2500～3500m^2	
2	安防综合劳动定额	每4000～6000m^2	3人	三班倒
3	机电维修劳动定额	每10万m^2	8～10人	
4	保洁员劳动定额	每4000～6000m^2	1人	

2.4.4 测算依据

物业服务费用测算主要以支出费用为测算依据，在进行测算时，首先是列出详细的支出项目，并根据市场的调研情况和采集到的技术参数进行分析和计算，做到不漏项目，不短缺支出费用；其次是考虑综合的变化因素，将变化部分费用合理的做到费用支出中；再次结合物业项目的特点和制定的服务标准，全面细致的进行分析计算。测算过程中，要按类别进行分类，列出项目所要发生的支出费用，主要包括：人工成本、物料成本、能耗成本、外包费用、办公成本、管理费用、税费等。并将这些分类的项目再进行细化和分解，由各部门或相关人员分别进行单项支出费用计算。

2.4.5 物业服务费用测算时注意事项

1. 要详细地把具体消耗或支出费用进行分解，分解得越具体，才越真实；
2. 全面、不漏项目；
3. 测算依据和参数准确、不用或少用估值。

2.4.6 物业服务费用测算原则

物业服务费用测算必须依据“量出为入”原则。

1. 量出为入是指以物业服务成本支出为依据，设计物业服务费用的一种原则。
2. 量出为入是物业服务成本构成为依据，设计物业服务费用的一种原则。
3. 量出为入是包括全部成本支出为依据设计物业服务费用的一种原则。
4. 量出为入是用积累叠加为测算方法的一种测算形式。

2.4.7 物业服务费用测算的形式

1. 全额包干制测算形式

（1）按照“量出为入”的原则将所有支出成本累计叠加进行计算。

（2）按照累计叠加的方法支出成本包干测算，测算的结果由测算方承担盈亏风险。

2. 酬金制测算形式

（1）支出成本由甲方负责支出，物业服务企业仅获得佣金。

（2）成本在物业服务方案中以实际发生额为基础进行精确计算，然后提供给甲方。

（3）按照测算好的佣金额度支付给物业服务企业佣金。

（4）包括利润、管理费、税金，不包括人员工资等一系列的其他费用。

2.4.8 物业服务费用测算方法

物业服务费用测算方法通常有以下几种：

1. 成本法

是指物业服务企业依照市场行情和物业管理区域内实际发生费用支出的数额，计算出物业服务费用的成本价，并在成本价基础上再考虑一定的利润和不可预见因素费用，即“成本价+利润+不可预见因素费用”构成物业管理区域内的物业服务费用，成本法的关键是收入和支出都是按实际成本计算出的。

2. 对比法（参照法）

在同类物业项目中，某一物业项目的物业服务费用计费标准完善，运行正常，那么其他物业项目的计算费用就可通过对比方法进行分析和运用，并逐一确定每项管理费用的支出和收入。对比法适用于同一个区域或经济发展水平接近地区的同类物业。

3. 经验法

在掌握和了解物业项目情况后，根据以往经验来确定新的物业服务费用。此方法简单，但需要有丰富的物业服务工作经验。

4. 综合法

综合上述3种方法的优点，对多种计算方案反复进行细致的比较、修改，最后制订出最好的物业服务费用标准。此方法具有很强的实用性，因为它吸取了上述诸方法的优点。

2.4.9 物业服务费用的构成

1. 人工费

（1）工资；

（2）奖金；
（3）社会保险金；
（4）公积金；
（5）福利费及其他政府规定企业要计提的费用。

2. 办公费

（1）通信费；
（2）交通费；
（3）办公耗材费；
（4）低值易耗费；
（5）招待费；
（6）培训费；
（7）办公设备折旧费；
（8）能源消耗费；
（9）租赁费；
（10）政府征集的费用。

3. 设施设备日常维护费（主要用于日常的维护费，中修、大修更新改造费由专项维修资金列支）

（1）设备设施维护中的材料费；
（2）设备维护中的消耗费；
（3）代维费；
（4）变电设备的年检费；
（5）配电设备的年检费；
（6）高低压计量设备的年检、年校费；
（7）升降设备的年检费；
（8）设备设施维护中的运输费；
（9）发电设施维护中的运输费；
（10）蓄电池的维修费；
（11）空调机组的水处理费；
（12）换热系统的水处理费；
（13）变频恒压的供水系统消耗费；
（14）避雷系统检测费；
（15）供水设备维护、耗材、运行费等。

4. 秩序维护费

（1）行业管理费；
（2）秩序维护设备的维修、补充费；
（3）秩序维护人员的特殊服装、器械费；
（4）秩序维护人员的装备费；
（5）消防监控设备的维护费、年检费；

（6）消防设备的维护费、年检费；

（7）压力容器维护费、年检费；

（8）烟感、温感设备的维护费、年检费；

（9）灭火器具的检测费；

（10）灭火器具的更换药液（粉）费（分段为20%换药）；

（11）巡更系统维护费；

（12）巡更器具维护费；

（13）监控系统的维护费、耗材费、运行费。

5. 环境维护费

（1）清洁设备购置费、折旧费；

（2）清洁设备维护费；

（3）清洁车辆的燃油费、维修费；

（4）清洁工具购置费、更换费；

（5）清洁药剂耗材费；

（6）洗手间卫生纸购置费，洗手液购置费；

（7）芳香剂购置费；

（8）消杀药剂费；

（9）消杀设备维修费、折旧费；

（10）建筑外檐清洁费；

（11）生活水池（水箱）清洗消毒费；

（12）生活水质检测费；

（13）化粪池清掏费；

（14）生活垃圾中转费。

6. 绿化维护费

（1）绿化水费（每年每平方米浇水1.5～2t）；

（2）绿化设备购置费、折旧费；

（3）绿化设备的维修、耗材费；

（4）乔木、灌木的剪枝费；

（5）绿植施肥费；

（6）草坪剃剪费（每剃剪4000m^2草坪，需用汽油10kL）；

（7）草坪补苗费；

（8）绿篱、花卉补种费；

（9）建筑内花木租摆费；

（10）节日庆典花木租摆费。

7. 公共区域能耗费

（1）公共耗材及电照明耗材及电费等；

（2）公共路灯、草坪灯耗材及电费；

（3）安全指示灯耗材及电费；

（4）变压器损耗、线路损耗费。

8. 不可预见费（总支出费用的3%~6%）

（1）不可预见费是为了项目平稳运行而设定的；

（2）根据意外发生的可能设定专项费用，用于应急状态；

（3）专项费用的比例是可议的，由双方协商确定；

（4）不可预见费的设定是甲乙双方双向获益的一项措施。

9. 物业服务企业管理费（总支出的3%~5%）

物业服务企业管理费的性质：

（1）是为了保证物业服务企业的发展而设定的专项费用；

（2）是项目有偿使用物业服务企业专用技术的一种补偿；

（3）是有偿使用物业服务企业商标专用权的一种补偿；

（4）是物业服务企业管理标准的专有权使用的一种补偿；

（5）是物业服务企业社会价值的一种证明；

（6）是物业服务企业收入的一个组成部分。

10. 税金

（1）税金是指营业税；

（2）所得税由物业服务企业自行交纳，在管理费用中不予列支；

（3）税金比例将根据地方交纳比例上交。

11. 物业服务企业利润

物业服务企业利润比例的设定要根据以下几点确定：

（1）要根据市场竞争的情况而定；

（2）要根据物业服务企业战略选择；

（3）要根据物业服务企业管理成本；

（4）要根据物业服务企业发展长远规划；

（5）要根据物业服务企业取费惯例；

（6）要根据物业服务企业利润，可以是正值也可以是负值。

2.4.10 物业服务费用测算公式

1. 人工费（A）；

2. 办公费（B）；

3. 设施设备日常维护费（C）；

4. 秩序维护费（D）；

5. 环境维护费（E）；

6. 绿化养护费（F）；

7. 公共区域能耗费（G）；

8. 不可预见费（H）$=(A+B+C+D+E+F+G)\times$ _%；

9. 物业服务企业管理费（I）$=(A+B+C+D+E+F+G+H)\times$ _%；

10. 税　　金（J）$=(A+B+C+D+E+F+G+H+I)\times$ _%；

11. 物业服务企业利润（K）=($A+B+C+D+E+F+G+H+I+J$)× __%；

12. 总物业支出费用（L）= $A+B+C+D+E+F+G+H+I+J+K$；

13. 单位面积物业服务费 =($A+B+C+D+E+F+G+H+I+J+K$)/总面积。

2.4.11 物业服务费用测算流程

物业服务费用测算流程如图 2－1。

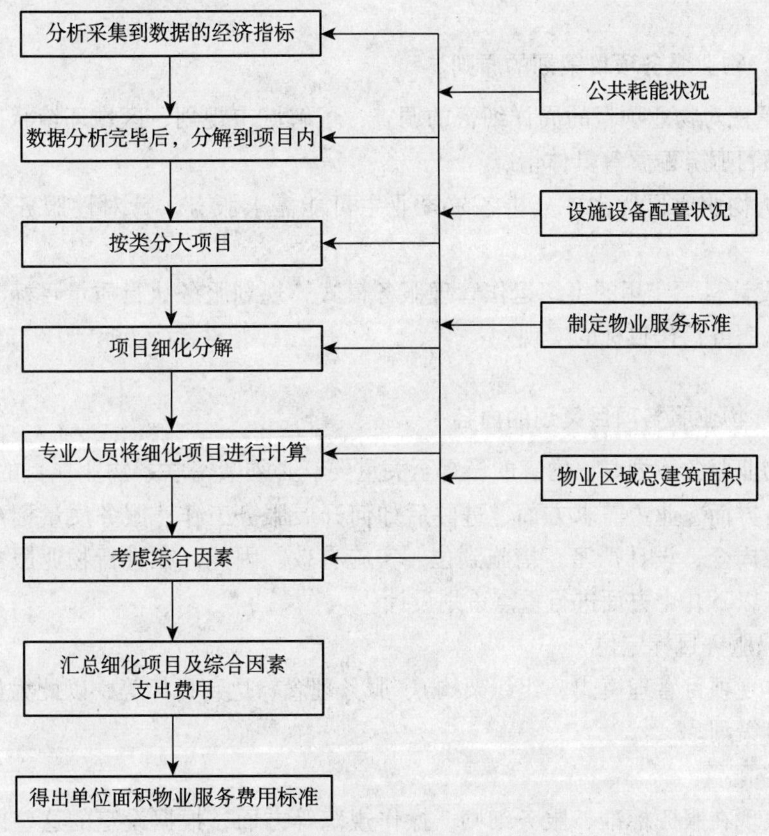

图 2－1 物业服务费用测算流程图

2.5 物业服务项目的策划与筹备

物业服务项目策划是一种程序，是预先决定做什么、何时做、如何做、谁来做的一种工作程序；是把一些存在的事物，按照一定原则或规则作一些联络和组合。因此在进行物业服务项目策划时，应突出物业管理服务的全程性、主题性、系统性。以细致的物业项目背景调查为基础，以准确的市场定位为龙头，以形成模式设计与实施为主线进行重点策划。最终使物业项目策划能满足实施，使实施变为实现，使实现体现实效之目的。

2.5.1 物业服务项目策划的含义

物业服务项目的策划就是通过对物业项目服务目标的定位、物业运行策略的勾画、技术的保障、实际的运作进行的规划设计。物业服务项目的策划是关注业主对物业管理服务需求的满足，关注的是物业细节的完善、物业管理服务的便利与运行成本的降低。侧重服务定位、个性化服务设计、服务品质执行。因此，物业服务项目策划的质量直接关系到今后物业运行和服务质量的提高。

2.5.2 物业服务项目策划的原则

1. 要重视对物业项目的周详细密的调查，了解城市规划、区域环境状况、项目规划定位、项目服务配置等具体情况。

2. 分析物业项目优劣，分析各阶段业主可能需求服务，针对性服务策略与服务模式。

3. 要设计科学实用的组织运作管理服务模式，规划服务执行质量目标与执行运作体系，确保服务运作目标的实现。

2.5.3 物业服务项目策划的内容

在做物业服务策划时，内容的设置至关重要，必须紧密联系物业项目的具体情况，对设施设备方面、业主需求方面、进驻后如何开展服务工作、服务质量标准的设定等都必须考虑周全、设计严密、措施到位、实施有效。因此，在进行物业服务项目的策划时，应从以下几个方面进行重点策划设计。

1. 物业服务目标定位

重点体现项目管理模式（组织架构）、服务理念、达到目标等，以此为依据进行物业服务项目策划。

2. 服务配置

主要表现在服务标准、服务细则、操作规范等方面，根据设定的这些内容进行全方位的策划。

3. 服务品质

通过物业服务质量保障体系、监督检查体系、技能培训体系、应急保障体系等方面的策划，最终在物业运行中符合实际需求，从而达到物业品牌的创立和社会效应。

4. 各项费用测算

物业项目的策划除了硬件和软件等因素外，一个物业服务的好与坏，最为重要的是各项费用设计的是否合理，过多或过少考虑到可能发生的运行费用，将导致物业服务不能正常运行。因此，在测算各项费用时必须考虑周全，尽可能地列清所发生费用的项目内容。如：公共照明费用、电梯运行费用、车库运行费用、监控运行费用等。

5. 具体工作任务制定

具体工作任务的制定就是要认真分析物业项目的具体情况，这是制订计划的根据和基础，所以在策划时重点在法律文本的编制、现场管理与服务具体内容、设施设备管理与养护、环境卫生保洁、绿化养护等方面进行详细的有步骤的实施内容策划。

6. 专业技能培训

物业服务质量的好坏与员工的服务技能有着直接的关系，因此在策划时，重点考虑专业知识培训要求、实际演练要求、技能考核要求、再培训循环计划要求等，通过从这些方面的详细策划，在实际运行中充分得以体现，并达到和满足物业服务质量要求。

7. 现场服务

在物业服务过程中除了上述1~5的策划因素外，现场的管理服务至关重要，因为要将所策划的文本内容通过服务人员在现场具体体现出来，因此，现场的管理与服务是重中之重。在策划时重点考虑现场的监督检查要求、服务到位的具体要求、服务规范的要求等方面进行全方位的策划。

8. 质量跟踪回访

在策划质量跟踪回访时重点策划如何进行回访、回访中的具体要求、回访后如何进行分析。

9. 质量改进措施

在进行质量改进措施策划时，如何将现场检查、回访等环节联系起来，重点策划在服务过程中发现存在物业服务质量不到位时，如何进行服务质量改进。如何将改进措施落实到位。

定服务目标 → 定策略、政策 → 详细内部计划 → 定实施计划 → 达到目的 → 成效评估及反馈

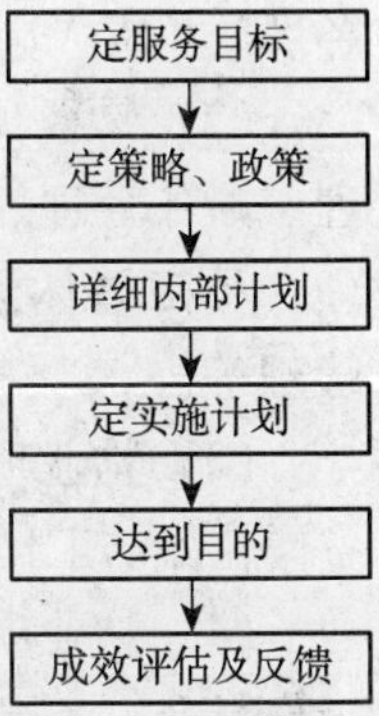

图2-2 物业服务项目策划流程图

2.5.4 物业服务项目策划流程

物业服务项目策划流程，如图2-2。

2.5.5 物业项目筹备

物业项目筹备其实就是对物业服务策划具体实施的体现，是将物业服务策划程序指令下达到相关物业人员执行，并按照程序的顺序逐一落实完成各项指令。如何进行物业项目筹备工作？相关工作人员要将物业服务项目策划整体方案进行认真细致的阅读和分析，了解掌握物业服务项目策划的核心所在，并根据策划的要求，相关人员对策划内容进行详细的分解。

物业项目接管以后，各项工作要以《物业管理委托服务合同》约定的服务标准及其他要求为基础，稳妥有序地开展，重点从保洁、安防、设施设备、绿化等综合服务和日常管理方面做好各项筹备工作。具体应从以下几个方面开展：

1. 基本筹备工作

基本筹备工作主要指物业服务企业对物业服务项目的开办计划，通过购买、调配物业服务企业日常运作所需的设备、用具等，使物业服务企业在物业项目服务中具备办公和为甲方提供服务的硬件环境。具体包括以下内容：

（1）办公设备的配置（办公桌、椅、电脑、打印机、复印机、传真机、文件柜等）；

（2）日常办公用具的准备（办公用品采购、公章雕刻等）；

（3）物业服务企业工作人员的服装制作（含胸卡等）；

（4）安防、保洁等临时工作人员的住宿（包括宿舍、床架、床上用品等，如有需要，还应考虑以上人员的伙食，如煤气灶、煤气罐等）；

（5）维修保养工具的配置。并应结合甲方及自身的实际情况，对以上计划进行合理调整。

2. 制度建立工作

健全的制度是物业服务企业规范运作的基础。物业服务企业在接管期间应高度重视各项制度的健全工作，以公司制定的《物业管理服务标准规范文本》为指导，尽快完善物业项目的各项规章制度。在制度未出台之前，物业服务企业可采取召开专题会议、形成会议纪要的方法来临时规范各项工作，一旦时机成熟，就应形成制度。具体实施包括以下几个方面：

（1）物业项目各岗位的岗位职责。包括：项目经理岗位职责、副经理岗位职责、各部门负责人岗位职责和各基层岗位的岗位职责等。

（2）物业项目日常管理制度。包括：公文管理、印章管理、电脑管理、会议管理、财务管理、考勤管理、值班管理、收费管理、投诉管理、人事管理、维修管理、员工请休假管理、员工仪表仪容及行为规范管理、员工考核管理、员工宿舍管理等。

（3）物业项目清洁工作手册。包括：保洁质量监管办法、各岗位清洁工作标准、各岗位保洁工作程序等。

（4）物业项目安防工作手册。包括：安防工作管理规定、安防岗位设置、各岗位工作标准、各岗位工作程序、保安巡检路线图、人员出入管理规定、人员来访接待管理规定、人员来访接待流程图、车辆出入管理规定、物品出入管理规定、安防装备使用管理规定、安防交接班管理规定、安防交接班程序、安防队列训练内容及标准、文明执勤用语等。

（5）物业项目设施设备管理工作手册。包括：设施设备管理规定、设备台账、各设备的操作规程、各设备的保养维修计划、各设备的维修保养运行记录、各设备故障紧急处理措施等。

（6）物业项目绿化管理工作手册。包括：绿化管理规定、绿化植物台账、各植物的习性及养护方法、各植物的养护计划、各植物的养护记录等。

（7）物业项目紧急情况应急处理程序。包括：常用电话号码、火灾应急处理程序、治安紧急情况应急处理程序、停电应急处理程序、停水应急处理程序、水浸应急处理程序、液化石油气泄漏应急处理程序、新风机防毒应急处理程序、电梯停梯困人应急处理程序、大风应急处理程序、盗警应急处理程序、急救应急处理程序、其他应急处理程序等。

3. 员工岗前培训

物业项目要针对各岗位的特点，对员工的工作能力进行评估，有针对性地开展岗前培训，主要有以下几个方面：

（1）物业项目全体员工了解物业服务企业的发展史、质量方针、质量目标、物业项目的基本情况；物业区域内设备（供水、供电、排水、消防、运载、弱电等）情况；开发单位或建设单位的基本情况；物业管理各综合服务的标准及要求；常用礼仪礼节、常用礼貌用语等。

（2）保洁工：保洁的保养方法、保洁工作标准、保洁工作程序。

（3）安防员：各岗位工作标准、各岗位工作程序及相关的管理规定学习、监控及消防系统操作培训等。

（4）绿化工：绿化养护方法、绿化工作标准、绿化工作程序等。

上岗前培训的具体内容应根据实际情况进行调整。

4. 物业项目筹备工作流程

物业项目筹备工作流程如图 2－3。

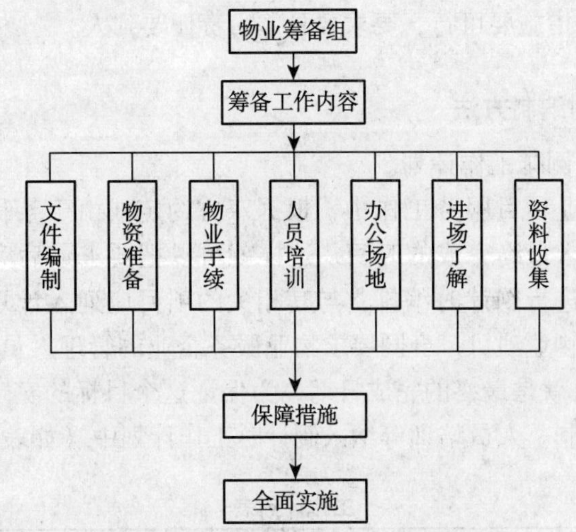

图 2－3　物业项目筹备工作流程图

2.6　物业项目服务工作计划制定

在物业项目运行前要通过对物业项目进行现场了解和熟悉，才能制定严密可行的工作计划，使参与到物业项目的所有工作人员能充分地把工作计划进行分解，并将运行前的准备按时、按质、按量地落实到位，才能保障物业项目的有序运行，才能提高工作效率和杜绝工作杂乱无章的被动局面。

2.6.1　工作计划分类

1. 按时间分类

包括：周工作计划、月工作计划、季度工作计划、年度工作计划。

2. 按部门分类

包括：综合部门工作计划、办公室工作计划、安防部门工作计划、工程维修部门工作计划、经营部门工作计划、财务部门工作计划。

3. 按内容分类

包括：设施设备保养工作计划、培训工作计划、保洁工作计划、绿化养护工作计划、安防消防演练工作计划、采购计划、改造工作计划等。

2.6.2 工作计划编制要求

1. 工作计划编制要围绕着“做什么”、“怎么做”、“做到何种程度”及“什么时间完成”来进行编制。

2. 深入物业项目进行调查和周密的测算，在掌握大量可靠资料的基础上，根据比较、研究和选择，确定各项指标和措施。

3. 计划要明确，措施要可行，要求要具体，责任要到人。

2.6.3 工作计划编制方法

1. 根据时间要求倒排工作计划

在某个阶段的物业项目服务工作中，根据双方约定或由于某种需要，将某一项或某几项工作确定了要求最终完成的时间，这样就可以把要求最后完成的日期作为编制计划的起始点，然后进行倒计时编排，与其相关的项目应列入计划中，用以保证最终目标的实现。如某一物业项目，合同要求物业服务企业的管理人员必须在 5 月 21 日进场管理，则 5 月 21 日就是最终的完成日期，为保证这个目标的实现，把影响最终目标的有关事项如文件编制、人员培训等纳入倒计时工作计划中（如表 2－11）。

工作计划表 **表 2－11**

内容＼日期	21	20	19	18	17	16	15
进场管理							
人员培训							
文件编制							

2. 根据工作内容的轻重缓急进行编排

在物业项目服务工作中，在不同的时间内有不同的工作重点，也就是说根据物业服务工作的进展情况，应明确当前在服务管理工作中的主要问题是什么，要解决这些问题，应该首先抓好哪几项工作，明确哪些工作必须先完成，哪些工作可以往后放一放，然后在工作计划中明确的表示出来。如刚接受物业项目之后，工作的重点就应该是熟悉现场情况，进行资料搜集，做好物业费用测算及编制物业服务方案等，将其列入短期工作计划中，并落实具体人员，提出要求完成工作的日期。

3. 根据短期、中长期规划进行编排

物业服务企业为适应物业市场竞争的需要，由把企业做大、做强的战略高度出发，制订了物业服务企业或物业服务项目的中、长期发展规划，在规划中提出了企业发展的远景和战略目标。

所以，在编制具体的工作计划时，就必须以中、长期规划作为依据，把规划中的目标落实到工作计划中，然后按不同的工作内容，不同的时间期段在工作计划中表述出来，这就是用全部工作计划来落实企业或项目的中、长期发展规划。

2.7 物业项目服务方案示例

××商务大厦
前期物业服务方案

1 ××物业服务公司简介

一、公司概况

我公司是一个自主经营、自负盈亏、具有独立法人资格的专业化物业服务公司，现有员工225人，其中管理人员45人，工程师9名、会计师3名、经济师8名、各类技术人员50余名。公司机构设置为七部一室，即：综合服务部、计划财务部、工程能源部、安防部、经营部、咨询部、家政部、办公室。

公司主要从事物业专项服务、咨询服务、培训服务、顾问管理、房屋维修、房屋租赁及各种特约服务。

公司在日常物业管理服务工作中，严格按照ISO9001/14001体系标准运行，进而使公司的服务质量和管理水平不断提升。

二、企业文化、服务理念、管理模式及发展目标

企业文化：

“努力把我们企业的物业服务做到最好，大家都是这最好中的一员”。

服务理念：

“用心用力用真情、做实做精做到位”，在日常工作实践中不断战胜自我、超越自我，力求管理一流、服务一流、员工素质一流、社会效益一流。

管理模式

运用三个手段 、建设三大品质工程、实现三项要求。

三个手段：

专业化人才；规范化管理；精细化服务。

三大品质：

人才品质；管理品质；服务品质。

三项要求：

工作无差错；管理无死角；服务无挑剔。

发展目标

内强素质，外塑品牌。

三、企业感言

◆ 诚信服务是基础，感动服务是追求；

◆ 用心追求感动，用情营造温馨；

◆ 服务是产品，职工是根本，文化是灵魂；

◆ 高品质为企业代言，品牌的核心是品质；

◆ 精湛的业务，优质的服务，合理的价格，真诚的合作；

◆ 珍惜每一次机遇，做好每一个项目，满意每一位业主；

◆ 也许不会令你最满意，我们一定做得最用心；

◆ 打造精品物业，诚信铸就双赢；

◆ 责任为重，诚信为本，科学管理，稳健经营；

◆ 接一座物业，创一片天地，树一个品牌。

2 ××商务大厦概况及特点

一、××商务大厦概况

××商务大厦是由××市××房地产开发公司开发建设，是一个集办公、居住、休闲、购物、健身、餐饮、养生于一体的多功能的高层综合商务大厦，总建筑面积56963.5平方米，其中地下总建筑面积6559.82平方米，地上总建筑面积50403.68平方米（A座写字楼建筑面积16690.93平方米，B座酒店式公寓建筑面积13352.75平方米，C座商务中心建筑面积20236平方米）。功能分布为：地下一、二层为机房及停车场；地上一至七层（C座）为商务区；地上八至二十三层东半部（A座）为写字楼；地上八至二十三层西半部（B座）为酒店式公寓；顶层为会议中心。建筑结构为钢筋混凝土框架剪力墙结构。规划建设机动车停车位350个，其中地上广场停车位130个，地下停车库（B1、B2）停车位108个，地上立体停车库停车位112个。并配有中央空调系统、智能监控系统、消防监控系统、购电管理系统、热水供应系统以及14部高速电梯等设施设备。

二、××商务大厦特点

××商务大厦是高档的一流综合商务大厦，在对××商务大厦进行物业管理服务时，首先应该了解和认识其特点。

1. 建筑的高档化

××商务大厦是高品位的综合商务大厦，其从规划设计阶段就开始坚持它的高起点、高品位、高质量、高标准以及高科技智能化，也正因为有了这些“高”品质，使得这个综合性建筑群真正体现出了它的高档化。

2. 功能的多样化

根据开发商介绍和我们对大厦的了解，××商务大厦是集商务中心、高档写字楼、高级公寓住宅为一体的智能型综合建筑。其中包括有金融理财、奢品商业街、特色餐厅、咖啡茶艺、美容理疗、康体保健、佛学文化、公寓住宅、高档写字楼以及相关的商务配套服务，充分体现了大厦的多样化、多功能。

3. 设备的智能化

依据开发商提供的相关文件介绍和我们对大厦的分析，××商务大厦为了达到其设计理念和满足高端客户的定位，下一步必将采用智能的机电设备，电梯系统、水电系统、消防报警系统、安全监控系统等。当然真正意义上的智能化大厦是必须使各个子系统集成为一体化并在精细化运作中发挥效益。

4. 产权的多元化

××商务大厦将以销售与租赁相结合的方式推出。其中的商务中心部分是以销售与租赁的形式供客户使用，包括配套的管理、服务用房，其产权均属××商务大厦发展商或者是业主。而所有的写字间、公寓住宅以出售或部分出租的形式交予用户。也就是说，这些用户在拥有了此块物业使用权的同时也拥有了它的产权，这就形成了××商务大厦产权的多元化。

5. 管理服务的复杂化

××商务大厦的市场定位是：金融机构、信息通信、能源化工、地产开发等实力雄厚特大型企业、厂商、办事机构最理想的选择之地。在这些用户中既有国内的大型企业，又有中外合资、外商企业。可见，在××商务大厦办公的企业其性质不同，实力各异。同时，由于××商务大厦各业态的性质不同，必然导致其相对的营业时间的大相径庭；能源供应的不可分性，亦给成本核算带来难度；另外，由于人文文化、生活方式、业主的需求不同，则服务的要求也不尽一样；再者，不同产权人对事物的看法认识也会有所差异。所有这些因素给物业服务企业带来的一个突出问题，就是管理的复杂化。

3 ××物业服务公司管理优势及主要工作

一、××物业服务公司管理优势

1. 我们有一套物业管理服务运作较规范的操作性较强的企业管理制度和质量管理体系。

公司结合实际，认真研究制定了包括各部门各类人员岗位职责、工作流程、工作标准、行为规范、员工培训、人事劳资、目标考核、装饰装修、应急处置九大类70余项管理制度，我们严格执行IS9000/ISO14001质量和环境体系各项条款，进而使公司的服务质量和管理水平不断提升，并且形成了目标明确、职责清晰、纵向到人、横向到边、反应快速、运转高效的工作机制。

2. 我们有一套较为丰富的包括前期物业管理服务的实践经验，并塑造了一批深受广大业主好评、社会广泛称赞的样板物业项目。

多年来，我们在学习借鉴其他物业服务企业的管理服务经验的基础上，结合自身实际，先后总结了常规性公共服务、针对性专业服务、委托性特约服务以及日常卫生保洁管理、环境秩序管理、房屋修缮管理、设施设备管理三类服务四个方面管理，需要把握和注意的环节、重点和具体的办法、措施及对策。同时，对前期物业管理包括方案的策划与制定、人员的设置与培训、资料的准备与发放、业主的入住与管理、楼宇的接管与验收、房屋的装饰与装修等都形成了一套比较成熟的、行之有效的服务体系。

3. 我们有一批从事物业管理服务的专业人才和操作员工。

在人才方面，我公司的特点集中地体现在“三个有”：

一是，有一个团结合作，勤政务实、以身作则、互补性较强的管理队伍；

二是，有一支肯钻研、懂业务、会管理、敬业精神强的专业技术队伍；

三是，有一批默默无闻、兢兢业业、扎实苦干、脚踏实地的一线操作员工。

从管理人员到一线员工的务实精神、吃苦精神、积极进取精神、敢于创新精神、协作配合精神的团队，是一个素质较高的服务团队。

二、××商务大厦物业管理服务主要工作

1. 前期物业管理主要筹备工作

(1) 签订前期物业管理委托服务合同后，主要工作是：

第一步，公司立即组织专门班子，逐步派遣管理人员、工程技术人员以及各岗位人员提早介入大厦实地进行考察，进一步了解掌握大厦的总体情况，积极与开发商、设计和施工单位沟通讨论，主动地就大厦规划设计的合理、设施设备的安装、机电能源的控制、满足业主的使用功能等一系列问题，与相关人员研究探讨，提出物业合理使用的意见和建议。

第二步，将组织有关工程技术人员进一步了解各工种图纸，熟悉掌握房屋结构、各功能布局和性能要求、管线、智能化控制系统等，加强培训，为日后提高物业管理服务质量，奠定良好的基础，为建设单位和业主解决后顾之忧。

第三步，重点抓好对大厦各类设施设备使用功能的了解和运用；了解大厦各类管线的分布情况和走向及具体位置；全面了解大厦设施设备的施工质量特别是重点了解大厦的隐蔽工程施工质量。

第四步，组织专门人员参与楼宇验收工作，协助业主把好验收关。同时对在使用过程中存在的问题，积极协调建设单位和施工单位及时处理，消除业主的疑虑，为业主提供方便，排忧解难。

(2) 公司在签订前期物业委托服务合同后，协助开发商在设施设备配置、使用和管理方面提出合理化建议，同时将参与协助建设单位前期签署设备合同，确保设施设备保修期、质量保证金的合理利用，免受经济损失。

(3) 检查大厦机电设备的配置是否合理，从不同功能和不同业主使用要求、节能要求、安全要求、设备维护的难易程度及费用等方面对各机电系统（电梯、通信、采暖、空调、监控及消防主机、污水处理系统、新风系统、供水系统等）提出选择建议。

(4) 起草相关文件资料如：《业主公约》、《业主手册》、《岗位职责》、《大厦管理规定》及各类表格，确保各项物业服务工作的顺利开展和到位。

(5) 进驻大厦前半个月，组织各岗位人员进行上岗前的技能培训。

2. 进驻大厦后的主要工作

(1) 积极参与大厦后期工程施工质量检查，加强物业建设与物业管理的衔接，借鉴物业服务公司对其他物业项目的前期物业管理服务的实践经验，重视施工阶段特别是后期的工程收尾工作。每个楼宇在使用过程中都不可避免地会暴露出各种各样的质量问题，诸如：卫生间、洗浴间等处的漏水问题，墙体、屋顶的渗水问题，管线的布局问题，垃圾集运站

的设置问题。我公司将根据以往经验，在对大厦了解掌握和日后实施管理服务需要的基础上，提出改进意见和建议，尽量使这些存在问题在工程收尾和工程质量保修期内予以改进和解决。这样就不会遗留下来成为日后使用和管理中难以克服的障碍，还可以为开发商节省时间、提高工程质量、缩短工期及增强售后服务信誉，并确保物业保值、升值。

(2) 认真做好大厦的房屋、设施设备的接管和验收：接管验收是在竣工验收之后的再验收，我公司要把接管验收工作作为前期物业管理的重要环节来抓，集中精力和人力切实抓紧抓好，不走过场，不敷衍应付。接管验收中不仅要注重主体建筑、附属设备、配套设施，还要注重道路、场地等，尤其要重视对使用功能和综合功能的验收。要通过对物业的接管验收，进一步促使施工单位按标准建设，保证建设质量，减少广大业主日后使用中的麻烦。

成立验收小组，技术人员进场了解设备设施，熟悉构造、性能、水电气管线路位置。验收小组核对所接受的资料、物品，同移交人对房屋、功能等进行验收把关，由验收小组填写好工程质量验收记录。对存在的工程质量问题的，验收小组督促限期进行整改，再进行复核验收。对验收达到合格标准的房屋，接受钥匙。

(3) 耐心负责的向业主移交房屋：从下发入住通知、签署业主公约、明确各方权利义务、办理房屋移交手续到发放相关文件资料、移交房屋钥匙、入住路线标示、现场标语布置等都要精细策划安排好。同时帮助业主检查房屋质量，还要协调好业主与开发商之间的关系，做好解释沟通说服工作，消除个别购房者不满情绪，维护开发商的利益，并积极帮助业主解决相关问题。

(4) 进驻大厦后物业综合部门组织卫生保洁人员投入到各楼宇内进行卫生突击清理工作，在交房前，彻底清理干净楼梯间卫生，给业主入住前一个良好的印象。同时要求物业主管开始全面了解和熟悉房屋结构的布局、编号、办理交房的程序、建立业主档案以及组织工程技术人员参与大厦的各项工作。

(5) 进驻大厦后根据实际情况，制定详细的设备、设施及房屋维修保养计划和检查制度等。

(6) 抓好业主装饰装修现场管理工作

1) 严格审批装饰装修方案内容；

2) 对施工队、施工现场提出标准要求，按规定作业；

3) 加强日巡检力度，跟踪管理，确保无违章作业出现；

4) 巡检发现的问题，及时要求业主整改和恢复，并记录在案存档；

5) 加强消防管理、保持公共场所的整洁；

6) 特别要重视检查和防止在装修房屋过程中破坏房屋的承重结构、主体结构、损坏房屋外貌、破坏或改变原有暖通系统、供电系统、给排水系统；

7) 参与室内外装修的竣工验收。

3. 日常的监控与管理

(1) 接待工作：物业管理中心负责业主的接待，处理服务范围内的公共性事务，受理业主的投诉、报修、物业咨询工作。服务做到：礼貌、热情、友善、乐观、主动、平等。及时安排相关人员做好服务工作，并跟踪回访服务工作落实到位情况。

(2) 安防工作：人员统一着装，待人文明礼貌、热情；实行24小时值班和巡视；对进出大厦的外来人员进行登记，搬迁物品需由业主开具证明；充分发挥大厦24小时监控系统的高科技设备，确保大厦的安全；做好大厦内部的消防工作，建立防火责任制，定期检查消防器械，不定时巡检装修现场，查看有无消防隐患；制定一套完善的应急预案；加强大厦的车辆管理和治安管理（疏导指挥、加强巡逻）。

(3) 环境卫生绿化工作：进行楼区划分，责任到人，重点将大厦内公共区域室内环境卫生彻底清理干净，并按标准要求进行日常的卫生保洁服务；同时加大监督检查力度，奖罚分明，充分调动员工的工作积极性；对大厦内的绿化进行保养，重点抓好：浇水、修剪、追肥、打药等工作，确保植被完好。

(4) 房屋及设施设备管理工作：房屋、设施设备的维修如在保修期内应及时反馈给建设单位，协助建设单位与业主的沟通和维修工作；做好房屋公共部位与设施设备的定期保养工作；建立设备台账，并设置标志；每日巡检，并做好巡检记录备案；对房屋及设施设备出现的问题，小修20分钟到现场，中修不过夜，大修及时组织人员进行抢修；对业主家中自用部位的报修服务工作采取即时上门与预约上门服务，并对维修服务质量进行跟踪回访。

(5) 协助开发商筹备××商务大厦第一届业主委员会。

4　××商务大厦物业管理服务总目标、服务定位及构想

一、××商务大厦管理服务总体目标

××商务大厦管理服务总体目标是实现“超然卓异、彰显经典”。

具体做到：

1. 努力将××商务大厦整体打造成为超出一般，超越其他，与众不同的浓缩的“品牌”物业和“经典”物业。写字楼、公寓楼、商务楼，从面积、规模上分析不具优势，但大厦的设计理念、装修档次，特别是管理服务目标和水平定位要高、要超越，要有特点、要有特色。A座写字楼、B座公寓楼管理服务的“品位”、“品质”要有特色，C座商务楼管理服务的档次为“超一流”。

2. 针对××商务大厦A、B、C三个区域、三种类型、不同客户的需求和特点，确定不同的服务理念和目标，提供独特的、个性化的“品质”服务，创造超出客户需求的三个不同风格的“精品”物业。

3. ××商务大厦A、B、C座，无论是大业主还是小业主，其身份与众不同。大厦是汇聚社会精英、企业老板等高端人群的人间乐园；是知名公司、区域办事机构、中外合资企业、特大型国内公司、厂商等特殊阶层和白领人士的精神乐园。

总之，我们对物业管理服务战略策略、经营哲理和目标定位的核心是——“体现卓越，塑造精品，彰显经典”。通过我们的努力，将××商务大厦建设成为与众不同的浓缩的“一流物业”，在着力塑造三个“精品”（三个区域）的基础上，彰显××商务大厦之经典。

二、××商务大厦A、B、C座管理服务定位

1. A座管理服务定位：卓实 卓越 卓绝

通过我们的业务服务，使A座写字楼业主体验到：

第一，实力的象征；

第二，业绩的卓著；

第三，非凡成就感。

2. B座管理服务定位：自如 自在 自我

通过我们的业务服务，使B座公寓楼业主体验到：

第一，方便从容，宁静私密，荣耀尊贵；

第二，自在生活，自然如愿，自在享受；

第三，人生、人权、人性，充分实现自我价值。

3. C座管理服务定位：高贵 高雅 高端

通过我们的业务服务，使C座商务楼业主体验到：

第一，别致的环境，顶级的品味，高端的人士，高档的消费；

第二，前卫、优雅，是令人惊喜的会面、放松和憧憬的场所；

第三，时尚、温馨，是特殊阶层满足特殊生活方式需求的精神乐园。

三、××商务大厦物业管理服务构想

1. 以“自然”为中心的环境保护

我们的自然环保计划的口号是：“保护环境，就是保护生命”。我们具体实施方案是：

(1) 在××商务大厦设计的前提下，建立园艺观赏区。

(2) 利用边角空地，设立不同风格的雕像。

(3) 按照环保要求，实施垃圾集中收取、分类消毒、清运，对污染环境的垃圾密封管理。

(4) 实施控制噪声污染的具体计划，在××商务大厦区域内制定完善的交通管理和噪声控制所需的各类明显标志。

(5) 在××商务大厦各大堂设置天气预报和空气质量分析专栏。

(6) 绿地防虫害、污水排放检测都制定详细的实施计划。

2. 以“科技”为中心的安全保障

安全是业主的第一需求，我们将寓科技于安防之中。

(1) 实施与地方公安、消防部门的电话沟通或微机联网，提高信息传递和安全防范能力，建立业主档案的微机管理系统，提高各类安全消防数据采集的准确性。

(2) 配置必要的科技防护器械和交通、通信设备，防范不测治安事件的发生。

(3) 定期在××商务大厦有线网络、社区网站和宣传角，宣传治安消防知识。

(4) 我们将通过自己的技术力量，对××商务大厦消防安防系统，作必要的智能化改造，使业主的安全有切实的保障。

3. 以“情感”为中心的物业服务

物业服务的核心是“以人为本”。我公司在××商务大厦的物业服务中，通过日常服务，把“情感”传递给广大业主。在管理深度和广度上，我们将尽可能和社会各专业机构联合，满足业主的多方面需求。

(1) 在××商务大厦商务区域建立完善的办公、生活商业网点，在商业面积租赁过程中，应按照总体规划，从满足业主的基本办公和生活需求做起，设置有针对性的商业铺位。

(2) 建立全方位商业服务信息网，充分利用商务中心为业主提供商务和休闲的便利。

(3) 建立××商务大厦网站，实现业主网上信息即时沟通，使业主体验快捷、方便的享受。

(4) 运用物业的管理经验，在××商务大厦逐步引入酒店式公寓管理，以优质服务来满足不同层次业主的需求。

4. 以“升值”为中心的物业养护

物业升值，是每位业主的愿望。一个成功的物业服务公司，表现在所管理和服务的物业，经过精心运作，创造优质服务品牌，以达到楼宇升值的目的。我公司在××商务大厦的管理中，拟通过推行系统的管理规范，提高物业养护和设备管理的力度。制定科学、可行、经济的物业养护和设备保养计划，从节能入手，运用计算机技术实施对物业状况的监控，使××商务大厦的设施设备处于良好状态。同时公司要用好××商务大厦的专项维修资金，专款专用，以维持正常的工作和生活秩序，实现楼宇的升值。

5. 以“人文”为中心的社区文化

社区文化建设，是××商务大厦精神文明建设的重要内容，我们对××商务大厦社区文化活动的总体构想包括；

社区文化三项主题：营造全新的商务理念；热爱生命，保护环境；做新世纪文明使者。

社区文化三项特征：人性化的管理理念；超前性的文化视角；宁静、祥和的文化氛围。

我们拟在××商务大厦社区文化建设中实施以下方案：

（1）开展多种形式的文体活动，丰富业主的文化生活；

（2）建立××商务大厦有线电视网；

（3）建立××商务大厦网站；

（4）设立永久性宣传栏，每月更新内容。

5 ××商务大厦物业管理目标

一、节能控制管理目标

综合节能管理，在智能大厦内是一个重要工作，由于智能大厦的机电设备都采用了自动化的监视和控制，通过节能管理，达到降低大厦运行成本。

1. 空调系统的节能

在满足人体舒适的条件下，根据室外温湿度的变化，动态调节室内温湿度设定值，温度17～28℃，相对湿度40%～70%。冬季取低值，夏季取高值。

（1）冬、夏取用最小风量，过渡季采用全新风量；

（2）根据室内人员变化情况，增减室外新风量；

（3）采用全热交换器，减少新风冷、热负荷；

（4）在预冷、预热时停止取用新风；

（5）根据对不同温湿度的要求，进行合理的温湿度控制区域划分；

（6）加大冷热水的送风温差，以减少水流量、送水量和输送动力；

（7）采用变风量末端控制（VAV），变流量控制（VWV），节省风机、水泵和冷水机组电力消耗；

（8）进行最佳起停和运行时间控制大厦内温度的变化与大厦节能有着紧密的相关性，据美国国家标准局统计资料表明，如果在夏季将设定值温度下调1℃将增大12%的能耗。因此，将大厦内温度湿度控制在设定值精度范围内是大厦空调节能的有效措施。

2. 照明系统节能

（1）适当降低照明度，充分利用日光照明；

(2) 根据外界光线变化，自动调节照度变化；

(3) 根据不同区域对照明的要求，进行照明度的合理调整；

(4) 自动控制公共区域和大厦外立面照明的开启和关闭。

总之，工程管理就是通过中心建立起来的智能系统实现决策、计划、组织、指挥、控制、协调等管理工程的智能化系统，通过这一管理方式和手段，实现智能大厦的最终目的；服务完美，运作方便，快捷高效，降低各类资源的消耗。

二、特约服务管理目标

由于××商务大厦特殊阶层的特殊需求，对物业管理和服务要求相对较高，常规性的综合管理与服务不可能完全满足业主的需要，因此，加强特约服务和增设特约服务的内容是物业管理工作的重中之重。

根据××商务大厦的特点，设置专门的特约服务部，依据业主个性化的需求、当前和未来的需求、社会高端人群需求的发展现状、市场可提供高端需求的设施等，不断地进行市场调研、业主跟踪调查，并组织策划、实施。

三、注重服务质量和服务标准，推行质量环境体系管理目标

××商务大厦定位标准高、技术含量高、服务质量高、岗位条件高，这些因素，就决定了在物业服务过程中既注重服务相关内容，又注重服务水平。因此在服务中，我们将导入质量环境体系标准控制全过程服务。

通过体系的运行，使服务质量符合设定要求，最终达到业主满意，并在实际的工作中运用“PDCA”循环方法进行持续的改进，使该物业运行体系从识别、评价、控制、监视和测量、整改等全过程符合运行要求，实现物业服务再提升。

四、强化应急预案落实与演练的管理目标

高档的综合楼不仅有高端的硬件设施和楼宇外观，当物业进入正常运行阶段时，软件管理就显得尤为重要，特别是在应对突发事件时，应有一系列完善的应急预案应对突发事件。

我公司在日常的物业管理实践过程中总结出一套完整的应急预案体系。预案的落实与演练是物业服务公司员工必修的一门课程，只有通过学习和反复的实际演练，才能在遇到突发事件时冷静应对，排除险情，最终确保物业安全运行。

五、设施设备管理维护保养目标

××商务大厦设施设备的维护保养的基本任务就是要确保该项目之建筑物、内外装潢、基础设施、服务设施、机电设备的完好和正常运行使用，适应该物业项目的办公、居住、车场、商务中心、文化娱乐、外围道路等经营需求，保持并提高“硬件”服务水平，为××商务大厦长远发展打下稳定的基础。

实施综合的维护管理，在实际工作中，通过科学细致程序化的管理手段，完善维护保养组织制度、技术管理、设备计划保养、维修服务、能源和材料管理的实施方案，注重现场控制与操作，最终实现设施设备正常运行。

6 ××商务大厦物业管理服务的具体内容

一、A 座物业管理服务的具体内容

1. 为客户提供办公便利；
2. 公共区域内清洁、室内绿化摆设；
3. 消防、闭路安全监控；
4. 及时快捷维修服务；
5. 公共区域内秩序维护；
6. 一套完整的应急预案；
7. 提供完善的特约服务；
8. 大型文艺演出、体育比赛等重大票务服务；
9. 组织各类文艺演义活动；
10. 代交各类费用；
11. 节日装饰；
12. 保障供给；
13. 商务会展、庆典开业、中介服务、会务（包括：会议策划、通知接送、票务购置、会场安排、灯光音箱、文件制作、礼仪接待、会议摄影、光盘制作、车辆保障等）。

二、B 座物业管理的服务的具体内容

1. 入户清洁服务；
2. 送洗服务；
3. 送餐服务；
4. 商务中心服务（打字、复印、传真、代发报刊杂志等）；
5. 实行服务专员的管家式服务；
6. 房屋代租赁服务；
7. 文化活动服务；
8. 公共区域内设施设备维修保养服务；
9. 客户室内设施设备维修服务；
10. 安全、消防服务；
11. 消防、闭路安全监控服务；
12. 公共区域内清洁、室内绿化摆设服务；
13. 公共区域内秩序维护；
14. 一套完整的应急预案；
15. 保障供给服务；
16. 省城大型文艺演出、体育比赛等重大票务服务；
17. 组织各类文艺演义活动；
18. 高级陪护、料理月嫂服务；
19. 代交各类费用；

20. 电招的士；

21. 节日装饰；

22. 多方合作，提供全方位服务（与鲜花店、生日蛋糕店、报刊杂志社、医疗诊所等协作，使业主足不出户便可享受便捷服务）。

三、C座物业管理的服务的具体内容

1. 对小业主或承租商的管理；

2. 安全防范管理，重点做好公共场所的秩序维护工作，预防和制止可能发生的意外、事故；

3. 消防管理，对做好商务中心物业内部的防火、防盗工作；

4. 设备维护保养管理；

5. 清洁卫生；

6. 车辆疏导与停放管理；

7. 协调管理者与经营者之间的关系；

8. 保障能源供给服务；

9. 劳务招聘服务；

10. 电招的士。

7 ××商务大厦物业管理保障措施

一、指导思想

我们要实现××商务大厦物业管理服务总体目标，就是要在开业运营两年内，使××商务大厦成为精品物业，要实现这个目的的指导思想是：

1. 有效实施物业公司独特的系统管理体系。

2. 制定科学的员工培训计划，建立高素质的员工队伍。

3. 合理配置现代化的物业管理服务设备。

4. 营造富有××商务大厦特色的社区文化。

5. 拥有现代管理学的前沿理论，保证管理上的超前性、创造性。

二、主要措施

为了保证××商务大厦总体构想的实现，我们强调以下几项措施：

1. 建立精干、专业的物业管理服务队伍，公司将选派一批有经验、有朝气的管理人员进入××商务大厦，组建物业服务队伍。

2. 社区“人性化”的服务，尊重每一位业主，尊重每一位员工；营造一种和谐、有序、舒畅的环境和文化氛围。

3. 注重发挥业主的自治、自律的功能，我们将充分发挥业主委员会的作用，建立从写字楼，酒店直至公寓各位业主自治、自律组织网络，通过社区文化活动，潜移默化地增强业主参加管理与服务的意识。

4. 制定质量保证措施

（1）人员培训：对工作人员进行为期10天的上岗前针对性培训，主要培训内容：公司的规章制度、国家制定的物业法律、法规、公司ISO9000和ISO14000质量环境手册、职业道德、公共关系知识、治安防范意识、保密意识、服务意识、仪容仪表行为规范、标准作业规程等培训。培训后达到要求者方可上岗，采用激励机制，优胜劣汰。每月组织一次业务知识学习和每半年岗位业务技能考试。

（2）工作量化：为了确保物业管理服务质量，对各岗位均实行量化管理，同一岗位工作定工作量、定工作区域、定工作完成时间。根据所定的区域量化服务标准，量化各工序操作过程。结合员工工作量完成情况，量化监督、考核到不同的工作区域和员工。

（3）监督、检查考核：每日由物业主管按标准要求，对不同岗位的员工进行监督、检查工作落实完成情况，服务质量达标情况，落实遵守纪律情况，督导存在问题的处理情况。

（4）每日班前班后半小时会议：班前会议重点是安排当天的工作任务、时间进度和提出工作中需要注意的事项，班后会议重点是提出当日工作中存在的问题，并拿出整改办法，在次日工作中杜绝类似问题的再次发生。

（5）各项服务标准落实到位：结合各岗位服务标准，要求员工熟记操作规程，并能在工作实践中充分发挥个人业务技能，提高工作效率，达到要求的服务标准。

5. 实施星级服务

（1）星级服务内容一：酒店式家居服务

- 安全服务：全封闭式科技化管理，24小时值班、巡逻；设有酒店式服务中心；
- 智能化系统：闭路监控系统、门禁对讲系统、电子巡更系统、周界设置红外对射系统等智能化系统；
- 24小时客户服务热线；
- 代缴水电费服务；
- 宠物寄养、急救服务；
- 家政服务：家教、保姆、钟点工；
- 叫醒服务，留言服务；
- 预定及的士叫车服务；
- 提供有偿室内消杀服务；
- 代订牛奶、桶装水、食用油等生活必需品，免费派送；
- 代租房屋：可代收租金；
- 代订电影票；
- 电信、网络服务；
- 干洗：品牌干洗，快捷干净；
- 订鲜花及开办生日庆祝酒会喜宴等；
- 联系专业公司；
- 提供糕点服务（生日蛋糕、月饼等）；
- 社区文化：每年12次，丰富业主文化生活；
- 服务态度：星级酒店式服务标准、微笑式服务。

（2）星级服务内容二：商务服务

- 商务秘书服务：代定客房，票务服务，打印、传真及复印等；

- 商务礼仪服务：代订报刊、杂志；代订娱乐节目门票；代办旅游手续；安排或陪同商务旅游、游览；庆典策划、礼仪接待；
- 报刊杂志、报纸、信函和包裹等邮政服务，免费派送；
- 私人助理；
- 专车接送服务；
- 会议服务：协助接待、会务服务；
- 家庭投资理财（货币兑换等）；
- 代办文件翻译、传译；
- 信息发布：为业主/客户提供各种重大新闻和物业管理服务信息。

8 ××商务大厦物业管理服务组织机构及人员配置

一、组织机构设置的原则

考虑到运作的顺畅，又兼顾服务便捷、规范、到位，既要职责分明管理有效，又要把握人、财、物的合理利用。因此，我们采取条块结合方式设立机构，管理方面采取块块管理有利于高速有效运作，便于专业化管理；服务方面实行条条运作，便于人力、设备的统一调配。这样，条块结合，各取其利，各弃其弊，达到相对完善与统一。

二、物业服务人员标准

物业主管：具有一定的工作经验和组织协调能力并从事本专业5年以上，具有物业服务资格证书，具有大专或大专以上学历；

电气、管道、土建工程师：从事本专业10年以上，具有资格证书并有一定的现场工作经验；

安防人员：安防员全部为部队退伍军人，身高1.75米以上，五官端正，年龄25岁左右，具有一定的文化素质和修养；

保洁员：有一定的工作经验，年龄在25~38岁之间；

电梯员：从事电梯运行工作两年以上工作经验，年龄20~35岁之间；

维修员：具有一定的工作经验和专业技能，年龄25~40岁之间。

三、人员配置

1. 管理人员：

(1) 项目经理： 1人；

(2) A座物业主管： 1人；

(3) B座物业主管： 1人；

(4) C座物业主管： 1人；

(5) 综合服务部部长： 1人；

(6) 工程维修部部长： 1人；

(7) 财务部部长： 1人；

(8) 安防部部长： 1人；

(9) 环境保洁部部长：　1人；
(10) 强弱电工程师：　1人；
(11) 暖通工程师：　1人；
(12) 综合收费员：　1人；
(13) 会计：　1人；
(14) 出纳：　1人；
合　计：　14人
2. 操作人员：
(1) 大厦保洁员：　18人
(2) 大堂经理：　3人
(3) 电工：　2人
(4) 专业电梯工：　1人
(5) 管道、中央空调工：　3人
(6) 司炉工：　4人
(7) 门岗：　6人
(8) 监控员：　3人
(9) 巡逻员：　10人（三班）
(10) 广场疏导员：　3人
(11) 特约服务员：　2人
(12) 园艺师：　2人
(13) 广场保洁员：　1人
(14) 地下停车场：　6人
合　计：　64人

四、工作职能运行流程

工作职能运行流程

如图1

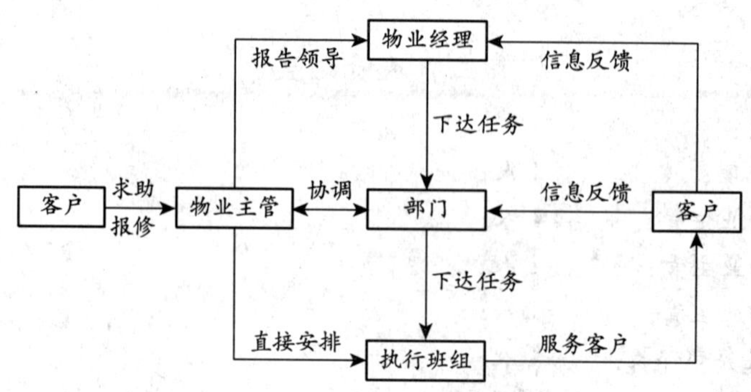

图1　工作职能运行流程图

五、物业管理具体分工

1. 公司总经理

直接领导大厦的一切管理工作，代表公司行使职权，处理日常工作中遇到的重大问题，对重大问题做出战略性决策，制定各年度工作计划。

2. 项目经理

执行总经理交办的工作，负责大厦的一切管理工作及对外事宜，对日常工作中的重大事件提出建设性、合理性的意见和解决办法，提出各年度、季度、月份工作计划。

3. 综合服务部

主要负责日常业主接待、投诉服务；为业主、租户提供一个良好的办公环境，解决业主、租户提出的各种问题及主要负责所管物业区域内物业及业主档案的归集、整理，起草、制定日常管理规章制度，安排、组织各项社区文化活动，在各大喜庆节日做好节日工作安排。

4. 工程维修部

负责大厦区域内所有公共机电设备、设施，确保所有公共机电设备、设施的正常运转及建筑的正常使用，并不断学习以提高设施设备工作效率。

5. 财务部

负责所有物业服务费用的收支，人工工资的发放，各种维修费用的管理，以及物业项目管理服务费用的测算及成本分析。

6. 安防部

负责所管区域内的安全防范工作，对进出区域人员进行登记记录，实施24小时监控，对进出区域车辆进行引导、疏通并做好车辆管理工作。

7. 环境保洁部

负责A座、B座、C座楼宇内公共设施部位及室外环境的保洁、绿化。

9 ××商务大厦物业管理服务要求

一、××商务大厦物业管理服务基本要求

1. 规范化的管理

在物业管理工作中，充分体现及时、准时、快捷；统一化、标准化、规范化；讲究服务礼节，严明工作纪律。

2. 酒店式的服务

在服务过程中，充分体现热情、细致、周到、温馨；充分体现出人性化、亲情化；强调在服务工作中要用心、用力、用真情，做实，做精，做到位的服务理念。

3. 专业化的要求

专业技能化，在物业服务中，做到各岗人员专业技能化，一专多能复合型人才。通过我们的管理给业主创造出一个舒适、优雅的办公生活环境。

二、物业共用部位、业主或使用人自用部位维修服务要求

1. 公共部位的设施、设备的维护和小修

我公司采取定期和不定期巡检相结合的方法，重点维护各楼宇的强弱电、给排水、通风空调、土建装修等方面的维护保养工作。发现问题及时处理，将各类隐患及时排除，对所属物业管理的设施、设备制定完善的保养计划书，建立保养检修制度，并要求工作人员严格按公司制定的物业标准作业规程进行规范的操作。

2. 业主自用部位或所有营业场所的设施维护

对业主自用部位或大厦内所有的营业场所的设施维护，公司将按照有偿服务和特约服务相结合的原则，统一执行公司制定的有偿服务价格标准，明码标价，及时快捷地为业主提供各类的有偿维修服务。

三、共用设施设备维修要求

1. 日常的维护和巡检

日常的维护和巡检管理工作要根据不同季节，不同要求，制定出巡检计划和维护计划，重点巡检维护立体车库、路面、卫生间、道路照明、绿化、供水、供电、供暖、中央空调等公共设施、设备，确保正常使用，雨污水井、落水管、化粪池定时清掏，确保管网畅通。

2. 24 小时应急服务

执行24 小时应急响应服务，设立24 小时热线电话，处理各类相关问题，做到小修不过夜，一般问题不过天，大问题及时组织各专业人员进行应急处理，确保大厦内业主的正常生活和公共设备的正常运行。并做好每日的设备运行登记记录，操作人员严格遵守操作规程及保养规范进行作业。

四、业主、使用人装饰装修服务要求

根据《中华人民共和国室内装修管理办法》，为加强大厦二次装修管理工作，规范装修施工行为，防止因随意装修而造成的房屋结构、外貌等损坏或其他不良影响，以促进物业的保值、增值。特制定本规定：

1. 业主装修前，须向物业服务公司提交装修设计资料并填写《装修申请表》进行备案。

2. 实行《装修施工许可证》制度。施工队进场作业前，须认真填写《装修施工人员登记表》，经审批领取《装修施工许可证》后方可施工。

3. 严格按照《装修申请表》所批准的项目进行施工。超出规定范围的，须再次提出申请，经批准后方可施工。

4. 任何单位或业主装修时均不得改变楼宇外貌及主体结构布局；不得改变原设计的使用功能。

5. 装修施工单位必须按规定在装修施工部位配置灭火器材。易燃易爆的装修材料要专人管理、远离火源，单独存放。在电焊、气焊下方严禁堆放易燃易爆材料。

6. 装修垃圾、余物必须装入编织袋内，按指定地点集中堆放，不准乱抛乱扔，由公司负责统一有偿清运或业主自行拉运。

7. 施工作业时间：××年×月之前装修完毕，不得延长施工作业时间，以免影响他人的正常工作。

8. 物业公司对装修施工实行统一管理，有权按照规定劝诫和制止各种违章行为，并视情节轻重给予如下处罚：

(1) 未经批准，私自装修施工的，属违章行为，责令其补办有关手续；

(2) 凡随意开凿墙洞，损坏外墙面等严重影响建筑结构、外貌的，限令按期恢复原状；

(3) 凡擅自改变室内设施（管道、散热器等）和原设计使用功能并发生渗漏水、电源线短、断路等问题的，限令按期修复；

(4) 凡不按规定时间施工，经警告无效，给予停止施工处理，并视检查认识态度等情况，酌情办理，对施工人员发生偷盗、打架斗殴等事情，视具体情况，或逐其出场、或移交公安部门处理；

(5) 装修期间，严禁从高层抛撒垃圾和其他物品，对装修过程中违章堆放、抛撒建筑垃圾或损坏公共设施、共用管线、走廊地面、电梯等，物业服务公司有权予制止，造成的损失应由肇事人予以赔偿。

9. 装修违章处理

(1) 批评教育；

(2) 责令停工，进行整改；

(3) 责令恢复原状；

(4) 扣留或没收施工工具；

(5) 驱逐施工人员离开现场；

(6) 投诉相关执法部门。

五、物业管理区域内环境保洁服务要求

大厦的物业保洁按工作内容可分为日常保洁和定期清洁，按不同时期可分为开业前和开业后两部分。

1. 开业前保洁

开业前保洁工作的重点是工程及装修施工完成后的“开荒”或大清洁，目的是消除所有施工痕迹，达到正常营业的保洁标准，主要工作内容包括：

(1) 所有公共区域建筑物（含庭院）及饰品外表面的清洁。

(2) 公共区域配套设施、设备的清洁。其中包括：公共卫生间及各类洁具，开水间、垃圾间、电梯、门窗及玻璃、消防楼梯等。

(3) 建立干、湿垃圾站，并配备相应的垃圾桶，联系环卫部门清运生活及装修垃圾事宜。

(4) 大堂及各楼层电梯厅配备立式果皮箱。

(5) 建立各项清洁管理制度。

2. 开业后日常保洁

开业后的日常保洁和定期清洁是对物业的公共区域（含庭院）及配套附属设施、设备的日常保洁，在其营业时间内保持一定的清洁标准，主要包括：

(1) 对物业的公共区域（含庭院）及配套附属设施、设备定期进行彻底清洗。如定期清洗地毯及硬地面，定期清洗大厦的玻璃幕墙等。

(2) 夜间清运各楼层垃圾至垃圾站，并由环卫部门清运消纳。

(3) 定期冲洗地下停车场车道及停车位。

(4) 为业主或租户提供有偿清洁服务。

(5) 公共区域的卫生服务：包括公共卫生间、电梯间、共用楼梯、走廊、大堂、地下停车场等处的墙面、顶棚、地面、门窗、扶手栏杆、饰物、玻璃、标志、灯具、牌匾、道路、庭院的卫生清洁及生活垃圾的收集、清运，以及生活垃圾桶、果皮箱的消杀、大厦内环境卫生的保洁。采用定人、定时、定点、定岗、定标的办法对大厦内公共区域的环境卫生进行标准化保洁，并对办公垃圾、生活垃圾做到日产日清。

3. 卫生保洁服务标准

卫生保洁服务标准如表1。

卫生保洁服务标准 **表1**

序号	工作内容	工作要求	标准
1	室内地面、楼梯、走廊	循环掸尘，煤油拖布平拖1次/日，打蜡保养（地砖）	地面、楼梯、走廊、清洁、无污渍、地面光亮
2	室内扶手栏杆	4次/日擦洗、消毒	无污渍、灰尘
3	饰物、标识、牌匾、开关盒盖	1次/日掸尘、擦洗	无灰尘、污渍、无手印
4	楼梯间、地下停车场所有顶棚、墙面、圆柱	1次/月掸尘、擦拭，每日正常保洁	无拉丝、无灰尘、无污渍、卫生清洁
5	室内不锈钢门框、玻璃、把手	循环保洁、把手要擦拭、消毒	无手印、无污渍、无灰尘
6	室内所有灯具	1次/日擦拭、保洁	无灰尘、光亮
7	卫生间地面	1次/30分钟循环湿拖	无积水、无污渍、无积尘
8	卫生间便器、尿槽、洗手盆	2次/日消毒并循环保洁	无污渍、无杂物清洁光亮
9	卫生间玻璃、窗台	每日正常保洁	玻璃光亮、无污渍、无灰尘
10	卫生间镜面、金属面	循环保洁、擦拭	无污渍、无水渍、光亮、干燥
11	办公区域、商场内及卫生间内垃圾收集、清运	随时收集、清运办公垃圾及卫生间垃圾，随时更换垃圾袋	垃圾筒内无垃圾、垃圾筒内外清洁
12	卫生间窗户开启及更换香球	每日按时开启卫生间窗户，定时更换香球，定时喷洒香液	卫生间保持空气清新无异味
13	踢脚线	每日擦拭一次	无灰尘、无污渍
14	综合大楼门前	循环清扫、定期清洗除尘、保持整洁	地面无烟头、杂物、纸屑、泥沙、灰尘
15	墙角线	每日擦拭保洁	无积水、无杂物、无污渍
16	大院	循环清扫、全天保洁	无积水、无烟头、无纸屑、无杂物、无泥沙
17	商场	2次/日全面清洁、随时保洁	洁净无灰尘、无杂物、无污渍，花盆内无烟头、无杂物

六、物业管理区域内公共秩序维护要求

大厦的安防工作主要由治安防范和消防管理两部分组成。另外，庭院内的交通及车辆管理亦属安防工作的范围之内。

1. 开业前安防工作重点

(1) 制定安全消防管理规章制度，并对安防人员进行严格的入职培训，使其具有高度

的组织纪律性和警惕性。

(2) 明确岗位责任制，加强对设施、设备成品的看管，并配合还在施工中的设施、设备的安装公司进行工作。

(3) 制定来访人员的登记制度，特别要对没有临时出入证的人员给予严格的管理。

(4) 按规定的时间和路线巡视现场，加强消防管理的力度，及时消除安全和消防隐患。

2. 开业后的安防工作

(1) 安全服务工作

1) 24小时安全巡视，一旦发现有安全或消防隐患，及时解决；

2) 涉及人身安全处设明显的标志并采取防范措施；

3) 对火警事故、交通事故、治安事件以及其他紧急情况制定处理预案，发生时及时处理并上报有关主管部门；

4) 与当地的公安部门配合处理违法事件。

(2) 消防管理工作

1) 建立消防责任制，定期进行消防训练，保证有关人员掌握基本消防技能；

2) 对用于消防的设施设备做明显的标志，并对这些标志进行定期检查；

3) 使消防设施设备处于完好状态，并放置合理。定期巡视、检修，保证可随时启用。

3. 安防服务标准

安防服务标准如表2。

安防服务标准　　表2

序号	名　称	标　准
1	政治素质条件	爱岗敬业、恪尽职守、文明值勤、礼貌待人、遵纪守法、团结协作
2	业务技能	了解相关法律及政策法规 具备与岗位职责相应的工作能力
3	着装	着装干净、整齐，无敞怀、挽袖、歪戴帽子
4	仪容仪表	值勤时仪表端庄，精神饱满，不留长发、大鬓角、胡须
5	举止	动作规范、举止文明
6	巡逻	对特定区域、地段、目标进行巡逻警戒，对可疑人员进行询问、检查，发现出的问题及时通报上级，消除安全隐患
7	门卫	对出入口进行值守，维护好小区内的公共秩序和公共安全
8	车辆管理	指挥疏导车辆进出大院，车辆有序停放
9	夜间保卫及消防	夜间保卫巡查记录，消防到位有巡查记录

七、物业管理区域内绿化养护管理要求

大厦区域内的绿地、植被的修剪、浇水、施肥、打药、除草、土质疏松等工作。

八、楼宇设施设备维护管理要求

××商务大厦维修保养的基本任务是确保该项目之建筑物、内外装饰、基础设施、服务设施、机电设备、各智能化系统的完好和正常运行。另外还包括外围道路等服务管理，

保持并提高“硬件”的水平，充分满足“软件”的需要，为××商务大厦的长远发展打下良好的物质基础。

依据××商务大厦目前所提供的设施、设备的情况，我们认为其维护管理的主要内容按照公共服务与特约（有偿）服务分为：

1. 公共服务管理

工程设计并竣工的原有的主体、装修、结构、公共配套设施、基础机电设备、公共服务设施、能源供应等。包括：

(1) 供、配电系统；

(2) 空调系统；

(3) 消防系统；

(4) 上、下水系统；

(5) 热力系统；

(6) 煤气系统；

(7) 通信系统；

(8) 电梯；

(9) 楼宇自动化控制系统；

(10) 主体结构；

(11) 公共区域装修；

(12) 公共区域照明、插座；

(13) 卫生间、茶水房、垃圾间等服务设施；

(14) 办公室内原装灯具、插座；

(15) 办公室内门窗；

(16) 原通信线路及天线。

2. 特约（有偿）服务管理

(1) 增、减原办公室内固定设施或设备（如：灯具等）；

(2) 改变室内原有装修或格局；

(3) 为满足及提高室内或局部使用功能而进行的系统改造或局部改造；

(4) 办公室自用办公设施、设备的维修或制作、安装（如：接线板、办公设备等）；

(5) 厨房及餐厅设备；

(6) 业主申请增加能源供应而发生的各种费用（如：用电增容等）；

(7) 办公室易耗品的更换、维修（如：灯管、插座等）；

(8) 各种经营性协作、配合、设计、审图等。

3. 维修保养时间

(1) 日常维修：早八点至晚六点。排除照明、水电、电梯、通信等的临时或紧急故障、安装小型办公设备等工作。

(2) 定期维修：节假日和下班后，做定期保养和装修改造等服务。

4. 维修管理标准

(1) 各种维修保证质量，不因质量问题出现返工或发生事故。

(2) 服务态度：对所有客户均一视同仁，做到热情、耐心。

(3) 严格按管理程序实施维修服务工作，不推诿、不延迟。各项维修工作按轻重缓急处理（特殊情况除外）。

(4) 紧急故障接通知后立即做出反应，一般10分钟到达现场处理。

(5) 定点维修人员需随身携带方便、快捷的通信工具，如对讲机等，以便可以随时接收调度的紧急工作指令。

(6) 定点值班的维修人员在无维修工作时，除巡视外，不得离开值班室。

(7) 维修工程项目由工程部写出报告，待公司批准后，按计划执行。

(8) 日常维修服务由定点值班维修人员实施，大工作量维修服务另外派人支援。

(9) 各种维修服务需按要求填写工作单，并有签字回执。

(10) 做好各种值班记录、维修记录及巡视记录。

九、交通车辆停泊管理要求

车辆的疏导和停放管理要求做到：

1. 专用停车位，实行入位停车管理；

2. 纠正车辆违章现象；

3. 疏导并保证道路的畅通，特别是在上下班的高峰时间及重大活动时期更要给予有序管理；

4. 24小时专人看管立体车库、地下停车场车辆的疏导、停放管理。

十、特约服务要求

1. 酒店式服务

异地理财：满足投资型客户的需求。

房产管理：使客户的房产始终处于完好、正常状态，这对异地购房客户非常重要。

房产的经营：通过经营使投资者获取一定的回报，同时良好的经营也给房产提供了更大的升值空间。

服务方式：半自助、全自助的服务方式，为业主和租户提供个性化的酒店式共管商务公寓。

2. 居家服务

◎洗衣服务 ◎日常物业管理 ◎送餐服务 ◎钟点工｜保姆服务 ◎托幼服务

◎医疗保健服务 ◎牛奶｜报纸｜鲜花代收代购服务 ◎日常用品代购服务

◎家具物品保管服务

3. 房产服务

◎房产委托出租代管服务 ◎房产维护服务 ◎家庭装修服务

4. 商务服务

◎客房预定 ◎礼仪服务 ◎旅游等友情行程服务 ◎自驾车租赁服务

◎车辆保养、维修预约服务 ◎代订保险服务 ◎商务中心全程服务

5. 主题服务

◎酒会 ◎业主联谊会 ◎传统文化传播会 ◎旅游活动策划及参与

◎赛事活动策划及参与

提供便利、高效、经济的个性服务是衡量物业管理水平的重要标准，随着人们生活水平的不断提高，生活节奏越来越快，因此对于服务行业来说，业主需求的变化已经发展到了不但追求服务态度的热情和耐心，更加强调服务当中的方便与快捷。“一站式”服务顺应了业主需求变化的潮流，全面追求业主的满意。

综合服务部是大厦综合性客服部门，业主只需拨打综合服务部电话，部门就会马上为业主提供各样的帮助或解决各类的问题，使业主的需求能够得到一步到位的解决，而不需要把业主的电话转来转去，从而大大缩短了业主的等候时间。简单来说就是“一个电话帮您把所有的问题解决”。综合服务部的职责是“接收需求、分派任务、跟踪落实、反馈结果”。对于业主的任何要求，综合服务部都会做好记录，通知相关人员跟进，在规定的时间内跟踪落实服务结果。并从中收集业主意见反馈给上级以及相关人员，而对于业主的一些特殊要求也会输入业主档案内，方便以后更好地为业主提供个性化服务。我们将根据项目的结构、地理位置和周边的配套设施情况、业主需求调研结果，总结我们开展特色服务的成功经验，充分考虑居家需求的每一细节，通过提供丰富的特色服务项目，切实提高物业管理水平，也就是说物业服务将围绕物业各用户的居住生活需求，秉承“以业主服务为中心”的理念，开展全方位的酒店式个性服务。

10　××商务大厦物业管理应急预案

一、业主、使用人自用部位停水、停电、停气应急预案

1. 当业主突遇家中停水、停电、停气故障后，及时电话通知物业主管或楼层服务员。

2. 物业公司迅速派相关维修员到达业主家中落实情况，并进行处理。

3. 业主突遇家中停水、停电、停气时，业主电话求助物业，工作人员首先告知是否是由于公共设施设备突然停水、停电、停气而引起的业主户内无水、电、气的原因和大致恢复好的时间；如果不是由于公共部分引起，物业主管迅速到达现场协调处理故障。

4. 检修完毕后，要告知业主是由于什么原因引起的故障，并告知在今后使用过程中应注意的事项和安全。

5. 检修完毕后，工作人员一定要把工作现场清理干净，无杂物。

二、公共区域内停水、停电、停气应急预案

1. 公共区域内停水、停电、停气后，管理中心应迅速通知业主停水、停电、停气的原因和大致恢复好的时间。

2. 告之业主关闭自用的各种电器设备（照明除外）及供水开关、供暖阀门，避免正常运行后家中出现其他问题。

3. 物业公司准备充足的照明工具，各工种的人员迅速在各自的岗位上按操作要求进行应对处理。在最短的时间内恢复供水系统的正常使用。

4. 锅炉司炉员严格按照锅炉司炉的应急措施进行处理，保证锅炉设备安全停运。

5. 组织安防员加紧区内巡逻、守护，防止盗窃、火灾等事件的发生。同时，指派专人加强进入大厦人员的登记工作。

6. 物业公司迅速组成有各工种的抢修组，重点检查供水、供电、供气设备的故障点。

7. 物业主管迅速向项目经理汇报大厦停水、停电、停气的原因及抢修人员的安排情况、目前抢修进度情况、所需应急物资材料情况，请主管经理指示。

8. 通知公司办公室采购人员在最短的时间内购置回所需的物资材料，并运到抢修现场。

9. 物业接待员应坚守工作岗位，随时接待、接听业主的问询，并保持与现场抢修组的联系，随时了解抢修的最新动态。

10. 根据现场处理情况，做出最后送电、送水、送气的具体时间，同时要求业主自行检查各自室内设施的开启情况。

11. 检修完毕并符合要求后，正式供水、供电、供气。

三、业主、使用人自用部位排水设施阻塞应急预案

1. 当业主、使用人自用部位排水设施发生阻塞现象后，如业主、使用人不能自行处理，应立即通知物业公司，说明堵塞地点。

2. 接到业主、使用人的报修后，工程部应立即组织人员，配带相应的疏通工具到堵塞地点，查看堵塞情况，提出处理办法，并安排专业人员进行紧急处理。

四、雨水、污水及排水管阻塞应急预案

1. 工程部应定期对所管物业区域内的雨水、污水及排水管道进行清扫、疏通。

2. 雨水、污水及排水管发生阻塞后，物业管理中心应立即通知工程部进行疏通。

3. 工程部迅速组织人员到达现场进行疏通及污水导流。

4. 疏通完毕后，工程部经理应向项目经理报告疏通情况，并将雨水、污水及排水管道疏通情况记录备案。

五、电梯故障应急预案

1. 任何员工接到业主报警或发现有乘客被困在电梯内，应立即通知安防消防监控室，同时记录接报和发现时间。

2. 安防消防监控室接报后应一方面通过监控系统或对讲机了解电梯困人发生地点、被困人数、人员情况以及电梯所在楼层，另一方面通过对讲机向安防部经理或当班领班汇报，请求派人或联系工程部前往解救。

3. 安防部经理或当班领班接报后，立即亲自到场或派员到场与被困乘客取得联系，安慰乘客，要求乘客保持冷静，耐心等待求援。尤其当被困乘客惊恐不安或非常急躁，试图采用撬门等非常措施逃生时，要耐心告诫乘客不要惊慌和急躁，不要盲目采取无谓的行动，以免使故障扩大，发生危险。注意在这一过程中，现场始终不能离人，要不断与被困人员对话，及时了解被困人员的情绪和健康状况，同时及时将情况向公司总经理或值班经理汇报。

4. 工程部经理或值班人员接报后，应立即派人前往现场解救，必要时电话通知电梯维修公司前来抢修。若自己无法解救，应设法采取措施，确保被困乘客的安全，等待电梯维修公司技工前来解救。

5. 若工程部和电梯维修公司都无能力解救或短期时间内解救不了，应视情况向公安部门或消防部门求助（应说明求助原因和情况）。向公安、消防部门求助前应征得公司总经理

或值班经理的同意。

6. 在解救过程中，若发现被困乘客中有人晕厥、神志不清（尤其是老人或小孩），应立即通知医护人员到场，以便被困人员救出后即可进行抢救。

7. 被困者救出后，安防部经理或当班领班应当立即向他们表示慰问，并了解他们的身体状况和需要，同时请他们提供姓名、地址、联系电话及到本小区事由。如被困者不合作自行离去，应记录下来存档备案。

8. 被困者救出后，工程部应立即请电梯维修公司查明故障原因，修复后方可恢复正常运行。

9. 安防部经理或当班领班应详细记录事件经过情况，包括接报时间、安防和维修人员到达现场时间、电梯维修公司通知和到达时间、被困人员的解救时间、被困人员的基本情况、电梯恢复正常运行时间。若有公安、消防、医护人员到场，还应分别记录到场和离开时间、车辆号码；被困人员有伤者的，应记录伤者情况和被送往的医院。

10. 工程部经理或值班经理应详细记录故障发生时间、原因、解救办法和修复时间。

六、消防应急预案

为有效地预防大厦内火灾的发生，最大限度地减少火灾损失，消防领导机构可根据大厦的实际情况和特点，对大厦内火险隐患较大的部位，进行重点防火确定，并在重点部位设置标志。

1. 灭火预案要求

（1）消防器材准备齐全，灭火器在有效期内。

（2）消防演习的具体组织时间为每年10月。

（3）每年9月前准备演练计划。

（4）每年检验消防组织机构是否合理，有无人员短缺。

（5）消防主管具体实施。

2. 基本情况

（1）认真填写大厦周围及区内消防情况报表。

（2）检查大厦内所有消防井、浇花井的消火栓、阀门是否能正常使用，并绘制位置图。

（3）物资准备充分（灭火器、消防水带）。

3. 消防队员均有明确职责和分工，“四懂四会”须人人掌握

（1）懂本岗位的火灾危险性，会报警。

（2）懂预防火灾的措施，会使用消防器材。

（3）懂灭火方法，会扑救初期火灾。

（4）懂逃生方法，会组织人员疏散逃生。

4. 工程维修配合，保证消防供水和应急照明。

5. 及时与消防部门取得联系，告知火灾情况和发生火灾的具体位置。

6. 着火后的人员疏散

（1）当遇到险情后，消防主管安排专人紧急疏散周围群众，将现场进行紧急控制，不得随意进入出事现场。

（2）将现场保护好并拉起隔离带，防止他人破坏，并组织人员将老、弱、病、残、孕、婴人员及时送出出事现场。

（3）当发现有人受伤后，应及时进行抢救并拨打“120”急救电话。

7. 报警

我公司全体员工及大厦业主在大厦内发现火灾均应及时报警，为减轻消防部队的压力，最大限度地减小损失，应遵守以下规定：

（1）火势比较大，靠大厦物业公司自己的力量难以扑灭的，应立即拨打“119”并上报主管领导。

（2）重点部位或其邻近区域发生火灾，靠大厦物业公司自己的力量无法短时扑灭的，并有可能危及重点部位的，应立即直接拨打“119”并上报主管经理。

（3）一般火灾情况（火势较小，火势发展慢；靠大厦物业公司自己的力量可以扑灭），应先上报主管领导，由安防部自行处置。

8. 灭火指挥

大厦项目经理和安防、工程维修共同组成灭火指挥部，大厦物业管理中心领导担任总指挥，其他二人为副总指挥。总指挥负责全面工作，副总指挥协助总指挥工作，同时负责分管的工作。安防领导负责灭火指挥，现场保护和协助公安消防部门勘察现场，另一位领导负责火灾现场及其周围的治安秩序的维护，工程维修负责后勤保障。总指挥和副总指挥在灭火过程中均有权调动全大厦的一切人力、物力，任何单位和个人均无条件服从。

总指挥部下设联络组、灭火组、治安组和后勤组，各组长分别组织各组员完成总指挥下达的任务。

9. 灭火

火灾发生后，首先由义务消防队的灭火组先实行灭火措施，然后总指挥部根据火场的情况调集力量，由灭火组组织全体人员灭火。各单位发现火灾后，领导要立即组织本单位力量，随时准备接受指挥部交给的灭火任务。

10. 清理现场

火灾扑救完成后，待公安部门勘察完现场，经总指挥部允许，后勤组可督促协助火灾发生单位清理火灾现场。

11　××商务大厦物业管理服务费用测算

一、电梯费用测算及标准

电梯费用测算及标准如表3。

电梯费用测算及标准　　**表3**

一、电梯运行电费	
14电梯运行电费合计	64080元/（月·14部）
二、电梯固定规费	
14电梯固定规费合计	1340.83元/（月·14部）
三、维保费	
14电梯维保费合计	8400元/（月·14部）
1.88元/（月·m^2）	

二、中央空调费用测算及标准

中央空调费用测算及标准如表4。

中央空调费用测算及标准　　表4

一、直燃机	
合　计	131481 元/月
二、泵	
合　计	115200 元/月
三、新风机	
合　计	27000 元/月
四、冷却	
合　计	10080 元/月
五、水	
合　计	828 元/月
六、盐	
合　计	288 元/月
七、人工费	
合　计	7800 元/月
八、维修费	
合　计	3002 元/月
总合计	295679 元/月
5.20 元/（月·m^2）	

三、管理服务费用测算

在进行物业管理服务费用测算时，可参阅本书2.4.9、2.4.10，本示例仅将其计算结果列入表5中。

物业管理服务费用测算汇总　　表5

一、人员费支出	
合计	62400 元/月
二、设备维护及材料消耗	
合计	4639.22 元/月
三、办公费用	
合计	1992.40 元/月
四、秩序维护费	
合计	1550 元/月
五、环境维护费	
合计	1150 元/月

续表

六、绿化维护费	
合计	1350元/月
七、公共区域能耗费	
合计	3620元/月
八、不可预见费	
合计	3835.09元/月
九、物业服务企业管理费	
合计	3221.47元/月
十、税金	
合计	7747.63元/月
十一、物业服务企业利润	
合计	7320.46元/月
十二、总支出	
合计	98826.26元/月
十三、每平方米管理服务费	
合计	1.8元/（月·m^2）

12 ××商务大厦物业管理服务物资装备计划

一、办公物品计划

办公物品计划如表6。

办公物品计划表 表6

序号	名　称	数量	大约金额（元）	备　注	需用时间
1	电脑	2	4500	财务、办公室	
2	打印机	1	1000	财务、办公室共用	
3	饮水机	1	300	财务、办公室共用	
4	电风扇（普通）	3	520	财务、办公室	
5	保险柜	1	2000	财务专用	
6	办公桌	7	3500	财务、办公室	
7	办公椅	7	1500	财务、办公室	
8	茶几	2	1500	办公室	
9	沙发	1	2800	办公室	
10	玻璃档案柜	4	3000	档案专用	
11	五节柜	2	2500	办公专用	
12	业主接待用椅	6	1000	接待室专用	
13	验钞机	1	500	财务专用	
14	办公用品		300	财务、办公室	
15	电话机	2	300	财务、办公室	
	合计		23420		

二、安防物品计划表

安防物品计划如表7。

安防物品计划表 **表7**

序号	名　称	数量	大约金额（元）	备　注	需用时间
1	应急灯	4	160		
2	对讲机	6	3000		
3	胶皮警棒	3	210		
4	暖水瓶	2	90		
5	办公桌	2	500		
6	雨具（含雨鞋）	5	400		
7	更衣柜	2	800		
	合　计		5160		

三、保洁物品计划表

保洁物品计划如表8。

保洁物品计划表 **表8**

序号	名　称	数量	大约金额（元）	备　注	需用时间
1	拖布专用桶	4	200		
2	扁铲	6	50		
3	喷壶	4	200		
4	钢丝球	2袋	10		
5	塑料球	2袋	10		
6	拖布	15把	200		
7	毛巾	30块	50	洗浴废毛巾	
8	细笤帚	20把	100		
9	高粱笤帚	20把	100		
10	扫帚	20把	80		
11	洗衣粉	4袋	50		
	合计		1050		

四、绿化物品计划表

绿化物品计划如表9。

绿化物品计划表 **表9**

序号	名　称	数量	大约金额（元）	备　注	需用时间
1	平剪（绿化）	2	160		
2	手剪（绿化）	2	60		
3	喷雾器（绿化）	1	120		

续表

序号	名　称	数量	大约金额（元）	备　注	需用时间
4	尖锹	3	60		
5	小方锹	3	60		
6	打草机	1	2400		
7	绿篱机	1	2500		
8	手　锯	1	10		
9	草坪耙子	1	80		
10	平车	1	500		
	合　计		5950		

五、维修工具计划表

维修工具计划如表10。

维修工具计划表　　表10

序号	名　称	数量	大约金额（元）	备　注	需用时间
1	万用表	1部	170		
2	摇表	1部	150		
3	电流钳式表	1部	80		
4	电笔	3支	12		
5	电工配套工具	2套	100		
6	绝缘靴、手套	2付	100		
7	卷尺（5m）	4个	32		
8	钢尺（1m）	1个	29		
9	角尺（300mm）	1个	7		
10	铁皮剪	1把	16		
11	画规	1个	25		
12	玻璃刀	1个	38		
13	小型潜水泵	1台	350		
14	安全带（含大绳）	1付	230		
15	焊帽	2个	18		
16	4m铝合金梯	1个	2235		
17	氧气、乙炔带	30m	300		
18	焊枪、割枪	各1把	126		
19	高腰雨靴	4双	160		
20	平车	2部	560		
21	活扳手	1套	300		
22	开口扳手	1套	280		
23	梅花扳手	1套	350		
24	套筒扳手	1套	260		
25	锉　刀	1套	270		
26	电　锤	1个	1500		

续表

序号	名　称	数量	大约金额（元）	备　注	需用时间
27	普通手枪钻	1个	460		
28	台虎钳（6寸）	1个	260		
29	压力钳（4寸）	1个	160		
30	手把角磨机（100型）	1台	280		
31	小型两用电焊机	1台	690		
32	黄油枪	1把	88		
33	改　锥	1套	150		
34	平嘴钳	4	85		
35	尖嘴钳	2	45		
36	管　钳	1套	350		
37	榔　头	4	60		
38	锯　弓	2把	23		
39	工具箱	3个	195		
40	工具柜	2个	300		
41	货　架	2个	450		
42	疏通机	1个	1600		
43	套丝器	1个	200		
44	热熔器	1个	100		
45	铆钉枪	1个	100		
46	压线钳	1套	450		
	合　计		13744		

13　××商务大厦物业管理规定（略）

14　××商务大厦物业服务人员岗位职责（略）

本物业服务方案仅供参考，其中：物业项目管理规定、物业服务企业内部管理制度、物业服务人员岗位职责等在本示例中略去。

3 物业服务企业经营与管理

经营与管理是密不可分又有区别的两个不同概念。管理是管理职能的延伸和发展，管理目的在于提高物业管理服务水平和提供优质的服务，提升物业服务企业的整体综合能力，而经营的目的在于追求物业服务企业的经济效益。所以，经营与管理是体现物业服务企业的经营效益和服务质量的重要标志。

3.1 物业服务的市场经营现状

物业服务企业和其他企业一样都是社会经济活动的主体，是要通过正确的经营之道，实现盈利的目的。我国物业管理服务由当初的星星之火，发展到现今的燎原之势，既是顺应社会前进之所需，也是经济利益驱动之所至。同样，行业未来发展的走势与行业企业的经营效益休戚相关。但是，从行业近年整体发展而言，物业服务企业的经营效益不尽如人意，行业利润趋低，行业人员的待遇长期停滞在低水平线上，制约了物业服务企业的快速发展，主要表现在以下几个方面：

3.1.1 激烈的市场竞争

当今物业管理服务市场已是群雄并起，为争地盘而展开搏杀。在市场经济大潮中，这本是优胜劣汰、优化资源的好事，但物业管理服务的市场竞争却大有走火入魔之势。由于招投标等竞争规则不完善，“暗箱操作”、“低价竞争”、“盲目承诺”、“陪标秀场”的恶疾仍在行业中肆虐，受感染的最终是所有的物业服务企业，为生存、为面子、为出气，把价格越压越低，利润也愈来愈低。

3.1.2 陡涨的管理成本

物业管理服务是劳动密集型行业，物业服务企业内的从业员工普遍属于低收入阶层，人力资源在物业管理服务费用中占据较大比例。特别是随着近年不断提高最低工资标准和各项保险福利待遇，让本来就微利经营的物业管理服务企业处境更困难。

3.1.3 单薄的管理规模

物业管理服务是微利行业，单凭一两个项目很难出效益。一般而言，具有一定经营规模的物业服务企业，因经营收入多、资源配置较佳、单位平均成本低，广种薄收、集腋成裘，经营收益较可观；相反，不具备基本经营规模的物业服务企业小打小闹，很难创造理想的经营业绩，尤其是缺乏经营规模则影响到项目管理服务的连续性和稳定性。

3.1.4 偏颇的风险责任

物业管理服务的经营风险日益加大。在实际的物业服务过程中，确实存在着这样或那样潜在的物业风险，如果物业服务企业没有识别和防范风险的意识，只能是承担因收取了物业服务费，而给企业带来的赔偿责任，使之物业服务企业承受着“不能承受之重”。

3.1.5 低劣的服务水平

在实际物业服务中，一些物业服务企业仍存在素质偏低，服务不规范，管理与服务的随意性很大，少服务、差服务、降低服务标准，造成了物业服务质量下降，最终影响企业的声誉和经营。

这些原因严重影响了物业服务企业的经营效益，而效益不佳则企业人才难留，难以提供优质的管理和服务，这又进一步影响经营效益，最终形成恶性循环。

如何突破困境、提高经营效益，这是摆在每个物业服务企业面前不可回避的问题，因此，物业服务企业要懂经营、会经营，才能使企业发展壮大。

3.2 物业服务经营原则和要素

3.2.1 物业服务经营原则

物业服务经营管理突破了传统物业管理服务活动仅限于“对房屋及配套的设施设备和相关场地进行维修、养护和管理”的局限性，强调为业主提供价值管理服务，满足其物业投资收益或企业发展战略及主营业务发展目标的需求。在进行物业经营管理活动中既包括了以保障物业正常使用的运行操作管理，又包括了将物业作为一种收益性资产所进行的资本投资决策、市场营销、租赁管理、成本控制等，通过经营活动，以获得利润和回报。所以在进行物业服务经营时，要坚持以下原则：

1. 追求物业管理服务规模化

物业管理服务规模是经营管理的基础。通过扩大管理服务规模可使物业服务企业的资源配置合理化；可使物业服务企业的效益随着规模的扩大而增长；可使物业服务企业的平均劳动成本下降进而增加企业的利益。在扩大物业管理服务规模时，应坚持领域兼顾原则、成本原则、跨区域经营原则、区域化原则、规模极限原则等进行经营管理服务，避免因规模化而导致出现规模等于管理服务面积的误区，从而真正的实现规模化的管理服务。

2. 遵守物业服务行业的游戏规则

物业服务企业在经营管理服务过程中，应遵循物业行业的游戏规则，所谓的规则就是事先制定好的条规。所以物业服务企业在经营管理服务中要遵循市场价值规律，以行规行约规范自我管理经营行为和企业的自我约束。

3. 执行国家颁布的相关法律法规

物业服务企业在经营管理服务中，必须在国家颁布的法律法规允许范围内开展经营管理服务，这是因为，法律法规是国家对物业服务企业做出的十分刚性的规则。

4. 尊重业主的合法权益

在物业经营管理服务中，业主与物业服务企业是两大利益主体，如果任何一方出现问题，都将产生利益失衡和损失，因此，物业服务企业在经营管理服务中，一定要保护好业主的合法利益，只有这样才能使物业经营管理服务正常运行，使物业服务企业的利益得以保障。

5. 物业管理服务业主是经营之本

物业服务企业经营的根本是接受业主委托而提供的管理和服务。因此，物业管理服务是经营的根本，是物业服务企业经营的主业，也是物业服务企业赖以生存和发展的基础。如果物业服务企业一味追求盈利，而忽略了对业主的服务和物业管理，那么就失去了主业的经营之本，甚至还会导致物业服务企业出现经营障碍，物业服务企业只有在做好本职工作的前提下，才可以开发多种经营管理工作。

6. 注重服务质量

一个良好的物业服务企业在经营过程中，既要注重物业的品质，还要注重物业服务的质量。因为，物业品质和服务质量决定着经营成败，同时，还关系到是否能提升物业项目经营的知名度和增大项目的吸引力，这又决定着物业服务企业的经营效益和社会效益，所以服务质量是经营过程中最为重要的一个环节，他能使业主和使用人得到多层次、多项目、全面周到的品质服务。只有这样，才能在真正意义上体现出物业服务企业的经营管理服务水平和经营之道。

7. 减少经营风险

任何经营都存在着潜在的风险，物业服务企业同样也存在这样或那样的经营风险，有的风险甚至很大，所以，物业服务企业在决定进行物业经营时，必须做好全面、细致的应对可能出现各类风险的准备措施，以防止在经营过程中因出现这样或那样的风险时，没有及时应对的办法和心理准备，从而导致经营出现困境的局面。

总之，财务为基础，业务为向导；制度为原则，文化为核心；激励为内容，资源为因果。只有把握好物业服务经营的原则，在经营中才能使物业服务企业发展壮大，产生经济效益和社会效益。

3.2.2 物业服务经营要素

物业服务企业在进行物业经营时，从最初的经营策划开始到实施的具体过程都需要物业服务企业始终坚持以下经营要素。

1. 市场要素

市场要素包括：业主、商品力、业态三个部分。一是物业服务企业所定的服务对象是什么样的状态，他们现实需要的是什么；二是物业服务企业所经营的产品是否能满足服务对象的需求；三是物业服务企业如何把产品最有效的传递给业主。

2. 体制要素

体制要素包括：组织、制度。组织是人才活动的场所，人在组织活动中必须有规范，这就是制度。体制要素必须与市场要素相匹配，重点体现在组织机构是否能有效的实现市场目标，部门职能是否清晰、岗位职责是否明确，这些都关系到物业服务企业的经营和发展。

3. 人才要素

人才要素包括：管理人才、技能人才、营销人才等。人才是经营活动的核心，要通过人才去完成经营过程中的每一个环节，最终实现物业经营效益和社会效益，所以，物业服务企业对人才关注程度的深浅，决定着物业经营管理服务的可能性大小。除了经营人才外，一支优良的物业服务团队也是不可缺少的。

4. 资源要素

资源要素包括：资金、技术。资金是物业经营服务运作的前提保障，技术是物业经营服务的管理资源和服务质量的保障。因此，在进行物业经营时，有了物业管理资源，才能有物业管理经营的对象。这种资源越丰厚，经营并获利的空间也就越大。

5. 文化要素

文化要素包括：核心价值观、企业形象、行为规范。企业文化是企业持续经营的根本保证，会对物业服务企业经营产生重要而深远的影响。

6. 创新思维

任何一个物业服务企业的经营活动不是一成不变的，而是要在实际的物业经营过程中不断的修正经营中出现的这样或那样的问题，始终保持经营的正常发展，经营需要不断地推陈出新，所以经营的创新思维特别要关注规模经营和多元化经营，不断的创新服务模式和内容，让新的经营思想贯穿到整个经营活动中。

3.2.3 物业服务经营的意义

1. 为物业服务企业增加收入

物业管理服务经费是做好物业管理服务的物质基础，如果仅靠物业服务费收入，只能是维持物业服务企业简单再生产，并不能实现扩大再生产，所以，物业服务企业不能只依赖收缴的物业服务费求生存，必须独立走向市场，开辟新的创收渠道，以弥补经费不足，推动物业服务企业增收和提高效益。

2. 提高物业服务企业的经营水平

业主或使用人的需求，是一种可以开辟和挖掘的经营资源，通过经营策划和实施，使得经营规模效益不断扩展和创新，并形成富有特色的项目组合，从而提高经营效益，同时也使物业服务企业在物业项目中得以锻炼和提高经营管理水平。真正意义上的实现“以业养业”使得物业服务企业能长期稳定发展，增强物业服务企业的后劲和经营活力。

3. 为业主或使用人提供尽可能全面的服务

随着物业管理服务的不断发展和变化，物业经营服务趋于多元化，逐步向家庭延伸、向业主身边延伸、向人性化服务发展。真正使业主或使用人得到多层次、多项目、全面周到的服务，同时提高了物业服务企业的知名度，增大了对物业项目的吸引力，使物业服务企业得到了经营发展和提高了社会效益。

3.3 物业服务经营分类

3.3.1 策划经营

一个物业服务企业在进行物业管理服务经营前，都要经过市场调研、数据分析后策划出可经营的方案，最终根据策划方案再进行经营管理。因此，经营前的策划是决定经营的主导方向。重点体现在经营管理服务策略、有针对性的经营管理设计方案和费用测算三个方面。在这三个方面的工作中，经营策略是基础，经营方案是前提，费用测算是根本。通过策划，使下一步的经营管理服务能按策划要求实施，使得经营管理服务具有经营效益和社会效益。

3.3.2 人才经营

人才是品牌经营的根本，物业管理服务投入的不仅是资本，而是人才及经验。在物业管理服务经营中，人才是企业经营发展的执行者和创造者。人才是企业发展过程中的动力，决定物业服务企业的实力不再是资本，而是人才的实力，这是一种特殊的资本运作。所以，物业服务企业要善于把握人才经营，重点从人才的储备、培训、专业技能、人才的合理配置方面上进行经营，通过经营使之运用到实际的经营管理服务中，从而产生综合效益，并达到企业与人才互利双赢的目的，进而使企业产生经营效益和品牌效应。

3.3.3 成本控制经营

在进行物业管理服务经营之前，要对物业经营项目进行成本预算（成本计划），它是根据物业管理服务项目的经营目标和经营方针，在经过市场调研及经营管理服务的基础上对所经营的物业管理服务项目进行综合的成本预测，并按照成本预测实施经营管理。对实际发生或将要发生的各项物业管理成本开支进行严格的计算、限制和监督，及时揭示实际成本与预测成本的差异，并积极采取有效措施进行纠正，使实际成本限定在预测范围内。通过成本控制可以事先限制各项费用和消耗的发生，有计划地控制成本的形成，使成本不超过预先设定的标准，达到降低成本，提高效率和效益的目的。

3.3.4 多种经营

物业服务企业在进行多种经营时，要充分了解物业资源的权属性，在不侵犯所有人的利益，不违背物业管理服务主业、正确认识物业管理服务发展阶段的规律，以及正确识别出不同物业类型及业主群体结构，在经营过程中合理规避活动风险的基础上积极储备物业资源，在经营过程中对其进行统一的经营和管理，从而降低经营成本，提高了多种经营的综合管理能力。

在物业多种经营活动过程中，应注意以下几点：

1. 专业的规模化

把专业的事交给专业的人、专业的部门去做，有利于企业规模化的发展。使其逐步规范化、专业化、规模化，并由单一型转变为多样型。物业服务企业的发展就不再是单一靠物业服务费来支撑企业的发展，而真正支撑物业服务企业发展的却是多种经营带来的经济效益。

2. 管理经营的互联化

通过互联化，使每个环节、每个部门的资源都能够共享，每一个风险与责任都能够共担。因此，规模越大，相互利用的资源就会越多，企业生存发展的空间也就越大。

3. 共赢战略

多种经营的目的就是发展经济，实现和谐共赢的目的，对物业服务企业来说，拓宽发展空间，提高经济效益和社会效应以及生存和竞争的能力是企业经营的目标。对员工来说，多种经营有了较多职业的选择空间，同时又能提高工资收入。企业的多种经营为社会提供了更多的就业岗位，打造了更多的服务品牌、人文关怀、和谐社区。

3.4 物业服务经营市场调研与数据采集

3.4.1 物业服务经营市场调研

物业服务经营市场调研是指为某一特定的物业项目经营的决策所需开发和提供信息所引发的判断、收集、整理、记录、分析，研究物业服务经营市场的各种基本状况及其影响因素，并取得结论性的、系统的、有目的性的过程。

3.4.2 物业服务经营市场调研作用

1. 有利于物业服务企业进行正确的市场定位；
2. 有利于物业服务企业制定和实施正确的市场经营战略；
3. 有利于物业服务企业实行正确的产品策略；
4. 有利于物业服务企业实行正确的价格策略；
5. 有利于物业服务企业有效开展经营服务活动；
6. 有利于了解物业竞争市场表现并制定有针对性的市场竞争策略；
7. 有利于评估、检测物业市场运营状况并及时进行调整；
8. 有利于设计物业服务经营方案，为开发与投资提供重要依据。

3.4.3 物业服务经营市场定位

物业服务经营市场定位是指物业服务企业根据自身的经营资源和经营能力等内部条件，以及物业市场需求和经营环境等外部条件，经过科学决策，正确选定物业服务企业自身经营目标的行为和过程。

市场定位的步骤如图 3－1 所示。

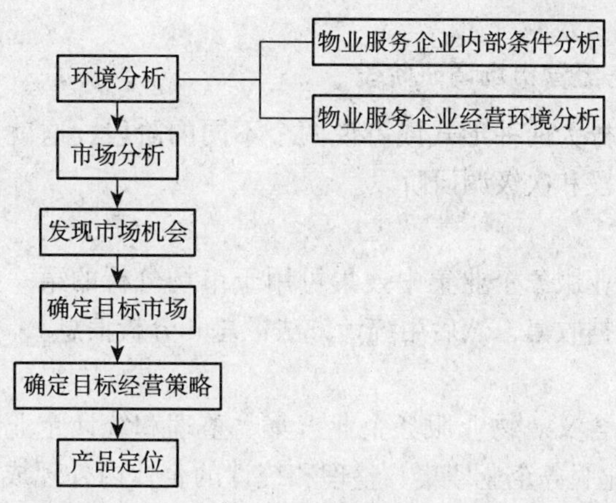

图 3-1 市场定位步骤

3.4.4 物业服务经营市场调研前准备工作

在做物业服务经营市场调研前，首先要做好准备工作。即物业经营管理服务要以物业管理区域内的具体条件为基础，以业主和物业使用人为主要对象。设定的经营范围主要应针对物业项目本身需求，但也可以在不影响物业区域内的业主、使用人利益，不产生矛盾的前提下兼顾物业周边的市场。同时为区域内和区域外服务，适当扩大经营规模，最大限度地发挥物业服务企业自身的服务潜力，实现规模经济效益。物业服务经营市场调研内容如表 3-1。

物业服务经营市场调研内容 表 3-1

内容设定	调研结果
1. 考察物业项目地理位置、交通状况	
2. 考察周边商业服务设施条件	
3. 了解物业类型、规模	
4. 了解可开展经营项目的条件	
5. 收集服务对象的资料及需求情况	
6. 分析物业服务企业自身的优势和条件	

通过对经营设定范围和确定调研内容后，组织人员进行市场调研，根据自身物业服务企业的情况，重点对同类型物业项目，展开全面细致的了解和数据采集，并结合自身的物业经营经验，对物业项目经营进行市场预测。

在进行市场预测时，重点预测经营项目的市场需求量。利用调查数据，分析物业项目服务范围相关服务的社会拥有量和社会饱和量，计算出物业项目服务范围内的经济承受力，分析业主和使用人的社会文化层次和潜在的消费能力。以此为前提，全面对经营服务项目进行预测，以确定经营规模，在此基础上重点对市场需求的服务内容和服务价格进行预测、市场竞争情况的预测及发展前景预测。

3.4.5 物业服务经营市场调研阶段

市场调研大致可分为两种形式或者说两个不同的阶段，这就是实地调查和室内调研，又称初级调研阶段和次级调研阶段。

1. 实地调查

实地调查是指物业服务企业集中搜集可用于市场分析的第一手信息，其常用的方法是询问、观察和数据收集，然后用统计方法汇总和分析信息。

2. 室内调研

室内调研有两重含义。物业服务企业搜集、整理和统计企业内外现成信息，这是“调查”的过程。物业服务企业搜集、整理和统计的企业内外现成信息及有针对性地开展的实地调查结果结合起来，进行统计、分析、预测和利用，以便为企业的经营战略和营销决策提供依据，这是“研究”的过程。

从成本效益角度考虑，物业服务企业在进行市场调研时，首先要进行的不是实地调查，而是室内研究，以便充分利用企业内外已经存在的信息。

3. 调研步骤

(1) 确定信息需求；

(2) 确定信息内容；

(3) 分析信息来源；

(4) 确定搜集方法；

(5) 组织搜集工作；

(6) 分析调研成果。

4. 信息来源

(1) 物业服务企业内部资料：物业服务企业可以充分利用内部积累起来的各方面资料，以达到市场调研的目的。这些资料主要如下：

① 财务会计资料，特别是资金动用信息、未付账款信息和应收账款信息；

② 企业成本资料，如企业的成本预算情况、成本决算情况和成本核算结果；

③ 短期经营信息，如每月经营核算结果、每月上缴企业员工社会保险费用等；

④ 企业营销活动信息。

(2) 政府统计信息：政府的统计和报告，统计报告大体有以下几类：人口与就业情况报告；物价水平与价格指数统计；消费水平报告，如对居民收入水平的抽样调查，说明居民户的收入来源、平均收入水平、开支水平与开支结构等。

3.4.6 物业服务经营市场调研实施

1. 市场调研信息系统

为了及时、有效地寻求和发现物业市场机会，为了在日趋激烈的市场竞争中获胜，物业服务企业首先要建立一个有效的市场调研信息系统。

市场调研信息系统，是由人、设备和程序构成的一个持续的、彼此关联的结构。它准确及时地搜集、分类和评价有关市场信息，为物业经营决策提供依据，使物业经营计划、执行和控制具有科学性和准确性。它是物业服务企业管理信息系统的一个重要组成部分。物业经营调研系统包括内部报告系统、市场情报系统、市场调查系统和市场分析系统。市场调研信息系统如图3-2。

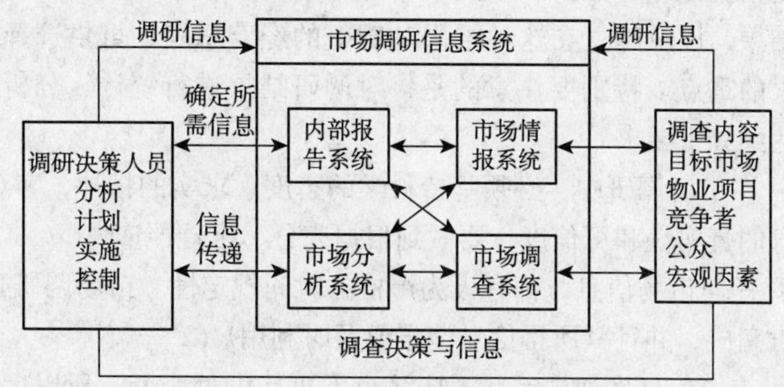

图3-2　市场调研信息系统

2. 物业服务经营队伍

物业服务企业要有一支专业的经营队伍。物业服务经营需要调研人员直接参与并实地调查，调研人员的素质影响着调查结果的正确性，因而首先必须对调研人员进行适当的培训，其次还应该加强对调查活动的规划和监控，针对调查中出现的问题及时调整。

在调研结果不足以揭示既定目标要求和信息广度和深度时，还应采用实地观察和对比方法，组织有经验的专业调研人员对调查对象进行公开或秘密的跟踪观察或是进行条件对比，以获得更具有针对性的信息。

3.4.7　物业服务经营市场调研数据采集

1. 确定所需的调研信息资料

市场信息浩若烟海，物业服务企业进行市场调研必须根据已确定的目标和范围收集与之密切相关的资料，而不必面面俱到。纵使资料堆积如山，如果没有确定的目标，也只会事倍功半。

2. 确定资料搜集方式

物业服务企业在进行市场调研时，搜集资料必不可少。而搜集资料的方法多种多样，物业服务企业必须根据所需资料的性质，选择合适的方法，如测试法、观察法、调查法等进行数据采集。

3. 搜集现成资料

为有效地利用物业服务企业内外现有资料和信息，首先应该利用室内调研方法，集中搜集与既定目标有关的信息，这包括对物业服务企业内部经营资料、各级政府统计数据、行业调查报告和学术研究成果的搜集和整理。

3.4.8　物业服务经营市场调研分析

对获得的调研信息和资料进行进一步统计分析，提出相应的建议和对策是市场调研的根本目的。市场调研人员须以客观的态度和科学的方法进行细致的统计计算，以获得高度概括性的市场动向指标，并对这些指标进行横向和纵向的比较、分析和预测，确保物业服务经营策略的准确性。在完成市场调研分析后必须准备调研报告。市场调研的最后阶段是根据比较、分析和预测结果写出书面调研报告。调研报告应阐明针对既定目标所获结果，以及建立在这种结果基础上的经营思路、可供选择的行动方案和今后进一步探索的重点。特别要注意的是，对调研结果进行统计、分析和预测后所获得的信息，要达到如下要求。

1. 准确性：在市场调研中，必须坚持科学的态度、求实的精神，客观地反映事实。要认真鉴别信息的真实性和可信度，要做到根据充分、推理严谨。

2. 及时性：任何市场信息，都有极为严格的时间规定性。市场调研必须适时提出，迅速实施，按时完成，并且其所得信息情报要及时利用。

3. 针对性：市场信息多如牛毛，不应该也不可能处处张网，所以市场调研首先要明确目的，要有的放矢。

4. 系统性：市场信息在时间上应有连贯性，在空间上应有关联性。随着时空的推移和改变，市场会发生变化，信息也将不断扩充。物业服务企业应对市场调研的资料加以统计、分类和整理，并提炼为符合事物内在本质联系的情报，而不是一个“杂烩”。

5. 计划性：市场信息面广量大，包罗万象，因此，要做好信息管理工作，就得加强计划性。既要广辟信息来源，又要分清主次，突出重点；既要持之以恒，又要注意经济效益；既要充分利用各方面的力量，又要有专业化的组织和统一的管理。

6. 预见性：市场信息的搜集和整理，既要满足当前经营决策的需要，又要分析未来的趋势，预见今后的发展。

3.4.9 物业服务经营市场预测

物业服务经营市场预测就是运用科学的测试手段和方法，对物业服务市场经营中的供给与需求发展变化趋势进行预见性的分析和估计。

物业服务企业在市场调查的基础上，根据专业知识和以往经验，用科学的方法可以对未来需求随时间变化的情况做出预测，对所提供服务的市场发展变化趋势做出分析，用分析预测的结论来辅助决策，以制定正确的经营方针，避免经营中的盲目性，减少经营风险。

为了使预测结果更接近未来的实际，物业服务企业必须掌握客观、翔实的基础资料，不断地了解物业区域内外的市场发展动向。

3.5 物业服务企业的经营决策

3.5.1 物业服务企业经营决策的内涵

物业服务企业经营决策，是通过对物业市场的调查，依据客观规律和实际情况，结合物业服务企业自身的特点，对企业总体发展和物业服务项目的经营目标、方针和策略进行抉择工作，对其决定的经营方案，是编制经营计划的依据。而经营计划则是按照经营决策所规定的方案，对物业服务企业的经营活动在时间和空间上所做的具体统筹安排工作。

物业服务企业的经营决策，包括经营目标、经营方针、经营策略等内容为主体的多个经营方案，通过对比研究选择出符合总体发展目标的最佳方案，其基本内容包括以下几个方面：

1. 经营目标

经营目标是指物业服务企业在一定时期内应达到的符合社会、市场、业主、企业和职工利益与要求的经营状况和水平，经营目标是由具体的定量与定性指标体系所组成。对于物业服务企业来说，就是要提出在一定时期内应实现物业服务项目的数量、面积、物业服务的水平、业主的满意度、多种经营的方略、企业员工的收入与福利，以及企业的利润指标等。

2. 经营方针

经营方针是指物业服务企业的经营思想、经营理念，为达到经营目标所确定的企业经营活动应遵循的基本原则。对于物业服务企业来说，就是要规范化管理、不断提高服务质量、理顺物业服务企业与业主之间的关系，使企业逐步纳入可持续发展的轨道。

3. 经营策略

经营策略是指企业为实现经营目标、落实经营方针的具体部署、对策、措施和基本步骤。有了经营策略，就可以开展物业服务企业的各项工作，按照统一的步调有序地进行，稳妥地前进。

3.5.2 物业服务企业经营决策的具体内容

1. 物业服务项目决策

物业服务企业根据本地或外地物业项目开发建设的具体情况，对物业项目进行全方位的了解，然后根据了解的情况进行可行性研究，选定哪几个物业项目是必须拿到的；哪几个物业项目是可以争取的；哪些物业项目是应该放弃的。

在决定哪些物业项目必须拿到；哪些物业项目可以争取；哪些物业项目应该放弃时，就要考虑这些物业项目的具体条件，如是当地还是外地；物业项目开发建设的手续是否齐全；物业项目是否有较大的工程质量问题；人居环境和经济水平是否相适应；物业项目档次的高低与本企业的管理服务水平是否适应；开发商或业主委员会的信誉度等方面，进行仔细对比分析，最后根据物业服务企业的条件和具体情况进行科学的决策。对必须拿到的物业项目作为主攻方向；对可以争取的物业项目作为后备项目；对不适于本物业企业的物业项目则应放弃，以便集中力量拿下必保的物业项目。

2. 物业项目投标决策

随着物业服务市场竞争的需要，物业服务投标书的科学、合理、完善，对是否中标起着十分关键的作用。因此，作为物业服务企业在进行投标决策的时候，应根据外部环境和内部的条件，编制切实可行的投标书，并注意以下几点：

（1）要充分了解物业项目的特点：物业项目因不同地区、不同物业种类、不同的设施、设备情况、不同使用功能、不同服务要求而具有不同的物业特点。只有充分了解这些特点，才能做到心中有数、决策正确。

（2）明确服务内容定位：在投标书中应根据物业项目的特点，建设单位或业主的要求，明确物业服的范围，进行服务项目的合理定位。

（3）提出针对性的措施：要针对不同的物业项目及其使用要求，提出针对性管理措施。这些针对性的措施必须有科学性、可操作性，以确保该项目物业服务的顺利进行。

（4）进行物业服务费用测算：物业服务费用测算是投标书中的一项主要内容，在进行测算时要根据国家和地区的有关规定，物业项目所在地的经济发展水平，结合物业市场调研情况，列出详细的支出项目，要求做到不漏项，并考虑综合的变化因素及物业项目的服务标准，进行全面细致的分析，尽量做到物业服务费用完善合理。

（5）确定物业服务费用的底线：投标书中要根据经过认真测算出来的物业服务费用数额，通过物业服务企业领导层决策确定物业服务费用的底线。在确定费用底线时，应考虑到如果是必保的物业项目，则可适当降低物业服务费用中的企业利润，不可预见费用等在物业服务费用中所占的比例，以提高在物业市场中的竞争能力，增加物业项目中标的几率。

3. 组织与人力资源决策

（1）组织决策：包括管理服务机构设计、管理模式和程序、领导分工及权责规定、各职能部门的职责及与物业服务项目之间的关系、经济责任制及有关物业服务企业的规章制度。

（2）人力资源决策：包括人才引进、员工招聘、员工培训、教育、使用、考核、奖惩等方式方法；部门经理或项目经理等管理人员的任免、调整的原则及标准的确定等。

组织与人力资源是两个相互密切联系的决策问题，两者的结合决定了企业的活力。

4. 财务决策

物业服务企业的财务决策是关系到企业的生存和发展的重大事件。因为作为物业服务企业在为物业项目服务的时候，虽然会取得建设单位或业主委员会支付的物业服务费用，但同时也要支出企业员工的工资、办公费用、设施设备日常维修费用、环境维护费用等。因此在进行财务决策时要把握“量入为出”的基本原则，在确保物业服务质量的前提下，采取措施、增收节支。

要对企业的经营指标、利润指标、企业可持续发展的资金积累、股东分红的原则等进行决策，并通过财务审计和经济评价，判断其经营的合理程度。

5. 企业发展方向决策

物业服务企业应从长远利益和当前的经营形势出发，制定企业的远景发展规划，增加物业服务市场的占有份额，不断提高物业服务质量，提升物业服务企业的知名度，创出物业服务企业的品牌，使企业不断做大、做强，进行科学的决策。

3.5.3 经营决策的要求和原则

物业服务企业的经营决策，实质上就是根据企业外部环境、企业内部条件、企业目标三者之间进行的动态平衡。所以在进行科学的、合理的经营决策时应注意以下问题：

1. 企业的内部条件要服从和适应外部环境的状况和要求，尤其是要适应物业服务市场的要求，只有这样企业才能得到生存和发展的空间。

2. 企业目标应符合实际需要和实现的可能，企业目标是企业根据外部环境和内部条件确定的工作目标。只有企业目标定的合理，符合实际需要和实现的可能，使企业目标与外部环境和内部条件保持动态平衡，才能对企业的经营活动具有直接的指导作用。

3. 要通过改变企业内部条件来实现企业目标。企业目标确定后，就要利用一切条件，动员一切力量来实现企业目标。由于外部环境是不可控的，因此企业只能按照目标要求来改变企业的内部条件，对内部条件进行合理组织、协调、整合和提高，以保证企业目标的实现。

4. 进行经营决策时应遵守以下原则：

（1）政策性原则：企业在进行经营决策时，必须贯彻执行国家颁布的各项政策、法令，以免带来不良后果。

（2）有效性原则：企业在经营决策时，必须在自己的权限范围内进行决策，以确保决策的有效性，有利于决策的执行和落实。

（3）实事求是原则：就是在进行经营决策时，要从实际出发，要在调查、研究、分析的基础上，根据实际情况进行决策，才能保证决策的正确性、可操作性。

（4）群体智慧原则：经营决策是解决企业的重大问题，要有多方面的知识、经验、才能做出科学、合理的决策。因此应广泛征求有关人员的意见，博采众长，集中群体的智慧，以实现决策的合理性、科学性。

（5）对比择优原则：在进行企业经营决策前，应制定若干个可行性经营方案，并对这些经营方案进行认真的分析、研究、对比，择优选出最佳的经营方案。优选出来的经营方案，也可能在某些方面还有所不足，则可将其他方案中独到之处，纳入已决策的经营方案中。

（6）收入与投入原则：经营决策的根本目的最后就是要落实到收入与投入的关系上，进行经济收入与投入的比较，包括企业某一局部收入与投入，以及企业整体范围内的收入与投入，通过收入与投入之间的核算，以衡量经营决策的经济效果。

3.5.4 经营决策的程序

经营决策的基本程序一般包括经营状况和内外部条件分析、确定经营目标、初步提出多种经营方案、进行经营方案的评价和选择、确定经营方案和措施，跟踪检查和控制等六个阶段。经营决策的基本程序如图 3－3。

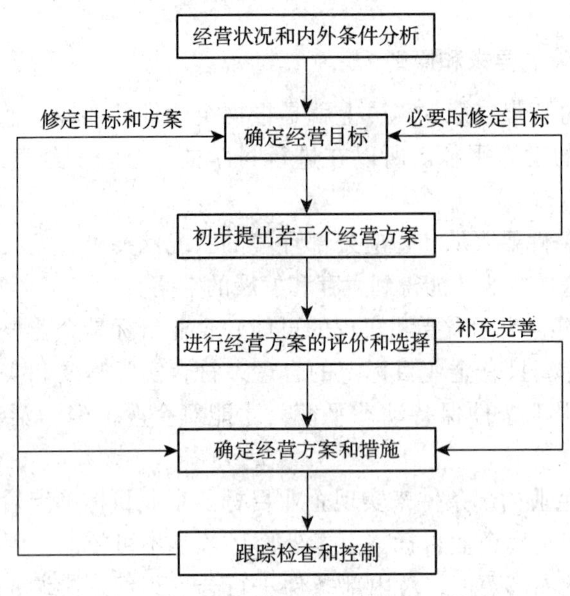

图3－3　经营决策的基本程序

3.6　物业服务经营实施方案编制

3.6.1　市场现状分析与预测

要将市场调研与预测的结果以书面报告形式反映出来，主要包括：供给与需求分析、服务对象分析、外界影响因素分析等。如经营项目是单纯服务于物业区域内部还是辐射周边地区要做出取舍；如果选择内外兼顾经营，就要考虑可能出现的各种问题，并对这些可能出现的问题做出应对解决的办法，使得经营能正常进行，业主或使用人也能安居乐业。

3.6.2　经营项目服务组合设计

列出各项目操作的详细情况，包括服务项目、规模、场地位置落实和经营方式等，其中经营方式灵活多样，如专项承包等形式。

3.6.3　发展目标

发展目标可分阶段设定，包括经营服务达到的财务目标和市场经营目标、实现目标的期限。所有目标都要表现为量化指标的形式，以便于实际操作后的考评。

3.6.4　经营策略

为了提高经济效益，经营项目的策划必须尊重市场运行法则，在服务定位、价格与经营手段的应用等方面通过细致的市场调研分析、精心设计，并利用企业优势使得经营服务能在竞争中取胜。

3.6.5 经营实施准备工作

一旦确定经营项目后，根据市场调研和分析，将经营实施方案变成可实际操作的具体工作内容，安排相关人员进行操作，并组织人员就具体实施的计划分项落实到位。在经营实施准备工作中重点做好以下几点：

1. 研究经营实施方案

组织相关人员认真分析经营实施方案，并就细节问题制定完善的工作方法。

2. 提出服务方案

针对经营项目，应制定具体经营时间、手段和方式，并应初步拟出一个服务方案，包括：

（1）服务特色：物业服务企业经营好坏，关键是确定物业服务特色，即差异性，并将其特色有效地传递给业主或使用人。物业服务可划分为五个层次即：最基本层次是核心服务，是业主或使用人需要获得的基本利益；第二层次，将核心利益转化为基本服务；第三层次，预备期望服务内容；第四层次，预备延伸服务内容，是附加的服务和利益；第五层次，预备潜在服务内容，作为最后可能附加上的所有延伸和转换的服务形式。

（2）服务内容与质量标准：初步确定经营服务项目的内容，明确提供服务的过程和服务质量标准。

（3）明确经营定价：重点需要设定一个定价结构，以适应各类经营服务项目的特点和业主对物业经营服务的不同需求。

3. 编制实施工作计划

重点拟出经营服务形式、服务内容、服务模式、服务收费原则等，同时，在保障正常经营过程实施到位的前提下，根据经营不同类型服务项目、形式，着手确定相关专业人员进行介入，在经营之前，组织人员进行经营服务培训学习，并全面掌握所制定的经营方案，结合实际要求，实地进行操作和运行服务。

3.6.6 经营实施方案编制流程

经营实施方案编制流程如图3－4。

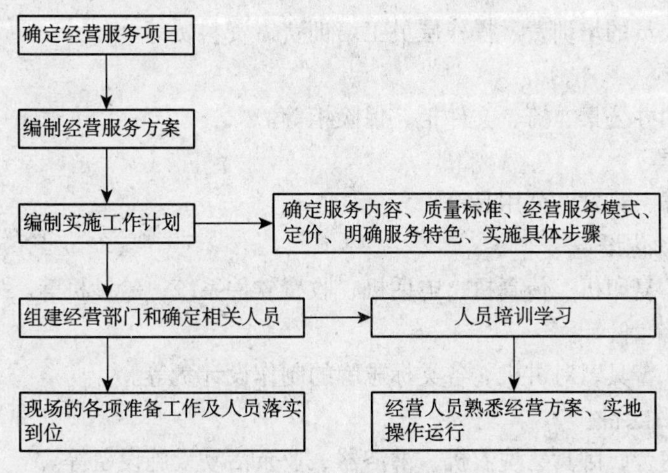

图3－4 经营实施方案编制流程

3.7 前期物业服务项目经营费用

物业服务企业在接收物业项目时，一般均是工程尚未竣工验收，物业未移交业主之前、开发商未出售的空置房屋，但是，物业服务企业此时就要开始进行前期物业服务。在物业服务企业介入物业项目后，就必然会发生各种费用，而此时因物业服务企业尚未在物业项目上有运行经费的支持，所以物业服务企业就无法顺利开展管理服务工作。

怎样解决这个问题，一般的做法是物业服务企业与开发商签订《前期物业服务合同》时，在合同中规定由开发商支付前期物业服务开办费、物业接管验收费、物业质量保证金、专项维修资金4种费用给物业服务企业，作为前期物业项目运行启动的经营费用。

3.7.1 前期物业服务开办费

物业服务公司在接收前期物业项目后，可以说是白手起家，一切均要从头开始。而且在前期物业服务工作中，物业服务企业实际上承担了很多开发商应做的工作，使开发商省去了很多开支。由于物业服务企业的前期介入，也可以使开发商减少很多不必要的麻烦和损失，同时也提高了物业项目的品牌价值，促进了物业项目的销售，使开发商获得经济效益和社会效益。再者，在前期物业服务中，因业主尚未进驻，业主应缴纳的各种费用尚未发生，物业服务企业没有可收入的经济来源，所以前期物业服务实际上是为开发商服务，其发生的开办费用就应该由开发商来承担，并可计入销售成本之中。

前期物业服务项目的开办费包括以下一些内容：

1. 人工工资

包括正常的人工工资、加班费、福利、保险、奖金等。

2. 培训费用

包括管理人员的培训费、操作层员工培训费、资料费等。

3. 办公家具

包括必要的办公桌、椅、文件柜、保险柜等。

4. 办公用具

包括计算器、日常办公用品等。

5. 办公自动化设备

包括电脑、复印机、传真机、电话机、收费软件系统、验钞机等。

6. 安防设备

包括服装、警具、对讲机、各类标志牌的制作设计费等。

7. 员工生活配备

包括员工宿舍、卧具、洗衣机、淋浴器、业余活动设施设备等。

8. 保洁绿化设备

包括抛光机、剪草机、垃圾桶以及保洁绿化需用的工具等。

9. 消防及机电维修设备

包括各种消防设施设备、各类机电设备维修保养工具及设备、维修材料备品等。

10. 员工食堂装备

包括烹饪工具、冷藏冷冻设备、消毒设备、餐具等。

前期物业服务开办费的支出办法，一种是由物业服务企业根据物业项目的具体情况和开展物业服务工作的需求，列出详细的费用开支计划，经开发商同意后，一次或分期支付，包干使用。另一种是采取实报实销的办法，即人工工资、培训费用等由开发商据实支付，办公及其他所有用品、设施设备均由开发商提供，或由物业服务企业购置后由开发商实报实销。

3.7.2 物业接管验收费

物业接管验收费，是物业服务企业在接管物业时，由开发商提供的专项验收、复检费用。按照有关规定物业服务企业对物业项目接管验收后，即已正式接手物业项目的管理与服务工作，由验收接手物业开始至业主委员会成立，这段时期内所发生的一切管理服务费用都应由开发商支付，所以物业接管验收费也应由开发商支付。物业接管验收费包括以下一些内容：

1. 参与验收时的费用

包括组织验收时各种专业技术人员的工资、办公费、交通费、通信费、招待费等。

2. 验收资料费

包括物业各种资料的查阅、收集、整理、打字、复印、拍照等费用。

3. 设施设备检测费

包括水、电、气等各种设施设备必要的测试费等。

4. 不可预见费用

包括物业接管验收时发生的不可预见费、杂项费用等。

接管验收费的数额一般是按被接管的物业总面积乘以每平方米建筑面积的验收单价，其中每平方米建筑面积的验收单价，由物业服务企业和开发商根据物业的实际情况共同商定。

3.7.3 物业质量保证金

按照国家有关规定，在工程建造完成，经过验收合格，并进行工程结算后，开发商应向施工单位扣留总造价5%的质量保证金，用作在保修期内工程出现质量问题，需要进行维修处理时的费用。这一笔质量保证金，一般用于处理以下一些常见的工程质量问题，包括：

1. 房屋渗漏水处理

包括地下室漏水、屋面漏水、墙体漏水、卫生间漏水等处理。

2. 装潢装修处理

包括墙面、地面装修脱落、起皮、开裂、门窗变形等质量问题的处理。

3. 设施设备故障处理

包括给排水设施设备故障、强弱电设施设备故障、通风空调设施设备故障、消防设施设备故障的处理等。

4. 其他工程质量问题处理

如因施工质量不良造成的结构局部加固处理、回填土下沉处理等。

以上这些常见的工程质量问题，本应由开发商通知原施工单位来进行无偿的返修处理。但是往往在工程交工后，施工单位已搬离现场，虽多次通知原施工单位，但原施工单位却置之不理，在此情况下，可根据开发商与原施工单位的合同约定，可由开发商自行委托其他专业施工单位来进行处理，所发生的费用由质量保证金内支付。

物业服务企业接管物业项目后，这些工程质量问题的解决，可以代表开发商联系原施工单位派人前来进行处理，如果原施工单位在规定时间内不派人来现场处理时，物业服务企业可组织其他专业单位来进行处理，费用由开发商所留的质量保证金中实报实销。也可由开发商一次性地将质量保证金划拨给物业服务企业，在工程保修期满后进行结算，多退少补。另外还可采用包干的办法，由开发商以质量保证金的形式，一次性划拨一定数额的资金给物业服务企业，盈亏均由物业服务企业包干使用。

3.7.4 专项维修资金

专项维修资金是用于保修期外的公用部位、共用设施设备的专项维修资金，一般专用于以下一些公共部位如：

1. 室外给排水管道维修；
2. 室外供配电设施设备维修；
3. 室外供气管道及调压站维修；
4. 锅炉、直燃机等大型设备的维修；
5. 消防设施设备的维修；
6. 建筑物外墙面、屋面的维修；
7. 室外道路、花池、台阶、广场、围墙、大门的维修，以及室外景观的维护。

专项维修资金由业主按购房款的2%~3%的比例交给售房单位，售房单位代收的专项维修资金属全体业主共同所有，不得计入物业销售收入。专项维修资金收取后，可由开发商划拨给房地产行政主管部门代管和统一使用。对于专项维修资金因其是业主所共有，所以只能用于共用部位、共用设施设备的维护，而不能挪作他用。专项维修资金的使用，应由物业服务企业针对急需维修的共用部位、共用设施设备提出详细的维修计划和预算费用，报业主委员会审核通过后，方可实施。如业主委员会尚未建立，则可取得开发商和全体业主的同意，待业主委员会建立后再进行补报。

3.8 物业服务企业的多种经营方略

随着我国社会经济的不断发展，在大、中、小城市愈来愈多地开发建设了大量的住宅小区，写字楼及公共设施等建筑，这些物业在建成使用中，迫切需要物业服务企业来管理、支撑，从而才能形成一种全新生活方式，影响和促进居住文明的发展。但是，我国目前的物业服务企业发展极不平衡，经济发达地区的物业覆盖面达到80%~90%。而经济不发达地区的物业服务覆盖面也只有20%~30%左右。再者物业服务企业是一个微利行业，很多物业服务企业对经营不够重视，导致经营状况下滑，致使企业缺乏足够的资金积累支持，影响了企业管理与服务水平的持续提升。

因此，对于物业服务企业来说，只有十分重视经营问题，才能达到合理合法的获得最大利润的目的。要在不侵犯业主权益的情况下获得业主的支持，从而促使物业服务企业不断地前进。

物业服务企业要想获取最大的利润，不仅要搞好常规的物业服务经营，而且要转变经营思想，延伸服务经营观念，改变单打一的服务模式，树立全方位服务经营的理念。要根据外部环境和内部条件，制定多种经营方略，在更广阔的领域内采用多种方法开发物业服务企业新的获利渠道，以不断增加物业服务企业的资金积累。现提供一些多种经营方略如下：

3.8.1 咨询服务经营

物业服务企业的咨询服务实质上就是服务技术的输出，虽然投入很少，但收益较大，成为物业服务企业获取利润的重要来源，咨询服务的模式有以下几种：

1. 常规咨询服务

这里指的常规咨询服务，就是利用本企业的技术资源，对房地产开发单位或一些刚组建的物业服务企业进行咨询服务。一般常见的做法是由本企业派出个别有经验的物业服务人员，在一定时期内进驻需要咨询的物业服务企业，进行常规性的日常管理顾问服务，并按规定收取咨询费用。

2. 合作服务

在一些物业服务项目中，有一些较小的物业服务企业或房地产开发公司，为了提高物业服务质量及提升物业服务企业的知名度，需要寻求具有一定实力和品牌的物业服务企业作为合作伙伴，进行合作服务。具体做法是由合作伙伴派出一定数量的物业服务专业人员，到物业项目参与进行管理服务，并按双方协议条款进行利润分成。

3. 知识输出服务

物业服务企业自身具有一定的品牌，在长期物业服务实践中积累了大量可供参考的原始数据、资料，经过整理编辑形成系统的文字资料，把这些系统的文字资料提供给需要的物业服务企业，并按双方议定收取一定的费用。这种服务一般不派专人到物业现场进行指导。

4. 专项顾问服务

物业服务企业可根据自身的特长，对有所需要的其他企业或客户，提供不同的专项顾问咨询，如设备选型与保养维修、企业达标条件咨询、ISO9000审核认证咨询等。

3.8.2 特约服务经营

为了满足业主的需要，同时也为了增加物业服务企业的收入，根据企业本身自有的条件，可以开展一些特约服务活动经营，特约服务是指在物业服务合同所规定的服务范围之外，可以为业主个体提供的特约服务，其服务内容有以下几方面：

1. 家电调试及维修服务

如业主室内的电源线路故障处理、插座开关的更换、电视等家电的安装调试、各类空调的故障处理，以及灯具的更换安装等事项，可由业主个人委托物业服务企业进行调试维修，并支付一定的服务费用。

2. 给排水设施维修服务

包括室内给排水管道的更换、水龙头漏水维修或更换、大便器或浴缸漏水处理、排水管道和卫生洁具堵塞疏通、热水器维修处理等，应根据维修情况由业主支付一定的服务费用。

3. 土建装潢维修服务

按照业主的需要，对室内个别非承重轻质隔墙进行拆除或移位、墙面和地面装饰面层的拆除和重新铺设、瓷砖或石材地面修补、顶棚或墙面局部修补、室内墙面和管道油漆、门窗更换或修理、金属护栏的制作和安装等。

4. 家政特约服务

根据业主个人的要求，开展家政特约服务，包括居家卫生清洁、地板打蜡、擦拭玻璃门窗、清洗抽油烟机和炉灶、小孩上学接送和小饭桌、病人和老年人的陪侍及护理、中小学生家教及补习等，给业主的生活提供有偿服务。

3.8.3 商业和商务经营

为便利物业项目业主的需要，提高区域内居民的生活质量，以便民、利民为宗旨，提供居民日常生活的商品和商务服务。

1. 开办社区商业网点

物业服务企业可与商业组织联合，建立以日常用品为主的商业网点，以满足业主的需求提供服务。也可引进商业组织，由物业服务企业向商业组织提供物业服务，并收取一定的物业服务费。

2. 餐饮消费服务

可根据具体情况开办一些以早点、快餐为主的餐饮服务。如对一般物业小区开设一些早点服务，以适应上班族或学生的早餐需要。对写字楼等公共物业，可开办快餐服务，以满足上班人员中午就餐的需要。

3. 商务服务

根据客观需要代办电话开通、传真、打字、复印、洗车、车打蜡、收发电子邮件等服务。

4. 其他服务

如有条件的居住小区可以开办托儿所、幼儿园、社区卫生服务站、家庭养老服务等。

3.8.4 文化资源经营

在物业服务行业中蕴藏大量与文化有关的资源，如能充分发掘文化资源，给业主营造一个优美、和谐、舒适的生活和工作环境，也给物业服务企业的理财经营提供了一个新的途径。

1. 文化素质服务

按照物业项目的具体情况，可为业主组织一些舞蹈、游泳、乐器等培训班，聘请专业人员进行教授，收取一定的培训费用。

2. 旅游服务

物业服务企业可与旅游公司签订协议，定期组织业主进行旅游服务。尤其是可以利用小长假、黄金周以及学生的暑假寒假期间，组织业主出外旅游，调节身心健康，充分享受大自然的美景。

3. 教育培训服务

物业服务企业可与教学单位或专业团体联合，在取得上级有关部门的允许下，组织开展教育培训活动，如物业管理人员培训、员工上岗培训、电脑及摄影培训等。

4. 社区娱乐服务

在条件许可的情况下设置棋牌室，提供棋牌娱乐，设置健身室提高业主的体质，并进行有偿服务；设置小型图书室，提供各种信息和阅览活动。也可在取得有关部门的同意下进行报刊、杂志、图书、音像制品的出售或出租经营。

3.8.5 人力资源经营

人力资源经营是指物业服务企业可以调度的人力资源经营，使之产生直接的经济效益。在进行人力资源经营时，必须符合物业企业的整体和长期战略目标。物业服务企业人力资源经营的原则就是充分挖掘人才潜力，将人才的工作内容和范围进行扩展，以及利用日常工作以外的时间进行有关物业服务活动的经营事项。

1. 高、中层管理人才服务

利用本企业的高、中层管理人员，在适当的时机做各种讲座、会议、论坛的兼职教授，发表有关研究的论文，对企业形成无形资产，做到无形资产与有形价值兼顾。

2. 服务管理知识传输服务

可有组织的对外进行物业服务知识的传输，并获取一定的费用。

3. 向业主提供特殊服务

根据物业服务企业的情况，在有条件时可为业主提供特殊服务。如为业主提供24小时安全服务、贴身护卫，以及搬家或货物提取等简单劳动服务。

3.8.6 其他服务经营

1. 信息资源服务

为业主搭建信息平台，如企业的网络可以将空间出租给个人做主页、建立信息数据库、提供法律和政策咨询、交易代理等。

2. 物业出售出租代理服务

在取得相关部门的认可后，可以根据业主的委托对所属物业进行代租代售，从中获取一定比例的中介费用。

3. 企业所属设施设备服务

物业服务企业可将自有的设施设备方面的资产，利用空闲时间创造新的价值。如企业自有的车辆可在空闲时间对外出租、利用空闲用房进行租赁、结婚摄像和组织礼仪活动等经营服务。

4　前期物业服务与运行

前期物业服务阶段是关系到日后物业管理服务正常运行的基础，许多工作开展的好与坏、规范与标准严密与不严密、物业现场的监督检查到位与不到位、设施设备操作熟悉与不熟悉、物业运行成本控制严格与不严格等都决定了前期物业管理服务的成败，同时对常规物业管理服务有着直接和重要的影响。因此，在进行前期物业服务时，一定要签署制定严密的前期物业服务委托合同，它是进行前期物业服务的法律依据。同时，还要编制本物业项目的物业服务方案，它是进行前期物业服务的保障和服务大纲。还要编制前期物业服务阶段的各种应对措施，以保障前期物业服务的正常开展。所以，前期物业服务的顺利开展，有助于日后物业管理服务的到位和与业主形成良好的互动关系。

4.1　签订前期物业服务委托合同

在前期物业服务活动中，前期物业服务委托合同占有举足轻重的地位，物业服务委托合同大量的存在于物业服务活动的各个环节之中，是约束物业服务活动行为和规范的准绳，也是保障物业服务活动顺利开展与提供物业优质服务的基石。因此，在进行前期物业服务时，必须签订前期物业服务委托合同。

4.1.1　签订前期物业服务委托合同应遵循的基本原则

1. 主体平等

双方的法律地位平等，一方不得将自己的意志强加给另一方，双方都享有独立的人格，不受他人支配、干涉和控制。

2. 合同自由

在签订前期物业服务委托合同时，双方享有自愿订立合同权利的自由，不受任何一方的干预和支配。

3. 权利义务公平对等

合同的双方既享有权利，也要承担相应的义务，权利与义务是相对等的。否则合同中的权利与义务有失公平。

4. 诚实信用

诚实信用原则是民法、合同法的最基本的原则。在合同约定的范围内从事物业服务活动时，应该诚实守信，认真履行合同赋予的权利与义务。

5. 守法和维护社会公益

双方订立合同、履行合同时，应当遵守国家颁布的法律法规和社会公共利益，不得扰乱社会经济秩序。

4.1.2 签订前期物业服务委托合同应注意的事项

1. 根据前期物业项目的实际情况制定物业管理与服务标准

因在前期物业项目中，存在着这样或那样的问题，如物业项目可能要分几期建设才能完成，所以物业也就要分批移交物业服务企业进行前期管理，这里就涉及水、电、区域封闭、配套设施完善等实质性的问题，因此，在前期这样的阶段就加大了物业服务企业的管理难度和增加了物业运行成本，同时，物业管理与服务也难以达到预期策划的物业管理与服务方案内所设定的管理服务效果，形成了实际物业运行管理服务与物业策划方案有一定的差距。因此，在签订前期物业服务委托合同时，要从实际出发，尽可能的制定出符合物业现状的管理与服务标准，不要在这个阶段盲目的制定出不切合实际的管理与服务标准，并在前期阶段要按时间段来量化管理服务标准，逐步提升管理与服务标准，才能真正意义上的实现前期的管理与服务标准按时间、按区域达到约定的要求。所以，在签订前期物业服务委托合同时，一定要根据物业项目的具体情况制定出符合实际的物业管理与服务标准，才能避免引发日后管理与服务中产生的不必要的矛盾与纠纷。

2. 切合实际的服务承诺

在现实的物业服务过程中，很多物业服务企业为了能拿到物业项目，经常是不切合实际地制定出服务承诺，没有真正考虑如何实现物业服务在不同阶段不同的时间段所要能达到的服务承诺，结果是因过高的服务承诺与现实无法兑现，造成物业服务企业不必要的经济损失和矛盾纠纷。所以在签订前期物业服务委托合同时，物业服务企业一定要按阶段、时间逐一明确不同阶段，不同时间段的服务承诺，切忌一个模式的服务承诺。

3. 合同条款字句严谨

因为合同具有法律效应，一旦签署了合同，双方就必须按合同约定的条款内容行使权力和履行义务，所以，在签署合同时，字句的严谨决定着合同履行到位的成败，往往一字之差导致合同执行起来发生偏差，甚至还会引发法律纠纷和由此而导致本不应该承担的法律责任和经济损失。

4. 把可能出现的问题考虑周全

在前期物业服务中经常遇到一些这样或那样的问题，因此在签署前期物业服务委托合同时，物业服务企业必须借鉴以往管理服务中的经验教训，把可能出现的问题和针对本物业项目中的一些实际问题考虑周全，并列入合同中，规定出具体的处理的办法和明确责任方。只有这样，才能使前期物业管理与服务有序的开展起来。

5. 必须明确双方责权利

在签订前期物业服务委托合同时，必须明确双方各自的权利、职责和利益，只有双方责权利得以明确，才能避免双方日后的矛盾纠纷，才能保障前期物业管理与服务的正常运行，才能有利于业主的安居乐业。

6. 物业的接管验收要严密周全无疏漏

物业的接管验收是前期物业服务活动中的一个重要环节，在前期物业服务委托合同中必须对接管验收的物业进行明确的约定，包括：物业接管验收内容、标准、责任等。特别是物业项目收尾阶段未完善的设施设备或正在试运行调试阶段的设施设备以及正在进行部分整改的物业要在合同中加以明确。

7. 物业服务的费用

前期物业服务委托合同涉及的费用种类较多，情况较为复杂，所以，必须依据国家颁布的相关法律，属于业主支付的费用明确业主支付，属于开发建设单位支付的费用不能转嫁给业主，因此，在签署前期物业服务委托合同时必须予以明确。

4.1.3 前期物业服务委托合同与常规物业服务委托合同的主要区别

前期物业服务委托合同与常规物业服务委托合同中关于服务内容的条款基本相同，主要差别在于：

1. 订立合同的当事人不同

前期物业服务委托合同的当事人是开发建设单位与物业服务企业；常规物业服务委托合同的当事人是业主（或业主大会）与物业服务企业。

2. 合同期限不同

前期物业服务委托合同的期限虽然可以约定，但是如果期限未满，且业主委员会与物业服务企业签订的常规物业服务委托合同又开始生效的，前期物业服务委托合同将会终止。常规物业服务委托合同期限则由订立合同的双方约定，与前期物业服务委托合同相比，具有期限明确、稳定性强的特点。

4.1.4 前期物业服务委托合同内容

1. 合同当事人

前期物业服务委托合同的当事人就是建设单位与物业服务企业，其中建设单位以及物业服务企业一般都是法人组织。

2. 物业项目基本情况

物业项目基本情况包括物业项目名称、物业类型、坐落位置、建筑面积等方面的内容。

3. 服务内容与质量

服务内容包括：物业共用部位及共用设施设备的运行、维修、养护和管理；物业共用部位和相关场地环境管理；车辆停放管理；公共秩序维护、安全防范的协助管理；物业装饰装修管理服务；物业档案管理及双方约定的其他管理服务内容。前期物业管理服务应达到的约定质量标准。

4. 服务费用

服务费用包括：物业服务费用的收取标准、收费约定的方式（包干制或酬金制）；服务费用开支项目；物业服务费用的缴纳；酬金制条件下的酬金计提方式、服务资金收支情况的公布及其争议问题的处理等。

5. 物业的经营与管理

物业的经营与管理包括：各类经营项目的收费标准、管理方式、收入分配办法；

物业其他共用部位共用设施设备经营管理。

6. 接管查验与使用维护

接管查验与使用维护的主要内容包括：接管查验内容、接管查验方式，以及执行过程中双方责任义务的约定。

7. 专项维修资金

专项维修资金的主要内容包括这部分资金的缴存、使用、统筹和管理。

8. 违约责任

这部分内容主要包括违约责任的约定和处理、免责条款的约定。

9. 其他事项

其他事项主要包括合同履行期限、合同生效条件、合同争议处理、物业管理用房、物业管理相关资料归属以及双方认为需要约定的其他事项等。

4.2 物业服务企业前期介入工程项目

4.2.1 物业服务企业前期介入的意义

在房地产开发建设、营销、物业使用的全过程中，物业管理服务起着至关重要的作用，物业服务企业在房地产开发项目的前期介入管理服务中具有多方面的重要意义，但从目前房地产开发的过程和物业服务行业的总体运作情况看，许多物业项目都是建成即将交付使用时才确定物业服务企业，物业管理服务仅仅成为房地产开发的延伸。由于新接管物业前期工作时间紧、任务重、责任大，如物业验收、入住、装修等工作，任何一个环节出现失误或疏漏，都将对后期管理造成不利影响，甚至产生无法挽回的损失。此外，在房地产开发过程中，由于设计不尽合理（未能从使用和管理的角度考虑）、施工粗糙、图纸资料不全等，都会直接影响物业今后的使用和管理。物业服务企业的专业化优势在于前期介入开发阶段，熟悉掌握业主需求变化，与开发商共同参与物业项目的规划、设计、施工、验收等工作，有利于物业项目的设计合理和质量良好。因此物业服务企业在较深入了解物业项目及业主需求的基础上，从业主使用功能、物业后期管理服务和社区服务持续发展等方面与开发商携手，共同打造优质的物业品牌。物业服务企业前期介入管理的优点主要表现在以下几方面：

1. 物业服务企业前期介入管理可为业主把好验收关

（1）物业服务企业的职能和业主服务要求不再是停留在物业服务企业只要搞好后期物业管理服务上，还要求借助物业服务企业熟悉掌握房屋和设备使用管理的专业优势，前期介入管理开发建设阶段，共同参与物业项目的规划、设计、施工、验收等工作，以保证物业项目建设的设计合理和质量良好。

（2）作为业主的管家从物业前期介入管理开始为维护业主（小业主与开发商）共同的利益，拟定业主规约，清楚界定开发商、业主及物业服务企业三者之间的权利与义务，建立完善的物业管理档案系统，拟定各项安全管理制度和各种紧急情况下应急处理程序，在入伙前了解各工程及设备情况，参与施工管理和设备调试工作。物业服务企业在接管物业前为维护全体业主（使用人）的利益以及自身的合法权益，并先于业主入住（使用）之前进行，从确保物业的正常使用功能和管理基础出发，代表业主对即将交付使用的物业质量、管理资料、配套设施等进行的综合性管理。前期介入管理的合格也是物业可以交付使用和交付管理的前提要件之一。

2. 物业服务企业前期介入管理是后期管理的基础

（1）物业服务企业的前期介入管理是后期物业管理的一项基础性工作，“物业管理从设计图纸开始”其核心是把物业管理的思想注入物业项目的规划、设计、施工过程中，使物业尽量满足业主的需求。物业服务企业通过前期介入管理对物业项目的土建结构、管线走向、设施配置、设备安装等情况了如指掌，便于在后期管理中做好物业及其附属设施设备的维修养护工作。由于已对所管物业有了全面了解，就为竣工验收、接管验收打下了基础。同时，通过前期介入管理可以提出许多设计和施工方面存在的问题和解决的办法，从而大大减少物业管理服务工作中物业的返修工作量。前期介入管理能掌握物业项目完善的记录和相应的证据，在未来的使用过程中如果出现质量问题时，对分清物业管理与建设、施工、安装单位的责任非常有利。是确保物业的使用质量，为日后的物业管理服务奠定良好的基础。

（2）作为物业管理服务者从前期介入物业管理开始，为物业服务企业设计合理的人事组织架构，制定各部门之间的配合协调程序与各岗位职责，采购管理服务所需家具、文具、通信工具、工程维修工具及办公设备，为物业服务企业各部门制定具体管理制度与规定，对各部门主要管理人员进行现代物业管理概念与操作手法的培训，就物业项目的设计、能源分布、设备安装等向开发商提出有关建议，以最大限度地降低日后的维修与使用成本。同时为物业运行管理服务拟定一切有关日常管理所需的文件与表格，包括员工管理守则、业主手册、装修管理规定、公共区域行为规范、自行车管理规定、停车场管理等，为规范正常期物业管理服务奠定了基础。

3. 物业服务企业的前期介入管理是社区服务持续发展的保证

（1）物业服务企业对社区实行社会化、专业化和一体化的管理服务之后，物业服务企业一方面成了多个产权单位、产权人的总管家；另一方面也为政府各管理职能部门找到了一个社会总代管。物业服务企业为满足业主日益增长的文化需求，势必不断提高自身的管理服务水平。物业管理服务以人为本的全方位的服务和邻里亲情为宗旨的社区文化建设相辅相成。是以社区文明氛围的塑造、社会生活服务项目的展开以及社区意识的培养，来实现“拥有一个居住安全放心、环境优美舒心、生活方便称心、文化娱乐欢心”的生活家园的目标。

（2）社区服务建设与发展是衡量社会生存质量和整个城市文明程度的一个重要指标。而物业管理服务是一项以各类房屋和公共配套设施的使用、维修、养护为核心的专业管理，是围绕“人的居住”而实施的管理，即是以人为中心开展活动，为人的生存、发展、享受提供各种方便。物业服务企业前期介入管理尤其是对社区文化项目和社区配套设施建设的专业意见，保障了社区生活服务项目的开展。同时不断完善社区服务功能，物业管理服务全方位、多层次的管理体系要求物业服务企业认真分析不同业主的需求，最终使物业服务、管理赢得主动，为社区服务发展开辟广阔的空间。

（3）根据社区的持续发展要求，作为物业服务企业前期介入管理工作的一个重点，是通过环保、节能的服务来避免现代工业文明所造成的空气污染、水污染、噪声污染和能源浪费，改善整个社区的生态环境，做到花香草绿，空气清新，水源充足清洁，道路平坦、干净，垃圾及时清运，环境宁静幽雅。这也是物业服务企业最基本的服务内容之一。

（4）将前期介入管理作为物业管理服务的重要项目纳入制度化、规范化、程序化的管理轨道，能够使房地产开发商由被动到自觉地考虑物业服务企业的前期介入管理工作，从而规范了开发商的开发与销售行为。前期介入管理的同时，由于物业建设过程中各工种的交叉作业，使物业服务企业的工程技术人员在前期介入管理过程中得到充分锻炼，有利于技术全面发展，有利于物业服务企业工程技术人才的培养。

开发商对物业进行的是硬件建设，物业服务企业对物业进行的是软件管理与服务，前者是形成物业，后者是发挥物业的功能作用。通过前期介入管理，最终达到“建房者省钱省力，用房者舒适满意，管房者专心服务”之目的。

4.2.2 物业服务企业前期介入阶段的划分

1. 物业服务企业前期介入的分段

物业服务企业前期介入应包括两个阶段：超前介入和前期管理介入。所谓超前介入是指物业服务企业或人员在接管物业项目之前，就参与物业的规划、设计和建设，从物业管理的角度提出意见和建议，以便建成后的物业能满足业主或使用人的需求。而所谓的前期管理介入则是指物业建成后至业主入住前的物业管理。这一阶段的工作主要有管理机构和人员的配置、管理规章制度的制定、物业的验收与接管、业主入住管理服务、房屋装修管理以及档案资料的建立等。

2. 物业服务企业前期介入的种类

根据物业服务企业前期介入阶段的不同，又可分为早、中、晚三类。早期介入是指物业服务企业在项目可行性研究阶段即开始介入；中期介入则是在项目施工阶段开始；在工程基本结束、准备竣工验收和接管验收时介入则作为晚期介入。早期介入可对项目的可行性提出意见和建议，同时可就原设计院图纸提出有关楼宇结构布局和功能方面的改进建议。中期介入则主要是检查前期工程的质量，对不合理但又可以更改的部分提出修改建议。后期介入则主要工作是对工程进行测试检验和指出前期工程中的缺陷，就改进方案的可能性和费用提出建议。

4.2.3 物业服务企业在工程施工阶段介入过程中应注意的问题

1. 对小区（大厦）的重要大型设备、设施的供应商，应尽量选择能将供货、安装、调试、售后维修保养一体化的实体公司，在价格相近的几家供货商中，尽可能选择历史悠久、售后服务技术良好、价格适中的那家。

2. 小区基建工程采用的批量较大的各种建材、装饰材料、水电器材等常规材料和配件尽量选用市面上有的普通规格的标准件和通用件，尽量采用国家和本市指定厂家所生产的牌子、型号与规格。

3. 涉及小区物业的结构材料、防水层、隐蔽工程、钢筋以及管线材料一定要考虑耐久性和耐腐蚀，并符合该种材料的国家标准或行业标准，且协助监理公司把好相关过程控制和验收控制的质量关，绿化带土质的厚度要符合要求。

4. 所有参与土建工程、装饰工程、设备设施安装工程、绿化工程和相关的市政工程的施工单位、供货商、安装单位、和与之有关联的中介单位都应与开发商就设备（或大宗材料、配件）的保质（修）期的保质（修）内容、保质（修）期限、责任、费用（维修保证金）、违约处理等达成书面协议，并提供有效的合法经营及资质证明、产品的产地、合格证明、设备订购合同、材料供货价目表、采购供应地址及单位联系电话。

5. 一些重要的大型配套设备（包括电梯、中央空调、配电设施、闭路监控系统、消防报警系统、电话交换系统等）的供应单位应提供清晰明了的操作使用说明书，并对该项相关技术操作人员提供正规的培训。

6. 小区物业所选用的设备和仪表均应得到有关部门的校验许可证明。如电表、水表须经过水电部门校验合格才允许使用，闭路电视监控系统须经过公安部门的安全技术测试合格后才准许使用，还有消防报警系统、灭火器、电梯、变配电系统、停车场、交通管理系统等，最好由设备或仪表供货安装单位一并解决。

7. 为方便以后的物业管理，对大型重要的公共配套设备能设立独立的电表或水表（便于情况分析和成本控制），高层及大型写字楼的室内照明插座电源应与中央空调系统用电线路及计量分开，尽量做到分表到层、分表到户，表的位置最好能统一、集中（便于抄表、住户忘关开关时可临时切断电源），电话分线分层分户应做好识别标记，合理分配。

8. 各专业工程技术人员要做好质量跟进工作深入现场，掌握第一手资料，尤其是各种给排水、电、中央空调、消防报警电话、有线电视等管线的走向、重要闸阀和检查口的位置，以及相应的施工更改记录。

9. 重要的土建要确保一定数量抽验合格率，所有的隐蔽工程都要由监理进行质量验收、物业管理人员可参加。

10. 物业的竣工验收，物业管理人员应会同参加，对不符合物业管理要求的工程项目由监理令其整改满意后再签字，物业（包括设备设施）的二次接管验收须全面把关交接，尤其是竣工图纸、技术资料、设计变更记录等。

4.2.4 物业服务企业前期介入的工作内容

物业服务企业前期介入后，如何开展工作，这是决定前期物业服务工作的根本，通过多年的物业服务企业前期介入实践工作经验，介入后主要开展以下工作：

1. 成立物业服务项目前期介入工作组；

2. 确定介入工作成员；

3. 根据提供的物业项目数据和建设情况，编制介入后的工作计划；

4. 进场后物业工作组的相关人员与建设单位对口工程技术人员进行工程进度的交流和技术交流；

5. 工作组成员重点对物业现场情况进行跟踪和了解，并做工作记录；

6. 参加建设单位的工程协调会，了解物业情况和存在的问题；

7. 根据进场后的一段时间对物业现场的了解和熟悉，编制物业设施的配置方案以及满足日后物业正常使用功能的建议报告；

8. 对介入物业后发现物业存在的问题，如果能进行变更的提出改进意见报告，对于不能变更的，提出补救措施；

9. 编制接管验收要求；

10. 核对物业各户型面积，设备功能及配套设施的情况后，编制物业收费费用明细和建立设施设备档案；

11. 成立房屋接管验收小组，进行验收前的培训和验收接管工作；

12. 编制房屋移交的物业相关文件；

13. 着手组织物业项目各岗位人员的招聘和培训工作；

14. 继续协助开发商对工程进度和质量的管理；对所有物业员工进行培训，让物业员工熟悉楼宇建筑及各系统设备；参与楼宇、文件图纸、资料、设施设备的安装调试及验收交接工作；接受机电供货商的培训；记录所有缺陷和问题，协助监理督促承建商和供货商整改；建立图纸资料档案、设备档案、承建商和供货商以及市政相关部门的联系档案；协助开发商签署各项工程和设备的保修合同；与开发商办理交接物业手续（包括安全消防责任的交接）。

4.2.5 物业服务企业前期介入流程

物业服务企业前期介入流程如图 4－1。

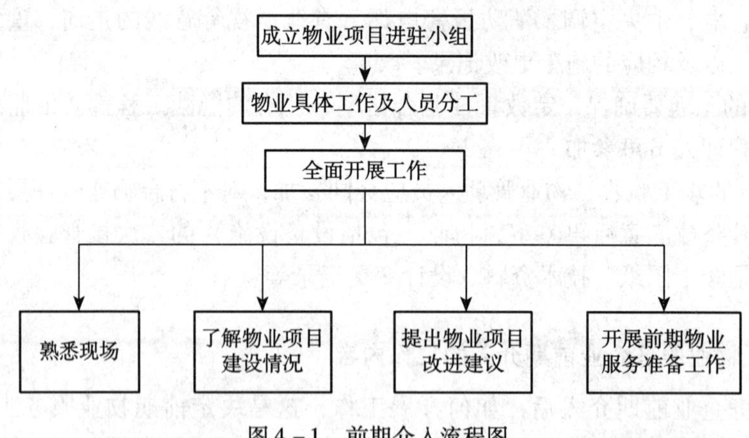

图 4－1 前期介入流程图

4.3 从物业合理使用角度提出工程改进建议

一个物业的整体质量是由材料质量和施工安装质量两大部分组成的，所以对物业服务企业来说，要对开发商提一些质量和安装施工建议，本身就是保障日后物业功能的正常使用，避免日后不必要的麻烦。因此，物业服务企业要及早参与工程建设，从物业管理服务的角度对土建施工、设备安装进行全面的了解，及早发现和解决问题，避免物业建成后给使用和管理服务带来的缺憾。提出合理建议的前提条件是要深入了解物业的设计要求和施工情况，只有这样才能从物业角度出发提出改进建议。

工程建设是一个综合性的系统工程，所以，物业服务企业在提改进意见时，一般可从建筑及环境工程、设备安装工程方面提出改进建议。

1. 建筑及环境工程方面

(1) 建筑使用功能及房间配置；

(2) 室内、室外装饰装修；

(3) 门窗类型、选材及位置；

(4) 建筑保温及节能；

(5) 地下及屋面防水做法；

(6) 消防对建筑的要求；

(7) 新型材料选用的建议；

(8) 室外绿化工程；

(9) 室外环境工程；

(10) 室外配套设施。

2. 设备安装工程方面

(1) 给水部分；

(2) 排水部分；

(3) 强电部分；

(4) 弱电部分；

(5) 监控系统部分；

(6) 门禁系统部分；

(7) 电梯部分；

(8) 新风排风部分；

(9) 消防部分；

(10) 中央空调（供暖设备）部分。

物业服务企业在物业现场配合工作后就能从中发现问题，并能从物业管理服务专业的角度提出改进意见。使得改进意见更具体化、专业化、明了化。

3. 具体的建议内容：

由物业管理服务的角度对工程中考虑欠缺之处可提出很多的改进建议，下面举一些具体的建议内容供参考。

(1) 要考虑商业和物业管理用房的预留（包括管理处办公用房、员工宿舍食堂、职工业主娱乐活动室、安防岗亭用房、垃圾收集站、物料仓库、清洁工工具房等）。

(2) 配套设施设备、管线配置和布线要合理，包括预留空调安装位置及空调滴水管。

(3) 设计时尽量减少外墙外凸沿，尤其是高空位置不可上人的平台、条柱等不利清洁。

（4）高层楼宇和大型小区应考虑合理配置清洁楼道及绿化浇水处所必须的水管接口和洗手池。

（5）水、电、气表的设置要考虑抄表到户的需要，尽量集中放在首层。

（6）信报箱的设置亦要考虑邮政需要放在首层（放在架空层等首层以上，邮电部门会加收服务费），并且信报箱的规格和锁要符合要求，也可以同时考虑送奶的存放。

（7）小区进出口位置和数量配置要合理，能少则少，以减少不必要的费用支出。

（8）小区内的车位配置要考虑到户均车辆比例尽量充足。

（9）小区的外围尽量考虑到封闭式治安管理的需要，铁围栏的设计要防攀防钻，女儿墙亦要设计成防攀越的。

（10）小区内绿化带植物的品种（尤其是高档大型物业小区）不要设计得太名贵、太繁多。除充分考虑到错落有致，四季有花有香外，配制原则是大方得体，合理选择背阴喜阳、易于养护的植物。

（11）小区内标牌和建筑小品设计亦要考虑到易于低成本维护。

（12）小区内尽量不要配置有安全隐患的水池（含游泳池）、沙池、秋千、转盘、高低杠杆等设施和器械。

（13）排污管、雨水管在穿楼板时要考虑采用套管，以方便管体破裂时更换。

（14）现在大部分家庭将阳台用作洗衣、拖地的给排水之地，所以阳台设计应考虑统一接管，并配两个地漏（其中一个为洗衣机排水用）否则业主在二次装修的排水管时，施工不规范会引发一系列问题。

（15）低价商品房业主用窗式空调多，故卧室大多预留窗式空调口，预留空调口可设计成既可以安装窗式分体空调的室外机，又可以安放窗式空调机，还要方便以后维护、拆装等，以避免产生老式空调口的弊端和遗留问题（渗漏）。

（16）建筑物的可上人平台可以设计成花坛、绿化带；多层屋顶不上人天台设计成易于养护的绿化带，既可以隔热又可以弥补地面绿化面积的不足。

（17）现代家庭的电话、电脑、电视等家用电器容量较大，所以布线设计应考虑主、次卧房及大厅都应配置预留电话插座、宽带网或局域网电脑连线插口、电视插座和家庭影院环绕音响接口。另外，甚至可以考虑可视对讲电话、门铃的配置，在洗手间亦可考虑配置电话以免在冲凉、上厕时有人来电来访时的尴尬。

（18）楼道侧墙应考虑铺设一定高度的瓷片以防污渍。

（19）楼道内电表箱等其他线盒箱不要用通用锁，应采用专用锁，楼道开关总闸更应内藏而不外露，以防小孩和他人捣乱拨弄。

（20）小区内的消防水管是否考虑用油漆的红管或不易褪色的油漆管，以减少高空作业。

（21）小区内的路灯不必多，只需满足一定的光照度就可以，路灯尽量采用灯座要耐锈蚀，牢固、防日晒雨淋、不怕强风、采用节能灯，方便日常维修、减少开支。

（22）垃圾收集站最好设计在小区进出口附近处，且垃圾房门朝外，便于垃圾清运车在外面作业，不影响小区安宁。

（23）单元楼道灯最好采用光控红外线复合开关以方便手提东西的业主上下楼梯，且减少楼道公共照明用电量。

（24）一般核定一个单元楼道灯用电量一个月才十来度电，故电表配制要选用最小容量，以免大容量电表收取几十度费用而发生不必要的支出。

（25）消防水泵、二次供水等功率大，但用电量很少的设备要尽量合用一个电表。

（26）由于商业用水和居民用水的收费标准不同，建议居民用水和商铺用水的管路分开并各配计量表，以避免自来水公司自定商业用水和居民用水的比例，一般都把收费高的商业用水比例定的比较高，无形中又会长期多支出费用。

（27）小区的地下排污管道要铺设合理，井口间距要合适，一般不要超过管路疏通时的竹片长度或机械疏通机可达长度。

（28）凡有空调机滴水管的沿墙周围应做绿化带，既利用上了空调水，又美化了环境，避免了以往空调滴水面造成地面青苔。

（29）建筑物的临街部位、下面有行人路面或停车位的外窗可考虑安全防护以避免高空抛物现象。

（30）各单元门、停车位、外围、巡视死角，商铺招牌部位平台等应设计加装闭路电视监控。

（31）所有单元进户门应设计遮雨棚，以防雨水和淋花水污染行人。

（32）商铺前后的预留空调位及排水位往往被开发商所忽视，设计中应考虑进去。

（33）建筑上不要出现死角，如不可上人的平台等，以减少卫生死角。

（34）重要管路和线路要预留备用管线或活口，以免发生因局部损坏而要换整条管线。

（35）最容易发生问题的排污管、给水管在穿越楼板、墙体时管道往往会因受挤压而易爆裂（PVC 管）或生锈而破裂（镀锌管）故设计时最好设置套管，以便更换。

（36）小区配套公共设施规划设计要一步到位：

① 按物业管理要求配置绿化率、物业管理用房、商业用房、功能用房和设备房；

② 燃气管道，智能综合布线，二次加压的管路及闸阀，用于餐饮商铺预留的排烟道和隔油池等都应在设计中加以考虑；

③ 阳台设计要考虑到花盆座架底部向里倾斜，以防淋花水往下滴水给下面业主带来不便，客厅、主人卧室分体式空调穿线预留外斜防水措施设计要考虑进去。

（37）检查水电供应容量及能源费计量的设计，要根据写字楼的功能要求和考虑不同业主（租户）使用的设备及其发展需要，审查水电特别是区域供电容量。对功能多样的楼宇，一定要考虑机电设备的配置和能源费（水、电、气）的分区域计量问题。

（38）检查安全监控系统和消防系统设备的布局是否合理实用，是否留有死角。

（39）检查机电设备的配置是否合理。物业服务企业应主要从不同功能和不同业主的使用要求、节能要求、安全要求、设备维养的难易程度及费用等几方面对各机电系统（电梯、通信、采暖、空调、监控及消防主机、污水处理系统、新风系统等）提出选择建议。

（40）房屋移交后施工水电变更。

（41）公共设施设备单独挂表计量。

4.4 物业服务人员的招聘及岗位技能培训

随着物业项目的运作和发展，按照物业运行方案的设定编制，重点着手配置物业项目各岗位专业人员，已确保物业运行工作的正常开展。

目前随着物业管理服务的不断规范和发展，对物业服务企业的运作要求也越来越高。这就要求在岗人员的整体素质和业务技能必须有一个质的飞跃，同时工作人员的业务技能决定着物业服务企业在物业项目上所提供物业管理与服务质量的好坏。因此，在进行物业项目管理与服务时，物业服务人员的招聘与培训至关重要，这是人力资源管理的一部分，通过物业服务企业对人力进行组合和培训，使得人力、物力保持最佳配置和良好的工作状态。

4.4.1 招聘计划的制订

物业服务企业在招聘物业相关人员时，应根据接管物业项目的类型、面积的大小、服务标准、业主构成情况、硬件配置的技术含量等制订招聘计划。其内容包括：

1. 计划招聘各岗位人员数量和人员结构，包括专业结构、学历结构；
2. 各类人员的招聘条件；
3. 招聘信息发布的时间、方式与范围；
4. 招聘渠道；
5. 招聘方法。

4.4.2 招聘组织实施

1. 公布招聘信息

通过一定的招聘方式，将招聘信息发布出去，包括：招聘时间、招聘岗位、人员数量及提供相关应聘资料等。

2. 对应聘人员进行面试

面试就是通过与应聘人员的正面交谈，了解应聘人员的业务知识水平、外貌风度、工作经验、求职动机、表达能力、反应能力、个人修养、逻辑思维等情况，并对是否聘用作出判断与决策。面试前先确定要提的重要问题，列成提纲，按提纲提问，对不同岗位的应聘要求，要提问有针对性的问题，全面客观的了解应聘人员的真实情况。

3. 人员的录用

人员录用是招聘的最后一个环节，主要涉及录用人员的有关录用事宜。包括：办理录用相关手续、试用、安排录用人员的初始工作等。

4.4.3 岗位技能培训

入职培训是对新员工在上岗前进行的必要一课，为新员工提供物业管理和服务最基本的知识培训，通过培训使新员工了解物业服务企业的基本情况，熟悉公司的各项规章制度，掌握基本的服务知识和基本操作技能，使新员工了解和掌握所在工作岗位的具体要求。

培训内容包括：公司发展史及概况、公司的各项规章制度、企业文化、服务理念、职业礼貌、物业管理服务基础知识、安全常识、相关的法律法规等。

1. 安防员培训

安防人员的培训内容包括入职培训和在岗培训两个方面。

（1）入职培训

① 公司的基本情况、管理架构、安防的工作性质、部门的基本动作程序、安全教育及带领新员工熟悉辖区环境。

② 讲解安防部门岗位职责、部门的奖惩规定、公司的考勤制度、着装规定及礼貌礼仪和文明用语。

③ 安排新员工试行上岗，即一名老员工带一名新员工同时值勤，由老员工联系实际情况对新员工讲解岗位情况及工作程序。

④ 进行岗位考核，新员工培训结束后，进行思想小结，并进行业务知识考核。经考核合格后方可安排正式上岗，不合格的按辞退处理，3 天训练不发放工资。

（2）在岗培训

① 军事培训：

队列：

立正、稍息、跨立、蹲下起立；

齐步、跑步、行进间转法、步伐变换、敬礼。

拳术基本培训：

擒敌拳、散打基本功；

体能训练、跑步、俯卧撑等。

② 消防知识培训包括：消防法规的学习；消防理论知识的学习；灭火器材的操作与使用及检查；灭火疏散相关知识。

③ 工作技能的培训包括：物业服务区域内的防盗技巧；处理突发事件的程序；岗位职责，守则；物业区域与内人员进出登记等操作流程；沟通、协调的能力 。

④ 服务培训：

包括文明用语、仪容仪表、礼貌礼节、服务意识、服务技能、服务要求 。

⑤ 思想教育：

包括思想品德、政治思想、行为准则，思想教育的形式为：个别交谈，安防员全体大会，交接班时的讲评，班务会。

⑥ 法律基础知识的培训：

包括法律体系、宪法、刑法、罪与非罪的界定、正当防卫、民事责任等其他相关法律法规。

2. 保洁员培训

保洁员培训的主要内容：各种清洁工具和清洁材料的功能及使用知识、安全常识、风险防范、公司的各项规章制度、岗位职责、企业文化、服务理念、职业礼貌、物业管理服务基础知识、相关的法律法规、操作规程等。

技能培训主要包括：楼梯间清洁标准要求、电梯间清洁标准要求、写字楼清洁标准要求、住宅清洁标准要求、道路清洁标准要求、饰物清洁标准要求、公共设施清洁标准要求、清洁工作的应急能力。

3. 维修员培训

维修员培训的主要内容：供水供电基本知识、日常养护及维修知识、安全常识、风险防范、公司的各项规章制度、岗位职责、企业文化、服务理念、职业礼貌、物业管理服务基础知识、相关的法律法规、操作规程等。

技能培训主要包括：管道维修技能、土建维护技能、强弱电维修技能、公共设施维护技能、涉及工程方面的其他维修技能。

4. 绿化员培训

绿化员培训的主要内容：植被养护基本知识、绿化设备使用和维护知识、安全常识、风险防范、公司的各项规章制度、岗位职责、企业文化、服务理念、职业礼貌、物业管理服务基础知识、相关的法律法规、操作规程等。

技能培训主要包括：修剪技能、施肥技能、除草技能、浇灌技能、打药技能等。

5. 中级管理人员培训

中级管理人员培训的主要内容：安全常识、风险防范、公司的各项规章制度、岗位职责、企业文化、服务理念、职业礼貌、物业管理服务基础知识、相关的法律法规、心理学、公共关系学、组织行为学、经营管理、房地产相关知识等。

技能培训主要包括：物业管理服务各项活动的组织技能、内外沟通协调技能、经营服务策划技能、物业服务企业运作制度的订立、物业服务方案的编制、突发事件的处理技能、物业运行成本控制技能、建筑常识、暖通基本常识、现场管理组织协调技能等。

6. 普通管理人员培训

普通管理人员培训的主要内容：物业管理服务基础知识、物业管理法规知识、房屋结构与识图知识、物业管理收费知识、房屋维护与管理知识、房屋附属设施设备维护与管理知识、环境管理知识等。

4.5 物业项目接管验收

4.5.1 制定物业项目接管验收方案

物业项目的接管验收，是对已建成的物业进行全面检查验收，它直接关系到今后物业管理服务工作能否正常开展，也决定着日后物业功能使用和维护，因此，在进行物业项目接管验收前必须制定验收方案，为下一步的验收奠定基础。物业项目接管验收方案应考虑几个方面：

1. 成立物业项目接管验收工作组；

2. 明确验收人员及分工；
3. 建设单位、监理单位、施工单位、物业服务企业综合分组；
4. 物业服务企业安排专业人员参与到验收工作中，并重点安排查验项目；
5. 编制验收记录表；
6. 编制验收标准；
7. 确定验收的项目和时间；
8. 将确定接管验收项目上报建设单位、监理单位、施工单位，统一安排。

4.5.2 物业项目接管验收运作

1. 接管验收的概念

接管验收包括开发商（建设单位）、物业服务企业以及个人对物业接管验收。物业服务企业的接管验收是指接管开发商、建设单位或个人托管的新建房屋或者原有房屋等物业的以主体结构安全和满足使用功能为主要内容的再检验。

2. 接管验收的作用

（1）明确在物业项目接管验收中接受双方的责、权、利；
（2）确保物业项目使用的安全和正常使用功能；
（3）为实施专业化、社会化、现代化管理创造条件；
（4）提高物业项目的综合效益；
（5）促进建设项目及时投产，发挥投资效果，总结建设经验；
（6）维护业主的利益。

3. 接管验收的原则

（1）原则性与灵活性相结合。
（2）细致入微与整体把握相结合。

4. 物业项目接管验收的准备与实施

（1）接管验收的条件

① 新建房屋接管验收条件包括：建设工程全部施工完毕，并业经竣工验收合格；供电、供暖、给水排水、卫生、道路等设备和设施能正常使用；房屋幢、户编号业经有关部门确认。

② 原有房屋接管验收条件包括：房屋所有权、使用权清楚；土地使用范围明确。

（2）接管验收应检索提交的资料

① 新建房屋接管验收应提交的资料包括：项目批准文件；用地批准文件；建筑执照；拆迁安置资料；竣工图；地质勘察报告；工程合同及开、竣工报告；工程预算决算；图纸会审记录；工程设计变更通知及技术核定单；隐蔽工程验收签证；沉降观察记录；竣工验收证明书；钢材、水泥等主要材料的质量保证书；新材料、构配件的鉴定合格证书；水、电、供暖、卫生器具、电梯等设备的检验合格证书；砂浆、混凝土试块试压报告；供水、供暖的试压报告。

② 原有房屋接管验收应检索提交的资料包括：房屋所有权证；土地使用权证；有关司法、公证文书的协议；房屋分户使用清册；房屋设备及定、附着物清册；房地产

平面图；房屋分间平面图；房屋及设备技术资料。

（3）接管验收程序

① 新建房屋的接管验收程序：

a. 建设单位书面提请接管单位验收；

b. 接管单位按接管验收条件和应提交的资料逐项进行审核，对符合验收条件的，应在15日内签发验收通知并约定验收时间；

c. 接管单位会同建设单位对物业的质量与使用功能进行验收；

d. 对验收中发现的问题，按质量问题处理办法处理；

e. 经检验符合要求的房屋，接管单位应签署验收合格凭证签发接管文件。

② 原有房屋的接管验收程序：

a. 移交人书面提请接管单位接管验收；

b. 接管单位按接管验收条件和应提交的资料逐项进行审核；

c. 接管单位会同移交人对原有房屋的质量与使用功能进行检验；

d. 对检验中发现的危损问题，按危险和损坏为题的处理办法处理；

e. 交接双方共同清点房屋、装修、设备和定、附着物，核实房屋使用状况；

f. 经检验符合要求的房屋，接管单位应签署验收合格凭证，签发接管文件。

4.5.3 物业项目的室内查验要点

1. 门查验要点：

（1）门扇开启关闭应自如，无回弹或走扇现象，无翘曲变形。手轻摇晃门框与墙面接触牢固，无晃动现象，零配件齐全；

（2）门锁舌头伸出应到位，门扇与门框间隙符合规范要求；

（3）门扇四周是否紧贴门框，门扇开关时有无特别声音；

（4）大门、房门的插销、门销是否太长太紧；

（5）大门安装是否歪斜；

（6）大门烤漆是否爆皮或开裂；

（7）门锁锁芯开启是否灵活；

（8）防盗门无锈迹和刮花痕迹。

2. 窗查验要点：

（1）窗框边与窗洞口四周接缝应严密，无缝隙；框墙接缝处一定要密实，不能有缝隙；

（2）开关窗扇是否太紧，开启关闭是否顺畅；

（3）窗扇玻璃是否完好，是否漏气；

（4）窗台下面有无水渍，如有则可能是窗户漏水；

（5）胶条是否短缺；

（6）窗框是否变形；

（7）窗台泛水正常，无向室内倒流缺陷。

3. 地面查验要点：

（1）地面是否有起砂、起皮现象；

（2）地面是否有裂缝；

（3）抹灰面层应平整、无空鼓现象。

4. 顶棚查验要点：

（1）顶棚上是否有裂缝；

（2）顶棚有无水渍、裂痕？如有水渍，说明有渗漏问题。（如果是顶层房屋观察顶层是否渗漏，有可能是屋面防水层存在问题）；

（3）顶棚抹灰面层是否平整、有无空鼓或脱皮现象。

5. 墙面查验要点：

（1）墙面是否有裂缝；

（2）抹灰面层是否平整、有无空鼓或脱皮现象；

（3）抹灰面层是否出现大面积的龟裂现象；

（4）抹灰面层是否有起砂现象；

（5）墙面是否渗水。

6. 厨、厕查验要点：

（1）卫生间防水层、节点处有无渗漏现象；

（2）卫生间、厨房排水管道是否安装牢固、外观是否完好无损、配件是否齐全（含地漏）、管道是否倒坡；

（3）从楼上的卫生间、厨房各排水口注水，查验排水管道是否通畅，在楼下目视管道接口有无渗水；

（4）卫生间、厨房地面抹灰层是否有坡度，坡度方向是否朝地漏；

（5）卫生间、厨房供水管道是否安装牢固、外观完好无损、配件齐全、连接处无渗漏水现象；

（6）卫生间、厨房供水阀门开启或关闭应灵活到位，连接处无渗漏水现象；

（7）卫生间、厨房供水水表无反装现象、连接部位无渗漏现象、供水时水表正常走字；

（8）厨房顶棚抹灰面层是否平整、有无空鼓或脱皮现象；

（9）厨房煤气设施是否安装牢固、外观完好无损、配件齐全；

（10）安装在卫生间、厨房供的水龙头是否出水，连接部位是否渗漏水。

7. 电气查验要点：

（1）电源插座盖板安装牢固，与墙面应无缝隙、外观完好无损、配件齐全；

（2）电源插座通过验电笔检测是否有电；

（3）闭路插座盖板安装牢固、外观完好无损、配件齐全，并紧贴墙面，用万用表测量弱电是否畅通；

（4）电话插座只进行外观验收，盖板安装应牢固、外观完好无损，并紧贴墙面，用万用表测量弱电是否畅通；

（5）接线盒盖板安装应牢固、外观完好无损，通过验电笔检测预留线头是否有电，并用胶布安全缠包线头；

（6）开关安装应牢固、盖板无损坏，开启灵活、开启接触效果良好；

（7）照明灯具安装牢固、电源是否接通、发光是否正常；

（8）室内配电箱安装牢固、配件齐全、空气开关控制是否正常、是否有电源、箱盖无损坏、开启是否灵活、关闭是否到位、各电源线是否安装到位、有无松动现象、关闭分闸是否完全控制各分支线路。

8. 水表、电表、煤气表查验要点：

（1）水表、电表、煤气表安装牢固，无晃动现象；

（2）打开室内水阀，水表读数运转是否正常；

（3）目视外观完好无损，镜面玻璃完好。

9. 其他查验要点：

（1）居室、客厅是否有各种管线外露，因为有较多管线穿越居室，会造成装修困难，也会造成视觉上的障碍，影响整体感；

（2）对讲系统线路是否完好、是否短缺线路，安装是否牢固、外观完好无损、配件齐全。

将室内工程质量查验出的问题计入“室内工程质量查验记录表”中。如表4－1。

室内工程质量查验记录表 **表4－1**

<table>
<tr><td>项目名称</td><td></td><td>幢　　号</td><td></td><td>户室编号</td><td></td></tr>
<tr><td>建设单位</td><td></td><td>施工单位</td><td></td><td>监理单位</td><td></td></tr>
<tr><td>物业服务单位</td><td></td><td>查验日期</td><td colspan="3"></td></tr>
<tr><td>1</td><td>门</td><td colspan="4"></td></tr>
<tr><td>2</td><td>窗</td><td colspan="4"></td></tr>
<tr><td>3</td><td>地面</td><td colspan="4"></td></tr>
<tr><td>4</td><td>顶棚</td><td colspan="4"></td></tr>
<tr><td>5</td><td>墙面</td><td colspan="4"></td></tr>
<tr><td>6</td><td>厨、卫</td><td colspan="4"></td></tr>
<tr><td>7</td><td>电气</td><td colspan="4"></td></tr>
<tr><td>8</td><td>水、电、燃气表</td><td colspan="4"></td></tr>
<tr><td>9</td><td>其　他</td><td colspan="4"></td></tr>
</table>

查验人员　　建设单位：　　监理单位：　　施工单位：　　物业服务单位：

签　字：

4.5.4 物业项目的公共部分查验内容

1. 物业共用部位检查

按照《物业管理条例》的规定，物业管理服务企业在接管物业项目时，应对物业项目的共用部位进行查验。主要内容包括：

（1）主体结构及外墙、屋面；

（2）共用部位楼面、地面、内墙面、顶棚、门窗；

（3）公共卫生间、阳台；

（4）公共走廊、楼道及其扶手、护栏。

2. 共用设施设备检查

物业项目的共用设施设备种类繁多，各种物业配置的设备不尽相同，共用设施设备接管查验的主要内容有：低压配电设施，柴油发电机组，电气照明、插座装置，防雷与接地，给水排水、电梯，消防水系统，通信网络系统，火灾报警及消防联动系统，排烟送风系统，安全防范系统，采暖和空调等。

3. 园林绿化工程检查

园林绿化分为园林植物和园林建筑。园林植物一般有花卉、树木、草坪、绿（花）篱、花坛等，园林建筑主要有小品、花架、园廊等。这些均是园林绿化的查验内容。

4. 其他公共配套设施

物业其他公共配套设施查验的主要内容有：物业大门、值班岗亭、围墙、道路、广场、社区活动中心（会所）、停车场（库、棚）、游泳池、运动场地、物业标识、垃圾屋及中转站、休闲娱乐设施、信报箱等。

将公共部分质量查验出的问题，记入“公共部分质量查验记录表”中。如表4－2。

公共部分质量查验记录表 **表4－2**

<table>
<tr><td colspan="2">项目名称</td><td></td><td>工程内容</td><td></td><td>具体位置</td><td></td></tr>
<tr><td colspan="2">建设单位</td><td></td><td>施工单位</td><td></td><td>监理单位</td><td></td></tr>
<tr><td colspan="2">物业服务单位</td><td></td><td>查验日期</td><td colspan="3"></td></tr>
<tr><td>1</td><td colspan="2">物业公共部位检查</td><td colspan="4"></td></tr>
<tr><td>2</td><td colspan="2">公共设施设备检查</td><td colspan="4"></td></tr>
<tr><td>3</td><td colspan="2">园林绿化工程检查</td><td colspan="4"></td></tr>
<tr><td>4</td><td colspan="2">其他公共配套设施检查</td><td colspan="4"></td></tr>
<tr><td>5</td><td colspan="2">墙 面</td><td colspan="4"></td></tr>
</table>

查验人员 建设单位： 监理单位： 施工单位： 物业服务单位：

签 字：

注：表中1～4项内容较多时，可按单项列表。

4.5.5　物业项目的接管验收方式

物业项目的接管验收不同于工程建设项目的竣工验收，而是在物业建设单位竣工验收的基础上，对建设单位移交的物业资料，有关单项验收报告，以及对物业共用部位、共用设施设备、园林绿化工程和其他公共配套设施的相关合格证明材料，对物业公共部位配套功能设施是否按规划设计要求建设完成等进行核对查验。接管查验还应对设施设备进行调试运行，同时要商请建设单位及时解决发现的问题。

查验的相关资料由建设单位提供，物业服务企业主要是进行必要的复核。物业服务企业应要求建设单位尽快安排验收。当建设单位无法提供相关合格证明材料，物业项目存在严重安全隐患和重大工程缺陷，影响物业的正常使用，物业服务企业可以拒绝接管承接物业项目。

物业管理的接管查验主要以核对的方式进行，在现场检查、设备调试等情况下还可采用观感查验、使用查验、检测查验和试验等具体方法进行检查。

1. 观感查验

观感查验是对查验对象外观的检查，一般采取目视、触摸等方法进行。

2. 使用查验

使用查验是通过启用设施或设备来直接检验查验对象的安装质量和使用功能，以直观地了解其符合性、舒适性和安全性等。

3. 检测查验

检测查验通过运用仪器、仪表、工具等对检测对象进行测量，以检测其是否符合质量要求。

4. 试验查验

通过必要的试验方法（如通水、闭水试验）测试相关设施设备的性能。

4.5.6　接管验收所发现问题的处理

物业项目工程质量问题产生的原因主要有以下几个方面：设计方案不合理或违反规范造成的设计缺陷；施工单位不按规范施工或施工工艺不合理甚至偷工减料；验收检查不细、把关不严；建材质量不合格；建设单位管理不善；以及气候、环境、自然灾害等其他原因。对于接管查验中所发现的问题，一般的处理程序如下所示。

1. 收集整理存在问题

（1）收集所有的《室内工程质量查验记录表》和《公共部分质量查验记录表》；

（2）对《室内工程质量查验记录表》和《公共部分质量查验记录表》的内容进行分类整理，将接管查验所发现问题登记造表；

（3）将整理好的工程质量问题提交给建设单位确认，并办理确认手续。

2. 处理方法

工程质量问题整理出来之后，由建设单位提出处理方法。在实际工作过程中，物业服务企业在提出质量问题的同时，还可以提出相应的整改意见，便于建设单位进行针对性整改。

从发生原因和处理责任看，工程质量问题可分为两类：第一类是由施工单位引起的质量问题。若质量问题在保修期内发现或发生，按建设部《建筑工程质量保修办法》规定，应由建设单位督促施工单位负责处理。第二类是由于规划、设计考虑不周而造成的功能不足、使用不便、运行管理不经济等问题，这类问题应由建设单位负责作出修改设计，改造或增补相应设施。

3. 跟踪验证

为使物业项目工程质量问题得到及时圆满地解决，物业服务企业要做好跟踪查验工作。

物业服务企业应安排专业技术人员分别负责不同专业的工程质量问题，在整改实施的过程中进行现场跟踪，对整改完工的项目进行验收，办理查验手续。对整改不合要求的工程项目则应继续督促建设单位处理。

物业项目经查验并通过整改符合质量要求后，由建设单位移交给物业服务企业，并正式办理移交手续，填写签署“物业移交登记表”，如表4－3。

物业移交登记表 **表4－3**

编号：

<table>
<tr><td colspan="2">项目名称</td><td></td><td colspan="2">幢　　号</td><td colspan="2"></td><td colspan="2">户室编号</td><td></td></tr>
<tr><td colspan="2">建设单位</td><td></td><td colspan="2">施工单位</td><td colspan="2"></td><td colspan="2">监理单位</td><td></td></tr>
<tr><td colspan="2">接管单位</td><td></td><td colspan="2">接管日期</td><td colspan="5"></td></tr>
<tr><td>查验出的质量问题</td><td colspan="9">年　月　日</td></tr>
<tr><td>处理意见</td><td colspan="9">年　月　日</td></tr>
<tr><td>整改情况</td><td colspan="9">年　月　日</td></tr>
<tr><td rowspan="2">盖章</td><td colspan="2">建设单位</td><td colspan="3">监理单位</td><td colspan="2">施工单位</td><td colspan="2">物业服务单位</td></tr>
<tr><td colspan="2">项目负责人：
年　月　日</td><td colspan="3">总监：
年　月　日</td><td colspan="2">项目经理：
年　月　日</td><td colspan="2">项目经理：
年　月　日</td></tr>
</table>

4.5.7 物业项目移交时注意事项

1. 对在前期介入阶段提出的完善项目和整改意见进行复核，对尚未完善的事项，要求开发商提出补救和解决措施并备案（包括物管用房、专项基金、开办费用、对外承诺的小区配套设施等敏感问题）。

2. 开发商应对物业区域所有土建工程、装饰工程、市政工程、设备安装工程和绿化工程等主体及配套工程的施工（承包）单位名称、工程项目、工程负责人联系电话、保修期限等内容列出清单交给物业服务企业。

3. 将开发商施工未用完的物业区域内建材包括各种瓷片、玻璃窗及配件等留下来备用，以减少以后维修费用。

4. 凡物业项目区域采用的非市面上常见的建材，设备和设施，应让开发商或施工单位提供供货和维修保养单位的地址、电话和联系人。

5. 验收时应注意和物业管理密切相关的设施和管线是否按要求做好：包括岗亭、道闸、围栏防攀防钻设施、清洁绿化取水用的水管接口、倒水池、垃圾收集房（含清洁工具房）、物业区域内标识系统、自行车棚、摩托车棚、汽车泊位、室外加工用电的预留电源插座、空调滴水、排水系统（含商铺）等。

6. 物业区域内公共设备、设施、辅助场所（幼儿园等）、停车位、会所等产权须界定并出具相关证明（避免以后引起业主投诉、纷争）。

4.6 钥匙接管与领用管理

4.6.1 钥匙分类

1. 业主（住户）钥匙；
2. 公共门窗钥匙；
3. 设备房钥匙。

4.6.2 钥匙接管

当建设单位正式向物业服务企业移交物业时，作为物业服务企业首要面临的任务就是接管开发商（建设单位）移交的各类钥匙，而且钥匙的数量相当的大，这就要求物业服务企业安排专人负责清点钥匙的数量，并到现场逐一核对钥匙是否能正常开启所对应编号的户门，然后将核对无误的钥匙进行编号和封存。做到专人接管、专人保管、专人发放。杜绝人为稀里糊涂一揽子全部接回钥匙，最终出现短缺钥匙或钥匙不配套的被动局面。所以在接管钥匙时必须做到以下几点：

1. 必须按钥匙用途功能分批次接管；
2. 核对钥匙数量；
3. 现场交接核对并试开；
4. 钥匙核对后重新编号；

5. 造表登记备案；

6. 双方办理移交手续；

7. 钥匙存放专用钥匙柜中。

4.6.3 钥匙保管

钥匙接管后，作为物业服务企业要妥善保管钥匙，避免在保管期间钥匙出现丢失、短缺、随意配置钥匙的现象，因此钥匙的保管工作在物业管理中至关重要，作为保管钥匙的专职工作人员，必须做到以下几点：

1. 仔细保管，合理使用，高度负责，严肃认真；

2. 不得将钥匙随处丢放，以防止被盗或仿制；

3. 公共部位门窗钥匙、设备房钥匙及其他钥匙要分类管理，并将钥匙妥善存放在各专用钥匙柜中；

4. 将公共部位门窗钥匙、设备房钥匙及其他钥匙登记在《钥匙管理清单》上；

5. 不得随意借给他人使用；

6. 如钥匙遗失，应立即向主管领导回报并采取补救保护措施；

7. 未经主管领导同意不得复制任何保管的钥匙；

8. 因工作关系变动离开本工作岗位时，应将所有钥匙交接进行清点、移交。

4.6.4 钥匙发放与领用

1. 钥匙发放

（1）业主收楼无问题的，物业管理员应将业主房屋钥匙全部交给业主；

（2）业主收楼有问题的，物业管理员在将钥匙交给业主的同时，应留下一把大门钥匙在物业公司，以供维修时使用；

（3）业主在领取钥匙时，物业管理人员应要求业主在《业主钥匙领取登记表》内签名确认，如表4－4。

业主钥匙领取登记表　　表4－4

楼　号	单元房号	钥匙用途	领取数量	领取时间	业主签字	备　注

2. 钥匙借用

(1) 物业管理服务区域内有维修或空置房管理需要使用托管的钥匙时，由物业工作人员在借用人办理钥匙借用手续后，将钥匙交给借用人。钥匙借用手续的办理程序为：借用人在《钥匙借用登记表》如表4－5中如实填写借用日期、钥匙编号、数量、借钥匙原因、借用人联系电话等内容，然后签名确认。

(2) 办理钥匙退还手续时，物业工作人员应在核对钥匙数量后，在《钥匙借用登记表》中标注钥匙退还日期，并在“接收人”一栏签名确认。

钥匙借用登记表 **表4－5**

借用钥匙日期	钥匙用途	钥匙编号	数量	借用原因	借用单位	借用人签字	借用人联系电话	归还日期	归还数量	接收人	备注

4.7 前期物业管理服务常见问题与应对措施

前期物业管理服务是整个物业管理活动中的关键环节，具有一定的特殊性，是搞好整个物业管理活动的主要基础。因此，在进行前期物业管理服务过程中，物业服务企业会经常遇到这样或那样的问题，如果处理不当，就容易引发矛盾和纠纷，所以物业服务企业必须灵活应对遇到问题时的处置办法，使问题尽快得到解决，以减少矛盾纠纷。根据多年物业管理服务的实践经验，可将常见问题归纳如下：

1. 房屋验收阶段存在的问题；
2. 物业移交后存在的质量问题；
3. 装修阶段违章处置问题；

4. 装修垃圾堆放的问题；

5. 装修人员出入管理的问题；

6. 物品出入管理问题；

7. 装修阶段电梯使用管理问题；

8. 装修阶段装修材料运输问题；

9. 工程甩项和遗留问题；

10. 公共设施设备运行问题；

11. 公共区域内的相关提示标志问题；

12. 安防管理遇到的问题；

13. 保洁服务遇到的问题；

14. 装饰装修公司管理遇到的问题；

15. 车辆管理服务遇到的问题。

作为前期物业服务企业应如何面对这些问题，如何处理好这些问题是前期物业管理服务阶段的首要工作，也是为后期阶段的物业管理奠定基础。所以，在遇到问题时不能束手无策，不能仓皇应对，而是要提前考虑可能遇到的问题，并组织相关人员进行分析和制定应对措施，将应对措施下达贯彻到每一位员工，让员工知道如何处理这些问题。同时要结合物业现场的实际情况不断地修正所制定的应对措施，始终能够快速解决问题，使业主满意，使物业管理服务能够平稳运行。现将 15 项在前期物业管理服务中遇到的常见问题，及其应对措施详述如下。

4.7.1 房屋验收阶段存在的问题

在物业服务企业进入物业项目后，面临的就是准备对物业进行验收。在制定完毕物业验收标准后，主要是现场进行验收，但在实际验收阶段中，往往是开发商及施工单位由于种种原因，经常是将不具备验收条件的物业急于要求物业服务企业进行表面的验收工作，或是经过物业服务企业初验时发现物业存在这样或那样的问题，要求对方进行整改，但对方却以种种理由进行推脱或不进行整改，就急于移交给物业服务企业。最终因物业本身存在质量瑕疵，就强行或所谓承诺迫使物业服务企业接受物业，使矛盾转化到物业服务企业与业主之间，给前期物业管理服务工作带来了严重的隐患，也使物业不能正常的运行。因此，在接管物业之前，必须进行物业验收，在验收中重点抓好以下工作：

1. 在进行验收之前，安排相关工作人员开始对准备验收的物业先进行查验，把发现的问题记录在案。

2. 通过自检后，将查验的问题进行分类汇总，并将存在的问题进行综合分析，列出共性问题和特殊问题。在共性问题和特殊问题中要识别出严重性问题和一般性问题。

3. 先行提出在物业中存在的问题，并以文字书面函件通报开发商，使开发商对物业中存在的问题能够重视起来，并告知开发商如果不处理物业中存在的这些问题，可能在日后物业运行中将带来不必要的麻烦和浪费大量的精力和财力处理问题。

4. 在验收前要充分做好准备，特别是要将查验中发现的问题作为验收中重点检查的项目。

5. 在验收中，安排专业人员依据制定的验收要点分项目进行验收，并对存在的问题进行认真细致的记录，最终验收完后要求开发商和施工单位签字确认，通过协商确定整改期限，再进行复验。

6. 将验收记录进行汇总备案。

7. 安排专人负责参与验收单位的衔接工作，并对要求整改的问题进行跟踪落实，同时做好每日巡查整改情况并做检查记录。重点记录哪些问题已处理，哪些问题正在处理，哪些问题还未处理，每日通报开发商和施工单位。

8. 对于通过验收后发现的问题，且要求在规定的期限内进行全部整改而未整改或未整改完的问题，开发商就要求物业服务企业必须接收物业，在这种情况下，物业服务企业必须要求开发商就目前存在的问题以文字书面形式出具一个函件，内容包括：存在的问题、处理的方式、引发后果所承担的责任等必须加以明确和责任划分。

4.7.2 物业移交后存在的质量问题

当物业移交后，不可避免的会出现一些工程质量问题，工程质量问题包括：业主自用部位和公共区域两部分，不管那部分存在工程质量问题都将制约物业的正常运行，给物业服务企业带来本不属于物业服务企业服务范畴内的麻烦，甚至使业主对物业服务企业产生误解和矛盾。因此，在物业移交后对于出现的质量问题，物业服务企业必须采取以下措施：

1. 发现工程质量问题，物业服务企业必须进行现场查验，并作记录和拍照，记录包括：确认现场、发生时间、损毁程度、造成的损失、发生的部位等。

2. 将记录递交开发商，同时再备案一份。

3. 与开发商协商处理的办法，并协助开发商现场查验问题，并由开发商委派专业技术人员对存在的问题进行技术处理。

4. 对于出现的工程质量问题，如果物业服务企业已将查验记录递交开发商后，开发商仍未进行相应的处理，作为物业服务企业继续以书面函件反映问题，讲明出现工程质量问题后带来的危害后果，并将每次递交的函件进行备案，以做备查。

5. 物业服务企业对于工程质量问题，以现行法律为准绳，制定出一套完善的宣传文件，将物业服务企业管理服务的范围告知业主，对于出现的工程质量问题，物业服务企业作为衔接的桥梁，积极向开发商反馈出现的工程质量问题，以使业主消除误会，不要形成物业服务企业只要承接物业项目，就包揽所有的服务和处理不属于物业服务企业范畴的问题。所以，在房屋移交后，作为物业服务企业必须做好这方面的宣传工作。

4.7.3 装修阶段违章处置问题

在进行前期物业管理服务中，装修管理是一个重要的环节，特别是业主在装修中经常出现随意拆改承重结构、破坏原有楼宇设计原貌、随意改动室内共用设施和燃气设施、破坏原有防水层、违反消防规定、空调室外机随意安装、装修垃圾随意堆放等违章行为，对于在装修期间易出现的这些问题，物业服务企业在装修管理中要进行纠正。装修管理分两层含义，一是装修审批，二是装修现场的监督管理，二者相互依托，相互促进。因此，在处理装修违章时必须采取以下措施：

1. 培训物业服务企业人员，了解相关的专业知识和法律规定。

2. 依据国家规定，制定禁止违章装修行为的规定和违章装修带来危害的宣传资料。

3. 办理装修审批手续时，要告知在装修期间应禁止的行为和带来的后果，同时要求业主在审批手续内签字认可，并将装修审批手续备案。业主装修审批表如表4-6。

业主装修审批表 **表4-6**

<table>
<tr><td>业主</td><td>姓名：　　　　地址：
办公电话：　　　　住宅电话：　　　　手机：</td></tr>
<tr><td>序号</td><td>装 修 申 请 项 目</td></tr>
<tr><td>1</td><td></td></tr>
<tr><td>2</td><td></td></tr>
<tr><td>3</td><td></td></tr>
<tr><td>4</td><td></td></tr>
<tr><td>…</td><td></td></tr>
<tr><td colspan="2">装修申请人签字：　　　　装修申请时间：</td></tr>
<tr><td colspan="2">物业服务企业装修审批：

审批人签字：　　　　审批时间：</td></tr>
<tr><td>完工验收</td><td></td></tr>
<tr><td>备　注</td><td></td></tr>
</table>

4. 对已办理装修审批手续的业主建立动态管理表，动态表内要反映出办理装修审批的时间、开工时间、完工时间。装修动态表如表4-7。

装修动态表　楼　单元　　**表 4－7**

户　号	装修审批时间	装修开工时间	装修完工时间	装修基本情况			备　注
				贴砖前	贴砖	木工	

5. 物业服务企业安排专人（经过专业培训）负责现场的监督管理，每天对已办理装修审批手续的业主装修进行监管，了解开工时间、作业程度（包括：铺贴墙地砖前的改造阶段、铺贴阶段、木工阶段、油漆涂饰阶段）进行记录。

6. 特别是在铺贴墙砖、地砖前的改造阶段重点作为装修检查，而且检查频次要多，并告知装修人员不得随意拆改承重结构或在承重结构上开槽打孔等，一经发现将对其进行停工和清场处理。发现装修施工人员携带切割机、电锤、水钻、小型电焊机等特殊工具的，检查人员要现场进行记录，同时要求其到物业服务企业进行备案和要求施工人员缴纳一部分作业押金，待施工完毕确认无违章作业后，作业押金予以返还。

7. 对于在装修中出现违章行为，要及时下达违章装修通知单告知业主出现的违章装修行为，并要求业主限期进行整改，同时再次告知业主由于违章装修将带来安全隐患并危及其他业主的公共安全和利益，由此将承担相应的法律责任。违章装修通知单如表 4－8。

8. 经过通知后，仍不进行整改，可对装修现场的施工人员采取清场处理和向相关部门进行通报。

9. 经过多次劝阻和沟通无效后，可将违章装修行为在物业公共区域内进行公示。并将所有对其下达的相关函件保留备案。

违章装修通知单 楼 单元 室 年 月 日 NO： 表4－8

<table>
<tr><td colspan="4">依据《物权法》第七十一条规定：业主对建筑物内的住宅，经营性用房等专有部分享有占有、使用、收益和处分的权利。业主行使权利不得危及建筑物的安全，不得损坏其他业主的合法权益。
依据《物业管理条例》第五十三条规定：业主需装饰装修房屋的，应当事先告知物业管理服务企业。物业管理服务企业应当将房屋装饰装修的禁止行为和注意事项告知业主。
依据《城市异产毗连房屋管理规定》第十三条规定：异产毗连房屋的一方所有人或使用人超越权利范围，侵害他方权益的，应停止侵害，并赔偿由此而造成的损失。
依据《住宅室内装饰装修管理办法》第五条规定：住宅室内装饰装修活动，禁止下列行为：
（一）未经原设计单位或者具有相应资质等级的设计单位提出设计方案，变动建筑主体和承重结构；
（二）将没有防水要求的房间或者阳台改为卫生间、厨房间；
（三）扩大承重墙上原有的门窗尺寸，拆除连接阳台的砖、混凝土墙体；
（四）损坏房屋原有节能设施，降低节能效果；
（五）其他影响建筑结构和使用安全的行为。
房屋的承重墙、共用设施均为本单元全体业主共同享有，并不因为承重墙、共用设施在其专有部分内就视为己有，就可以随意进行拆除和改造，其行为已违背了《物权法》、《物业管理条例》、《城市异产毗连房屋管理规定》、《住宅室内装饰装修管理办法》的法律规定。
物业公司于 年 月 日对您正在进行装饰装修的房屋进行现场检查，发现您家未按物业公司装饰装修审批的规定要求进行作业，擅自将 部位进行拆除改造，对 设施进行改动，已造成了房屋的严重安全隐患，同时也侵害本单元及相邻单元其他业主的合法权益和危及他人的居住安全，因此，请您见本通知单后 日内，必须将违章部分予以恢复原状，同时您将承担可能出现安全事故的相应法律责任。</td></tr>
<tr><td>巡查人签字：</td><td></td><td>装修人签字：</td><td></td></tr>
</table>

4.7.4 装修垃圾堆放的问题

装修期间将产生大量的装修垃圾，因此，装修垃圾必须要进行管理，否则将对物业环境和业主工作生活产生极大的影响，甚至会产生环保、安全等方面的隐患。所以，物业服务企业在装修现场必须采取以下措施：

1. 在物业公共区域内指定装修垃圾堆放点，并加以明示。

2. 现场检查人员要告知装修人员将装修垃圾进行袋装并清运到指定的垃圾堆放点，不能随意乱堆乱放。

3. 对开工后的装修现场，检查人员要进行记录。

4. 除检查人员外，保洁员、安防员、工程维修员随时可对装修现场进行监控，形成立体式的交叉管理。

5. 对于已在物业公共区域内不按指定地点堆放的装修垃圾，则应通过核对倾倒的装修垃圾样品核查到违章人员后，要求其对现场进行清理，否则不得施工。

6. 加大现场的检查频次。

4.7.5 装修人员出入管理的问题

在前期物业管理服务阶段，人员多且进出较频繁，特别是在房屋移交后至装修完毕这个阶段，因装饰装修施工人员及其他人员较多，出入口的管理尤为重要，所以，重点加强对进出物业区域施工人员及机具的管理，并采取以下措施：

1. 装修施工人员要办理出入证和备案，每证只限一户使用，并且按有效期限使用。装修施工人员出入证如表4－9。

装修施工人员出入证 **表4-9**

装修施工人员出入证　　NO：
装修施工区域：　　楼　　单元　　号 施工人员姓名： 身份证号： 施工单位名称： 有效期：　　年　　月　　日至　　年　　月　　日 注： 1. 本证无发证单位章无效。 2. 过期作废。

2. 安防人员必须对进出装修施工人员进行验证放行，过期证件，一律不准进入物业区域内。

3. 重点要查验装修施工人员所带的机具，包括：所携带切割机、水钻、电锤、电焊机等特殊工具。对于携带此类工具的施工人员一定要将其带到物业服务企业了解具体施工意图和备案并缴纳一定量的作业押金，防止出现随意开槽、打孔或拆改行为。

4. 在此阶段，物业服务企业必须对出入口工作人员的配置应比正常阶段要多增加一些安防人员，目的就是要避免物业区域内有闲杂人员的出现，给业主创造一个良好的装修、生活和安全环境。

4.7.6 物品出入管理问题

前期物业管理服务阶段，因装修和搬家入住等因素，因此物业区域内物品进出较为频繁，为了确保在这个阶段物品进出的安全，物业服务企业需加大管理力度，并采取必要的措施：

1. 物业区域内业主有大件物品搬运出物业区域时，应预先到物业服务企业办理物品出门手续，填写《物品放行条》如表4-10，并请业主签名确认。

2. 业主凭物业服务企业开具的《物品放行条》，经安防员核对业主身份及物品名称、数量与《物品放行条》所列相同后予以放行。

物品放行条 **表4-10**

搬出物品名称	数量	搬出时间	携带人签字	值班人签字
业主签字：			身份证件号码	
现场清点情况			放行时间	

3. 如施工人员或其他人员搬运物品时，必须由业主签字和开具的《物品放行条》，经安防员核对业主身份及物品名称、数量与《物品放行条》所列相同后予以放行。

4.《物品放行条》必须为业主本人方可办理。

5. 安防人员应登记搬运物品车辆的牌号和有效证件。

6. 进入物业区域内的物品，除装修所需材料和电器家具外，重点检查是否携带易燃、易爆、剧毒、危险化学品等，一经检查发现，禁止进入物业区域内。

4.7.7 装修阶段电梯使用管理问题

在装修阶段，如果正常启用电梯，电梯的管理将是重中之重，因为在此阶段乘坐电梯的多为装修施工人员，而且流动人员多，对电梯的爱护程度不高，再加之电梯的使用频次高，如果不注意保护和监管，将导致电梯频发故障，影响正常使用或损坏电梯，所以在此阶段主要采取以下措施：

1. 装修阶段增加适当的工作人员负责电梯的监管工作。

2. 在保证正常的运行状态下，尽量减少电梯的使用数量，使电梯得以保护。

3. 装修阶段电梯运行时间要与装修作业时间同步运行，其他时间处于关闭状态；

4. 如在装修时间以外，业主确需乘坐电梯，物业服务企业安排专人负责开启关闭电梯。

5. 装修阶段电梯轿厢墙壁要进行防护包装，地面铺设软性橡胶脚垫，并对轿厢门轨道槽进行防护清理。

6. 电梯轿厢内要张贴电梯使用管理规定和注意事项。

7. 电梯轿厢内紧急呼叫系统保持良好的工作状态，以防突发故障时能及时与外界取得联系。

4.7.8 装修阶段装修材料运输问题

装修阶段一开始，面临着的是各家各户要进大量的装修材料，包括：水泥、砂子、地砖、墙砖、木工板、密度板、木龙骨、石膏板等装修材料。这些材料要运送到作业现场内，这就需要进行搬运材料，在搬运过程中有可能损害公共设施如：灯罩、电表箱、防盗门、地面、扶手栏杆、墙面、窗户玻璃、消火栓玻璃等，因此。在这一阶段，现场的监管至关重要，如果监管不到位，有可能损坏公共设施，同时连责任人也都找不到，无法进行处理。因此，在运送装修材料时，物业服务企业必须采取以下措施：

1. 在办理完装修手续后，要问清业主大致在什么时间进装修材料，并进行记录，转发给现场管理人员。

2. 物业区域内的出入口，若进入装修材料时，门卫要进行登记（包括：进入时间、门牌号、拉运材料等），并通知现场管理人员和物业区域内的其他巡视人员注意观察材料的运送，同时还要关注是否使用电梯运送材料，以免损坏电梯。

3. 现场管理人员要到材料搬运现场进行监管，同时要告知搬运人员搬运装修材料时不要损坏公共设施，在搬运快要结束时要再次到现场查验公共设施状况，如若发现损坏了公共设施要进行记录，现场要求其到物业服务企业接受处理，并按规定要求照价赔偿或修复；对于损坏其他业主的设施时，要及时通知相关业主到场，协调处理。

4. 搬运完装修材料后，现场管理人员要求搬运人员将搬运现场清理干净。

4.7.9 工程甩项和遗留问题

因物业项目的不同，有的物业项目一次性开发建设到位，有的物业项目是分批次陆续开发建设完毕或甩项交工，所以，在分批次交付使用的物业存在着工程甩项和遗留问题，如果处理不当，对已入住的业主将产生这样或那样的问题，甚至引发不必要的纠纷。为此，作为物业服务企业，在遇到这类物业项目时要全方位考虑可能因工程甩项和遗留问题，而产生的后果。重点考虑以下几个问题：

1. 已移交的物业区域要进行安全封闭。

2. 水、电、暖、燃气、有线电视、通信等要到位。

3. 水、电价格要变更为民用水、电价格。

4. 甩项和遗留问题，不得影响到业主入住后的正常生活。

5. 在有些不到位的情况下，物业服务企业要建议开发商采取临时保障措施，满足物业的正常运行。

6. 要经常性的就工程甩项和遗留问题在实际物业运行中带来的问题及时反馈开发商，促使开发商尽快落实到位。

7. 要将每次反映给开发商的问题和意见函件进行备案。

4.7.10 公共设施设备运行问题

在新接管的物业项目后，设施设备在试运行阶段经常会出现一些故障或是达不到预期的运行效果，这些设备包括：二次供水设备、电梯、配电设备、消防联动报警系统、新风和排风设备等，这些设备在运行阶段会经常出现问题，将直接影响到业主的正常生活和带来不必要的麻烦。因此，为了防范可能出现的问题，物业服务企业要采取以下措施：

1. 要求开发商安排厂家对物业服务企业的工程技术人员进行专业操作培训和简单应急处理方法。

2. 在设备开始运行阶段，厂家要安排专人负责设备的调试运行和故障处理，物业相关人员现场协助和实践操作。

3. 物业服务企业要将所有厂家的联系电话和设备安装负责人进行联系方式留存，便于日后运行中快捷处理问题。

4. 建议开发商在扣留工程质量保证金的基础上，适当再扣些费用，便于在日后运行中出现问题时，厂家能快速到现场处理问题。

5. 物业服务企业建议开发商，在退还质量保证金和尾款时，必须有物业服务企业对设备使用情况签署意见，没有任何问题予以退还质量保证金和尾款，若存在问题，待整改完毕，并经过运行一段时间后，再经物业服务企业签署意见后，确属没有问题，再予以退还质量保证金和尾款。

4.7.11 公共区域内的相关提示标志问题

物业区域内相关提示标志牌是硬件配套设施，很多物业项目完工交付使用后，才能陆续完善，加之开发商对提示标志牌的设定和内容的确定并不是从物业管理服务专业角度考虑的更多，因此，物业服务企业可协助开发商在最短的时间内完善这部分设施，具体要求是：

1. 物业服务企业制定提示标志牌具体内容、数量。

2. 各类提示标志牌具体安装位置。

3. 提示标志牌的分类：设备提示、温馨提示、安全提示、路标楼宇提示、单元楼层提示、消防提示等。

4. 编制成方案提交开发商，由开发商委托专业设计公司设计制作。

4.7.12 安防管理遇到的问题

前期物业管理服务阶段，安全防范问题尤为重要，因为在这一阶段施工人员多，流动性大，这就增加了物业服务企业的管理难度，同时由于管理较严，可能使部分业主不能理解，甚至还会刁难工作人员。为此，给安全防范工作带来了很大的阻力，同时还将影响到工作人员的积极性，所以物业服务企业在进驻物业项目时，应根据现场的实际情况，制定完善的防范措施，包括：

1. 门卫按工作要求对施工人员实行出入证检查管理制度。

2. 门卫对物品进出放行实行签证登记放行。

3. 对可能发生情况，培训安防人员如何进行应对处置。

4. 对工作人员进行物业相关的法律培训，运用法律和专业知识与业主进行沟通。

5. 物业区域内的巡视工作人员要重点查验公共区域内流动施工人员出入证件和核对证件有效期。

6. 发现无证施工人员后，要求其出示有效证件并登记备案，经核实确属正在为业主提供装修服务的人员，应到物业服务企业补办出入证。

7. 物业服务企业相关工作人员在物业区域内服务时，都要履行监管义务，从不同的方位和作业区域发现问题，并及时进行处置，形成立体监管体系。

8. 对于物业公共区域内的设施设备要进行监管，发现不属于施工范围内的人员重点进行盘问和检查。

9. 装修阶段，要加大夜间巡视的频次，关闭所有运行电梯，单元门等检点物业区域内是否还逗留施工人员（装修规定时间外），告知施工人员回到自己作业区域内休息，不得在物业区域内随意乱串，若行为可疑要加以控制，并按程序要求进行处置。

4.7.13 保洁服务遇到的问题

前期物业管理服务中，保洁工作难度最大，由于处于装修阶段和工程收尾完善阶段，再加之流动人员多，出入频次高等因素，公共区域的保洁工作强度增大，保洁质量难以得到保障如消防通道、电梯前厅、道路是人们必经之路，在实际运行中常常遇到一些素质低下的施工人员或是个别业主，他们随意丢弃废弃物或是倾倒垃圾造成物业区域环境难以达到整洁效果，为此物业服务企业在进行前期物业管理服务时，应采取以下保障措施：

1. 在进行物业运行前，集中人力对物业公共区域进行突击清理。

2. 将公共物业区域按片划分，责任到人。

3. 加大保洁频次。

4. 每周进行一至两次集中突击清理环境死角。

5. 现场管理人员随时纠正违章行为。

6. 保洁负责人每日对保洁区域进行质量检验记录。

4.7.14 装饰装修公司管理遇到的问题

向业主移交房屋后，接着的就是大量的装修，这其中主要是装饰装修公司为业主设计装修方案，但是大部分装修公司为了迎合业主的口味或利益的驱动，往往在装饰装修设计中随意涉及拆改承重结构或是改变室内公共设施等违章装修设计行为，而且一部分装修设计人员并不懂得建筑结构学，只是从事过美术绘画而已，是从美术效果上烘托装饰效果以引起业主的装修兴趣，甚至还将业主引入装修误区。因此，物业服务企业在前期管理服务阶段应对装饰装修公司采取下列措施：

1. 当装饰装修公司进场时，要对其进行登记备案。

2. 告知装饰装修公司在设计时，要随房屋结构设计而设计，不能以装修设计改变原房屋结构设计。

3. 重点审核装饰装修公司为业主提供的装修设计方案，主要查看是否在设计时有涉及改动房屋结构或室内公共设施，如果在审核中发现存在这样的问题，要及时告知装饰装修公司重新考虑装修设计方案，并对其进行重点监控。

4. 现场管理人员在现场巡视时，要密切关注进场设计人员的动态和设计现场。

5. 门卫对进场设计人员要进行登记，同时通知管理人员带入物业服务企业内备案，并告知在进行装饰装修设计时不能涉及拆改原房屋主体结构或改动室内公共设施等。

6. 进场施工前，装饰装修公司向物业服务企业提供装饰装修设计图，并备案。

4.7.15 车辆管理服务遇到的问题

前期物业管理运行后，面临的是物业区域内车辆的行驶与停放管理，特别是在前期交房和装修阶段，进出物业区域内的车辆流量大，车辆的用途也不同，有业主的私家车辆、有拉运物品的车辆、有工程车辆等，总之，这一阶段的车辆管理难度很大，容易在物业区域内产生行驶速度过快、喇叭噪声、乱停乱放等行为，甚至引发堵塞道路影响正常通行。因此，在物业区域内的管理现场要采取下列管理措施：

1. 安排专人负责现场的车辆疏导与停放管理。

2. 进出小区的车辆要进行登记（包括：进出时间、车牌号等）。

3. 业主私家车辆办理车辆出入证。

4. 拉货车辆缴纳 10 元押金，发放临时出入证件，并登记备案（包括：进出时间、车辆牌号、拉运物品、有效证件等），并限制停留时间，超时从押金内扣除相应费用，其目的是达到拉运货车在最短的时间内装卸完毕货物，减少滞留时间，保障交通畅通，减少物业区域内的车辆。

5. 在物业区域内要设置交通安全警示标志和增加限速装置。

6. 在出入口醒目位置，公示车辆临时管理条例和车辆安全提示。

4.8 工程质量问题协调处理与保修

在业主办理房屋入住手续后，或多或少总会有一些工程遗留问题或工程质量问题需要解决。特别是对新入住小区的业主来说，如果不能及时将这些遗留问题或工程质量问题予以解决，会给新业主一开始入住就留有一个不好的印象，对将来的物业管理服务也很不利。所以作为物业服务企业必须安排专人负责督促处理工程遗留问题及业主反映在保修期范围内的工程质量问题，并将处理结果记录备案。对遗留收尾工程或工程质量问题要协助配合建设单位尽快进行处理，使已入住物业区域内的业主尽早享受到一个舒适、舒心的生活和办公环境。所以，作为物业服务企业在做好日常的物业管理服务工作的同时，还得拿出大量的精力协调处理前期阶段的这些问题，使得物业平稳运行，赢得业主对物业服务企业的信任。具体做法有以下几个方面。

4.8.1 起到桥梁作用

作为物业服务企业，在前期物业管理服务阶段面临的问题就是房屋或设施存在着这样或那样的工程质量问题，如何协调处理好存在的工程质量问题，直接关系到物业服务企业日后与业主是否能和谐相处，所以，物业服务企业在业主与开发商之间扮演着一个“和平天使”的代言人角色，在他们之间起着桥梁与纽带的作用，对于存在的工程质量问题属于开发商处理范畴，属于开发商与业主之间的商品买卖合同关系的约定，物业服务企业只是提供专项的物业管理服务，工程质量问题不属于物业服务的范畴。工程质量问题的处理事宜是由开发商与业主之间在购房合同约定条款中已进行了明确，并依照国家颁布的《工程质量保修管理办法》进行处理，而不由物业服务企业处理工程质量问题。因此，当出现工程质量问题时，物业服务企业可协助业主将发现的工程质量问题进行登记并上报开发商在最短的时间内安排处理，起到承上启下的桥梁作用。

4.8.2 反馈信息要记录准确和到位

在接到业主投诉已接收的房屋存在工程质量问题时，物业服务企业工作人员要认真问清楚业主所投诉的工程质量问题主要是什么内容，并从专业的角度将反应的问题进行登记，同时安排相关工作人员与业主同去现场进行核查，确定存在工程质量问题的严重程度，还要将存在工程质量问题的部位进行拍照或取样并进行现场记录，作为物业服务企业不能擅自将存在的问题定性为工程质量问题，而是待开发商工程人员和相关质检人员到场的情况下，由其确定所存在的问题是否属于工程质量问题。不管属于工程质量问题还是房屋移交后又发现的其他问题，作为开发商在接到问题反馈信息后都应该是积极安排处理。

根据现场相关工作人员查验问题情况记录，物业服务人员要在《房屋质量问题反馈单》内详细的填写所存在的问题和要求处理的时间如表4-11，并作登记记录随时查验和关注处理情况，以便能将处理情况随时告知业主。同时物业服务企业安排专人每日负责将所开具的正式问题反馈单统一上报到开发商专门安排负责处理房屋移交后存在问题的负责人，并办理签收手续。

房屋质量问题反馈单 **表4-11**

楼 户 号 年 月 日 NO：

存在问题			
土建			
管道			
门窗			
电			
其他			
物管中心承办人：		转发时间	
建设单位接收人：		接单时间	

4.8.3 反应要及时跟踪要到位

虽然已将正式问题反馈单上报到开发商处，但是并不等于问题就得以处理，而是要在发出正式问题反馈单后，物业服务企业负责联络人员要经常不断的到开发商工程部了解安排处理的具体情况或督促尽快给予处理，否则业主对于存在的问题在没有得到及时处理将容易引发和激化矛盾。同时把了解回来的情况也及时反应给相关的物业服务人员，使物业工作人员心中有数，随时能解答业主的问询。通过不断的督促和反复下函件，使问题能及时处理到位。

4.8.4 处理情况要清楚

当开发商安排相关施工单位或厂家到现场处理问题时，物业服务企业要积极配合协调，需要业主到现场的就要及时通知业主到场，需要物业服务企业提供其在物业服务范畴内能够提供的需求时，物业服务企业大力支持配合，同时物业服务企业要记录清楚施工单位何时到场进行处理问题、处理的程度和效果、需要多长处理时间等情况。对于处理合格的要通知业主到场进行复检，经确认后合格，要求业主在《质量问题处理记录单》上签字确认。如表4-12。

质量问题处理记录单 楼 单元 室 表4-12

<table>
<tr><td colspan="4">房屋存在质量问题内容</td></tr>
<tr><td colspan="4"></td></tr>
<tr><td colspan="4">施工单位到场核查情况</td></tr>
<tr><td colspan="4"></td></tr>
<tr><td>核查时间</td><td></td><td>进场处理时间</td><td></td></tr>
<tr><td>施工单位
处理情况</td><td colspan="3"></td></tr>
<tr><td>业主复查情况</td><td colspan="3"></td></tr>
<tr><td>业主复查时间</td><td></td><td>合格后业主签字</td><td></td></tr>
</table>

4.8.5 工程质量的保修范围

根据我国建设部颁发的《房屋建筑质量保修办法》规定，凡是在国境内新建、扩建、改建的各类房屋建筑工程（包括装修工程）以及配套的设施设备等，在工程竣工验收后，施工单位必须在保修期限内出现的工程质量缺陷予以修复。这里所说的工程质量缺陷，是指房屋建筑或设施设备的质量不符合工程建设强制性标准以及合同的约定。

质量保修的范围包括地基基础、主体结构工程、屋面防水工程、有防水要求的卫生间和房间、外墙面的防渗漏、室内外装饰装修、供热与供冷系统、电气管线、给排水管道、设备安装以及双方约定的其他项目。在以上保修范围和保修期限内出现的质量问题，则应由施工单位履行保修义务，并派人到现场核查情况，组织人员进行修复，承担修复时所发生的一切费用。

但是如因使用不当或由第三者造成的质量缺陷，以及因不可抗力造成的质量缺陷，则不在保修范围内。

4.8.6 工程质量保修期限

工程质量保修期限的界定至关重要，有的开发商在将物业部分安装工程分包时，在签订的合同中，对设施设备保修期的起始日期从设施设备安装之日算起，这样就无形中减轻了安装厂家的日后保修负担。其实真正的物业质量保修期应从物业项目竣工验收之日起计算。按照国家颁布的《建筑工程质量保修办法》的规定，物业的最低保修期限为：

1. 地基基础工程和主体结构工程，为设计文件规定的该工程的合理使用年限；
2. 屋面防水工程、有防水要求的卫生间、房间和外墙面的防渗漏，为5年；
3. 供热与供冷系统，为2个采暖期、供冷期；
4. 电气管线、给排水管道、设备安装为2年；

5. 装修工程为2年。

因此在物业管理服务过程中，将严格按照国家颁布的《建筑工程质量保修办法》的规定，属于保修范围的，一定要求保修单位负责处理，不属于保修期范围的，物业服务企业也决不推诿，积极联系处理。

4.9 前期物业服务质量控制

全面提高物业管理服务质量的水平，必须从基础工作抓起；从物业管理服务过程的质量责任制中的质量管理抓起；从业主对物业服务质量的信息反馈和及时处理各种质量投诉问题等方面抓起。

4.9.1 物业服务质量教育的意识培养

物业服务质量教育工作的主要任务在于不断增强物业服务企业全体员工的服务质量意识，并使之掌握和运用质量管理的方法和技术。要使每位员工牢固地树立“质量第一”的思想，认识到自己在提高整个物业管理服务质量提升中的责任，从而自觉提高业务管理水平和服务操作技术水平，严格遵守纪律和操作规程，不断提高自身的工作质量。同时要对业主进行售后物业管理意识的教育，如通过文化活动、宣传栏等，进行双向教育，这样能收到良好效果。

进行物业服务质量教育的首要目的，是树立和强化员工的质量意识。物业管理服务人员具有高度的质量意识，就能忠于职守，努力提高自己的工作技能，就能为业主提供满意的物业服务；就能够对全面物业质量管理的基本理论和方法有所了解，并能够运用这些知识来解决工作中存在的各种质量问题。

物业区域内物业管理服务质量的好坏，主要取决于员工队伍的思想素质、业务技能水平和各方面管理工作水平。因此，质量教育必须要与对员工的业务技能教育与培训结合在一起，这样训练有素的员工才能把“质量第一”的思想真正落到实处。

4.9.2 建立和健全物业管理服务质量责任制

物业管理服务质量责任制是企业各部门、各岗位和员工在质量管理工作中为保证服务质量和工作质量所承担的任务、责任和权利。建立服务质量责任制可以把同职能质量有关的各项具体工作同全体员工的积极性结合起来，组织起来，形成一个精密的质量体系，更好地保证物业区域内物业服务质量的提高。以人为本，建设高效的管理服务队伍。

建立质量责任制要体现责、权、利三者的结合，这是责任制的实质。在管理机构内部实行质量否决权，目的在于必须坚持“质量第一”，服务质量指标的考核起着决定性作用。同时，质量责任制要逐步加以完善，要分对象、分层次、分专业制定部门和各类人员的责任制，使各部门能互相协调，共同对物业区域内的服务质量负责，使各类管理人员明确自己的任务和权力。可以先从定性责任开始，逐步向定量过渡，先由粗到细，先易后难，先个别后一般，先部门后全体，进行严格管理，坚持考核。

4.9.3 实行以人为本管理，对业主进行情感服务

在物业管理服务过程中，业主或使用人需要有思考能力、善于判断并满足自己需要的管理服务者。但是，复杂、繁琐的规章制度迫使服务人员消极地执行服务操作程序，而业主却往往需求服务人员按照自己的特殊需求灵活地提供优质服务。因此，物业服务企业管理层更应指导并鼓励物业服务人员根据业主的具体要求，为业主提供专业化、个性化、多样化的服务，授予物业服务人员一定程度的特殊权力，以便物业服务人员采取必要的措施，满足业主具体的特殊需要。实施以人为本的管理原则，授予物业员工必要的职权，管理就必须尽可能删除繁琐的、不必要的、限制员工决策权力的规章制度和操作程序，在企业的实绩考核和奖惩制度中应鼓励服务人员创造性地、主动地为业主提供优质服务。

4.9.4 制订和贯彻执行服务质量标准

物业服务质量的根本保证在于标准、监督、抽检三结合，只有这样才能在实际的物业服务中保持良好的服务质量。物业项目的不同和收费标准的不同也就决定了服务的质量标准不同，因此，在承接一个物业项目时必须根据实际情况，确定服务标准，制定的标准内容必须是能够达到和可操作的，同时必须要与物业收费标准相匹配。所以在标准细则内要明确出所有的项目和所要达到的要求及频次。

有了标准细则，并不等于就能保证服务质量，而必须是通过人的服务才能达到，这就要求物业服务企业还要将标准细则贯彻到每一位员工，强化员工的思想意识和熟练操作。同时，还要加强现场的监督检查，监督检查就是要发现在物业服务过程中存在的不足，发现问题就要进行整改，就要制定整改措施，就是要在日常的服务中防微杜渐，只有这样才能保证物业服务质量符合设定的标准要求。

4.9.5 物业服务质量控制方法

在进行物业服务质量控制中，物业服务企业常采用因果图来分析各物业管理服务岗位在运行中出现的质量问题。其方法是：

1. 列出不同服务项目中存在的质量问题；
2. 根据所列出的质量问题再列出所产生的各种原因；
3. 根据所产生的各种原因再分别列出纠正的具体措施；
4. 现场进行查验套用，并付诸实施；
5. 验证服务质量改进结果；
6. 修正或补充因果图内的内容。

例：消防通道保洁因果图如图 4－2 所示。

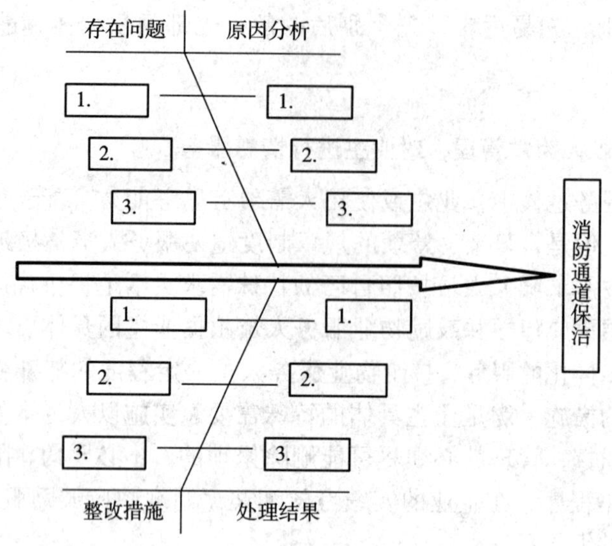

图 4-2　物业服务质量因果控制图

4.10　前期物业巡查内容及存在问题代码

要注重每日的巡查，巡查到位是保证物业服务质量的前提。巡查工作法是不同岗位惯用方法，管理者具体以综合巡查、监督检查、进度完成落实为目标进行巡查。

4.10.1　巡查分类和方法

巡查方法应根据物业项目的不同，编制具体可操作的巡查方法，但是不管物业项目相同不相同，巡查的基本方法大致一样。巡查顾名思义就是巡视检查，那么在物业区域内巡查的内容很多，巡查的目的就是要发现问题和解决问题，消除安全隐患。

1. 巡查分类

对物业项目的巡查大致可分为以下 7 类：

（1）现场监管巡查；

（2）保洁管理巡查；

（3）绿化养护巡查；

（4）设施设备巡查；

（5）公共秩序管理巡查；

（6）业主接待服务巡查；

（7）其他。

2. 巡查方法

无论哪种岗位的巡查，都要掌握以下方法：

（1）善于发现本岗位现场常见性问题；

（2）发现问题后，要会识别问题产生的原因；

（3）巡查中学会记录和处理问题；

（4）通过巡查对可能潜在的隐患进行防范处理；

（5）巡查中要注意保洁现场清洁质量、绿化植被生长情况、运行设备状态、设施完好状况、物业现场操作规范程度、劳动纪律执行情况、行为规范严谨性等细节。

4.10.2 巡查内容及要点

1. 巡查内容

前期物业巡查一般包括以下内容：

（1）土建巡查，包括室内巡查、室外巡查、屋面防水等部分；

（2）装饰装修巡查；

（3）电气系统巡查；

（4）避雷系统巡查；

（5）二次加压设备巡查；

（6）排污系统巡查；

（7）管道阀门巡查；

（8）计量表巡查；

（9）消防巡查：包括消防设施设备及消防巡视；

（10）门卫巡查：包括门禁系统及人、物、车出入管理；

（11）安防巡查；

（12）卫生保洁巡查：包括室外卫生保洁、室内卫生保洁、其他部分卫生保洁；

（13）绿化养护巡查；

（14）锅炉设备巡查：包括锅炉本体、锅炉辅机、除尘部分、除渣部分、上煤部分；

（15）电梯巡查：包括电梯机房、电梯轿箱等；

（16）其他巡查。

2. 巡查要点

巡查要点一般为：

（1）大面—局部—特定部位；

（2）综合——发现某岗位存在问题；

（3）室外—周边—中心线—支干线；

（4）室内—由最低层开始（设施方面）；由最高层开始（保洁方面）

（5）植被生长态势—修剪情况—浇水情况—施肥情况—打药安全情况—除草情况；

（6）专项巡查由各岗位执行者具体执行；

（7）保洁——管辖区域内的饰物、地面、门窗等，并做巡查记录；

（8）维修——管辖区域内的各项设施设备等，并做巡查记录。

4.10.3 巡查工作流程

巡查工作流程如图 4－3。

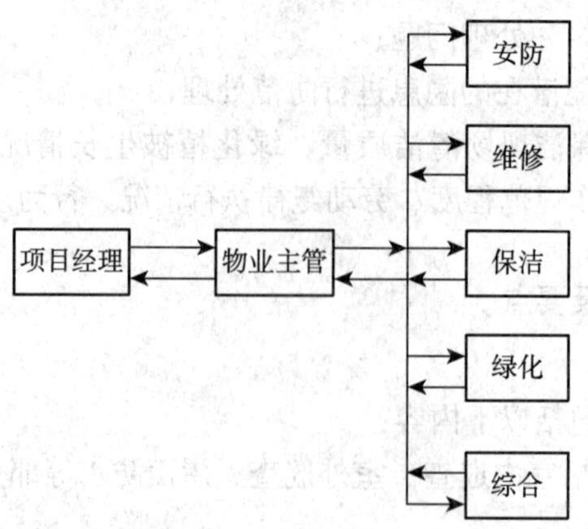

图 4-3　巡查工作流程图

4.10.4　土建巡查及存在问题代码

土建巡查存在问题代码包括室内部分、室外部分及屋面防水。

1. 室内部分

室内部分巡查存在问题代码如表 4-13。

室内部分巡查存在问题代码表　　**表 4-13**

巡查内容及符号	巡查中存在问题	问题代码	备注
扶手、栏杆（TNA）	a. 松动	TNA-a	
	b. 短缺	TNA-b	
	c. 锈蚀	TNA-c	
楼梯地面（TNB）	a. 抹灰层开裂、空鼓	TNB-a	
	b. 抹灰层局部脱落	TNB-b	
	c. 地砖松动	TNB-c	
	d. 地砖短缺	TNB-d	
	e. 地砖破损	TNB-e	
墙面（TNC）	a. 墙体爆皮、开裂	TNC-a	
	b. 墙皮脱落	TNC-b	
顶棚（TND）	a. 抹灰层空鼓、开裂	TND-a	
	b. 抹灰层脱落	TND-b	
窗台（TNE）	a. 抹灰层空鼓	TNE-a	
	b. 抹灰层脱落	TNE-b	
楼梯间窗户（TNF）	a. 玻璃破裂	TNF-a	
	b. 短缺玻璃	TNF-b	
	c. 窗扇上残留玻璃碎块	TNF-c	
	d. 窗扇脱槽推拉不动	TNF-d	
	e. 窗扇底部滑轮坏	TNF-e	
	f. 窗扇拉手短缺或损坏	TNF-f	

续表

巡查内容及符号	巡查中存在问题	问题代码	备注
楼梯间普通门（TNG）	a. 关闭不灵	TNG-a	
	b. 门框坏	TNG-b	
	c. 短缺插销	TNG-c	
	d. 短缺玻璃	TNG-d	
	e. 玻璃破裂	TNG-e	
	f. 门框拉手短缺或损坏	TNG-f	
单元防盗门（TNH）	a. 不能正常开闭	TNH-a	
	b. 闭门器缺油	TNH-b	
	c. 闭门器紧固螺栓松动	TNH-c	
	d. 插销损坏	TNH-d	
	e. 门框拉手短缺或损坏	TNH-e	
	f. 门框上部玻璃松动	TNH-f	
屋顶排水口（TNI）	a. 堵塞杂物	TNI-a	
	b. 管口脱落	TNI-b	
	c. 过滤箅子脱落	TNI-c	

2. 室外部分

室外部分巡查存在问题代码如表4－14。

室外部分巡查存在问题代码 **表4－14**

巡查内容及符号	巡查中存在问题	问题代码	备注
庭院地砖（TWA）	a. 局部凹陷	TWA-a	
	b. 局部短缺	TWA-b	
	c. 局部凸突	TWA-c	
道路（TWB）	a. 地面开裂	TWB-a	
	b. 局部凹陷	TWB-b	
井圈（TWC）	a. 井圈（井盖）松动、滑落	TWC-a	
	b. 井圈周边地砖短缺或混凝土开裂	TWC-b	
楼宇散水板（TWE）	a. 连接部位局部出现开裂现象	TWE-a	
	b. 连接部位短缺密封材料	TWE-b	
落水管（TWF）	a. 脱落	TWF-a	
	b. 短缺	TWF-b	
	c. 固定卡子松动或短缺	TWF-c	
	d. 管子破裂	TWF-d	
	e. 管子堵塞	TWF-e	
马路牙子（TWG）	a. 松动	TWG-a	
	b. 短缺	TWG-b	
	c. 歪斜	TWG-c	
	d. 破损	TWG-d	

续表

巡查内容及符号	巡查中存在问题	问题代码	备注
道路限速带（TWH）	a. 螺栓松动	TWH-a	
	b. 短缺	TWH-b	
雨排水槽（TWI）	a. 抹灰层脱落	TWI-a	
	b. 水槽损坏	TWI-b	
	c. 水槽出口堵塞	TWI-c	
楼宇外墙（TWJ）	a. 墙皮开裂松动	TWJ-a	
	b. 墙皮破损短缺	TWJ-b	
	c. 瓷砖松动脱落	TWJ-c	
	d. 瓷砖破损	TWJ-d	
围墙（TWK）	a. 内外倾斜	TWK-a	
	b. 墙体上下凹陷	TWK-b	
	c. 局部破损或短缺	TWK-c	

3. 屋面防水

屋面防水巡查存在问题代码如表4－15。

屋面防水巡查存在问题代码表 **表4－15**

巡查内容及符号	巡查中存在问题	问题代码	备注
防水收头部位（FSA）	a. 收头局部开裂	FSA-a	
	b. 收头处局部破损	FSA-b	
	c. 收头处局部短缺压条	FSA-c	
防水层接点部位（FSB）	a. 接点局部开裂	FSB-a	
	b. 接点处局部破损	FSB-b	
	c. 接点处局部短缺密封胶	FSB-c	
防水卷材搭接边部位（FSC）	a. 防水卷材搭接边局部开裂	FSC-a	
	b. 防水卷材搭接边处局部破损	FSC-b	
	c. 防水卷材搭接边处局部短缺密封胶	FSC-c	
防水层部位（FSD）	a. 防水层局部空鼓	FSD-a	
	b. 防水基层损坏破损	FSD-b	
	c. 防水层大面积损坏	FSD-c	
	d. 防水层堆放杂物	FSD-d	
	e. 防水层排水口堵塞	FSD-e	
坡屋面瓦部位（FSE）	a. 局部脱落	FSE-a	
	b. 连接处开裂	FSE-b	

4.10.5 装饰装修巡查及存在问题代码

装饰装修巡查存在问题代码如表4－16。

装饰装修巡查存在问题代码 表 4－16

巡查内容及符号	巡查中存在问题	问题代码	备注
装饰装修审批（ZSS）	1. 未在物业公司办理申请手续	ZSS-1	
	2. 未在物业公司办理备案手续	ZSS-2	
	3. 装饰装修工人未在物业公司办理备案手续	ZSS-3	
	4. 未在物业公司办理装修承诺手续	ZSS-4	
	5. 在办理手续中隐瞒可能潜在的违规	ZSS-5	
	6. 擅自开工并违规	ZSS-6	
装饰装修前期上料（ZSL）	1. 砂子堆放在院内或楼梯间	ZSL-1	
	2. 水泥堆放在院内或楼梯间	ZSL-2	
	3. 地砖堆放在院内或楼梯间	ZSL-3	
	4. 木工板或龙骨料或石膏板堆放在楼梯间	ZSL-4	
	5. 上料时磕碰损坏楼梯间内的灯罩、墙面、地砖、电表箱、公共窗户玻璃、消火栓箱玻璃、电梯轿箱门、扶手	ZSL-5	
	6. 上料后装饰工人未清理干净上料现场	ZSL-6	
装饰装修期间装潢垃圾（ZSH）	1. 高空抛扔装潢垃圾	ZSH-1	
	2. 装潢垃圾散堆在楼梯间	ZSH-2	
	3. 未进行袋装堆放在垃圾点处	ZSH-3	
	4. 倾倒装潢垃圾时到处抛撒	ZSH-4	
	5. 装潢垃圾堆放点未加盖篷布	ZSH-5	
装饰装修工人（ZSR）	1. 自行车乱堆放在楼梯间	ZSR-1	
	2. 装修期间高声喧哗扰民	ZSR-2	
	3. 规定装修时间外作业影响他人休息	ZSR-3	
	4. 在室内阳台等处玻璃上对外张贴广告	ZSR-4	
	5. 在楼梯间、电梯轿箱内等处张贴或涂写承揽业务广告	ZSR-5	
装饰装修期间电梯运行（ZST）	1. 乱按电梯按钮	ZST-1	
	2. 损坏电梯内墙板或门或地面或轨道	ZST-2	
	3. 上料时损害电梯门轨道无法关闭电梯门	ZST-3	
	4. 倾倒装潢垃圾时损害电梯门轨道无法关闭电梯门	ZST-4	
	5. 损坏电梯轿箱内照明	ZST-5	
	6. 上料或倾倒装潢垃圾抛撒到轿箱内	ZST-6	

续表

巡查内容及符号	巡查中存在问题	问题代码	备注
装饰装修期间（ZSX）	1. 乱拉电线、超负荷用电	ZSX-1	
	2. 擅自改动燃气线路	ZSX-2	
	3. 空调机未按位置安装到位、冷凝水管随意安放	ZSX-3	
	4. 擅自改变窗台、窗框、玻璃、阳台、护栏；户门颜色、格调	ZSX-4	
	5. 随意改变阳台使用功能	ZSX-5	
	6. 随意拆该承重墙	ZSX-6	
	7. 拆除非承重墙时，使用大锤	ZSX-7	
	8. 随意在承重墙、梁、柱上穿孔、削薄、挖槽	ZSX-8	
	9. 随意搭建建筑物、构筑物	ZSX-9	
	10. 随意改变住宅外立面，在非承重外墙上开门、窗	ZSX-10	
	11. 随意拆改或改变供暖管道材质或阀门	ZSX-11	
	12. 随意加装供暖阀门	ZSX-12	
	13. 擅自改动卫生间、厨房间防水层；未按照防水规范标准制定施工方案（24 小时闭水试验）	ZSX-13	
	14. 施工时，未按照规定采取必要的安全防护和消防措施；擅自动用明火和进行焊接作业，未保证作业人员及周围住房及财产安全	ZSX-14	
	15. 私自改动上下水管线或未装水表或反装水表	ZSX-15	
	16. 装修时各类阀门预留检查口过小或未预留	ZSX-16	
	17. 私自增加线路负荷	ZSX-17	
	18. 擅自占用公共通道、公用阳台、屋面	ZSX-18	
	19. 擅自在室外加装灯、牌、广告等	ZSX-19	
	20. 随意倾倒杂物堵塞地漏或排水管道	ZSX-20	
	21. 在装修过程中所形成的各种固体物，可燃液体等废物，随意堆放于楼道或其他地方	ZSX-21	
	22. 铺装过重的地板材料	ZSX-22	
	23. 不得随意利用公共部位、场地加工装修材料	ZSX-23	
	24. 往公共绿篱、绿地倾倒油漆、稀料等，造成绿篱、绿地损毁	ZSX-24	
	25. 随意在楼道内加改明线路	ZSX-25	
	26. 随意更换与线路不匹配的电表	ZSX-26	
	27. 随意扩大承重墙上原有的门窗尺寸、拆除连接阳台的砖、混凝土墙体	ZSX-27	
	28. 将水表位置改变或包装	ZSX-28	

4.10.6 电气系统巡查及存在问题代码

电气系统巡查存在问题代码如表 4－17。

电气系统巡查存在问题代码 表 4－17

巡查内容及符号	巡查中存在问题	问题代码	备注
楼道户电表箱（DA）	a. 表箱不能关合	DA-a	
	b. 电线连接处松动	DA-b	
	c. 分线盒接线松动	DA-c	
	d. 有偷电现象	DA-e	
楼道总配电箱（DB）	a. 空气开关线鼻子松动	DB-a	
	b. 箱门不能关合	DB-b	
	c. 柜内有积尘	DB-c	
	d. 互感器不正常	DB-d	
楼梯间（地下室）照明（DC）	a. 灯罩破损	DC-a	
	b. 灯泡不亮	DC-b	
	c. 声控开关坏	DC-c	
	d. 地下室灯泡不亮	DC-d	
	e. 地下室拉线开关坏	DC-e	
	f. 私拉电线	DC-f	
楼外总配电柜（DD）	a. 空气开关线鼻子松动	DD-a	
	b. 箱门不能关合	DD-b	
	c. 柜内有积尘	DD-c	
	d. 柜内有鸟筑巢	DD-d	
庭院路灯（DE）	a. 灯罩破损	DE-a	
	b. 灯泡不亮	DE-b	
	c. 灯杆锈蚀	DE-c	
	d. 灯杆被碰撞漏电	DE-d	
	e. 灯杆地角螺栓松动	DE-e	
庭院草坪灯（DF）	a. 灯罩破损	DF-a	
	b. 灯泡不亮	DF-b	
	c. 灯杆锈蚀	DF-c	
	d. 外壳漏电	DF-d	
	e. 地角螺丝松动	DF-e	
单元门灯（DG）	a. 灯罩破损	DG-a	
	b. 灯泡不亮	DG-b	
	c. 漏电	DG-c	
	d. 固定螺丝松动	DG-d	
围墙灯（DH）	a. 灯罩破损	DH-a	
	b. 灯泡不亮	DH-b	
	c. 漏电	DH-c	
	d. 固定螺丝松动	DH-d	
公示栏灯箱（灯箱）（DI）	a. 玻璃破损	DI-a	
	b. 灯泡不亮	DI-b	
	c. 漏电	DI-c	
大门处安防专用照明（DJ）	a. 射灯玻璃破损（灯罩破损）	DJ-a	
	b. 灯泡不亮	DJ-b	
	c. 漏电	DJ-c	
	d. 开关坏	DJ-d	

4.10.7 避雷系统巡查及存在问题代码

避雷系统巡查存在问题代码如表4-18。

避雷系统巡查存在问题代码 表4-18

巡查内容及符号	巡查中存在问题	问题代码	备注
避雷针、避雷线、地线（BLA）	a. 连接断开	BLA-a	
	b. 短缺连接线	BLA-b	
	c. 锈蚀严重	BLA-c	
	d. 未接地	BLA-d	
	e. 固定卡子松动	BLA-e	
	f. 短缺固定卡子	BLA-f	
	g. 接地电阻超标	BLA-g	

4.10.8 二次加压设备巡查及存在问题代码

二次加压设备巡查存在问题代码如表4-19。

二次加压设备巡查存在问题代码 表4-19

巡查内容及符号	巡查中存在问题	问题代码	备注
水泵（JYA）	a. 声音异常	JYA-a	
	b. 水泵密封处漏水	JYA-b	
	c. 水泵电机发烫（轴承声音大）	JYA-c	
控制阀门（JYB）	a. 闸阀本体漏水	JYB-a	
	b. 闸阀、法兰连接处漏水	JYB-b	
	c. 阀门锈蚀严重（缺油）	JYB-c	
	d. 止回阀、浮球阀工作状态失控	JYB-d	
电气控制柜（JYC）	a. 电机、控制柜有异常气味	JYC-a	
	b. 控制开关连接处线头松动	JYC-b	
	c. 控制柜内有过多的积尘	JYC-c	
变频装置（JYD）	a. 变频器不能自动工作	JYD-a	
	b. 变频主板失灵	JYD-b	
	c. 超过设定的供水压力	JYD-c	

4.10.9 排污系统巡查及存在问题代码

排污系统巡查存在问题代码如表4-20。

排污系统巡查存在问题代码 表 4-20

巡查内容及符号	巡查中存在问题	问题代码	备注
污水井（WSJ）	a. 杂物堆积过多	WSJ-a	
	b. 管口处淤泥堆积	WSJ-b	
	c. 污水超过正常位置	WSJ-c	
雨水井（YSJ）	a. 杂物堆积过多	YSJ-a	
	b. 管口处淤泥堆积	YSJ-b	
	c. 雨水超过井正常位置	YSJ-c	
地下室PVC污水管（DXW）	a. 连接部位渗水	DXW-a	
	b. 伸缩节部位渗水	DXW-b	
	c. PVC管（含弯头、三通）破裂	DXW-c	
	d. 管内堆积物过多	DXW-d	
	e. 管道堵塞	DXW-e	
化粪池（HFC）	a. 一、二道井内表皮淤泥厚度超过50cm	HFC-a	
	b. 底部排水口处堵塞	HFC-b	

4.10.10 管道阀门巡查及存在问题代码

管道阀门巡查存在问题代码如表4-21。

管道阀门巡查存在问题代码 表 4-21

巡查内容及符号	巡查中存在问题	问题代码	备注
排气阀（GDA）	a. 不排气	GDA-a	
	b. 漏水	GDA-b	
	c. 后置阀门坏	GDA-c	
室外暖气排水管（GDB）	a. 保温脱落或未保温	GDB-a	
	b. 阀门漏水	GDB-b	
	c. 阀门冻裂	GDB-c	
	d. 阀门芯子脱落	GDB-d	
管井冷水阀门（GDC）	a. 阀门漏水	GDC-a	
	b. 阀门冻裂	GDC-b	
	c. 阀门芯子脱落	GDC-c	
	d. 锈蚀严重无法开启（缺油）	GDC-d	
	e. 缺少盘根	GDC-e	
管井热水阀门（GDD）	a. 阀门漏水	GDD-a	
	b. 阀门水垢过多无法关闭严密	GDD-b	
	c. 阀门芯子脱落	GDD-c	
	d. 锈蚀严重无法开启（缺油）	GDD-d	
	e. 缺少盘根	GDD-e	
管井供暖进水阀门（GDE）	a. 阀门漏水	GDE-a	
	b. 阀门芯子脱落	GDE-b	
	c. 锈蚀严重无法开启（缺油）	GDE-c	
	d. 缺少盘根	GDE-d	

续表

巡查内容及符号	巡查中存在问题	问题代码	备注
管井供暖回水阀门（GDF）	a. 阀门漏水	GDF-a	
	b. 阀门芯子脱落	GDF-b	
	c. 锈蚀严重无法开启（缺油）	GDF-c	
	d. 缺少盘根	GDF-d	
管井热水管软接头（GDG）	a. 连接处漏水	GDG-a	
	b. 软接头破裂	GDG-b	
管井供暖管软接头（GDH）	a. 连接处漏水	GDH-a	
	b. 软接头破裂	GDH-b	
地下室冷水阀门（GDI）	a. 阀门漏水	GDI-a	
	b. 阀门冻裂	GDI-b	
	c. 阀门芯子脱落	GDI-c	
	d. 锈蚀严重无法开启（缺油）	GDI-d	
	e. 缺少盘根	GDI-e	
地下室热水阀门（GDJ）	a. 阀门漏水	GDJ-a	
	b. 阀门水垢过多无法关闭严密	GDJ-b	
	c. 阀门芯子脱落	GDJ-c	
	d. 锈蚀严重无法开启（缺油）	GDJ-d	
	e. 缺少盘根	GDJ-e	
地下室供暖进水阀门（GDK）	a. 阀门漏水	GDK-a	
	b. 阀门芯子脱落	GDK-b	
	c. 锈蚀严重无法开启（缺油）	GDK-c	
	d. 缺少盘根	GDK-d	
地下室供暖回水阀门（GDL）	a. 阀门漏水	GDL-a	
	b. 阀门芯子脱落	GDL-b	
	c. 锈蚀严重无法开启（缺油）	GDL-c	
	d. 缺少盘根	GDL-d	
冷水管线（GDM）	a. 锈蚀严重	GDM-a	
	b. 砂眼	GDM-b	
	c. 管线爆裂	GDM-c	
	d. 管线填埋处凹陷跑水	GDM-d	
热水管线（GDN）	a. 锈蚀严重	GDN-a	
	b. 砂眼	GDN-b	
	c. 管线爆裂	GDN-c	
	d. 管线填埋处凹陷跑水	GDN-d	
供暖管线（GDO）	a. 锈蚀严重	GDO-a	
	b. 砂眼	GDO-b	
	c. 管线爆裂	GDO-c	
	d. 管线填埋处凹陷跑水	GDO-d	

4.10.11 计量表巡查及存在问题代码

计量表巡查存在问题代码如表4－22。

计量表巡查存在问题代码　表4－22

巡查内容及符号	巡查中存在问题	问题代码	备注
井内冷水表（LSB	a. 不走字	LSB-a	
	b. 连接头断裂	LSB-b	
	c. 表内浑浊	LSB-c	
	d. 反装	LSB-d	
井内热水表（RSB）	a. 不走字	RSB-a	
	b. 连接头断裂	RSB-b	
	c. 表内浑浊	RSB-c	
	d. 反装	RSB-d	
电表（JLD）	a. 不走字	JLD-a	
	b. 线路反接	JLD-b	
	c. 线路短接	JLD-c	
地下室冷水表（DXL）	a. 不走字	DXL-a	
	b. 连接头断裂	DXL-b	
	c. 表内浑浊	DXL-c	
	d. 反装	DXL-d	
地下室热水表（DXR）	a. 不走字	DXR-a	
	b. 连接头断裂	DXR-b	
	c. 表内浑浊	DXR-c	
	d. 反装	DXR-d	

4.10.12 消防巡查及存在问题代码

消防巡查存在问题及代码，包括消防设施设备巡查存在问题和消防巡视两部分。

1. 消防设施设备

消防设施设备巡查存在问题代码如表4－23。

消防设施设备巡查存在问题代码　表4－23

巡查内容及符号	巡查中存在问题	问题代码	备注
水泵（XFA）	a. 声音异常	XFA-a	
	b. 水泵密封处漏水	XFA-b	
	c. 水泵电机发烫（轴承声音大）	XFA-c	
控制阀门（XFB）	a. 闸阀本体漏水	XFB-a	
	b. 闸阀、法兰连接处漏水	XFB-b	
	c. 阀门锈蚀严重（缺油）	XFB-c	
	d. 止回阀、浮球阀工作状态失控	XFB-d	

续表

巡查内容及符号	巡查中存在问题	问题代码	备注
电气控制柜（XFC）	a. 电机、控制柜有异常气味	XFC-a	
	b. 控制开关连接处线头松动	XFC-b	
	c. 控制柜内有过多的积尘	XFC-c	
变频装置（XFD）	a. 变频器不能自动工作	XFD-a	
	b. 变频主板失灵	XFD-b	
	c. 达不到设定的消防水压	XFD-c	
消火栓箱（XFE）	a. 门框、玻璃、锁损坏	XFE-a	
	b. 门不能关闭	XFE-b	
	c. 水带短缺破损	XFE-c	
	d. 给水管锈蚀渗漏	XFE-d	
	e. 消火栓阀门启用后关闭不严	XFE-e	
	f. 消火栓阀门失灵	XFE-f	
灭火器（XFF）	a. 过期失效	XFF-a	
	b. 短缺	XFF-b	
	c. 压力不够	XFF-c	
自动报警系统（XFG）	a. 主机线路接口松动、脱落	XFG-a	
	b. 信号灯显示不正常	XFG-b	
	c. 主机箱有异常气味	XFG-c	
	d. 主机箱内积尘	XFG-d	
	e. 烟感器探头积尘、污染	XFG-e	
	f. 烟感器指示灯不闪亮	XFG-f	
	g. 喷淋头失控	XFG-g	
	h. 喷淋头漏水关不严	XFG-h	
室外消防井（XFH）	a. 水阀关不严	XFH-a	
	b. 水阀失灵	XFH-b	
	c. 水阀锈蚀	XFH-c	
	d. 水阀不出水	XFH-d	
	e. 水阀连接器处漏水	XFH-e	

2. 消防巡视

消防巡视存在问题代码如表4－24。

消防巡视存在问题代码 **表4－24**

巡查内容及符号	巡查中存在问题	问题代码	备注
地下室（XXA）	a. 共用通道堆放易燃物品（纸、油）	XXA-a	
共用楼梯间（XXB）	a. 共用通道堆放易燃物品（纸、油）	XXB-a	
	b. 楼梯间内燃放鞭炮	XXB-b	
生活垃圾桶（XXC）	a. 生活垃圾桶内燃烧纸张	XXC-a	
庭院车位（XXD）	a. 在汽车边燃放烟花爆竹	XXD-a	
	b. 在汽车边燃烧其他物品	XXD-b	
饭店排烟道（XXE）	a. 室外排烟道油污过厚	XXE-a	
阳台（XXF）	a. 发现阳台冒烟	XXF-a	
气味（XXG）	a. 发现有异常气味	XXG-a	

4.10.13 门卫巡查及存在问题代码

门卫巡查存在问题及代码包括门禁系统及人、物、车出入巡查。

1. 门禁系统

门禁系统巡查存在问题代码如表4－25。

门禁系统巡查存在问题代码 表4－25

巡查内容及符号	巡查中存在问题	问题代码	备注
升降杆（MJA）	a. 启动不灵活	MJA-a	
	b. 出现断裂迹象	MJA-b	
	c. 固定螺丝松动	MJA-c	
	d. 升降杆不能升降	MJA-d	
	e. 升降杆跑偏	MJA-e	
传动部分（MJB）	a. 传动皮带过送打滑	MJB-a	
	b. 减速箱内缺油	MJB-b	
	c. 齿轮之间咬合间隙大	MJB-c	
	d. 齿轮之间咬合间缺油	MJB-d	
	e. 固定键松动、齿轮挡片松动	MJB-c	

2. 人、物、车出入管理

人、物、车出入管理巡查存在问题代码如表4－26。

人、物、车出入管理巡查存在问题代码 表4－26

巡查内容及符号	巡查中存在问题	问题代码	备注
人员进出（AFJ）	a. 外来人员未询问或登记	AFJ-a	
	b. 未查验相关证件	AFJ-b	
	c. 游商小贩进入小区	AFJ-c	
	d. 未接通知，随意安排在小区做商业广告宣传	AFJ-d	
物品进出（AFW）	a. 物品离开小区未办理登记记录	AFW-a	
	b. 搬家时未办理相关费用结算，放行	AFW-b	
	c. 物品离开小区未有业主函件，放行	AFW-c	
	d. 未认真查验进入小区危险品，放入	AFW-d	
车辆进出（AFC）	a. 外来车辆未办理进出登记手续	AFC-a	
	b. 未登记车辆牌号	AFC-b	
	c. 正式车辆未办理IC卡	AFC-c	
	d. 外来车辆未办理临时进出手续	AFC-d	
车辆停放（AFT）	a. 未让其停放到规定车位线内	AFT-a	
	b. 未能及时安排停放位置	AFT-b	
	c. 未能及时疏导车位线内车辆出行	AFT-c	

4.10.14 安防巡查及存在问题代码

安防巡查存在问题代码如表4－27。

安防巡查存在问题代码　表4－27

巡查内容及符号	巡查中存在问题	问题代码	备注
单元防盗门（ASA）	a. 单元防盗门大开	ASA-a	
	b. 单元防盗门失灵	ASA-b	
	c. 除本单元业主外，其他人员随意进出	ASA-c	
公共设施设备（ASB）	a. 区内公共设施设备遭受人为破坏时，未制止	ASB-a	
	b. 生活蓄水池上遛宠物时，未制止	ASB-b	
	c. 践踏绿化时，未制止	ASB-c	
	d. 损坏绿化专用浇灌设施时，未制止	ASB-d	
自行车（ASC）	a. 单元门口堆放自行车	ASC-a	
	b. 楼道内堆放自行车	ASC-b	
	c. 发现业主自行车未锁，未能及时推入车棚内	ASC-c	
庭院照明（ASZ）	a. 未按时开启路灯、围墙灯、单元门灯等	ASZ-a	
	b. 未按时关闭路灯、围墙灯、单元门灯等	ASZ-b	
	c. 路灯灯罩内外不洁净	ASZ-c	
	d. 庭院照明出现不亮灯泡，未能及时上报	ASZ-d	
报警器（ASJ）	a. 未按时开启庭院报警器	ASJ-a	
	b. 未按时关闭庭院报警器	ASJ-b	
	c. 摄像探头及罩内外不洁净和积尘	ASJ-c	
小广告（ASG）	a. 出现张贴小广告	ASG-a	
	b. 出现后，未能采取措施进行处理	ASG-b	
区内可疑人员（ASR）	a. 发现可疑人员未进行盘查	ASR-a	
	b. 发现可疑人员未采取措施进行处理	ASR-b	
汽车（ASQ）	a. 发现车辆未锁门，未能及时通知车主	ASQ-a	
	b. 发现车窗玻璃未关，未能及时通知车主	ASQ-b	
	c. 在区域内出现车辆磕碰和划车事故，未能及时通知车主	ASQ-c	
地下室（ASD）	a. 发现地下室被撬，未能通知业主	ASD-a	
	b. 发现地下室被撬，未能及时上报主管	ASD-b	
装修（ASE）	a. 除规定时间外装修，产生噪声	ASE-a	
	b. 未对装修人员进行身份登记备案	ASE-b	
	c. 建筑垃圾随意堆放	ASE-c	
	d. 装修人员休息时间，嬉闹产生噪声	ASE-d	
	e. 装修人员随意在公共区域抛撒材料	ASE-e	

4.10.15 卫生保洁巡查及存在问题代码

卫生保洁巡查存在问题代码包括室外部分、室内部分及其他部分。

1. 室外部分卫生保洁

室外部分卫生保洁巡查存在问题代码如表4－28。

室外部分卫生保洁巡查存在问题代码　　表4－28

巡查内容及符号	巡查中存在问题	问题代码	备注
庭院地面卫生（BWA）	a. 纸屑（杂物）	BWA-a	
	b. 塑料袋	BWA-b	
	c. 尘土	BWA-c	
	d. 生活垃圾桶周边不洁净	BWA-d	
道路地面卫生（BWB）	a. 纸屑（杂物）	BWB-a	
	b. 塑料袋	BWB-b	
	c. 尘土	BWB-c	
围墙地面通道卫生（BWC）	a. 纸屑（杂物）	BWC-a	
	b. 塑料袋、烟头	BWC-b	
	c.. 有尘土	BWC-c	
生活垃圾桶（BWD）	a. 桶体外表不洁净	BWD-a	
	b. 桶内垃圾溢出	BWD-b	
	c. 桶盖拉手污染	BWD-c	
	d. 未进行清洗（消毒）	BWD-d	
单元防盗门（BWE）	a. 门表面有尘土	BWE-a	
	b. 门把手不洁净	BWE-b	
	c. 按键盘不清亮	BWE-c	
	d. 电子锁有尘灰	BWE-d	
	e. 贴有小广告	BWE-e	
	f. 单元防盗门及两侧存有残缺对联或纸张	BWE-f	
果皮箱（BWF）	a. 桶体外表不洁净	BWF-a	
	b. 桶内垃圾溢出	BWF-b	
	c. 未进行清洗（消毒）	BWF-c	
不锈钢栏杆（BWG）	a. 外表不洁净	BWG-a	
	b. 有尘灰	BWG-b	
瓷砖（BWH）	a. 外表不洁净	BWH-a	
	b. 有尘灰	BWH-b	
草坪卫生（BWI）	a. 纸屑（杂物）	BWI-a	
	b. 塑料袋	BWI-b	
绿篱卫生（BWJ）	a. 纸屑（杂物）	BWJ-a	
	b. 塑料袋	BWJ-b	
	c. 废弃物	BWJ-c	
	d. 堆积落叶	BWJ-d	
草坪灯卫生（BWK）	a. 外表不洁净	BWK-a	
	b. 有尘灰	BWK-b	

续表

巡查内容及符号	巡查中存在问题	问题代码	备注
休闲椅卫生（BWL）	a. 外表不洁净	BWL-a	
	b. 有尘灰	BWL-b	
花园卫生（BWM）	a. 纸屑（杂物）	BWM-a	
	b. 塑料袋、烟头	BWM-b	
	c. 有尘土	BWM-c	
标示牌（提示牌）（BWN）	a. 外表不洁净	BWN-a	
	b. 有尘灰	BWN-b	
小广告（BWO）	a. 室外张贴有小广告	BWO-a	
	b. 小广告清理不干净	BWO-b	
一层阳台底部卫生（BWP）	a. 纸屑（杂物）	BWP-a	
	b. 塑料袋、烟头	BWP-b	
	c. 有尘土	BWP-c	
散水卫生（BWQ）	a. 纸屑（杂物）	BWQ-a	
	b. 塑料袋	BWQ-b	
	c. 有尘土	BWQ-c	
雨排水沟卫生（BWR）	a. 纸屑（杂物）	BWR-a	
	b. 塑料袋	BWR-b	
	c. 有尘土	BWR-c	
雨水井卫生（BWS）	a. 井内杂物未清理	BWS-a	
	b. 井箅子未复位	BWS-b	
单元门口地面卫生（BWT）	a. 纸屑（杂物）	BWT-a	
	b. 塑料袋	BWT-b	
	c. 有尘土	BWT-c	
	d. 有积水	BWT-d	
	e. 有积雪	BWT-e	

2. 室内部分卫生保洁

室内部分卫生保洁巡查存在问题代码如表4－29。

室内部分卫生保洁巡查存在问题代码　表4－29

巡查内容及符号	巡查中存在问题	问题代码	备注
电表箱卫生（BNA）	a. 外表不洁净（贴有小广告）	BNA-a	
	b. 有尘灰	BNA-b	
扶手卫生（BNB）	a. 外表不洁净（贴有小广告）	BNB-a	
	b. 有尘灰	BNB-b	
栏杆卫生（BNC）	a. 外表不洁净	BNC-a	
	b. 有尘灰	BNC-b	
楼梯间地面卫生（BND）	a. 纸屑（杂物）	BND-a	
	b. 塑料袋、烟头	BND-b	
	c. 有尘土（有污渍）	BND-c	

续表

巡查内容及符号	巡查中存在问题	问题代码	备注
楼梯间窗台卫生（BNE）	a. 纸屑（杂物）	BNE-a	
	b. 塑料袋、烟头	BNE-b	
	c. 有尘土	BNE-c	
灭火器卫生（BNF）	a. 外表不洁净	BNF-a	
	b. 有尘灰	BNF-b	
消火栓箱卫生（BNG）	a. 外表不洁净	BNG-a	
	b. 有尘灰	BNG-b	
楼梯间窗户卫生（BNH）	a. 玻璃上灰尘过多	BNH-a	
	b. 铝合金窗框轨道内积灰	BNH-b	
	c. 铝合金窗框、扇不洁净	BNH-c	
顶棚卫生（BNI）	a. 有拉丝	BNI-a	
	b. 有尘灰	BNI-b	
墙面卫生（BNJ）	a. 有拉丝	BNJ-a	
	b. 有尘灰	BNJ-b	
	c. 有污渍	BNJ-c	
	d. 贴有小广告	BNJ-d	
电梯轿厢卫生（BNK）	a. 不锈钢板面有污渍	BNK-a	
	b. 不锈钢板面不清亮	BNK-b	
	c. 顶棚内积尘	BNK-c	
	d. 按键盘不洁净	BNK-d	
	e. 地面不洁净	BNK-e	
	f. 贴有小广告	BNK-f	
地下室卫生（BNL）	a. 公共区域地面积灰	BNL-a	
	b. 堆放杂物	BNL-b	
	c. 贴有小广告	BNL-c	
楼梯间灯罩（BNM）	a. 外表不洁净	BNM-a	
	b. 灯罩内有尘灰	BNM-b	
饰物（BNN）	a. 外表不洁净	BNN-a	
	b. 有尘灰	BNN-b	
楼梯间（BNO）	a. 堆放杂物	BNO-a	

3. 其他部分卫生间保洁

其他部分卫生保洁存在问题代码如表4－30。

其他部分卫生保洁存在问题代码 **表4－30**

巡查内容及符号	巡查中存在问题	问题代码	备注
专用水井（BNP）	a. 短缺胶皮管	BNP-a	
	b. 阀门漏水	BNP-b	
	c. 未盖井盖	BNP-c	
公用阳台（BNQ）	a. 堆放杂物	BNQ-a	
	b. 有尘灰	BNQ-b	
	c. 阳台板摆放花盆或其他杂物	BNQ-c	

4.10.16 绿化养护巡查及存在问题代码

绿化养护巡查存在问题代码如表4－31。

绿化养护巡查存在问题代码 **表4－31**

巡查内容及符号	巡查中存在问题	问题代码	备注
草坪修剪（CPX）	a. 草坪超过60mm，未修剪	CPX-a	
	b. 修剪不均匀	CPX-b	
	c. 修剪后未清理现场	CPX-c	
	d. 修剪后未及时浇水，草坪出现枯死现象	CPX-d	
草坪浇水（CPJ）	a. 浇水时，未能浇透，达不到100mm	CPJ-a	
	b. 出现大面积干枯现象，未能及时浇水	CPJ-b	
	c. 浇水时，现场无人看护	CPJ-c	
草坪修补（CPB）	a. 局部短缺草坪	CPB-a	
	b. 未能及时补种	CPB-b	
	c. 局部杂草过多	CPB-c	
	d. 草坪根部形成连片	CPB-d	
草坪施肥（CPS）	a. 草坪局部生长不好，缺复合肥	CPS-a	
	b. 草坪大面积生长不好，缺复合肥	CPS-b	
	c. 施肥不当，烧死草坪	CPS-c	
	d. 未按点一片一区进行施肥，造成不均匀	CPS-d	
	e. 施肥后，未能及时浇水，造成草坪烧死	CPS-e	
草坪打药（CPY）	a. 出现虫害，未能及时打药	CPY-a	
	b. 打药方法不当，造成草坪枯死	CPY-b	
	c. 打药后浇水，造成药物失效	CPY-c	
	d. 打药前，未浇水	CPY-d	
	e. 打药后，未挂安全提示牌	CPY-e	
绿篱修剪（LIX）	a. 新枝留高超过5厘米	LIX-a	
	b. 修剪不均匀	LIX-b	
	c. 修剪后未清理现场	LIX-c	
	d. 修剪后未及时浇水，绿篱出现枯死现象	LIX-d	
绿篱浇水（LIJ）	a. 浇水时，未能浇透，达不到100mm	LIJ-a	
	b. 出现大面积干枯现象，未能及时浇水	LIJ-b	
	c. 浇水时，现场无人看护	LIJ-c	
绿篱修补（LIB）	a. 局部短缺绿篱	LIB-a	
	b. 未能及时补种	LIB-b	
	c. 局部杂草过多	LIB-c	
	d. 枯枝未进行去除	LIB-d	
	e. 个别绿篱歪斜	LIB-e	
绿篱施肥（LIS）	a. 绿篱局部生长不好，缺复合肥	LIS-a	
	b. 绿篱大面积生长不好，缺复合肥	LIS-b	
	c. 施肥不当，烧死绿篱	LIS-c	
	d. 未按点一片一区进行施肥，造成施肥不均匀	LIS-d	
	e. 施肥后，未能及时浇水，造成草坪烧死	LIS-e	

续表

巡查内容及符号	巡查中存在问题	问题代码	备注
绿篱打药（LIY）	a. 出现虫害，未能及时打药	LIY-a	
	b. 打药方法不当，造成绿篱枯死	LIY-b	
	c. 打药后浇水，造成药物失效	LIY-c	
	d. 打药前，未浇水	LIY-d	
	e. 打药后，未挂安全提示牌	LIY-e	
乔灌木修剪（QGX）	a. 枯黄、老化枝叶未修剪	QGX-a	
	b. 修剪不成形	QGX-b	
	c. 新枝留高超过6厘米	QGX-c	
	d. 修剪不均匀	QGX-d	
	e. 修剪后未清理现场	QGX-e	
	f. 修剪后未及时浇水，出现枯死现象	QGX-f	
乔灌木施肥（QGF）	a. 乔灌木生长不好，缺复合肥	QGF-a	
	b. 施肥后，未能及时浇水	QGF-b	
乔灌木浇水（QGF）	a. 浇水时，未能浇透，达不到100mm	QGF-a	
	b. 出现大面积干枯现象，未能及时浇水	QGF-b	
	c. 浇水时，现场无人看护	QGF-c	
乔灌木打药（QGY）	a. 出现虫害，未能及时打药	QGY-a	
	b. 打药方法不当，造成乔灌木枯死	QGY-b	
	c. 打药后浇水，造成药物失效	QGY-c	
	d. 打药前，未浇水	QGY-d	
	e. 打药后，未挂安全提示牌	QGY-e	
春种（CZ）	a. 土质未疏松	CZ-a	
	b. 缺苗木、肥料	CZ-b	
	c. 未浇解冬水（或未浇透）	CZ-c	
	d. 未清理杂物	CZ-e	
秋季收尾（QJS）	a. 未清理杂物	QJS-a	
	b. 土质未疏松	QJS-b	
	c. 上冻前未修剪、打枝	QJS-c	
	d. 未浇冬水	QJS-e	

4.10.17 锅炉设备巡查及存在问题代码

锅炉设备巡查存在问题及代码包括锅炉本体、辅机部分、除尘部分、除渣部分、上煤部分等。

1. 锅炉本体

锅炉本体巡查存在问题代码如表4－32。

锅炉本体巡查存在问题代码　　表4-32

巡查内容及符号	巡查中存在问题	问题代码	备注
水冷壁管（GBA）	a. 积灰、挂瓷猴	GBA-a	
	b. 爆管漏水	GBA-b	
锅筒检查盖（GBB）	a. 密封不严漏水	GBB-a	
	b. 紧固螺栓松动	GBB-b	
集箱（GBC）	a. 积灰	GBC-a	
水位表（管）（GBD）	a. 水位色灯不亮	GBD-a	
	b. 水位玻璃（管）破裂	GBD-b	
	c. 水位表（管）密封不严漏水	GBD-c	
	d. 水位表（管）堵塞	GBD-d	
安全阀（GBE）	a. 安全阀漏水	GBE-a	
	b. 未年检校验	GBE-b	
炉拱（GBF）	a. 开裂	GBF-a	
	b. 炉拱塌陷	GBF-b	
	c. 短缺耐火砖	GBF-c	
锅炉内墙体（GBG）	a. 开裂	GBG-a	
	b. 内墙体塌陷	GBG-b	
	c. 短缺耐火砖	GBG-c	
	d. 短缺耐火保温材料	GBG-d	
检查盖（GBH）	a. 变形、烧裂	GBH-a	
	b. 紧固螺栓松动	GBH-b	
链式炉排（GBI）	a. 链式炉排松弛	GBI-a	
	b. 链式炉排跑偏	GBI-b	
	c. 链式炉排片破裂	GBI-c	
	d. 长轴销弯曲变形	GBI-d	
	e. 前后轴缺油	GBI-e	
	f. 前后轴轴套紧固螺栓松动	GBI-f	
压力表（GBJ）	a. 失准	GBJ-a	
	b. 坏表	GBJ-b	
	c. 漏水	GBJ-c	
各类控制阀门（GBK）	a. 压盖处漏水	GBK-a	
	b. 关不严	GBK-b	
	c. 脱芯不出水	GBK-c	
放灰阀（GBL）	a. 拉不动	GBL-a	
	b. 手柄与活动轴销连接处缺油	GBL-b	
	c. 活动轴销固定套松动	GBL-c	
调风阀（GBM）	a. 拉不动	GBM-a	
	b. 手柄与活动轴销连接处缺油	GBM-b	
	c. 活动轴销固定套松动	GBM-c	

续表

巡查内容及符号	巡查中存在问题	问题代码	备注
分层布煤机（GBN）	a. 主传动链松弛	GBN-a	
	b. 链轮跑偏	GBN-b	
	c. 缺油	GBN-c	
煤斗（GBO）	a. 煤斗旋转盖板拉不动	GBO-a	
	b. 煤斗旋转盖板变形不回位	GBO-b	
	c. 煤斗旋转盖板长销变形	GBO-c	
锅炉地角（GBP）	a. 漏风	GBP-a	
	b. 抹灰面或砖开裂脱落	GBP-b	
炉排减速机（GBQ）	a. 十字联接头松动	GBQ-a	
	b. 十字联接头损坏	GBQ-b	
	c. 十字联接头脱位空转	GBQ-c	
	d. 安全销断裂	GBQ-d	
	e. 传动皮带松打滑	GBQ-e	
	f. 减速箱内缺机油	GBQ-f	
	g. 间距调节螺栓松动	GBQ-g	
	h. 减速机传动轴与炉排轴不同心	GBQ-h	
省煤器（GBR）	a. 排管外表挂灰严重	GBR-a	
	b. 排管固定板出现裂纹	GBR-b	
	c. 排管固定板螺栓松动	GBR-c	
	d. 排管处密封垫坏引发漏水	GBR-d	
	e. 省煤器底部积灰过多	GBR-e	

2. 锅炉辅机部分

锅炉辅机部分巡查存在问题代码如表4－33。

锅炉辅机部分巡查存在问题代码 **表4－33**

巡查内容及符号	巡查中存在问题	问题代码	备注
循环泵（FJX）	a. 声音异常	FJX-a	
	b. 循环泵密封处漏水	FJX-b	
	c. 循环泵电机发烫（轴承声音大）	FJX-c	
	d. 循环泵电机轴承缺油	FJX-d	
	e. 循环泵压力表失准、坏表、漏水	FJX-e	
补水泵（FJB）	a. 声音异常	FJB-a	
	b. 循环泵密封处漏水	FJB-b	
	c. 循环泵电机发烫（轴承声音大）	FJB-c	
	d. 循环泵电机轴承缺油	FJB-d	
	e. 循环泵压力表失准、坏表、漏水	FJB-e	
软化水装置（FJR）	a. 不吸盐	FJR-a	
	b. 软化水装置工作不正常出现不合格水质	FJR-b	
	c. 管线漏水或跑水	FJR-c	

3. 除尘部分

除尘部分巡查存在问题代码如表4－34。

除尘部分巡查存在问题代码　　表4－34

巡查内容及符号	巡查中存在问题	问题代码	备注
钢制除尘器（GCC）	a. 加碱口堵塞	GCC-a	
	b. 钢制除尘器内腔细灰过多影响除尘	GCC-b	
	c. 放灰蝶阀漏水或不能开启	GCC-c	
	d. 钢制除尘器外表腐蚀渗漏	GCC-d	
麻石除尘器（MCC）	a. 麻石除尘器出水口堵塞	MCC-a	
	b. 钢衬玻璃管漏水或腐蚀严重	MCC-b	
	c. 钢衬玻璃阀门不能关闭或开启	MCC-c	
	d. 钢衬玻璃阀门漏水	MCC-d	
	e. 除尘循环泵压力表失准、坏表、漏水	MCC-e	
	f. 除尘循环泵密封处漏水减压或不上水	MCC-f	
	g. 除尘循环泵电机轴承缺油或损坏	MCC-g	
	h. 除尘循环泵密封装置损坏	MCC-h	
	i. 除尘循环泵地角螺栓松动	MCC-i	
	j. 麻石除尘器顶部漏水或接口处漏水	MCC-j	
引风机（YFJ）	a. 运行时风叶声音过大抖动	YFJ-a	
	b. 轴箱内缺油	YFJ-b	
	c. 轴承缺油发烫	YFJ-c	
	d. 轴承损坏	YFJ-d	
	e. 风叶不平衡	YFJ-e	
	f. 轴箱固定螺栓松动	YFJ-f	
	g. 传动皮带过松	YFJ-g	
	h. 调风装置失灵	YFJ-h	
鼓风机（GFJ）	a. 运行时风叶声音过大抖动	GFJ-a	
	b. 轴承缺油发烫	GFJ-b	
	c. 轴承损坏	GFJ-c	
	d. 风叶不平衡	GFJ-d	
	e. 调风装置失灵	GFJ-e	
烟道（FYA）	a. 烟道连接处石棉布破损或松动或短缺	FYA-a	
	b. 烟道底部堵塞排烟不畅	FYA-b	

4. 锅炉除渣部分

锅炉除渣部分巡查存在问题代码如表4－35。

锅炉除渣部分巡查存在问题代码 表 4 - 35

巡查内容及符号	巡查中存在问题	问题代码	备注
除渣机（CZJ）	a. 机头传动链条过松打滑	CZJ-a	
	b. 机头传动皮带过松打滑	CZJ-b	
	c. 刮板链条调节装置失灵或缺油	CZJ-c	
	d. 减速机箱内缺油	CZJ-d	
	e. 机头传动齿轮磨损严重或打齿或松动	CZJ-e	
	f. 机头传动链轮磨损严重或打齿或松动	CZJ-f	
	g. 刮板链条过松或过紧	CZJ-g	
	h. 刮板短缺销子	CZJ-h	
	i. 滚轮轴套松动或短缺	CZJ-i	
	j. 渣槽底部短缺耐磨砖	CZJ-j	
	k. 渣槽腐蚀严重过薄	CZJ-k	

5. 锅炉上煤部分

锅炉上煤部分巡查存在问题代码如表 4 - 36。

锅炉上煤部分巡查存在问题代码 表 4 - 36

巡查内容及符号	巡查中存在问题	问题代码	备注
上煤机（SMJ）	a. 上煤斗滑轮便轨或滑轮不转	SMJ-a	
	b. 上煤机钢丝绳磨损严重或连接头螺丝松动	SMJ-b	
	c. 电机皮带打滑	SMJ-c	
	d. 垂直上煤刮板短缺或变形或链子松弛	SMJ-d	
	e. 减速机箱内缺油	SMJ-e	
	f. 上煤刮板磨煤筒	SMJ-f	

4.10.18 其他巡查及存在问题代码

其他巡查存在问题代码如表 4 - 37。

其他巡查存在问题代码 表 4 - 37

巡查内容及符号	巡查中存在问题	问题代码	备注
楼宇伸缩缝（SSF）	a. 伸缩缝装饰盖短缺（脱落）	SSF-a	
	b. 装饰盖开裂（松动）	SSF-b	
果皮箱（GPX）	a. 桶体凹陷	GPX-a	
	b. 锈蚀	GPX-b	
	c. 桶盖短缺（变形）	GPX-c	
生活垃圾桶（LJT）	a. 桶盖破损	LJT-a	
	b. 桶盖短缺	LJT-b	
	c. 桶体破裂	LJT-c	
	d. 轮子短缺	LJT-d	
	e. 轮子损坏	LJT-e	

续表

巡查内容及符号	巡查中存在问题	问题代码	备注
健身器材（JSQ）	a. 轴承缺油	JSQ-a	
	b. 轴承损坏	JSQ-b	
	c. 地角固定螺栓松动	JSQ-c	
	d. 焊口处开裂	JSQ-d	
	e. 连接部位螺栓松动	JSQ-e	
	f. 锈蚀	JSQ-f	
室外及楼道内各类饰物、箱（ZSW）	a. 短缺部件	ZSW-a	
	b. 破损	ZSW-b	
	c. 连接松动	ZSW-c	
信报箱（XBX）	a. 短缺部件	XBX-a	
	b. 破损	XBX-b	
	c. 连接松动	XBX-c	
	d. 锈蚀	XBX-d	
标示牌（提示牌）（BSP）	a. 破损	BSP-a	
	b. 固定松动	BSP-b	
	c. 短缺	BSP-c	
	d. 脱色	BSP-d	
不锈钢栏杆（BXG）	a. 地角螺栓松动（焊口开裂）	BXG-a	
	b. 不锈钢管外表面破损（或凹陷）	BXG-b	

4.10.19 电梯巡查及存在问题代码

电梯巡查存在问题代码如表4－38。

电梯巡查存在问题代码 **表4－38**

巡查内容及符号	巡查中存在问题	问题代码	备注
电梯轿箱（DTJ）	a. 键盘破损	DTJ-a	
	b. 门不能关闭	DTJ -b	
	c. 光幕故障	DTJ -c	
	d. 紧急呼叫系统失灵	DTJ -d	
	e. 照明灯坏	DTJ-e	
	f. 滑梯	DTJ-f	
	g. 未按楼层停梯	DTJ-g	
	h. 安全提示牌和使用要求提示牌松动或短缺	DTJ-h	
	i. 启动后运行不平稳	DTJ-i	
	j. 启动后设备运行噪声过大	DTJ-j	
	k. 不显示楼层	DTJ-k	
电梯井（DTI）	a. 井内低压安全灯不亮	DTI -a	
	b. 钢丝绳断股	DTI - b	
	c. 导轨未加润滑油	DTI - c	
电梯前厅（DTT）	a. 电梯门处倒坡，易灌水	DTT- a	
	b. 键盘破损	DTT- b	
	c. 键盘失灵	DTT- c	

巡查处理记录表　　表 4 – 39

巡查内容及符号	发现缺陷代码	物业区域	处理情况			巡查时间	岗位代码	处理时间
			已处理	未处理	未处理原因			

岗位代码：G – 工程维修　B – 保洁　A – 安防　L – 绿化　Z – 综合

4.10.20　填表及存档备案

当在巡查过程中发现问题时，将发现的问题，以代码形式进行记录，减少了大量的文字记载，提高了巡查的效率，将巡查中记载下的问题，由各部门自行安排处理，并填写《巡查处理记录表》进行存档备案如表 4 – 39。

4.11　物业服务现场组织与协调

物业现场组织协调是指根据工作任务，对物业现场各工序进行分配，同时控制、激励和协调群体活动过程，使之相互融合，从而实现组织目标。组织协调主要体现在组织能力和协调一致的进行工作。

4.11.1　组织能力

组织能力是指组织员工去完成组织目标的能力，这是领导者成功有效地完成心理特征。良好的组织能力是员工完成工作的保证。

组织能力可以通过以下的途径培养：

1. 提高知觉的能力

这是提高人的观察能力，获取信息和加工信息的主要通道。

2. 积累丰富的经验

经验可有效地引导人们处理好日常工作，并提高人的决策判断能力。

3. 提高记忆能力

记忆力是提高管理者提取必要的信息。

4. 勇挑工作重担

重要的工作经验及疑难问题的处理，可以锻炼、检验和表现人的组织才能。

5. 提高沟通技巧

可协调发挥好团体组织功能的作用，调动员工的积极性，形成良好的管理风格。

6. 养成良好的工作习惯

良好的工作习惯可以提高工作效率，节省时间，分清主次。

7. 培养广泛的兴趣

广泛的兴趣可扩大知识面，提高综合能力和统揽全局的能力。

8. 克服保守思想和惰性心理

克服保守思想和惰性心理，可以增强人的活力，培养创新的能力。

9. 学会宽容

宽容是获得友谊与支持，营造良好人际关系及工作管理环境的保障。

4.11.2 协调一致

协调是使两个或两个以上的部门及其人员密切配合、步调一致的行为过程，是各种关系显现和谐、适应、互补、统一等状态的总和。通过现场协调减少相互之间的推诿、配合不好等问题，从而达到工作步调一致，形成团队服务态势。

通过协调一致可以体现出 4 个功能，即：

1. 合力功能

团结一致，互相协作，密切配合，就能形成强大的的凝聚力和向心力，就能显示出强大的战斗力。这种团结合作的合力是任何力量也无法战胜的。

2. 互补功能

金无足赤、人无完人。人的经历、知识、能力、性格等各有差别，各有短长，工作分工需要不同类型的人才，人的进步需要取长补短。

3. 团结功能

通过协调使单位内的各部门、各要素之间密切配合、互相支持开展工作。

4. 效率功能

协调可免除工作中的扯皮和重复，减少摩擦、冲突和内耗，调动员工的工作积极性提高工作效率。

所以现场的组织协调工作关系到物业服务企业的服务质量是否符合要求，也体现出物业服务企业的工作风格和工作效率。因此，在物业现场内必须安排一个懂管理会组织协调的综合人员在现场及时组织协调物业服务工作，从而真正意义上的进行物业管理服务。

4.11.3 注意事项

在现场组织协调中应注意以下事项：

1. 坚持公平、公正是协调的原则

公平、公正是指协调过程中要坚持中立，中立能增加协调工作的成功率。要中立，就要严格遵守职业道德，克制自身不违规；在行为举止上要保持中立和公正，与人员之间，既要形成良好的工作关系，又要保持一定距离。要以科学分析的方法，不凭随意想法解决问题，正确的协调问题；公正无私的处理物业管理服务过程中的人和事。

2. 知情是做好协调的基础

知情，要了解和熟悉与协调人员的性格、爱好、工作方式、方法等。知情，要及时了解和掌握有关各方人员之间工作关系，做到心中有数，头脑清醒。知情，要及时掌握和跟踪了解现场情况，在有限的时间内，有的放矢的协调好工作关系和存在的问题。对现场出现的问题，要分析原因，对症下药，恰当的协调好工作。

3. 正确的工作方法是搞好协调的重要手段

组织协调的方法很多，如协调、对话、督促、监督、提出建议、交流信息等。协调要注意原则性、灵活性、针对性、普遍性。在工作中，根据实际情况随机应变，灵活应用协调，切忌生搬硬套；协调中要突出重点，分清主次，抓主要矛盾，关键问题解决了，其他问题便可以迎刃而解。在协调前要对所了解和掌握的情况，进行分析、归纳，理清头绪，找准问题，做到有的放矢。

4. 协调好争议是搞好协调的关键

协调成为争议的对象时，要保持冷静，避免争吵，不要伤害感情，否则会给协调带来困难。所有综合人员要搞好协调；就要注意说话的方式方法，做到有利于协调的话多说，不利于协调的话不说，多做说明，多做说服工作。

5. 运用专业知识搞好团队建设

用全面的专业知识，丰富的经验和较强的工作能力，把员工形成服务团队。

6. 以人为本尊重员工

尊重员工，关心员工，爱护员工，信任员工、用其所长，对于员工就有号召力。

7. 提倡三个精神

敬业精神，团结精神，奉献精神，为员工作出榜样，就会影响员工的思想和行为。

8. 学会平衡各工序的工作关系。

9. 必须全面熟悉各工序的所履行的工作职责。

10. 了解熟悉物业现场的运行程序。

4.11.4 组织协调的目的

现场综合管理人员，采用相应的组织形式、手段和方法，对物业管理服务过程中产生的各种关系进行疏导，对产生的干扰和障碍予以排除，以便理顺各种关系，使服务的全过程处于良好、顺畅的运行状态，其目的是排除障碍，解决矛盾，处理争端，实现所服务的物业项目质量好、工作效率高，确保物业平稳运行总目标的实现。

4.11.5 组织协调的内容

物业管理服务的组织协调，主要是协调物业服务各方之间的关系，组织机构之间的关系、协作关系，以及其他可能发生的关系。需要协调的关系涉及面广，层次多；组织协调一些在物业服务中存在的问题如：最棘手的问题，推诿的问题、配合不到位的问题、突发事件问题等，而且在物业管理服务运行过程中，不同时期又有不同的表现，这些问题都需要通过协调来解决。

4.11.6 协调工作要点

1. 巧分工

物业现场综合人员，要根据物业管理服务工作的特点，根据每位人员的专业技术、工作经验、性格特点、工作特点、进行巧分工。巡视、操作等工作，做到任务到人，责任到人。做到扬长避短，能力互补，性格互补，使每个部门和人员，思想统一，彼此间都有合作的愿望和诚意，充分发挥组织中每个员工的主动性、积极性和潜能，就可以提高现场的服务水平。

2. 细安排

要明确各部门及员工之间的相互关系。在物业管理服务过程中，有许多工作不是一个人或一个部门可以完成的，是要靠分工合作，其中有主办、有牵头、有协作、有配合之分。通过协调不致出现失误、工作脱节等问题。

3. 制度严

除了贯彻公司的各项管理制度外，还应根据本物业项目的特点，制订具体的、有针对性的、行之有效的管理制度。严格执行制度，做到不偏不倚、始终如一，不手软，不留情。避免工作中扯皮，越级和指令冲突；避免工作无序和混乱，保证物业管理服务工作的规范化、程序化、制度化。

4.12 前期物业服务运行数据采集分析与成本控制

在本书2.2中就技术数据的采集已进行了详细的阐述，本节主要是阐述在物业运行时，这些技术数据在实际的物业运行中是如何发挥其功效的，其理论数据与实际运行时采集到的数据偏差有多大，通过对比分析，找出相差的原因，并制定更为有效的运行程序，提高运行效率和降低运行成本。

4.12.1 现场运行数据采集

在前期物业运行开始后，物业服务企业应对方案中采集到的数据进行复审和校对，重点是对设施设备如：电梯、供水设备、消防设备、监控设备、门禁系统、新风与排风设备、供电设备等进行更为详细的运行数据采集，目的是掌握运行性能和经济指标控制，也从中发现设备运行不足之处，并针对性的提出改进方案和具体实施计划，确保设备处于最佳运行状态和降低运行成本。

物业服务企业要根据物业区域内所配置的设备，安排相关的工作人员对设备进行跟踪检测记录，即每天早晚两次到现场对设备运行情况进行数据采集包括：设备运行的性能、功效、日耗电量等并作详细的记录。通过一个月的运行跟踪检测，最终将一个月运行的数据分类进行统计汇总，并上报工程技术人员作为设备运行分析的重要依据。

4.12.2 数据分析

将实际运行数据与原方案采集到的数据进行比对，从中就能找出差距，发现存在哪些问题或缺陷等。在此基础上，制定有利于设施设备运行（公共区域照明、用水、新风与排风设备、供水设备等）的改造工作计划。

数据分析包括：耗能分析、性能指标、功效等方面。在分析数据的基础上，修订原制定设备运行方案。

4.12.3 修订方案的重点

1. 节能降耗

在保障设备正常运行状态下，可采取技术措施或制定较为严密的操作工序，就可能降低设备运行费用。根据季节月份的不同，物业服务企业应提前编制能耗控制计划和能耗费用计划，在实际的运行中，应坚持做到每天定时对设备进行抄表记录，并计算出每天的日耗量，每旬检查统计一次实际耗用量，每月统计一次实际耗用量和费用，并将每月的实际耗用量及费用进行分析作为次年运行的参照数据。

2. 设备巡查养护到位

物业区域内设备运行的前提保障是维护要到位，如果不经常对设备进行维护保养，那么设备就可能出现故障或是“带病”运行，一是容易损坏设备，二是加大了设备维护的成本，三是由于设备“带病”运行，增大了能耗。所以，设备一旦运行开始，物业服务企业就要制定一个科学严密的维护保养计划，保养计划可分为：日常维护保养和定期维护保养。在维护保养计划内要体现出保养时间、保养内容、保养后达到的运行效果等。

4.12.4 物业服务运行成本控制

加强成本控制管理是物业服务企业提高管理水平，增强市场竞争力，提高企业获利能力最重要的因素之一。成本控制管理的方法应从机构设置、物资采购、材料消耗、工资薪酬、杂费用等几个环节进行分析，提出了一些简便易行的控制管理方法。在物业运行中成本控制体现在几个方面：

1. 管理人员工资成本控制

物业服务企业的性质决定了物业服务企业成本费用主要是人力资源成本费用支出。在工资组成中，管理人员的工资占了相当大的比重，特别是中层以上部门管理人员的工资，所占比重是一线员工工资的几倍；减少一个管理人员的岗位，就可以增加几个一线员工的费用支出。因地制宜、合理有效地设置公司职能部门，是降低物业服务企业固定成本切实有效的方法和手段。物业服务企业职能部门的职能就是控制、决策、协调、服务四大功能。从劳动生产率的角度来衡量，物业管理服务的全过程，90%的工作量是在一线完成的。因此，物业服务企业职能部门的设置，应以精干、高效为宜，部门越少、人员越精越好。机构庞大、人员冗杂是极大的资源浪费，不但增加了成本，还增加了内耗，降低了管理效益。

2. 一线员工工资成本控制

物业服务行业属劳动密集型的行业，科学、合理地使用人力资本是物业服务企业降低成本的主要方向。如何控制好一线人员的成本费用，可以从两个方面入手：

（1）科学、合理地制定基层单位的用人编制。根据公司管理服务的小区（大厦）的实际情况和物业服务企业的管理服务水平定岗定编。开放式的小区管理难度比较大，可根据实际、具体的情况在定编人数的基础上乘以10%~20%的系数。因此严格地控制一线人员的工资成本，是物业服务企业降低成本提高效益的主要途径。

（2）向科学管理要效益。向科学管理要效益在物业服务行业涉及的面很广，包括：

① 采取多种措施，合理地使用资源。例如：在物业管理服务中，用人最多的是安防服务和保洁绿化服务，通过科学有效的管理来降低人力资本投入，物业管理对安防、保洁、绿化服务一般采用由物业服务企业内部的专业部门来完成。由物业服务企业专业部门完成专项服务，应侧重专业技术服务；内部专业化服务主要指的是：专业化技术服务、专业技术管理和专业技术培训。实行物业服务企业内部专业化管理，专业技术人员可以充分发挥资源优势，一个专业技术人员可以兼顾很多个物业项目的专业技术培训、专业技术指导、专业技术服务等工作，达到事半功倍的作用。这就是内部专业化管理的优势。

② 实施全员管理，合理开发资源，综合利用。

③ 巧妙调整工作时间，合理配置资源。

④ 充分利用现代科技手段来降低人工成本。

总之，科学合理进行岗位定编和充分利于资源，可以最大限度降低物业服务企业的人力成本支出，充分保证物业服务企业的盈利水平。

3. 制定分项成本控制线

物业项目运行是一个较为系统工程，特别是在实际运行中如果不计成本的投入运行，最终将导致物业经营亏损，因此，在物业运行一开始阶段就要有精打细算的意识，同时将先期进行的费用测算作为物业正式运行的依据进行成本控制，通过一段时间的运行，必须对分项支出费用进行一次核算，并重新修订费用控制标准和制定分项费用控制警戒线，从而才能保障物业的正常运行。在成本运行控制运行阶段，作为财务人员每半个月将分项费用支出运行情况上报物业项目经理，并提示经理各分项费用支出离制定的警戒线还相差多少，个别分项目要加以控制，否则将突破制定警戒线规定的标准。从而使项目经理做到心中有数，宏观控制物业成本运行，最终实现物业运行经营保本或有微利。

例：××物业项目的物业运行成本控制如表 4－40。

××物业运行成本控制表 **表 4－40**

科　目	内　容	编　制	费　用	控制警戒线	备　注
管理人员工资费用	综合管理员	1 人	1000 元		
	综合管理员	1 人	950 元		
	办公文员	1 人	1000 元		
	出纳	1 人	1000 元		
	会计	1 人	800 元		
	项目经理	1 人	2000 元		
	现场巡查员	1 人	800 元		临时启用
		7 人	7750 元	7750 元/月	

续表

科 目	内 容	编 制	费 用	控制警戒线	备 注
保洁员工资费用	保洁主管	1人	650元		
	保洁代班	1人	630元		
	保洁员	6人	3600元		600元/（月·人）
		8人	4880元	4880元/月	
工程维修工资费用	代班	1人	950元		
	维修员	1人	1000元		
		2人	1900元	2950元/月	1人未上
安防工资费用	安防主管	1人	1000元		
	安防代班	2人	1800元		900元/（月·人）
	安防员	11人	8910元		810元/（月·人）
		14人	11710元	11710元/月	
总计人员工资费用		31人	26240元	26290元/月	
临时工资费用	物业经营经理	1人	2000元		临时辅助
	物业策划经理	1人	2600元		临时辅助
★办公费用	日常办公用品		500元	500元/月	重点控制
★交通费			600元	600元/月	重点控制
福利费用	中秋节	31人	3300元	3300元	100元/人
	春节	31人	12400元	12400元	400元/人
	总计费用		15700元	15700元/年 →	1308.3元/月
加班费	安防	13人	325元	325元	元旦（一天）
	保洁	4人	80元	100元	元旦（一天）
	维修	1人	33元	33元	元旦（一天）
	管理人员	2人	67元	70元	元旦（一天）
		20人	528元	528元	元旦（一天）
		20人		1584元	春节（三天）
		20人		528元	五一（一天）
		20人		528元	中秋节（一天）
		20人		1584元	国庆节（三天）
				4752元/年 →	396元/月
※材料消耗	工程维修			800元/月	
	保洁			200元/月	
	其他			300元/月	
				1300元/月	
※税金				2998元/月	
电话费				300元/月	
全部支出费用				30694.3元/月	
目前可收理想费用			47614元/月		建筑面积95228.92m^2
实际可收费用			35710.85元		47614元/月×75%
未算费用	公共电费包括：地下室公共照明、公共楼道照明、路灯、地下室业主室内照明				

4.13 装饰装修现场监督管理

物业交付业主后，业主将对房屋进行装饰装修，装修就面临这可能出现违章装修现象，有的在墙上打孔打到邻居家；有的凿地面忽视限度，导致往楼下渗漏水；有的在顶棚上装修时将楼板层打穿，有的随意扩大住房面积等这些违章行为将危及到房屋的安全使用。因此，在业主装修前，作为物业服务企业必须对业主装修要加强装修审批管理，避免在装修过程中出现违章行为。

4.13.1 装修审批

作为物业服务企业，在进行装修审批时应安排专业性强的工作人员负责装修审批工作，在办理装修审批时需要业主提供如下审批材料：

1. 装修内容；
2. 装修施工示意图；
3. 管线、电路改造图；
4. 具体装修方案。

物业工作人员依据国家颁布的《室内装饰装修管理办法》的有关条款核对业主报批装修内容，符合要求的项目可通过，属于违章装修部分要进行说服改动和重新设计这部分，并说明违章装修带来的危害性和触犯国家的法律规定。对于违章部分将不予登记。国家规定的禁止行为包括：

（1）未经原设计单位或者具有相应资质等级的设计单位提出设计方案，擅自变动建筑主体和承重结构的；

（2）将没有防水要求的房间或者阳台改为卫生间、厨房间的；

（3）扩大承重墙上原有的门窗尺寸，拆除连接阳台的砖、混凝土墙体的；

（4）损坏房屋原有节能设施，降低节能效果的；

（5）未经城市规划行政主管部门批准搭建建筑物、构筑物的；

（6）未经城市规划行政主管部门批准改变住宅外立面，在非承重外墙上开门、窗的；

（7）未经供暖管理单位批准拆改供暖管道和设施的；

（8）未经燃气管理单位批准拆改燃气管道和设施的；

（9）其他影响建筑结构和使用安全的行为。

4.13.2 装修审批时应考虑的内容

物业人员在进行装修审批时要考虑以下几个方面内容：

1. 建筑结构；
2. 防水；
3. 消防；

4. 水、电、气；

5. 其他。

对于涉及这方面的内容时一定要求业主写明地点、位置或改变的程度及尺寸等详细的数据和资料，必要时装修人或装修单位还应向有关部门申报核准。审批范例：

1. 为了保证装修质量，请选用有资质的家装公司进行装修；

2. 厨房、卫生间要做二次防水，并做24小时闭水试验，确保不渗漏；

3. 地暖必须做打压试验，不得渗漏；室内地面严禁使用电炉、电磁灶及明火，避免对地暖PE管的损坏；

4. 严格按照装修审批手续装修要求进行装修，不得改动房屋原设计承重结构，造成的后果自负；

5. 室内须配置灭火器，确保消防安全；严禁包装燃气设施及拆改燃气设施，以免影响送气；

6. 严禁拆动厨房烟道，不得影响正常使用。

4.13.3 现场装修管理

物业服务企业在审批完业主装修手续后，重点安排专人负责装修现场的检查工作，现场检查的主要工作是：

1. 有无不按装修审批要求进行违章施工的；

2. 检查装修中是否存在消防安全隐患的；

3. 检查施工人员是否办理了施工证件；

4. 检查装修现场的施工过程中存在质量瑕疵，可能对相邻业主造成安全和使用隐患；

5. 检查装修施工人员是否违反物业管理区域内的相关规定，进行违法活动；

6. 检查装修现场施工人员对材料的运输和装修垃圾的清运情况；

7. 消防检查和要求施工人员保持公共场所的整洁。

这些工作必须是每天例行检查，同时还要建立装修审批、开工动态表，随时掌握和了解各户业主装修情况，在专人负责现场监管的同时，还要求安防巡视员、楼层保洁员、工程维修员、综合管理员根据岗位的不同随时对装修现场进行查看，形成立体式监控网，杜绝违章装修行为的发生。

4.13.4 物业区域内装饰装修广告管理

为方便物业服务区域内业主装修和居住，并为装修公司和商家提供服务平台。物业区域的各类宣传广告必须规范、真实、有效，使广告宣传达到整体统一，为业主创造良好的装饰装修环境，给装修公司和商家提供对外宣传的窗口。因此，在物业运行开始时就必须规范这方面的工作，重点做好以下工作：

1. 宣传广告的位置

装饰装修公司和商家所宣传的广告位置只能在物业区域内已确定的位置统一进行广告宣传，避免物业区域内到处随意做广告宣传和影响物业区域内的整体环境，宣传广告的具体位置可根据物业区域内的具体情况确定，如：物业区域内围墙四周、物业办公区域等处均可考虑，除指定位置外，物业区域内的其他区域均不得设置宣传广告。

2. 宣传广告的内容

（1）涉及装饰装修及家居、办公广告宣传；

（2）标注清楚装修公司或商家的具体地址、办公电话等；

3. 宣传广告的要求

（1）户外广告为喷绘；

（2）凡不涉及装饰装修及家居、办公的广告，不得制作到广告宣传版面内；

（3）所宣传的广告内容不得夸大其词，广告内容必须真实、合法，不得以任何形式欺骗和误导业主；

（4）广告使用文字、汉语拼音，计量单位等应当符合国家规定，书写规范准确。

4. 宣传广告的手续办理

（1）装饰装修公司及商家应向物业服务企业提出书面广告申请，填写《广告申请表》如表4－41，并提交广告样本。

广告申请表 **表4－41**

<table>
<tr><td>申办时间</td><td></td><td>广告单位名称</td><td></td></tr>
<tr><td>广告规格</td><td></td><td>广告类别</td><td></td></tr>
<tr><td>广告数量</td><td></td><td>广告位置</td><td></td></tr>
<tr><td>发布时段</td><td></td><td>有效期限</td><td></td></tr>
<tr><td>广告单位承办人</td><td></td><td>联系电话</td><td></td></tr>
<tr><td colspan="4">申请单位宣传理由：

申请单位盖章
年　月　日</td></tr>
<tr><td colspan="4">广告具体内容：</td></tr>
<tr><td colspan="4">审批单位意见：

年　月　日</td></tr>
</table>

（2）广告登记申请，经物业服务企业审核合格后，通知申请人办理备案手续和确定广告位置。

（3）已经批准，申请人变更其他登记事项的应当提前向物业服务企业申请办理变更登记。

（4）广告到期后，申请人需延长广告宣传时间，需到物业服务企业办理续约手续。

（5）广告到期后，两日内申请人未办理续约手续，视为放弃，并将广告位置重新转让。

5. 业务人员进场要求

在前期物业运行阶段，由于大量的业主进行房屋装饰装修，因此进入小区的装饰装修公司的业务人员和设计人员相对较多，如果不加以控制，物业区域内就会出现业务人员到处承揽业务和推销产品，使得物业区域犹如自由市场的状态，形成杂乱无序，也影响到业主的正常生活，因此，作为物业服务企业必须对装饰装修公司及其他商家的业务人员要进行控制和管理。具体是：

（1）进入物业区域内的装饰装修公司必须是手续齐全和在社会上有影响的知名装饰装修公司。

（2）被选定进场的企业，每家只允许2名业务人员进场办理业务。

（3）对进场的业务人员办理有效期限的临时出入证件，并进行备案。

（4）出入证件与业务人员本人要相符，方可进入物业区域内进行业务活动。

（5）所有进场的业务人员在办理出入证件后，严禁转借他人，一经发现就要没收证件，并做清场处理。

（6）业务人员进场后，必须按照物业服务企业指定的工作区域范围内进行业务活动；

（7）物业服务企业的现场工作人员要对进场的业务人员实行监管。

6. 责任

（1）装饰装修公司和商家所宣传的广告内与实际情况不符，造成业主损失的，其责任由装饰装修公司或商家承担全部责任；

（2）装饰装修公司或商家，因其他原因，致使物业服务企业的正常经营受到影响，则应由装饰装修公司或商家承担全部责任。

4.13.5 物业区域内装饰装修材料运输管理

物业区域内的房屋移交业主后，紧接着就是进入装修阶段，在这个阶段，装饰装修所需的材料就要进入到装修现场，就涉及装修材料的运输，运输材料直接关系到物业区域内公共设施的安全，因此，在运输材料时，无论采用哪种形式进行运输，作为物业服务企业必须对材料的运输进行管理，并制定出一套可行的管理方案，使物业工作人员在现场上能正确运用和管理，发现和杜绝在材料运输中出现问题。

材料运输一般包括：人工搬运、电梯运输、室外机械设备吊运几种形式。

因此，在物业开始运行时，物业服务企业就要根据物业区域的实际情况明确在本物业区域内采用哪种形式进行材料运输，都必须在物业区域内明确公示。

1. 人工搬运

人工搬运就是通过搬运工将装修材料通过消防通道或楼梯间将材料搬运到装修现场。特点是搬运费用相对较低，但在搬运大物品时容易损坏消防通道或楼梯间内的相关公共设施如：扶手、大理石地面、墙面、灯罩、窗玻璃、饰物等。因此，在采用人工搬运材料时要加强现场的监管力度，主要做好以下工作：

（1）在消防通道或楼梯间内告示搬运材料时应注意的事项；

（2）根据现场的实际情况，可在现场临时安排专人进行监管；

（3）对搬运材料的人员要进行登记备案；

（4）搬运材料时要对搬运时间和搬运人数进行登记，并再次告知注意事项；

（5）材料不能堆放在道路或入口上，避免造成他人或车辆通行不便；

（6）材料搬运完毕后，要求搬运工必须将搬运现场清理干净；

（7）物业工作人员要到现场检查在搬运材料过程中是否损坏公共设施。

2. 电梯运输

电梯运输就是通过电梯将装修材料运输到装修楼层，特点是运输速度快，搬运费用相对人工搬运要高，但在运输过程中如果不注意保护电梯，极容易将电梯损坏，加大电梯的维修费用。因此，采用电梯运输材料时必须采取一下措施：

（1）电梯轿箱内用木工板做四周保护；

（2）电梯内按钮用塑料膜做保护；

（3）电梯地面铺垫工程布做防护；

（4）沙子、水泥等易抛撒物，采用特制封闭推车运输；

（5）派专人对电梯进行监管；

（6）严禁装修材料超高、超载运输；

（7）材料要均匀放置在电梯轿厢内，避免电梯出现受力不均匀现象；

（8）材料搬运完毕后，要求施工人员将轿箱内清理干净；

（9）物业工作人员现场检查在搬运材料过程中是否损坏电梯及其他公共设施。

3. 室外机械设备吊运

室外机械设备吊运就是将小型卷扬机设备安装到室外屋顶上，通过设备垂直升降将装修材料运输到装修现场上。采用室外机械设备吊运材料运输速度快，对室内部分的公共设施不造成损坏，但运输费用高，且容易将屋顶防水层、楼宇外立面墙损坏以及损坏业主室内窗户玻璃。因此，采用室外机械设备吊运装修材料时，一定要采取以下措施：

（1）所有在物业区域内从事吊运的施工人员，必须办理《临时人员施工证》。并接受物业服务企业工作人员的监督检查。

（2）吊运公司在办理吊运手续时，应提供公司的吊运作业方案、吊运应急预案以及公司营业执照、高空安全作业许可证、相关负责人身份证等相关证件的复印件。

（3）吊运公司必须交纳一定量的保证金，待全部施工完毕后，无违章现象或未损坏公共设施设备情况下，予以全部返还。

（4）接受物业服务企业的监督检查，在检查中发现违章作业时，物业服务企业将下发违章作业通知单，并强制停止对方的吊运工作，接受整改，直至达到要求，方能作业。

（5）吊运要求

① 作业时，所吊运的物品应与外墙保持一定的距离；

② 吊运物品的重量应在吊运荷载允许的范围内；

③ 吊运框四周必须软体材料进行包裹，避免损伤外立面墙；

④ 现场进出口窗框处加装软垫，避免损伤窗框；

⑤ 吊运所使用的设备应安装牢固可靠，并要求在防水层上做防护垫后再将设备进行安装，并单独安装计量表；

⑥ 吊运所使用的钢丝绳应与吊运物品的重量相匹配，并且钢丝绳本身不能有毛刺、不能有断股现象，钢丝绳的质量要保证吊运安全；

⑦ 吊运设备在屋面上安装和使用时，不能损坏原有的防水层，并且屋顶、地面、消防通道、电梯间应保持良好的环境卫生；

⑧ 作业时，严禁损坏楼宇外墙、公共区域内的窗户、玻璃等所有公共设施；

⑨ 所有吊运公司的施工人员应遵守小区的各项管理规定，不得从事与本职业工作不相符的活动，造成的一切后果由吊运公司承担；

⑩ 吊运出的装修垃圾要及时清运到指定的位置，如因装修垃圾未能及时清运，引起业主的投诉，经核实后，物业服务企业工作人员有权停止吊运工作；

⑪ 吊运完毕后，吊运公司应清理干净工作现场，并通知物业服务企业相关工作人员到场进行核查，经查验合格后，吊运施工人员方能撤离作业现场。

4. 安全要求

（1）在吊运物品时，吊运施工人员应加强自身的安全防护；吊运公司必须配备必要的安全防护设施（如：安全带、安全帽等）；

（2）吊运公司在现场作业时，应安排专人负责现场的安全操作管理工作；

（3）在吊运物品期间，应注意地面上通行人员、车辆等安全；

（4）吊运现场显要位置必须配有安全警示牌和操作规程。

5. 责任

（1）在吊运物品期间，因损坏公共区域内的设施，吊运公司应照价赔偿，并予以恢复；由于设施的损坏，所造成的其他连带责任，由吊运公司承担全部的经济赔偿责任；

（2）在吊运作业期间，因违反安全要求，造成施工人员或其他人员的意外事故，由吊运公司承担全部责任。

4.13.6 违章处理措施

对于在装修现场发现的问题，作为物业服务企业必须采取以下措施进行制止：

1. 发现违章装修的，要及时通知业主，并下发违章装修通知单要求限期进行整改和恢复。

2. 当在现场检查中发现违章装修时，要将违章装修的危害性告知业主，同时要求施工人员停止施工等待处理。

3. 发现现场存在消防安全隐患时，要及时下发消防整改通知书，并责令停止施工进行整改。

4. 对于施工人员违反物业区域内的规章制度，造成公共设施设备受损，施工人员要照价赔偿或修复。

5. 对于在物业区域内随意张贴广告或书写通信号码者，要求其清理干净张贴物，并将其驱逐出物业区域内。

4.13.7 违章处理原则

在制止装修违章行为和纠正违章行为时，物业服务企业的工作人员必须坚持以下原则：

1. 物业管理工作人员在面对业主和各种外来施工人员的态度上应一视同仁。

2. 在实施服务过程中始终保持有礼有节，不卑不亢，体现出热情服务、依法管理的职业风貌，避免因“厚此薄彼”而引起不必要的工作阻力。

3. 事实上作为物业管理常规业务的装修管理工作，可以在多种环节加以控制。

4. 在处理现场违章装修时，如果出现业主或装修施工单位拒不配合物业管理人员正当的装修管理工作时，物业管理工作人员可以在依法采取制止、劝告、发放《违章通知书》、向政府相关部门报告等措施的同时注意在每一个步骤收集有利证据，以使自己始终处于主动有利的地位。切忌采取过激行为，授人以柄。

4.14 对外通信联络与沟通

4.14.1 对外通信联络

在前期物业服务中，由于是刚起步和理顺阶段，对外的通信联络是必不可少的，要涉及相关的行政职能部门、生产厂家、施工单位、开发建设单位、街道办事处等，在最初的运行阶段，建立好这些工作关系，对以后的物业运行工作的开展起到积极推动作用。在前期物业服务中涉及的部门和单位一般有：

1. 工商税务部门；
2. 物业行政主管部门；
3. 物价部门；
4. 供电部门；
5. 自来水部门；
6. 热力公司；
7. 燃气公司；
8. 有线电视；
9. 通信网络部门；
10. 派出所；
11. 街道办事处；
12. 市政环卫部门
13. 总包及分包施工单位；
14. 开发建设单位等。

在与这些部门进行工作联络和接洽时，物业服务企业必须将所需的对口部门职能及联系电话和负责接洽人员姓名等进行登记备案，以便在今后的工作中能快速的到相关部门找到相关工作人员进行工作接洽。作为物业服务企业应安排专人负责对外的联络工作，并建立联络通信录，要经常性的与这些部门的相关工作人员进行沟通和联络，使其能建立良好的工作关系。

4.14.2 对外通信联络注意事项

对外通信联络工作至关重要，因此，应注意以下事项：

1. 处理好与相关部门之间的工作关系。

2. 服从政府的领导。遵守政府的各项政策、法令，并经常研究和掌握政府部门制定的新的政策法令，积极响应政府号召。

3. 注意双向沟通。应主动向政府部门提供企业信息，为政府制定政策提供依据；熟悉政府部门的结构和职能，并与政府部门的代表保持经常接触。

4. 妥善处理双方矛盾。在工作中尽可能兼顾各方利益，淡化矛盾。

5. 应通过多种形式向公众通报企业的情况，增进双方的了解。

6. 树立双方平等合作的观念，互相配合、相互尊重。

7. 保持经常联系，通过把物业服务企业动态传递给相关部门，加深对物业服务企业的印象。

4.14.3 沟通的意义和目的

沟通是把信息、思想和情感在个人或群体间传递并且达成协议的过程，这是联结纽带、拉近距离、促进交流，形成共知最常见、最有效的手段。通过沟通做到出现问题时，能有效的及时进行沟通，消除误解，解决问题；要提升物业服务质量或树立物业品牌，就必须进行必要的沟通，了解服务中存在的问题，并收取合理化建议，作为物业服务改进目标；通过沟通最终增进双方之间日常的了解与默契，增进友谊。

通过沟通增进彼此的了解和信任，消除彼此之间的误会和隔阂，达到业主对服务工作的理解和支持的目的。

4.14.4 沟通原则

1. 互相尊重。只有给予对方尊重，才有沟通的机会，否则难以沟通。

2. 不责备、不抱怨、不攻击、不说教。反之会使事情恶化。

3. 绝不口出恶言、狂言。避免“祸从口出”。

4. 不说不该说的话。如果说了不该说的话，需要花费极大代价来弥补，即“一言既出、驷马难追”、“病从口入、祸从口出”，因此沟通时不能信口雌黄，口无遮拦，一定要谨慎思考后再说。

5. 情绪中不要沟通。此时沟通无好话，既条理不清，也讲不明事情，易冲动而失理智。

6. 觉知。感觉和知道在沟通时至关重要，它能及时条理思路和表达方式。

7. 勇于承认“错了”。承认有“过错”；就可以解冻，改善与转化沟通的问题。

8. 敢说“对不起”。说对不起，并不代表自己做错了什么，而是一种软化剂，使事情终有“转化”的余地。

9. 等待转机。如果没有转机，就要等待，但必须是通过努力让等待有转化的机会。

10. 感同身受（换位思考）

4.14.5 沟通性质分类

1. 内部沟通

内部沟通包括

（1）部门与部门之间的沟通：部门之间沟通是非常主要的，若沟通不到位，就会出现：

① 若各自为政、各扫门前雪，一个部门在解决矛盾，另一个部门又在制造矛盾；

② 缺少配合沟通，将影响制约公司发展；

③ 内部都沟通不好，又如何去与业主沟通。

通过内部沟通做到部门之间，不断完善（包括制度、职责、手段）——部门衔接——有效沟通——有力监督——形成配合。

（2）与员工沟通：员工素质的高低体现着物业服务企业的管理服务能力。员工代表公司的形象，也承担着对业主高质量服务承诺的重担。业主对物业公司不满意，部分表现在员工素质上。体现在工作效率、服务质量、处理问题及时性等方面。应对员工时常进行反思和进行哪些沟通，做了哪些工作，采取哪些补救措施等。

2. 外部沟通

外部的沟通重点是与业主的沟通，通过沟通，化解矛盾，解决问题，达成共识，因此在沟通中要注意以下几点：

（1）迅速识别出与业主沟通风格，识别方法是察言观色、旁敲侧击；

（2）灵活，针对性与业主开展有效沟通；

（3）沟通核心是达成一致、促成谅解；

（4）沟通风格主要体现在不违心顺从，也不要耍滑头，哄骗对方，而是要在解决具体问题的核心原则下灵活应对，随机应变。

3. 一般性沟通

（1）一般性共同的形式包括问候、打招呼、设立服务热线电话、业主意见箱、发放业主意见征询表、形式多样的座谈会，开辟宣传栏、社区文化活动等。

（2）一般性沟通的目的是取得业主对物业服务工作的支持，是让绝大多数业主通过这种形式感受到服务，同时也增强业主对服务工作的理解，增进互相之间的感情。

4. 针对性沟通

由于业主的素质参差不齐，因此要有针对性的去沟通，亲自登门拜访，进行面对面有针对性的沟通，达到解决问题的目的。所以无论哪种形式的沟通，信任是沟通的基础，沟通是达成信任的必要条件，双方要互相信任，敞开心扉，以诚相待，设身处地地为对方着想，才能产生共识。

4.14.6 沟通对象分类

沟通对象可按年龄、性别、职业、性格、气质进行分类。

1. 按年龄分

(1) 年青人：一般年龄 20~40 岁之间；

(2) 中年人：一般年龄 40~60 岁之间；

(3) 老年人：60 岁以上。

2. 按性别分

男同志；女同志。

3. 按职业分

(1) 知识型：如教师、记者、律师等；

(2) 经商型：包括各类商人；

(3) 工薪型：包括白领、蓝领一族；

(4) 城镇农村型：包括普通市民、农村城镇、居民；

(5) 政府官员型：包括军人、政府机关工作人员等。

4. 按性格分

(1) 普通型：这一类人群大约是占 60% 或 70%，与他们沟通比较容易，这种类型的人虽然有点主观，但却很诚恳，爱作决定，喜欢发表意见。所以物业服务人员应多取悦他们，多为他们服务，就可以成为你第一号的朋友。

(2) 冲动型：这种人很普遍，具备脑筋灵活，精力充沛的特点。所以不难和他们接触，只要物业服务人员用客气礼貌的说话，就会受到他们的欢迎，但是作为物业服务人员说话要正确，绝不含糊，因为他是极爽快的人，也是很容易交往的业主。

(3) 犹豫型：这种类型的人经常爱说“让我考虑一下”。其实他很可能需要和其他人商讨一下，才能作出决定，因此，物业服务人员必须要有耐性，给他们一些时间和方便，同时也可向他提出一些问题进行正确地引导，例如：“你这样做（这样说）对你自己是有好处，可还有没有不好的地方你想过吗?”把物业服务人员要说的真正目的让给他去说。

(4) 自大型：与这类业主沟通时，物业服务人员要非常小心，因为这种类型的人非常自负、敏感和主观。切勿和他辩论，一切都要顺从他，对他的意见、言论，尽可能表示赞同，这样，或许能容易达成有效沟通的目的。

(5) 亲和型：这类业主很喜欢说和听，并善于倾谈，非常友善。但物业服务人员千万不要以为他是容易交往的，特别是这类业主来与物业服务人员沟通时，都是带着目的来的，是来摸物业管理方面的底。因此，物业服务人员应让他说话，不要冲撞他，一有机会，就要把话题转到要沟通的问题上去，不要放松，最后，物业服务人员要提出决定性意见，使他无法以拒绝。例如：“你是同意还是不同意我的意见!”

(6) 呆板型：呆板型的人特别地固执，是最难沟通的一种，与他每一次接触，好像是全无希望达到你想要沟通的目的，有时甚至令人气怒。他会目瞪口呆地望着对方说话，毫无反应，使物业服务人感到失望。唯一的方法，就是多上门几次，充分利用机会，给他亲身体验，合他口味后，或许才会取得这类业主的配合。

（7）粗鲁型：许多物业人员都非常害怕和粗鲁型的业主交谈，因为他的行为举止非常粗鲁，他的言语使人感到不大舒服，但物业服务人员不要因此而退缩，因为他的粗鲁会吓走其他人，这便是物业服务人员的机会，很可能与他能进行有效的沟通，得到意想不到的收获。然而，和他倾谈时切勿和他辩论，而要设法从侧面告诉他今天来找他的目的，物业服务人员要应付业主粗鲁的行为和言语，就该表现自然些，不要取笑他的无知。同时，和他沟通时，要非常谨慎。粗鲁客户口虽然粗鲁，但也非常注重利益，所以物业服务人员要把握他的弱点，向他进攻，这样，便能水到渠成了。

（8）叫劲型：这种类型的业主喜欢抬杠，你说东他偏说西，对于这类业主尽量先让他说，沟通时要顺着他的话说，抓住机会时提出问题，让他感觉自己说的是错的。

（9）外向型：通常这种类型的业主，情绪、情感比较显著外露，易于表达，反应快答应事情快，过后容易反悔，性情脾气急躁。物业管理人员往往需要在其情绪稳定时再谈问题，不要去激怒他；否则容易引起这类业主不考虑后果的冲动。

5. 按气质分

（1）冷漠型：这种气质的业主对问题漠不关心，对事情置若罔闻，随大流。

（2）议论型：这类型的业主常常喋喋不休评论这也不对，那也不对，没有让他满意的事，私心重，对人不尊重。

（3）表现型：这种人好强顽固，总认为自己是对的。

（4）过敏型：过敏性的业主，一般表现为神经质，小心眼，无法忍受任何事，区区小事也与人争执不休。

（5）平稳型：平稳性的业主心胸宽阔，能与人较好的沟通。

4.14.7 沟通技巧

1. 记住业主姓名

在沟通时礼貌的呼出对方的姓名，会使对方感到愉快。

2. 尊重对方的习惯

在沟通时，首先要尊重对方的习惯，会使业主感到温馨，容易理解和接纳。

3. 注意语言表达方式

熟练运用语言技巧，传递给对方要表达的信息。

4. 微笑于工作沟通中

微笑能驱散不和谐的气氛，能感染每一位业主。

5. 运用情感沟通

物业人员要了解、掌握业主的真情实感和所思所虑。

6. 换位沟通

物业人员要设身处地为业主着想，常常问自己假如我是业主，那么我会怎么样。

7. 不要轻易向业主许诺

对对方提出的要求，属于能马上解决的，可当场许诺，需要研究的应说明情况，随后再作答复，对根本办不到的，要明确拒绝，并说明理由，请对方谅解。因此，如果轻易许诺对方各种要求，虽然会赢得对方的暂时欢心和感谢，但因无法兑现许诺时，业主会产生抵触情绪。

8. 巧借他人之力

物业工作涉及生活的方方面面，会使许多小事复杂化，所以借助方方面面的力量来促成复杂化问题的解决。

9. 全面了解业主文化背景

要详细了解业主的职业、年龄、特点和爱好等基本情况，因为在沟通中能成为直接的突破口。

10. 不失时机，因势利导

“因势利导”就是顺着事物的发展趋势加以引导，首先要认识掌握业主的心里发展变化之“势”，然后再根据客观之“势”加以引导。

4.14.8 沟通方法

1. 遇事主动沟通

主动沟通与被动沟通的效果往往有明显差异，主动沟通更容易与业主建立并维持良好的关系，物业服务人员最忌讳的是见事不管不问，对业主冷冰冰。沟通时要保持高度的注意力，有助于了解对方的心理状态，并能够较好地根据反馈来调节自己的沟通过程。没有业主喜欢自己的谈话对象是左顾右盼、心不在焉。表达自己的意图时，语言要简练，使表达意图能让对方充分理解。

2. 与业主沟通要有设想

物业服务人员在处理疑难问题时一定要有计划和准备，处理每件事情时心里都要有充分的应对办法。先想好处理细节，再采取行动，事情就会解决的较为顺利。

3. 对有戒备心理的业主进行婉转沟通

物业服务人员在与业主沟通时，必须使双方从相互戒备的心理状态中解脱出来，将自己的注意力不集中在“对”与“错”上，而是把注意力转移到处理问题上来，良好的沟通就能够得以开始，问题的解决也就顺理成章，彼此的对立也可以立即化解。

4. 对固执的业主进行迂回沟通

对一些有成就的业主，常常会表现自信有余，处事自成一格，有自己独特的思维模式，对陌生的言论不相信，因此接受度较低，不易进行沟通。对这类业主可以通过其家人、朋友或他信任的人采取迂回方式接近进行沟通。

5. 疑难问题综合沟通

物业服务人员在解决疑难问题时，要提出富有建设性的建议及解决的办法，在与业主直接沟通中，亮明观点表示一种诚意。

4.14.9 沟通前的各项准备工作

在与业主沟通前，物业服务人员必须做好有关的准备工作，才能达到理想的效果。具体包括以下内容。

1. 分析产生问题的原因及背景；
2. 拿出解决问题的具体办法；
3. 了解业主具体情况；
4. 针对性的制定沟通方案；
5. 了解掌握相关数据；
6. 在实际沟通中可能出现的其他情况及应对的措施。

4.14.10 沟通后针对存异拿出解决办法

沟通的目的就是要解决问题和处理问题，特别是双方在沟通中存在异议和分歧如何进行解决。首先是求大同存小异；其次是对存在的异议和分歧，双方不妨换位思考。通过换位思考后，双方本着诚意和相互谅解的态度再进行沟通。作为物业服务企业首先要明确自己所履行的职责范围和义务，即使在沟通中业主不买账，也要告清楚对方这样的观点物业服务企业并没有过错，但是本着双方长久的相处和为其提供服务，作为物业服务企业告知对方可对存在的异议和分歧适当的做一些让步，并告知在以后的服务中物业服务企业会在服务中给予适当的优惠，同时立即安排专人随同业主到现场处理问题或帮助解决问题，使得业主在某种意义上寻求到平衡，最终就能达成共识，消除误会。

4.14.11 逐级进行沟通

对于存在的问题，必须进行沟通解决，但是沟通要采取分级沟通，主要是考虑到有一个缓冲过程，对于一般性的问题，由工作人员通过沟通予以解决，对于存在较为严重的问题，一般先由工作人员进行沟通，如果能沟通解决的，就由工作人员沟通处理；如果工作人员通过多次沟通后达成共识的也由工作人员进行处理；对于通过工作人员多次沟通无效的，可将情况上报公司，通过研究，拿出沟通方案后，再由工作人员去进行沟通，沟通无效后，由公司领导出面沟通处理问题。

4.14.12 掌握物业专业知识和有关规定

物业管理服务的沟通工作涉及供暖、供水、供电、收费、保洁、绿化、维修、安防、车辆停放、物业专业知识等。只有在全面的掌握物业相关的知识、法律法规和了解物业项目运行的基本情况下，灵活运用这些知识，才能与业主进行沟通，以避免出现尴尬的场面。

物业服务人员在与业主沟通以前要明确需要沟通什么问题，达到什么目的，需要做好哪些准备工作，如搜集有关问题的材料、掌握具体情况、提出应对措施和解决问题的方案等，才能做到心中有数，达到沟通的目的。沟通准备工作如图4－4。

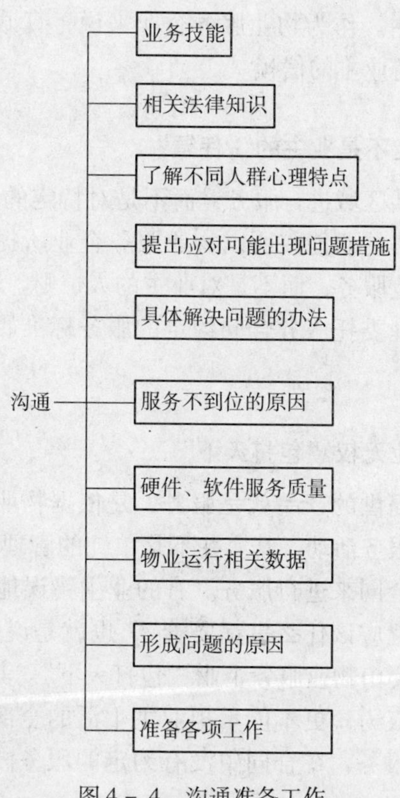

图4－4　沟通准备工作

4.15　物业服务中应澄清的十个问题

长期以来，一些业主对物业服务的认识常常存在一些误区，主要表现在以下十个方面。

4.15.1　业主与物业服务企业不是“主仆”关系

业主与物业服务企业不是“主仆”关系，而是平等的关系、委托与被委托的关系，在法律上是平等的关系，这是我国法制社会的基本原则。物业服务企业和业主之间不存在高低贵贱之分，只存在社会分工的不同。有的业主把物业服务企业从事安防、保洁等简单劳动的员工，看成是低人一等的“雇佣”，这是认识上的误区。不同的工作对社会的贡献有大有小，但从事不同工作的人，只要他是进行合法的劳动，就应该受到人们的尊敬，而不应该受到歧视。

4.15.2　业主与物业服务企业不是“冤家对头”

业主与物业服务企业之间是依据合同办事，所以，物业服务企业不能凌驾于业主之上，而业主也不能处处给物业服务企业出难题。物业服务企业与业主之间都必须以诚相待，诚信相处，才能形成一种朋友式的伙伴关系，做到业主离不开物业服务企业；物业服务企业也离不开业主。作为物业服务企业来说，真诚对待业主，切实从业主的角度去考虑问题，才能赢得业主的信赖。

4.15.3 物业服务企业不是业主的“保镖”

物业服务企业只对公共区域进行服务，而不是对特定的人、财、物进行专项服务。由于物业服务企业没有执法的职能，所以物业服务企业所提供的安防服务只是一种秩序维护服务，一种安全防范服务，而不是对业主的人、财、物负有保管和保险的责任，只要安防人员按照物业管理委托服务合同约定的服务标准履行到应尽的工作职责，就不应该承担法律责任。

4.15.4 物业服务企业无权“包打天下”

物业服务企业对业主提供的产品就是服务，是依据物业管理委托服务合同的条款进行相关服务。物业管理服务活动，其实并不是单纯的管理，而绝大多数应该是服务，是根据物业管理委托服务合同来进行服务。有的业主错误地认为“只要缴纳了物业管理服务费，物业服务企业就应该什么事都要管”，也就是说业主的吃喝拉撒，大到人、财、物，小到生活琐事都要由物业服务企业“包打天下”。其实物业服务企业既不是政府职能部门，也没有执法权力，更不能承担业主生活的全部服务。物业服务企业应该按照合同约定的范围进行服务，在合同中没有约定的服务内容不宜涉及，以避免引起不必要的麻烦。

4.15.5 没有“免费午餐”

物业服务企业收取的物业服务费主要是用于人工工资、办公费用、设施设备的日常小型维护费用、绿化养护费用等开支。而有的业主错误地认为“既然收取了物业服务费，物业服务企业就应该对业主的所有服务都不能再收取费用”。其实物业服务企业按合同约定的范围提供质价相符的服务和支付相应的费用。这些费用都是在物业服务费中列支。至于不属于合同约定服务范围，而业主又需要物业服务企业为其服务时，则按有偿服务为业主提供服务，并由业主支付相应的费用。

4.15.6 物业服务费不是“越低越好”

物业服务费是整个物业管理服务的基础，而物业服务费高低与服务标准的高低及运行成本成正比关系。在进行物业服务运行过程中，对于物业服务费用应本着量入为出的原则，认真履行合同约定服务内容的同时，合理支出物业服务费，确保物业服务的实施。如果一味追求物业服务费用“越低越好”，就会导致物业服务企业为了维持其经营状况而降低服务标准，使服务质量下降，最终受害的还是业主。

4.15.7 物业服务费是对房屋的“投资”

要让业主认识到现在业主缴纳的物业服务费不仅可为业主提供良好的生活、办公环境，提高业主的生活质量和办公工作效率，从长远观点看也是一种对房屋的“投资”。因为物业管理服务可以对房屋进行定期的合理维护保养，以减轻物业的损坏程度，延长房屋的使用寿命，良好的物业管理服务可以使房屋不断保值升值。

4.15.8 物业服务企业不是“水、电、气供应商”

依据《物业管理条例》，业主使用的水、电、气等应由生产企业直接向终端用户提供服务和收取费用，而不是物业服务企业承担（如双方企业有委托代收服务合同除外）。

4.15.9 物业服务企业不是“唐僧肉”

物业服务企业不是盈利大户，不是谁都能吃的“唐僧肉”，因为物业服务企业是一个微利企业，在承担经济方面的能力是很有限。但由于物业服务企业又是一个综合性的行业，要与有关的政府部门打交道，就可能产生这样或那样的一些摊派费用，就会给本来就困难的物业服务企业增加经济负担。

4.15.10 业主的咨询不是“投诉”

不要错误地认为，只要业主来找物业服务企业，就一定是来进行“投诉”，其实，在很多情况下是业主对物业服务的范围不清楚，对物业服务的有关政策不了解，对收费的内容不明确等问题来向物业服务企业询问，物业人员应该热情、耐心的向业主进行解释和疏导。至于业主投诉物业服务工作中存在的缺陷、物业服务工作未按标准到位、物业服务人员的工作态度不好等问题，物业服务企业要将反映的问题进行区分，分清有效投诉和无效投诉，对有效投诉要认真进行分析，及时进行整改处理。

总之，我们要认清物业服务企业的定位，物业服务企业既不是建设单位的隶属和依附，也不是业主的“仆人”或“保姆”，既不是凌驾于业主之上的“管理者”，也不是逆来顺受的“受气包”，既不能不负责任地推诿敷衍，也不能毫无原则地大包大揽，只有我们摆正自己的位置，在工作中做到不越位，不错位，才能减少不必要的矛盾和纠纷，对业主至上应持辨证的态度，不应全盘否定，应保留对业主尊重、服务的一面。

5 物业服务日常运行与管理

人们一直以来都认为物业服务很简单，只不过是为业主守楼护院、代收水电费等。而事实上正规的物业服务并不是这样的，随着人们生活需求的不断提高，现代物业配套功能日趋完善，人们对服务的要求也在不断提高，使得物业服务范围更为广泛，成为一个物业综合服务体系。所以在结束前期物业服务阶段后，物业服务企业就应该考虑如何做好日常的运行管理与服务，特别是到了这个阶段，管理服务要体现出管理标准化、服务人性化、过程亲情化的一个全过程，使业主真正体会到物业服务所带来的方便从容，宁静私密，休闲温馨；自在生活，自然如愿，自在享受；实力的象征，业绩的卓著，非凡的成就感。业主所有的这些体会都源于物业服务细节和标准的精细所致。因此，一个合格的物业服务企业要善于在日常的物业服务中掌控物业管理和运行，并在管理和运行中不断的完善物业服务内容和提高服务质量，最终赢得业主的信赖和给企业带来的经济效益。物业的日常运行和管理涉及的内容较多，综合概括为：安全防范运行与管理、保洁运行与管理、工程维护与管理、绿化养护与管理、能源消耗与节能管理、车辆出入管理、特约服务、日常业主投诉接待与入住管理、物业收费与管理等工作。如何把这些工作有机地结合起来，并使各环节有序、高效地运行和管理，形成物业管理服务体系，这就要有一个完善的管理体系、服务标准和规范操作的员工队伍。所以，在日常服务中更要注重服务细节和标准，只有这样，物业的日常运行与管理工作才能到位，才能体现出一个物业服务企业服务的品质。

5.1 安全防范管理服务

根据国家颁布的《物业管理条例》对安全防范的定义，安全防范管理服务就是物业服务企业协助政府相关部门，为维护公共治安、施工安全等采取的一系列防范性管理服务活动。包括：出入管理，安防系统的使用、维护和管理，施工现场的管理、公共设施设备的看护管理，配合政府开展社区管理等工作。

5.1.1 安全防范管理工作方法

安全防范工作是物业管理服务工作的重要组成，工作方法是否得当，直接关系到安全防范工作的服务质量，因此工作方法至关重要。

安全防范中各环节的联系及工作流程之间的关系密切，也是安全防范必须掌握的要素。

1. 门卫是第一环节，巡视是第二环节，车辆疏导与停放是第三环节，消防的落实是重要的环节。

2. 各环节中注意的要素：

（1）门卫：物品、人员、危险品、车辆、交接、记录；

（2）巡视：巡视线路、巡视频次、巡视物业、死角检查、交接、记录；

（3）车辆交通：交通安全牌、车辆行驶速度、噪声控制、停放循序、车辆状况、安全提示、车辆检查登记、交接、记录；

（4）演练：演练计划、防范演练、消防演练、应急演练（火、水、煤气、救助、防汛等现场控制）、早操（每日工作点评）、记录；

（5）消防：建立消防组织机构、制定消防工作内容及制度、节日期间检查、日常隐患巡查、违章处理情况、熟悉消防设施分布、消防设施到位完好、记录、整改；

（6）隶属安防消防设施设备：周检查、存在问题、记录、解决办法、执行者完成、处理后检查记录、备案；

（7）根据季节月份的不同工作要有一个侧重，要有一个年度、季度、月工作计划和落实进度表。

（8）掌握涉及物业方面的相关法律知识：《消防管理条例》、《物业管理条例》、《物业管理委托服务合同》、《治安处罚条例》、《物权法》、《保管合同》、《房屋毗邻管理办法》、《物业收费管理办法》、《装饰装修管理办法》。

掌握上述要素后，运用工作逆向思维法制定措施、预案、工作进度，同时要重视监督与抽查相结合，使安全防范工作服务到位。作为执行者要知道安防中各环节的联系及具体工作，即：熟知本岗位的具体工作内容和操作办法；学会逆向思维工作法（即：本岗中的各要素可能引发的问题，采取的措施）；各要素的记录要齐全完善（时间、地点、事件、处理办法、结果；正常状态下也要记录清楚时间、地点、本班工作情况、接班后注意的事项）；以人为本，人性化服务（体现在：行为、标准、待人、仪容仪表）；懂得相关法律法规。

5.1.2 安全防范服务范围

负责对物业区域规划红线以内，业主户门以外的公共区域秩序维护和公共设施的看管及消防管理工作。

5.1.3 安全防范服务内容

1. 小区出入口管理

小区主要出入口昼夜有专人值班，危及人身安全处有明显标志和防范措施，并有值班记录、进出登记记录。

2. 地下车库管理

对进入地下车库或露天机动车辆和非机动车辆的行驶方向、速度、临时停车位置进行管理，保持车辆行驶通畅。

3. 公共设施看管

包括楼内的门、窗、卫生设施、消防设施、水电设施、电梯、通信设施、各类标示牌等。

4. 夜间巡查重点

夜间对服务范围内重点部位（每层）进行防范检查和巡逻（每晚不少于2次），巡逻不少于2人，做到巡查到位，并有巡查记录。

5. 发生治安案件的处理

有发生治安案件、刑事案件、消防、交通事故时的处置预案；发生时，应立即采取措施，并及时报警和配合公安部门进行处理。

5.1.4 安全防范工作检查方法

1. 日检

安防各代班长每天应依据检查标准对本班组各岗位的工作人员进行例行检查，检查内容包括仪表仪容、服务标准、工作纪律、工作质量、工作记录、交接班、岗位形象和存在的安全隐患等，并对在检查中发现的问题及时进行纠正和做相应的处理。

2. 周检

安防主管及物业服务企业安排专人每周应根据实际情况进行全面的检查，除日检内容外，其内容还包括各类安防设施设备的检查、业主意见反馈、代班长检查记录和安全隐患分析等，并填写周检记录表。

3. 月检

项目经理对安防工作进行全面的检查，重点检查现场管理服务效果及过程管理记录，确保安防工作执行到位。

4. 督查

物业服务企业安排专人不定期的对安防工作进行突击检查，确保安防工作严格按照标准执行，并对违规工作人员进行教育和纠正。

5.1.5 安全防范工作中注意事项

在安全防范工作中，工作人员应注意以下事项：

1. 遇到有人在公共区域内聚众闹事，应立即向公安机关报告，并及时上报上级领导，协助公安机关迅速平息事件，防止事态扩大。

2. 遇有违法犯罪分子正在进行盗窃、抢劫、行凶和纵火等违法犯罪活动时，应立即报警，协助公安机关制止，并采取积极措施予以抢救、排险，尽量减少损失。对于已发生的案件，应做好现场的保护工作，以便公安机关进行侦查破案。

3. 管辖范围内公共区域有疯、傻、醉等特殊人员进入或闹事时，应将其劝离管辖区域，或通知其家属、单位或公安派出所将其领走。

4. 管辖区域内出现可疑人员时，要留心观察，必要时可礼貌查问。

5. 管辖区域内发生意外事故时，应立即通知急救单位及公安部门、家属，并维护好现场，同时要做好管辖区域内业主的安抚工作，等待急救单位及公安部门前来处理。

5.1.6 安全防范具体工作内容

1. 白班

（1）大门门卫

① 车辆进出登记管理；

② 非物业区域内人员进出登记管理，白班人员不得脱岗；

③ 施工人员进出检查包括检查出入证件、中央空调安装、大锤、切割机、水钻打孔，同时必须要求到物业办公室办理备案手续；

④ 物品进出登记管理；

⑤ 每日大门处地面（大门内外侧）的清洁保洁工作；

⑥ 盘查可疑人员；

（2）后门门卫

① 当发现可疑情况时，及时与代班长联系，控制现场和人员；

② 人员的进出管理：重点检查是否有出入证件；

③ 告知车辆由大门进出；

④ 不允许物品走此门。

（3）巡逻

① 白天或夜间进行巡逻时，随时处置发生的问题，并做记录；

② 物业区域现场的监督与巡查；

③ 业主搬运大宗物品进入单元时，要现场跟进，并提醒业主注意保护好楼道内的设施，并做记录；

④ 巡逻时注意区域内的公共设施设备是否损坏或丢失，并做记录（包括：单元防盗门、楼宇外墙等）；

⑤ 巡逻时随时注意可疑人员的出现；

⑥ 对区域内乱停乱放的自行车、摩托车、汽车进行管理；

⑦ 按规定要求随时检查楼宇单元防盗门关闭情况；

⑧ 密切注意并及时告知装修人员上料时不要损坏楼道墙面、地面、顶棚、电表箱、灯罩、单元防盗门、楼梯扶手等；

⑨ 巡查中存在的问题或已处理的问题要进行记录；

⑩ 配合其他人员做好其他工作；

⑪ 处置张贴广告人员，杜绝小广告的出现；

⑫ 室外游走的人员进行证件查验或询问。

2. 夜班

（1）大门门卫

① 人员进出登记：必须检查外来人员相关有效证件，并问清进来事由等；没有业主的允许，非物业区域内的人员不得进入物业区域内，或没有有效证件一律不得进入物业区域内；

② 物品进出登记与询问管理：物品外运时，必须有业主陪同或物品拉运凭证，予以放行，否则一律不得放行；

③ 随时提醒进入小区车辆司机关闭好车窗和车门，并将贵重物品随身携带好；

④ 车辆进出必须进行登记：并记录车牌号、进出时间、做什么、几号楼几单元几

号室;

⑤ 配合其他人员做好其他工作;

⑥ 做好大门处地面(大门内外侧)及岗亭内的清洁卫生工作;

⑦ 必须坚守岗位。

(2)后门门卫

① 接班后,必须在岗亭内监守安全防范工作,包括:进出人员、物品,并做记录;

② 重点对进入物业区域人员进行盘查和询问,除工程施工外,严禁物品外运。

(3)巡逻

① 按规定频次及巡逻路线巡查整个物业区域内的安全情况,并做巡视记录;

② 重点对进入物业区域内的可疑人员进行盘查和证件查验,对查验中发现的问题随时处理,并做记录;

③ 检查单元防盗门的关闭情况;

④ 重点检查公共设施设备是否完好,并做记录;

⑤ 对夜间停放在物业区域内的车辆进行牌号登记备案。

5.2 保洁管理服务

保洁管理是物业服务区域内管理服务中一项至关重要的工作,业主在物业区域内生活或工作,希望看到和感受到有一个干净、整洁、优美的环境,并由此去评价一个物业服务企业的管理服务水平;而从另一个方面看,只有对物业区域内的公共环境、公共设施设备做好定期的清洁和保养,才能使物业保持正常使用和延长使用寿命,从而达到使物业保值升值的目的。保持干净、整洁的环境也是物业服务企业的直观体现,是物业管理服务的基本内容之一。

5.2.1 保洁管理服务工作方法

保洁工作看似简单,在一般人眼里,只是抹抹擦擦而已。但要真正把这项工作做好,并不是一件容易的事,如果工具使用的不对,不按正确的操作程序去保洁,在保洁过程中不注意自身及保洁物的安全,不对清洁用具进行正确的保养,那么,就无法将保洁工作做好,甚至还可能产生一些安全隐患。所以每一位保洁人员都必须将自己的职责铭记在心,掌握正确有效的操作规程和工作方法,才能在实际工作中提高工作效率和服务质量。保洁工作方法注重循环保洁和操作细节,保洁工作方法要点是:

1. 保洁程序

先里后外,先上后下,先擦(扫)后清理;

2. 室内操作

扶手、栏杆、窗台、饰物、表箱擦洗由一层至最高层,同时将拖布、水桶随之而上,再由最高层开始至一层拖擦地面。杜绝重复上楼,提高工作效率,降低劳动强度;

3. 室外操作

道路清扫先清扫右侧，再清扫左侧，由中心线向一侧清扫，形成一线，再堆成若干小堆，最后进行装车清运；

4. 季节的不同工作各有侧重

（1）3～4月份气候多为风沙天气，应侧重循环保洁和擦洗；

（2）4～5月份多为自然界虫害繁殖期，侧重布药消杀，装修高峰，室内注重保洁；

（3）6～9月份为多雨天气候，侧重雨后的清扫及雨水井的清掏，装修高峰，室内注重保洁；

（4）10～11月份秋季落叶偏多，侧重收集落叶，注重室外循环保洁；

（5）12～2月份冬季气候干燥，侧重地下室、公共区域等杂物的清理，雪天室外现场的清理。

5.2.2 保洁服务范围

负责对物业区域规划红线以内，业主户门以外的公共区域保洁管理服务工作。

5.2.3 保洁服务内容

保洁服务内容包括：建筑物内公共区域保洁；建筑物外公共区域保洁；垃圾收集与处理；管道疏通服务、外墙清洗；消杀处理；其他等。特别是建筑物外公共区域保洁工作主要包括道路的清洁与保洁、公共设施清洁、绿地清洁、各种露天排水井沟的清掏等。在清洁与保洁过程中扫、洗、捡等方法必须有机的结合起来作为室外清洁与保洁的主要工作方法。在做好室外保洁工作的同时，还要将建筑物内公共区域包括大堂清洁、消防及公共楼道通道清洁、电梯前厅清洁、墙面清洁、饰物等在清洁与保洁中扫、清擦、洗、打蜡、翻新等有机地结合起来，作为室内的主要工作方法。只有这样物业区域内的环境保洁工作才能做到位。

5.2.4 保洁工作检查方法

1. 日检

保洁代班长每天应依据检查标准对本班组各岗位的工作人员进行例行检查，检查内容包括服务标准、工作纪律、工作质量、现场情况、岗位形象和存在的服务质量问题等，并对在检查中发现的问题及时进行纠正和做相应的处理。

2. 周检

物业服务企业安排专人每周应根据实际情况进行全面的检查，除日检内容外，应增加保洁设施的检查、业主意见反馈、代班长检查记录和服务质量和安全隐患分析等，并填写周检记录表。

3. 月检

项目经理对保洁工作进行全面的检查，重点检查现场管理服务效果及过程管理记录，确保保洁工作执行到位。

4. 督查

物业服务企业安排专人不定期的对保洁工作进行突击检查，落实保洁工作是否严格按照标准执行，劳动纪律及行为规范是否到位，并对违规工作人员进行教育和纠正。

5. 检查部位

检查的主要部位有：建筑物的内外墙角、地面、顶棚、天台、道路、停车场、公共区域门窗、扶手、饰物等。

5.2.5 保洁工作中注意事项

在进行保洁工作的时候，还要区分不同物业类型，应注意的保洁要求：

1. 多层物业区域

(1) 室外窨井及排水明沟内的烟头等垃圾杂物、积水处理；

(2) 绿化带内垃圾杂物处理；

(3) 楼梯间走道、底层楼梯下、顶棚积尘及蜘蛛网、生活杂物处理；

(4) 业主信报箱上部的积尘处理；

(5) 楼梯扶手积尘处理；

(6) 室外公共区域的垃圾杂物处理；

(7) 公共区域各类乱张贴物处理；

(8) 行人道路积雪、结冰处理。

2. 高层物业区域及写字楼

(1) 大堂地面光洁度，踢脚线积尘的处理；

(2) 室外窨井及排水明沟内的烟头等垃圾杂物、积水处理；

(3) 各类机房、设备房内积尘处理；

(4) 公共区域内玻璃痕印、地面垃圾杂物、乱张贴物处理；

(5) 电梯顶棚、四壁、按钮积尘及痕印、轨槽内沙粒杂物处理；

(6) 信报箱、窗台等上平面积尘处理；

(7) 绿化带、花坛内垃圾杂物处理；

(8) 室外楼梯、道路积雪、结冰处理。

5.2.6 保洁具体工作内容

1. 每日早上先安排专人负责办公区域及卫生间的卫生保洁工作。

2. 每日早上上班后，先对主干道、楼区通道进行卫生保洁。

3. 各自负责好所管单元辖区内的卫生（包括：电梯前厅、消防通道、单元门口等）。

4. 对所管辖的单元内电梯前厅、消防通道进行卫生循环保洁。

5. 下午4点以后重点是对室外庭院进行卫生循环保洁（上下午），处理塑料袋、纸屑等杂物。

6. 对所负责的区域发现塑料袋、纸屑等杂物随时清理。

7. 对指定地点的装潢垃圾进行归整。

8. 随时清理楼道内及室外的小广告和张贴物。

9. 随时告知装潢人员注意保洁好公共环境卫生。

10. 单元卫生重点抓好以下工作：

(1) 电梯轿厢内键盘和地面卫生；

(2) 电梯门槽内的清理工作；

(3) 电梯前厅卫生，包括：地面、电梯门和框、楼层键盘、饰物、安全指示灯；

(4) 消防通道卫生，包括：安全指示灯、楼梯、扶手、窗台、门把手等；

11. 看管所管辖区域内的电梯，重点查看有无人员拉运装修材料或拉运其他物品是否损坏电梯门，遇到此情况要现场跟进，杜绝此问题的出现，并做好记录。

12. 每周二、五下午集中对公共区域死角部位进行卫生大清理。

13. 每日代班长要对卫生区域进行质量抽检和进行工作小结，并做工作记录。

14. 如遇下雨或下雪时，工作人员要及时清理积水或积雪。

5.3 工程维护管理服务

在物业运行过程中，设施设备的维护工作在整个物业服务中处于非常重要的地位，它是物业运行的物质和技术基础，也是整个物业运行的核心，设施设备维护的好与坏，关系到物业是否能正常运行，这不仅体现了一个物业服务水平，也是给业主的生活和工作创造舒适、方便、安全、快捷的环境，直接体现整个物业的使用价值和经济效益。因此，作为物业服务企业，在物业服务中，要重视工程维护和保养工作，并要有完善维护的体系和标准以及监督检查制度，只有这样才能将工程维护工作有序的开展起来，并按要求进行维护保养。

5.3.1 工程维护工作方法

1. 工程维护方法要点：

巡查内容、养护周期、编制保养计划、编制工程进度表、材料准备、采取措施、具体执行者 、完成状态、记录、备案。

2. 季节维护重点

应按季节的不同重点制定维护保养计划、措施、维护进度。

(1) 1~2 月份侧重供暖、供水，保障运行；

(2) 3~4 月份雨期来临之前雨污水井、屋面的清掏，保障安全度汛；

(3) 5~9 月份侧重各类管网的维护保养，配电设备的保养；

(4) 10 月份供暖管网的调试，设备的调试；

(5) 11~12 月份供暖排气、维护、巡查、记录。

3. 管理者掌握要点

配件、设施设备构造及运行方式、易损部件（部位）、进度的编排、现场的组织、维护完毕后的验收、保修期界定、问题的判断、处理的方式。

4. 执行者现场排查原因要点

部件（部位）损坏程度、部件（部位）可修理所需材料、维修具体办法 、调试、运行观察、日常巡查、维修记录、备案。

5.3.2 分项维修操作方法

1. 设备管理

首先建立设备台账，将设备的型号、规格、数量、启用时间记录好，其次建立设备保养计划，要注意设备的易损部位和设备的生产厂家。

2. 维修保养

分为短期和中期，主要是对电、机械、土建部分、管道系统进行维修保养，并且要将维修保养的时间、保养项目的名称、保养的措施和保养结果以及完成时间等进行详细记录。

3. 有偿维修服务

首先是在业主报修后，填写维修派工单，并告知业主维修人员何时到达现场；然后向维修组传递维修单，维修人员上门服务，向业主说明有偿服务费用收取形式；在维修完毕后，一定要清理干净施工现场，业主认可签字后，收取有偿服务费用。

5.3.3 工程维护服务范围

负责对物业区域规划红线以内，业主户门以外的公共区域内的设施设备的管理服务工作。

5.3.4 工程维护工作检查方法

1. 日检

代班长每天应依据检查标准对本班组各岗位的工作人员进行例行检查，检查内容包括服务标准、设施设备运行情况、工作纪律、工作质量、现场情况、岗位形象和存在的服务质量问题等，并对在检查中发现的问题及时进行纠正和做相应的处理。

2. 周检

物业服务企业安排专人每周应根据实际情况进行全面的检查，除日检内容外，还应增加设施设备的检查、业主意见反馈、代班长检查记录和服务质量和安全隐患分析等，并填写周检记录表。

3. 月检

项目经理对工程维护工作进行全面的检查，重点检查现场管理服务效果及过程管理记录，确保维护工作执行到位。

4. 督查

物业服务企业安排专人不定期的对工程维护工作进行突击检查，落实工程维护工作是否严格按照标准执行，劳动纪律及行为规范是否到位，并对违规工作人员进行教育和纠正。

5. 检查部位

检查的主要部位有：供水设备、电梯设备、消防设备、监控设备、供电设备、室外公共区域配套设施设备、道路、停车场配套设施、公共区域门窗、扶手、饰物等。

5.3.5 工程维护工作中注意事项

1. 工程维护时应按安全工作有关规定和操作规程进行维护，必须采取严格、科学的安全防护措施，确保操作人员的安全；

2. 在维护动力设备、易燃易爆和贵重的设备中应向公司主管提出安全保护措施，并要求相关人员在现场进行监督和协助相关工作；

3. 在有毒有害的维护环境中，应按有关规定提供相应的防护措施。

4. 加强日常的巡检维护，确保设施设备正常运行，降低维护费用。

5.3.6 工程维护具体工作内容

1. 管道维修

（1）早上上班后先对供水设备等进行例行巡视检查并做记录（压力、漏水等状态）；

（2）装修期间的管井内阀门的开启与关闭工作；

（3）处理涉及管道方面的相关问题，并做处理记录；

（4）巡查装修现场，对违章装修进行查处，并做记录；

（5）日常的其他事务性工作；

（6）管辖区内管井有无跑水事故，如遇此情况采取紧急措施进行处理；

（7）做好管辖区域内业主报修的处置工作；

（8）做好管辖区域内管道、阀门的维护保养工作；

（9）做好不同季节的防风、防寒、防冻工作，确保供暖、供水管道不受冻；

（10）抓好冬季供暖管道的维护和处理暖气不热的问题；

（11）巡检楼宇内公共设施设备是否运行正常，发现问题及时处理，并做记录；

（12）每月做好总水表的抄录工作。

2. 电工

（1）做好停送电工作（包括：配电室、电井等）；

（2）做好区域内业主报修的处置工作；

（3）做好区域内供电设备、开关的维护保养工作；

（4）巡检装修现场，随时制止违章行为的出现，并做记录；

（5）巡检楼内的过道声控灯等运行是否正常，发现问题随时处理，并做记录；

（6）每月做好电表的抄录工作；

（7）配合做好其他工作；

（8）早上上班后，先巡查低压配电设备运行情况是否正常，并做记录；

（9）处理日常的其他事务性工作；

（10）巡检楼宇内公共设施设备是否运行正常，发现问题及时处理，并做记录；

（11）处理涉及电气方面的相关问题，并做处理记录；

（12）逐层逐表进行线路紧固检查（包括：分线盒、漏电保护器、电表等处接线是否紧固），并做好检查记录；

（13）查验违章用电行为。

5.4 绿化养护管理服务

物业区域内的绿化养护管理得好，会给整个物业区域增添美感，绿化的自然美增加了人工环境的美，它们生机盎然的神态和绚丽夺目的色彩给物业区域增添光彩，也带来了生机，可让业主在怡然惬意的环境中生活和工作得更好。此外，绿化还有以下具体作用：一是改善空气质量，有益人体健康；二是改善局部环境，起到防风作用；三是降低噪声，起隔声、消声作用。物业区域绿化养护管理的好坏，也是评价一个物业服务企业的管理水平高低的一个重要方面。因此，一定要重视物业区域内的绿化养护管理工作。

5.4.1 绿化养护工作方法

1. 绿化养护方法要点

包括检查内容、养护周期、编制保养计划、采取措施、完成状况、记录、备案。对物业区域内的绿化养护工作按季节的不同，重点制定绿化养护计划和实施方案。

（1）春季绿化养护管理要点：春季对于绿化养护来说是一个黄金的季节，做好春季绿化养护工作，对全年的绿化工作都会起到深远的影响。春季绿化养护要求做好以下工作：

① 对物业区域内所有乔木、灌木进行一次彻底的松土，将僵土和废土进行翻新；

② 对所有绿地进行施肥，以氮肥为主，施肥最好结合松土工作进行，即松土之后马上进行施肥或在下细雨的天气进行施肥；

③ 浇解冻水，使植被有充足的水分；

④ 对乔、灌木进行修剪，主要去除枯、死枝，病枝等；

⑤ 做好对缺株、死株的调查工作，并及时上报业主或业主代表，力争在4月中下旬之前全部补植完毕；

⑥ 做好除草工作；

⑦ 做好对病虫害的防治工作。

（2）夏季养护管理要点：夏季高温给绿化养护管理工作带来了难点。针对夏季高温天气，物业服务企业应采取以下措施：

① 增加浇水次数，保证植被不缺水，在绿化养护上，主要采取浇水为主，浇水基本上采取避高温，两头浇；对不耐热的植物，主要采取遮阳方法；

② 在浇水养护的同时，要做好植物的补种、除草、修剪工作，确保苗木生长和绿化的整体效果；

③ 根据夏季绿化养护工作重点，应做好防汛防风和病虫害监控防治工作。

（3）秋季养护管理要点：秋季的养护管理工作，主要是合理浇冻水和施肥。

① 合理的冻水既能保证植物的地上部分吸收充足的水分，又能保护地下根系抵抗干燥多风的冬季，有利于植物安全越冬和来年萌芽；

② 浇冬水要根据天气变化不可过早浇灌，导致新芽徒长；

③ 最后一遍冻水浇到结冰封冻为最佳；

④ 秋季合理进行施肥，有利于促进植物的生长和树木的木质化，同样有利于植物的安全越冬和来年的生长，并要选择好施肥的时间、种类和施肥量；

⑤ 清理枯枝落叶。

（4）冬季养护管理要点：冬季属于干燥季节，因此冬季养护管理工作主要是防寒和消防安全。

① 将不耐寒的植被进行包装，避免受冻；

② 要经常检查是否存在消防安全隐患；

③ 清理枯枝落叶杂物；

2. 绿化养护工作月历

（1）1月（小寒、大寒）

① 继续对各种落叶树施冬肥。

② 继续剪除病虫枝，并注意观察病虫害的发生情况，进行冬季全面的病虫害防治。

③ 乔木冬季修剪，修剪灌木的枯枝黄叶。

④ 对不耐寒的植被做好防寒工作。

⑤ 清理枯枝落叶。

（2）2月（立春、雨水）

① 对行道树休眠期的修剪必须在月底前结束，并及时对各种较茂盛的园林植物进行分株的繁殖工作。

② 天气渐暖，许多病虫害即将发生、要维护修理好各种除虫防病器械并准备好药品。注意蚜虫、蚧壳虫、月季红蜘蛛、白粉病的发生，做到及时防治。

（3）3月（惊蛰、春分）

① 加强树木的养护管理工作。

② 做好树木的剥芽、修剪，随时除去多余的嫩芽和生长部位不当的枝条。

③ 做好地栽花木的松土除草、花前施肥等工作。做好草坪的除草工作。

④ 抓好蚜虫、螨虫、地老虎、蚧壳虫等寄生虫及白粉病、锈病的防治工作。

⑤ 浇水解冻。

（4）4月（清明、谷雨）

① 对春季开花的灌木进行花后修剪和绿篱修剪，按技术操作要求，对行道树进行剥芽修剪，对根部发生的明蘖小苗随时剥除。

② 继续加强新栽树木的养护管理，做好补苗、追肥、浇水工作。

③ 本月应注意虫害监控的预测预报，做好防虫防病工作。

④ 浇水养护。

(5) 5月（立夏、小满）

① 对开花灌木进行花后修剪、施肥，对行道树进行适当修剪，解决枝条与线路的矛盾。

② 除杂草。

③ 做好病虫害防治工作。

④ 植被修剪成型工作。

(6) 6月（芒种、夏至）

① 本月天气开始炎热，杂草生长快，要继续中耕除草、疏松土壤。

② 本月是病虫害易发月份，应注意防治工作。

③ 气温高，雨水少时，应注意浇水问题。

④ 本月要经常检查植被是否出现倾斜现象，要及时扶正倒树，及时修剪影响路线安全的枝条。

(7) 7月（小暑、大暑）

① 继续中耕除草，疏松土壤。

② 继续做好防旱排涝工作，保证苗木的正常生长。

③ 本月份苗木生长旺盛，要及时追施肥料，对小苗要薄施多施。

④ 继续做好防风、防汛工作，发现被风吹倒的树木及时扶正。

⑤ 继续做好防治病虫害工作。

⑥ 加大植被浇水力度。

⑦ 修剪。

(8) 8月（立秋、处暑）

① 继续抓好除害灭病工作，特别要经常检查蚜虫、红蜘蛛等的发生情况，一经发现，立即防治。

② 继续进行中耕除草，继续除去草坪杂草，对球类、绿篱等进行整形修剪。

③ 继续做好防风及排涝工作。

(9) 9月（白露、秋分）

① 做好防治病虫害工作，消灭各种成虫和虫卵。

② 继续中耕除草。

③ 修剪。

(10) 10月（寒露、霜降）

① 本月可以移植许多常绿树和少数落叶树。

② 进行绿篱及小乔木、灌木的全面修剪。

③ 开始冬耕松土，进行耕后施肥。

④ 继续做好除害灭病工作。

⑤ 进行冬翻，改良土壤。

⑥ 开始对防寒工作做准备。

(11) 11月（立冬、小雪）

① 进行冬季树木修剪，剪去病枝，枯枝、有虫卵枝及竞争枝、过密枝等；进行修

剪行道树和果树，操作时要严格掌握操作规程和技术要求。注意安全。

② 大量积肥、冬耕翻地，施有机肥，改良土壤。

③ 继续抓好防治病虫害工作，剪除病虫枝、枯枝，消灭越冬病虫源，并结合冬季大扫除搞好绿地卫生工作。

④ 上冻前浇冻水。

(12) 12月（大雪、冬至）

① 行道树、果树、盆栽花木的整形修剪。

② 剪除枯、残、病虫枝叶。

③ 清理杂物。

④ 做好防寒保暖工作。

⑤ 做好消防工作。

5.4.2　绿化养护管理工作检查方法

1. 日检

代班长应依据养护标准对本班组各岗位的工作人员进行例行检查，检查内容包括服务标准、绿化专用设施设备运行情况、工作纪律、工作质量、现场情况、岗位形象和存在的服务质量问题等，并对在检查中发现的问题及时进行纠正和做相应的处理。

2. 周检

物业服务企业安排专人每周应根据实际情况进行全面的检查，除日检内容外，其内容还包括绿化专用设施设备的检查、业主意见反馈、代班长检查记录、服务质量和安全隐患分析等，并填写周检记录表。

3. 月检

项目经理对绿化养护工作进行全面的检查，重点检查现场管理服务效果及过程管理记录，确保维护工作执行到位。

4. 督查

物业服务企业安排专人不定期的对维护工作进行突击检查，确保绿化养护工作严格按照标准执行和劳动纪律及行为规范到位，并对违规工作人员进行教育和纠正。

5. 检查部位

检查的主要部位有：绿化生长状况、植被修剪情况、绿化专用设备使用情况、农药放置管理与使用情况、现场打药和安全防护情况、浇水情况、施肥情况、除草情况、涉及绿化安全情况等。

5.4.3　绿化养护管理工作中注意事项

1. 浇水

植物生长离不开水，但各种植物对水的需要量不同，不同的季节对水的需要量也不一样，所以要根据具体情况灵活掌握，做好浇水的工作。

(1) 根据气候条件决定浇水量。

(2) 在阴雨连绵的天气，空气湿度大，可不浇水。

（3）夏季阳光猛烈，气温高，水分蒸发快，消耗水分较多，应增加浇水次数和分量。

（4）入秋后光照减弱，水分蒸发少，此时浇水要少。

（5）半荫环境可少浇水。

（6）根据品种或生长期来决定浇水量。

（7）旱生植物需要水分少、深根性植物抗旱性强，可少浇水。

（8）荫生植物需要水分多，浅根性植物不耐旱，要多浇水。

（9）植物的生长期需要水分多，浇水要多。

（10）冬季休眠期，生长缓慢，需要水分少，可少浇或不浇水。

（11）浇水量和浇水次数，以水分浸润根系分布层和保持土壤湿润为宜，如果土壤水分过多，土壤透气性差，会抑制根系的生长。

（12）浇水时间夏季在早晚为宜、冬季在中午为宜。

（13）草地浇水要按顺序浇，不要遗漏。

2. 施肥

（1）行道树、遮荫树，以观枝叶、观姿为主，施氮肥促进生长旺盛，枝叶繁茂，叶色浓绿。

（2）观花观果植物，花前施氮肥为主，促进枝叶生长，为开花打基础。

（3）花芽形成，则施磷钾肥，以磷肥为主。

（4）只施氮肥，则枝叶茂密，梢顶不易开花。

（5）树木生长旺盛期，需要较多的养分，氮磷钾肥都需要，但还是以施氮肥为主。

（6）有机肥：多用作基肥，即穴施、环施、沟施。

（7）无机肥（化肥）：多用撒施、喷施和根施作追肥。

（8）乔灌木施肥：一般可在树冠投影范围内，挖20cm左右深的沟或穴，将化肥施入，施后覆土填平。施肥次数、数量因树种、树龄、土壤而异，具体施用根据实际情况而定。

（9）施肥后及时淋水，第二天早晨再淋一次，俗称“回水”。

（10）施化肥应完全粉碎状使用。

（11）黄瘦、发芽前孕蕾花后时期应多施肥。

（12）肥壮发芽后，开花期，雨季少施肥。

（13）新栽、盛暑，休眠时期不施肥。

（14）忌浓肥、忌热肥、忌坐肥。

3. 整形修剪方式

（1）自然式修剪：各种树木都有一定的树形，保持树木原有的自然生长状态，能体现园林的自然美，称为自然修剪。

（2）人工式修剪：按照园林观赏的需要，将树冠剪成各种特定的形式，如多层式、螺旋式半圆式、倒半圆式、单干、双干、曲干、悬重，各种禽、兽、亭、台、楼牌等造型和绿门、绿篱等。

（3）自然式和工人混合式：在树冠自然式的基础上加以人工塑造，以符合人们观赏的需要，如杯状、开心形、头状形、丛生状、匍匐式等。

(4) 休眠期修剪：落叶树种，从落叶开始至春季萌发前修剪，称为休眠期修剪或冬季修剪。这段时间中树木生长停滞，树体内养分大部分回归根部，修剪后营养损失最小，且伤口不易被细菌感染腐烂，对树木生长影响最小。

(5) 生长期修剪：在生长期内进行修剪，称为生长期修剪或夏季修剪，常绿树没有明显的休眠期，冬季修剪伤口不易愈合，易受冻害，故一般在夏季修剪。

(6) 修剪前应仔细观察，剪法做到心中有数。

(7) 因地制宜，因树修剪。

(8) 剪后的断枝，集中在一起及时清运处理，以免引起病虫害。

(9) 修剪高大树木时应注意安全，防止人从树上或梯子上掉下摔伤。

(10) 在高处作业时应把工具放稳，以免伤人。

(11) 草坪修剪：大面积用机剪，边角用手剪，在生长期15天一剪，秋冬每月一剪，留茬60mm。

4. 除杂草

(1) 杂草存有率为每平方米不超过2棵。

(2) 杂草要除根。

5. 防治病虫害

(1) 因地制宜选用抗强的品种：不同的花木品种的抗病虫害的能力不同，在花木栽培中，选择抗病虫害能力性强的品种，是防治病虫害的有效措施。

(2) 加强水肥管理：根据各种花木的生长情况和特性，加强水肥管理，调节花木的营养状况，促进其生长，增强抗病虫害的能力。

(3) 检疫、消毒：外地调入的花木，要通过有关部门检疫，定植时，植株要消毒，防止危险性病虫害的传播。

(4) 交替用药：长期使用单一药剂，容易引起病原和害虫的抗药性，从而降低防治的效果，因而各种类型的药要交替使用。

(5) 安全用药：严格掌握各种药剂的使用浓度，控制用药量，防止产生药害。

(6) 打药注意事项：

① 打药时注意先上风、后下风；人上风、药下风。

② 为了居民的安全，在每次打药前，要提前2~3天张贴打药通知，提醒居民注意安全，带好小孩，管好宠物。

③ 操作人员必须带好口罩和手套，穿长衣长裤，戴防风眼镜，以防中毒。

④ 根据不同的病虫害，打不同的药物进行防治。用药要严格按药品使用说明并进行配置。

⑤ 打药后的区域要有安全提示标志。

5.5 能源消耗与节能管理

一个物业管理区域内每天都在发生着能源消耗，作为物业服务企业来说，能源消耗是管理服务的核心，管理服务不好意味着管理水平存在不高，同时也增大了管理运行成本，使得物业服务企业面临着困难，因此，物业服务企业一定要注重日常的能源消耗管理工作，从点滴做起，抓好能源消耗的监控和管理工作，减少不必要的能源消耗。

5.5.1 能源消耗的内容及管理

物业区域内能源牵扯面广，具体内容包括通风、制冷、制热、电梯设备、监控、供水设备、消防设备、公共用水、公用照明以及业主自用的水电等。这些耗能必须实行统一的能源分级核算和独立计量管理，并建立能源消耗控制体系和制度。同时应注意以下几点要求：

1. 注意日常的能源消耗数据采集与分析。
2. 将所发生的能源消耗项目明细统计出来。
3. 按能源消耗用途分类。
4. 建立能源消耗台账。
5. 按分类能源消耗单独挂表计量。
6. 对能源消耗实施监控和现场巡视检查。

5.5.2 节能降耗具体措施

随着时代的发展，业主的工作环境、生活环境越来越好，物业区域内的能耗增长速度随之加快、能源利用效率不高的问题也日显突出，因此物业服务企业的节能工作也就至关重要。节能降耗是一个综合性的问题，与物业服务企业技术水平及管理水平休戚相关，在设备、操作、工艺等方面的优劣与能耗的高低都有直接的关系。因此，节能是物业服务企业的一个管理服务亮点，因为减少能耗费用是业主不断追求的，减低能源消耗也是社会的迫切需要，如何进行节能降耗，是摆在物业服务企业面前的一项重要任务。节能降耗就是通过物业服务企业运用各种管理手段和采取应对措施，最终减少这些能源的消耗和浪费。这就要建立一个完善的管理体系，使物业运行中各环节的所有操作和管理人员以及业主密切配合。并采取行之有效的措施保障运行和降耗，具体措施是：

1. 提高广大业主的节能意识

物业服务企业要成立节能降耗小组，广泛宣传节能降耗的重要意义，以提高广大业主的节能意识。

2. 加大宣传节能降耗的力度

利用有限的广告资源，在宣传栏内定期宣传节能降耗的意义和具体的节能降耗方式方法。

3. 科学节能

用现代化的节能技术，在公共区域内，包括路灯、公用走道灯、设备层，在不影响光照度的情况下尽量采用节能灯具及控制开关。

4. 机制节能

成立以工程部人员为主体，以各岗位为辅助的节能责任制机制，分区域，分责任，让每一部分的能源消耗更加趋于合理。

5. 专业节能降耗措施

专业节能降耗措施包括水专业及电专业的节能降耗措施。

（1）水专业节能降耗措施

① 在公共区域内张贴节水标语，加强业主节水意识；

② 定期抄泵总水表读数及各支路水表读数，发现读数异常增大，马上分析原因；

③ 定期对冷却塔及膨胀水箱进行防漏检查；

④ 检查给水管线，严防跑冒滴漏；

⑤ 改进绿化浇灌方式，节约绿化用水；

⑥ 物业服务企业在物业服务中使用水资源时，要节约用水。

（2）电专业节能降耗措施

为了做好增收节支的措施，即保证正常运行，又能减少电能不必要的浪费，电专业根据实际情况，采取以下几项措施：

① 在不影响公共照明的情况下，减少灯的瓦数、数量及照明的时间；

② 将某些设备尽量采取避峰就谷的运行，降低电费成本；

③ 提高线路负荷的功率因数，适时投入或退出低压电容器，提高电能质量及有功功率利用率，降低线路损耗，符合供电部门对功率因数的要求；

④ 设备尽量做到少启动，提高其利用率；

⑤ 物业服务企业在物业服务中使用电能时，要节约使用电能；

⑥ 在照明用电上，严格控制设备机房、管理用房、公共区域长明灯的配置，长明灯逐步使用节能灯替代；非长明灯由值班人员或定时器控制。

6. 建立能源消耗计划和考核制度

要做到能源有计划的使用与消耗，根据物业设施设备的运行要求与性质，准备测算各年、季、月的能源的需要量确定能源考核标准。

7. 加强设备运行管理

在设备运行管理时，应尽量安排设备运行能够连续、满载开动使用。

8. 进行技术改造

采取技术改造手段，提高设备运行效能，降低能源消耗。

9. 注重设备保养检修

注重日常的设施设备的保养检修，避免“带病”运行增大能源消耗。通过各种手段，在不投资或少投资的情况下杜绝能源浪费，减少各种费用支出，使物业能源消耗运行平稳。

5.6 车辆管理服务

物业管理服务区域内的车辆管理服务是物业公共秩序管理服务的一项基本服务内

容，也是体现一个物业服务企业的管理服务水平的重要环节。

5.6.1 车辆管理服务内容

车辆管理服务内容包括：车辆进出管理服务、车辆疏导管理服务、车辆停放管理服务等。

5.6.2 车辆管理服务工作方法

车辆管理工作是物业管理服务工作的重要组成，工作方法得当不得当，直接关系到工作的服务质量，因此工作方法至关重要。

在车辆管理服务中各环节的联系及工作流程之间的关系密切，也是车辆管理必须掌握的要素。

1. 车辆管理的四个环节

车辆管理的四个环节是车辆进出是第一环节，车辆交通疏导是第二环节，车辆停放是第三环节，巡视是最重要的环节。

2. 各环节中注意的要点：

（1）车辆进出：车辆牌号、出入证件、车辆登记、进出时间、交接、记录；

（2）车辆疏导：停车时的疏导、物业区域内的交通疏导、车辆出车位时的疏导等；

（3）车辆停放：入位情况、占用消防设施及通道、车辆入位时及时观察车辆是否有损坏部位、车窗是否关闭、车内是否遗留贵重物品等；

（4）车辆巡视：巡视频次、巡视车辆存在的问题、夜间巡视记录停放车辆的牌号、车内是否放置贵重物品或重要证件、交通设施状况、记录、交接等；

（5）交通车辆：交通安全标志牌及设施、车辆行驶速度、噪声控制、行驶顺序等。

5.6.3 车辆管理服务检查方法

1. 日检

安防代班长每天应对本班组的工作人员进行例行检查，检查内容包括服务标准、工作纪律、工作质量、现场处置情况、岗位形象和存在的服务质量问题等，并对在检查中发现的问题及时进行纠正和做相应的处理。

2. 周检

物业服务企业安排专人每周应根据实际情况进行全面的检查，除日检内容外，其内容还包括车辆停放设施和交通设施的检查、业主意见反馈、代班长检查记录和服务质量，以及安全隐患分析等，并填写周检记录表。

3. 月检

项目经理对车辆管理服务工作进行全面的检查，重点检查现场管理服务效果及过程管理记录，确保车辆管理服务工作执行到位。

4. 督查

物业服务企业安排专人不定期的对车辆管理服务工作进行突击检查，确保车辆管理服务工作严格按照标准执行，并核查劳动纪律及行为规范是否到位，对违规工作人员进行教育和纠正。

5. 检查部位

检查的主要部位有：停车顺序、车辆是否停放到车位内、车辆进出登记记录、交通设施（限速带、交通标志牌、道路状况）、停车设施（车位线、车位锁、车位编号）、是否占用消防通道或消防设施等。

5.6.4 车辆管理服务工作中注意事项

在进行车辆管理服务工作时，应注意的事项包括：

1. 安全提示及交通标志牌到位

在物业区域内显耀的位置要有完善的交通标志牌和安全提示牌，这样既可以确保物业区域内车辆交通的有序行驶、停放以及交通安全，又可以减少安全事故的发生，同时也能使车辆快捷的找到所要到的位置。

2. 巡视提示要及时

在巡视过程中要对进入物业区域内的车辆人员进行相关的提示，包括：请按规定的速度在物业区域内行驶、请您不要在物业区域内鸣笛、请将您的车辆入位停放、请您将车窗关闭好、车内不要存放贵重物品和证件、请您将车辆报警器关闭并设置其他方式的报警状态，车辆入位时要注意前后左右的距离。

3. 车辆停放必须符合消防管理要求，不得堵塞消防通道

在物业区域内经常会有个别车辆停放在消防设施或通道上，这样往往会导致消防通道的堵塞，延误消防疏散和抢险，因此必须加强消防通道的管理。

4. 监控录像及车辆管理各项记录要完整

在车辆管理服务过程中，监控录像和记录资料至关重要，它反映一个物业服务企业的管理水平和防范的严谨性，特别是出现异常情况，只要是在监控范围内，就能及时发现并通知相关人员现场进行处置，使问题能更清晰化的得到快速处理。当出现问题后，只要调取监控录像资料和登记记录就能查到详细情况，从而就能界定责任。

5.6.5 车辆管理服务措施保障

在物业区域内，可能由于这样或那样的原因，在车辆管理服务中会出现一些问题，因此，在管理服务中要采取以下措施：

1. 固定车位应标注车号，安装车位锁；
2. 安防人员要熟记固定车位号码；
3. 各类指示箭头清晰到位；
4. 转弯道处设置防撞栏；
5. 检查是否存在安全或消防隐患；
6. 检点进入车辆是否出现明显划痕、撞伤，及时告知车主并签字确认。

5.7 特约服务

物业服务企业按照物业管理委托服务合同的约定，为全体业主及住户提供常规性物业服务的同时，可以接受个别业主的委托提供常规性物业服务以外的服务。这种非常规性的服务通常有许多内容统称物业特约服务。提供的特约服务必须是根据业主和住户需要，提供各类特别服务通常是有偿的。

提供便利、高效、经济的个性服务是衡量物业服务水平的重要标准，随着人们生活和办公水平的不断提高，生活工作节奏越来越快，因此对于物业服务行业来说，业主需求的变化已经发展到了不但追求服务态度的热情和耐心，更加强调服务当中的方便与快捷。“一站式”服务顺应了业主需求变化的潮流，全面追求业主的满意。

特约服务就是在接到业主特约服务需求时，物业服务企业就会为业主提供各样的帮助或解决各类的问题，使业主的需求能够得到一步到位的解决，而不需要把业主的电话转来转去，从而大大缩短了业主的等候时间。简单来说就是“一个电话帮您解决需要解决的问题”。特约服务的职责是“接收需求、分派任务、跟踪落实、反馈结果”。对于业主的提出的需求，做好记录，通知相关人员跟进，在规定的时间内跟踪落实服务到位。并从中收集业主意见反馈给上级以及相关人员，而对于业主的一些特殊要求也会输入业主档案内，方便以后更好地为业主提供个性化服务。并根据项目的结构、地理位置和周边的配套设施情况、用户需求调研结果，总结开展特色服务的成功经验，充分考虑居家办公需求的每一细节，通过提供丰富的特色服务项目，切实提高物业管理服务水平，秉承“以业主服务为中心”的理念，开展全方位的特约服务。

5.7.1 特约服务的分类

特约服务可分为：常规的有偿特约维修服务；特殊的有偿特约服务两种形式。

5.7.2 特约服务的基本要求

物业特约服务的基本要求是高效、优质。而高效优质的服务，必须满足下列四方面的要求：

1. 效用

这是业主对物业人员的相应素质和使用价值的需求，它是由物业服务人员的知识、技能或体力转化所带来的实际效果。例如，上门维修服务必须保质保量符合有关标准；环境清洁服务必须做到干净整洁等。

2. 方便

这是业主在讲究效用的同时对省力、省时、省麻烦服务的需求，又称对时空效果的需求。例如报修方便，修得及时，家居生活、办公服务使业主不出门也能得到满足等。

3. 态度

这是业主对物业服务人员行为方式上的需求。为了提供高效优质的服务，物业服务人员必须与业主相互沟通，协调一致，贴心周到，取得信任。主动、热情、诚恳、和气的服务态度是服务的前提。

4. 满意

这是业主对于效用、方便和态度的心理感受，也是对所需服务高效优质与否的总体评价。为此，物业服务企业应千方百计地提供“大管家”式的服务，刻意创造一个以物业为中心的有利于业主生活与工作的“微型社会”，通过高效优质的综合服务实现物业管理的服务宗旨。

5.7.3 特约服务的具体内容

1. 居家服务

◎洗衣服务 ◎日常物管 ◎送餐服务 ◎钟点工｜保姆服务 ◎托幼服务

◎医疗保健服务 ◎牛奶｜报纸｜鲜花代收代购服务 ◎日常用品代购服务

◎家什物品保管

2. 房产服务

◎房产委托出租代管服务 ◎房产维护服务 ◎家庭装修服务

3. 商务服务

◎客房预定 ◎礼仪服务 ◎旅游等友情行程服务 ◎自驾车租赁服务

◎车辆保养、维修预约服务 ◎代订保险服务 ◎商务中心全程服务

4. 主题服务

◎酒会 ◎业主联谊会 ◎传统文化传播会 ◎旅游活动策划及参与

◎赛事活动策划及参与

5.7.4 物业特约服务中的注意事项

1. 注意协调各方面的关系

在开展特约服务时，物业服务企业要与街道等单位协调好关系；同时，在物业特约服务过程中，还会与燃气公司、市政部门、供电局、环保部门和食品卫生部门发生各种关系，只有协调好与这些部门的关系，才能搞好特约服务。

2. 注意特约服务的质量

这里的特约服务质量具有两层意思：一是特约服务的产品品质，二是特约服务质量。物业服务企业一方面要杜绝经营假冒伪劣产品；另一方面要规范服务，树立物业服务企业的良好形象，提高物业服务企业内部管理服务水平，加强员工的考核，真正做到为业主（使用人）提供优质服务。

3. 注意避免污染环境

物业服务企业在经营特约服务项目时，往往将噪声、废气、灰尘、煤烟、污水等也带给了业主，甚至有的特约服务经营侵占了绿地，造成居民交通不便，影响环境美化。这些都严重污染了环境，给业主的生活办公环境带来不良后果。因此，在特约服务经营时，应尽量避免这些现象的发生。

5.7.5 特约服务如何开展

特约服务是物业服务的延伸部分，是满足业主更深层次的需求，因此，物业服务企业在做好日常的物业管理服务的同时，依据物业区域的实际情况，通过市场调研和分析，制定出一套符合物业区域内的特约服务项目、收费标准、服务标准和服务流程，并贯穿到每一位员工，使员工在提供特约服务的时候能保质保量的服务到位，并能按时收回所提供的特约服务费用。在开展特约服务工作中要注意以下几点：

1. 进行市场调研和分析；
2. 制定特约服务项目和收费标准；
3. 制定特约服务工作流程和服务标准；
4. 建立特约服务监督机制；
5. 在物业区域内进行公示和宣传。

5.8 日常接待业主投诉与入住服务

在接待业主投诉中，遇到业主的无端指责或有其他行为时，将如何对待和采取何种方法来处理，这是每个物业服务企业面对的问题，在接待投诉过程中，作为物业服务人员要学会换位思考和耐心聆听业主的投诉，无论正确与否，都要认真对待每一次业主的投诉。业主的投诉方式包括：来电、来访、来函、委托他人、投送意见信、其他等形式进行投诉。

5.8.1 接待投诉的原则

1. 换位思考原则

在接受业主投诉处理的过程中，必须学会换位思考，以尊重、理解业主为前提，用积极诚恳、严肃认真的态度，控制自己的情绪，以冷静、平和的心态先改变业主的心态，然后再处理投诉内容。不能因为一个小小的失误导致投诉处理失败，从而引发一系列的投诉事件发生。

物业服务企业每天都要面对形形色色的各类投诉，如果不加甄别，认为每件投诉都是有效的，那么管理水准再高的物业服务企业也难以应付。一方面承担了本不该由物业服务企业承担的责任，另一方面还会让物业服务企业成为业主的冤屈申诉地，物业服务将会成为一锅大杂烩，从而导致工作职责范围不清、出力不讨好的情况发生。因此在接受业主投诉时，在稳定其情绪的情况下，必须对投诉事件进行有效性的区分，属于物业管理服务合同范围的约定条款都应作为有效投诉，对超出合同约定的，需要具体分析判断是否与物业服务有关，不属投诉受理范围的无效投诉，应合理解释。所以要求物业工作人员要认真熟悉物业管理服务的相关法律法规。

2. 快速反应原则

投诉事件的发生具有偶发性且业主大多是带着情绪而来，若处理不当，导致业主拍案大怒、引起旁人围观而影响物业服务企业的形象，在这种情况就要求物业服务企业的工作人员必须快速、准确地判断业主投诉的性质，及时确定处理投诉方法。当场可以解决的必须予以解决，需要其他部门共同解决的，必须在沟通机制有效畅通的基础上给予解决；若现场无法及时解决的，经与业主协商约定解决的具体时间，并在规定期限内给予解决。面对重大的投诉问题，一定要在第一时间内向上一级反映信息，第一责任人要亲自处理。

3. 适度拒绝原则

在满足业主的要求时，若在物业服务企业服务范围之内的有效投诉，物业服务企业应按照业主投诉处理服务体系处理；若为无效投诉，在稳定客户情绪的前提下，首先告诉业主此事的申诉渠道，其次视现场情况和投诉性质，给出解决问题的建议思路和方法，必要时可以提供力所能及的帮助。

4. 及时总结原则

投诉在很多时候是无法避免的，若就事论事，只满足于投诉处理过程的控制，让业主满意而归而不注意事后的跟踪及投诉案例的分析、总结、培训，同类投诉事件仍会继续发生。今天的总结、改进、培训一方面是为了提高物业相关人员的专业技术水平；另一方面则是为了减少投诉，为下一步工作打下良好的基础，并在此基础上提升业主满意度，增强和提升物业服务企业的知名度。

5.8.2 接待投诉工作要点

1. 对待业主投诉，既要耐心倾听，也要细心辨别，是否有效投诉？无论如何，都要表示急切关注的热心，以及对业主负责的诚心，保持平和心态做好解释工作。

2. 聆听投诉人的诉说，不加任何观点及情绪，完整听完投诉人的投诉内容（最好作书面记录并要求投诉人签名确认）。

3. 针对业主提出的问题，必须先到现场查看，使业主体会到你在热切关注，然后根据现场情况初步判断，或许能够通过沟通解决；若业主还是不满意，可协调相关专业人员勘察定断。并派专人全程跟踪解决过程，做好记录以及回访工作。

4. 遇到问题时，就要考虑到业主为什么指责，业主的心情可以理解。不过切忌态度生硬地回复业主，通过耐心，细致的说服和解释业主会理解的。

5. 通过换位思考的方式去理解业主，帮他分析令他不满的原因，消除沟通的障碍；

6. 物业工作人员要熟悉物业管理的相关法律法规。

5.8.3 投诉内容

投诉内容包括：对设施设备方面的投诉、管理服务方面的投诉、收费方面的投诉、突发事件的投诉等。

1. 设施设备方面的投诉

产生这方面投诉的原因主要是业主所购买的物业与实际期望值有很大差距，特别是设施设备并不是像业主期望的那么理想和完美，甚至影响了使用功能，使业主感觉到心态失衡，并将这方面的问题作为投诉内容进行反映。

2. 管理服务方面的投诉

当业主对物业服务企业所提供的物业服务质量低于其期望值时，就会因不满而引发投诉。造成的原因就是业主对物业服务质量的期望值源于物业服务企业的服务承诺标准。当物业服务企业因某项服务出现“失常”时，就会引发业主的不满从而引发投诉。当物业服务企业的服务承诺过高时，业主因期望值落差而提起投诉。

3. 收费方面的投诉

主要是因对分摊费用和特约服务费用的不理解，或因服务质量问题引发业主的不满而提起的投诉。

4. 突发事件的投诉

对突发事件的投诉主要是指因停电、停水、电梯困人、溢水及室内被盗、车辆丢失等突发事故造成的偶然性投诉。由于突发事件本身很重大，会给业主的日常生活和工作带来较大的麻烦，引发业主的不满而提起的较强烈的投诉。

5.8.4 投诉真实性的界定

业主投诉的真实性可划分为有效投诉、沟通性投诉、无效投诉。因此在业主投诉时，物业服务企业要调查分析投诉的原因，弄清投诉的真实性，如果投诉有效，物业服务企业要按投诉程序落实处理，对于无效投诉，物业服务企业要告知业主具体原因。因此，对于物业服务企业来说，界定投诉的真实性是至关重要的，不仅关系到业主的切身利益，而且影响到物业服务企业的声誉。

1. 有效投诉

有效投诉又分为业主对物业服务企业在管理服务、收费、维修养护、绿化养护、保洁、公共秩序等方面的失职、违法等行为进行的投诉；业主向物业服务企业提出因物业服务工作人员故意、非故意或失误造成业主或公共利益受损的投诉。

2. 沟通性投诉

分为求助型投诉、咨询型投诉、发泄型投诉。其中，求助型投诉主要是业主有困难或问题需要给予帮助解决。咨询型投诉主要是业主有问题或建议进行的咨询解答，通过解答给予业主帮助。发泄型投诉是业主带有不满情绪或委屈或误会造成的不满，要求问题得到解决。

3. 无效投诉。既不属于有效投诉，也不属于沟通性投诉

对于出现的无效投诉，物业服务企业应迅速答复业主，婉转说明理由或情况，真诚的求得业主的谅解。

5.8.5 接待投诉处理要求

物业服务企业的工作人员在受理业主投诉时，除了要严格遵守服务规范要求外，要求做到以下几点：

1. 对投诉要“谁受理、谁跟进、谁答复”。

2. 尽快处理，暂时无法解决的，必须向业主说明情况外，还要约定时间处理，及时跟进。

3. 接受和处理业主投诉要做详细的记录和投诉时间及内容，并及时总结经验教训。
4. 接受和处理业主投诉，要尽可能满足业主（物业使用人）的合理要求。

5.8.6 接待投诉处理程序

接待投诉处理程序如图5－1。

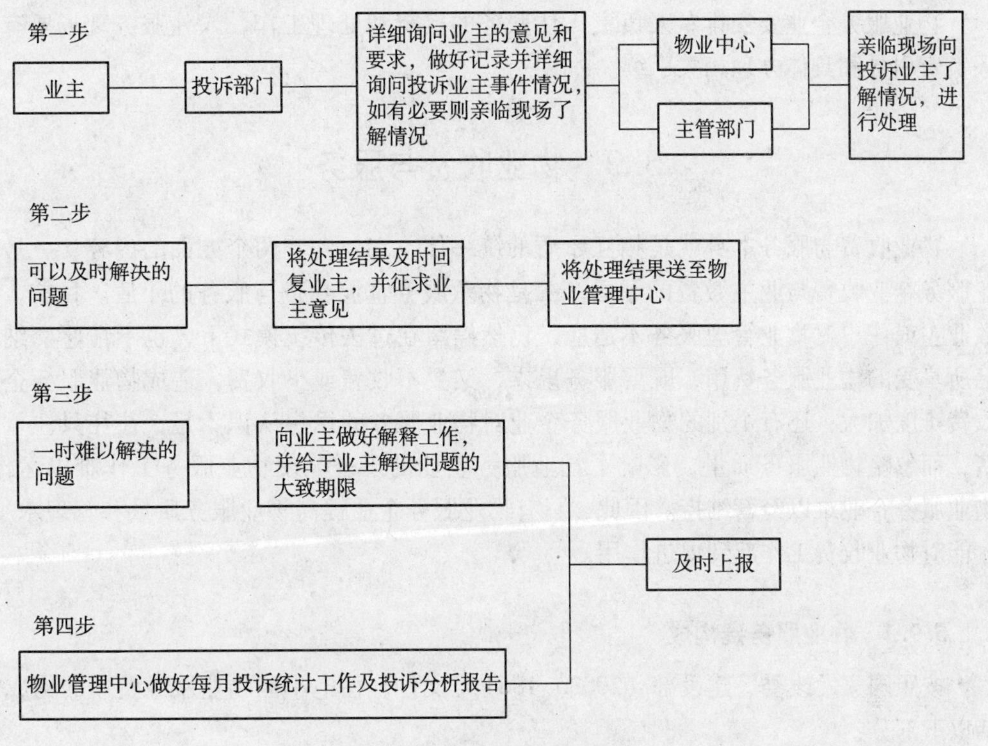

图5－1 接待投诉处理程序

5.8.7 入住服务

入住服务在日常的物业管理服务中是一个重要的环节，且是一项繁琐而细致的服务工作，既要求快捷到位、又要求井然有序的为业主提供服务，使入住服务工作真正的全方位开展起来，以优秀的服务品质、高超的管理艺术、严谨的工作作风和良好的专业技能赢得业主的信赖，通过入住服务正确引导业主认识物业管理服务，化解物业管理服务中的各种矛盾。因此，在入住服务时要注意以下问题：

1. 实行一站式服务

业主入住实行一站式服务，要求物业服务企业集中办公，形成一条龙式的流水作业服务，使业主感到入住物业区域后所带来的便捷和舒适。

2. 入住服务方式

在业主入住时，物业服务企业从方便业主的角度出发，根据业主的不同情况制定不同的入住服务方式，可实行预约或弹性工作方式提供服务，在特殊情况下，也可适当地延长服务时间。

3. 物业服务公示

在物业工作区域内，物业服务企业应将服务流程、服务标准、提供服务的内容、相关的标牌标识等公示到醒目的位置上，方便业主阅读和减轻物业服务企业的咨询工作压力。

4. 专人负责

物业服务企业要安排专人负责入住服务的接待和处理工作，入住服务现场要有专人负责引导和具体办理相关手续。

5.9 物业收费与服务

物业收费与服务本身就是相互矛盾的统一体，它包含着两个方面的内容：一是物业服务企业收费与业主缴费的矛盾；二是物业服务企业收费与服务的矛盾。目前，少数业主或住户对物业管理服务不适应，仍然停留在过去传统模式下，也不情愿交纳自己所享受的物业服务费用，既要服务上乘，又要不收费或少收费，造成物业服务企业收费难度加大；还有个别的物业服务企业对物业服务的思想认识不足，往往只注重收费，而忽略物业服务质量，影响了物业服务企业的声誉，使物业服务工作难以运作，物业服务企业难以经营维持。因此，只有物业服务企业提高物业服务质量和管理水平，才能对物业收费工作起到促进作用。

5.9.1 物业服务费构成

按照国家发改委、建设部（2003）1864 号文件，住宅小区物业服务费用的构成包括以下部分：

1. 管理服务人员的工资、社会保险和按规定提取的福利费等；
2. 物业共用部位、共用设施设备日常运行、小型保养维修费用；
3. 物业管理区域绿化养护费用；
4. 物业管理区域清洁卫生费用；
5. 物业管理区域秩序维护费用；
6. 办公费用；
7. 物业管理公司固定资产折旧费；
8. 物业共用部位、共用设施设备及公共责任保险费用；
9. 经业主同意的其他费用。

物业共用部位、共用设施设备的大修、中修和更新、改造费用，应当通过专项维修资金予以列支，不得计入物业服务支出或物业服务成本。

5.9.2 物业服务费收取原则

物业服务企业在提供物业服务的同时，收费工作也要同时进行，在收费过程中要坚持以下原则：

1. 等价交换原则；

2. 谁受益谁出钱的原则；

3. 优质优价原则；

4. 取之于民、用之于民的原则；

5. 公开原则；

6. 物业管理服务收费应当遵循合理、公开及与物业产权人、使用人的承受能力相适应的原则；

7. 物业管理服务收费应当根据所提供的服务的性质、特点等不同情况，分别实行政府定价、政府指导价和经营者定价；

8. 为物业产权人和使用人提供的公共卫生清洁、公用设施的维修保养、保安、绿化等具有公共性质的服务，以及代收缴水电费、燃气费、有线电视费、电话费等公众代办性质的服务收费，实行政府定价或政府指导价；

9. 凡属为物业产权人、使用人个别需求提供的特约服务，除政府物价部门规定有统一收费标准外，服务收费实行经营者定价；实行经营者定价的物业管理服务收费标准由物业服务企业与业主委员会或产权人代表、使用人代表协商确定，并应将收费项目和收费标准向当地物价部门备案。

5.9.3 物业服务收费的误区

长期以来，物业服务费收取一直是物业管理工作的一个瓶颈，这个问题长期无法解决，根本原因是人们一直无法走出物业服务收费的误区，为此，必须明确以下几点：

1. 享受服务就应交费

在民事活动中，提供服务的人只能根据事先约定向主动要求服务的人收费，而不能强迫被动接受服务的人交费，被动接受服务的人是否付费，完全取决于他个人的意愿，即使是政府、法院，也无权进行干涉。在实践中，经常出现物业管理企业强制要求业主缴纳各种名目物业相关费用的情况，强制消费的一般结果是造成业主与物业管理企业之间产生矛盾，更为严重的结果是造成双方的对立。

2. 缴纳物业服务费是业主的法定义务

物业服务企业受雇于业主，为物业区域提供物业管理服务。物业服务企业与业主之间是明确的服务合同关系，但往往有些业主没有理清认识，简单地认为物业服务企业是物业区域的配套措施，并没有意识到物业服务费的本质，经常采用对抗的方式拒绝缴纳物业费，对物业区域的和谐环境产生了不利的影响。所以缴纳物业服务是业主法定的义务。

3. 业主无权查物业服务费的账

物业收费模式有两种，分别是：酬金制和包干制，它们的不同主要集中在酬金制情况下，物业服务费盈余归业主所有，物业服务费亏损由业主另外补足；在包干制情况下，业主无权要求物业公司把物业服务费盈余退还业主，物业服务企业也无权要求业主补偿物业服务费亏损。所以，业主在要求对物业服务费账目进行审查时，应首先了解物业服务企业的收费模式。如果采用酬金制的物业企业，业主有权对物业费用账目审查，但如果是包干制，业主无权对物业管理企业的账目进行审查。

4. 物业服务企业有权对业主欠费进行起诉

如果物业服务企业按物业管理委托服务合同履行了物业服务企业履行的职责，且物业服务质量也达到合同约定的服务标准，而业主欠交物业服务费并经过多次催缴或长期欠费，影响了物业服务企业的正常经营和运行。物业服务企业通过法院向业主追讨物业服务费和滞纳金。

5. “欠”费就是伤害其他业主权益

分情况而论，如果物业服务企业重复收费、没有合同依据收费，业主“欠”交物业服务费就不能说其伤害其他业主的权益，而是在带头维护业主的合法权益。但是，当物业服务企业收取物业委托服务合同约定的费用时，而业主无故拖欠，导致物业服务企业经费不足，影响了物业服务的质量，就会损害了其他业主的权益。

5.9.4 物业服务收费工作中注意事项

1. 物业服务企业收费人员应了解收费的标准和构成；

2. 要综合掌握和了解相关的法律法规；

3. 要学会与业主如何进行沟通；

4. 要协调衔接物业服务企业相关部门及时处理属于物业服务企业服务范畴内的问题；

5. 要将在收费过程中业主反馈的相关信息及时反馈到相关部门进行处理；

6. 规范收费服务行为，让业主感到有一个平和的氛围。

5.9.5 物业服务收费工作流程

1. 目的

规范服务费用的收缴工作，确保如数、及时、安全地收回各项费用。

2. 适用范围

适用于物业管理服务费用及其他各项有偿服务费的收缴工作。

3. 职责

（1）收费人员负责办理各项费用的银行托收及现金收取工作；

（2）各部门主管负责对本部门相关有偿服务项目计费与审核；

（3）财务部门负责各项有偿服务费用的计算及打印收费通知单；

（4）综合部门负责水、电项目的查表工作，并按时报送财务部，录入电脑原始数据；

（5）财务部门主管负责对费用收缴工作的监督、检查。

4. 费用收取的范围

（1）物业管理服务费；

（2）机电维修、清洁、绿化等各项特约服务费；

（3）代收代缴的水、电、垃圾处理费；

(4) 车库、底商、办公写字楼等出租租金。

5. 各项费用的收缴程序

(1) 财务部门从业主办理移交入住手续之日起计收管理费。业主收到入住通知后一个月内未办理入住手续的应视为入住，开始计收管理费。

(2) 财务部门应在每月6日开始根据业主资料和房管员查抄住户用电量录入电脑，并生成当期月份《应收费用明细表》，内容包括：编号、房号、业主姓名、房屋面积、管理费、水电费、采暖费等项费用。应收金额 、上月欠收、滞纳金、本月应收等如表5－1。

应收费用明细表 **表5－1**

房号	业主姓名	月物业费金额	物业费所属时间	应收金额	备注

(3) 由收费员在每月5日前将审核无误后的《应收费用明细表》交由财务部门打印出书面收费通知单，并加盖财务专用章。

(4) 财务部门应将《应收费用明细表》于每月12日前经审核如有差错应及时更正。如无疑问，财务部门主管在审核栏内签署姓名、日期。

(5) 财务部门应在每月12日前将有效的《收费通知单》如表5－2交收费员派发，对其银行开户的业主整理成册，直接送达开户银行，并由银行人员签收姓名、日期；对业主交现金的收费员应在3个工作日内直接送达业主并收取现金，并请住户签收姓名、日期。

收费通知单 **表5－2**

从　年　月到　年　月　日

楼　单元　房号　业主姓名

序号	项目	上月读数	本月读数	用量	单价	金额
1						
2						
3						
…						
物业服务费						
1						
2						
3						
4						
5						
…						
合计						

(6) 收费员在银行划拨后一日内到银行读取数据。并将没有划拨成功的业主告知其交费情况，并再次确定交费方式，采取相应交费提示。

(7) 对未办理银行划拨的现金形式交纳费用的，收费应在次月5日前到业主家中收取费用。

(8) 收费员应于每月6日前编制《费用收缴明细表》报财务部门主管审核，经审核有疑问的，应及时查明，予以更正；经审核无误的应在财务审核栏内签署姓名及日期后上报领导。

费用收缴明细表 **表5-3**

房　号	业主姓名	费用名称	所属时间	收缴时间	金　额	备　注

财务审核：　　　　制表人：　　　　制表日期：

(9) 财务部门将已全额收回的各项费用及时进行账务处理，对未能收取的费用，应在2月内再次根据欠费资料填写《费用催缴通知单》，并经财务主管审核无误后加盖财务专用章，直接送达业主家中，让接收人在催缴单上签收姓名、日期。

(10) 有偿服务费的收缴

① 工程维修部、保洁部、园林绿化部等各部门的工作人员在为业主提供各项有偿服务时，应根据相关工作服务票的工作量和项目内容以及相应收费标准计算收取金额，并请住户对服务项目进行验收，在服务单上签字确认，现场收取费用。

② 各部门工作人员对收取业主服务费应在当日交回财务，并在工票上加盖现金收讫章。

③ 收费员应于每日下午3时前将当日（前日下午3时~当日下午3时）收取的各项费用，连同交款清单交财务部门出纳员。

6. 费用收缴资料的保管

每月5日后收费员应将上月的未收回收费单汇总后，装订成册，以便今后继续收取。

5.10 物业服务常用文书与记录表格

在物业管理服务活动中，常用文书应用较多，并且发挥着重要的作用。对于物业服务企业的工作人员来说，准确熟练的运用物业管理文书是一项必须具备的基本技能。

物业服务企业常用文书可分为：报告、请示、会议纪要、通知、通告、函件、规定等。物业服务企业是一个服务行业，所以，在起草和使用物业常用文书时，既要符合通用文书的特点，又要突出服务的特性。

5.10.1 报告

报告是指下级部门向上级部门报告工作情况时所使用的陈述性上行公文。用于向上级部门汇报工作、反映情况、提出建议或答复上级部门的问询。起草时要语言简练、情况属实，并且不带“请示”事项。

具体要素：

（1）将一定时间内工作情况简明扼要介绍（包括依据、目的、行动、整个工作的估计和评价）；

（2）现将有关情况报告如下；

（3）转入正文，进入主题内容；

（4）主题内容是报告的核心，是叙述的具体内容；

（5）如果主题内容多，篇幅长，可采用分题式、分条式、两者结合方法进行叙述。

5.10.2 请示

请示是指下级部门向上级部门请求指示、批准事项时使用的呈请性上行公文。请示内容包括请示理由、请示事项、请示要求、提出建议或处理办法。

具体要素：

（1）请示内容应一文一事；

（2）选准主送；

（3）文字简练易懂；

（4）注重行文语气，语句谦敬、分寸得当；

（5）内容复杂应分段表述。

5.10.3 会议纪要

会议纪要是指用于记录会议的主要精神和议定事项，具有决定、决议一类的公文性质，特点是纪要性、决议性、知照性，是各部门开展工作的依据。

具体要素：

（1）会议起止时间、地点、主持人、参加与列席人员、议题、会议进展情况、会议结果；

（2）会议的指导思想、目的、要求、会议程序、与会者发言内容；

（3）概括简要，文字简练；

5.10.4 通知

通知是指一种告知性的公文，内容要具体，文字要简练，简明扼要，一目了然。

具体要素：

（1）写明通知的背景和依据；

（2）写清楚什么事，有何要求；

（3）写明做什么事的起止时间；

（4）通知发布单位及发布时间。

5.10.5　通告

通告是指在一定的范围内使用的一种告知性公文。通告的专业性比较强，通告只要求同其所涉及的内容有关的单位、人员了解就可以了。

具体要素：

（1）内容比较简单的通告。通告的目的和通告的事项之间没有明确的界限，而是一气呵成，简明流畅。

（2）通告的内容虽然较多，但也是一笔写到底，有的甚至连段也不分。

（3）写出通告目的，然后对通告事项，分别一一列出，眉目十分清楚。

（4）内容较多而且繁杂的通告，不仅分项写，而且在大项目中还可以包含几个小项。

（5）通告缘由主要用来表达发布通告的背景、根据、目的、意义。

（6）通告事项。这是主体部分，文字最多，内容最复杂。较多采用分条列项的写法，以做到条理分明，层次清晰。如果内容比较单一，也可采用贯通式写法。

（7）通告结语。这是结尾部分，写法比较简单，多采用“本通告自发布之日起实施”或“特此通告”的模式化结语。

5.10.6　函件

函件用于部门之间商谈工作、询问、和答复问题或向无隶属关系的有关主管部门请求批准等。函件的正文一般包括：发函的原因、背景和依据，说明致函事项，明确地将问题、要求或答复意见告知对方。

具体要素：

（1）写函件时，态度诚恳、热忱、语气平和和谦虚；

（2）语句用词严谨得体；

（3）事项中写明商洽、请批、答复的具体内容。

（4）写结尾时要有的意完即止，无特殊的结尾标志；有的在结尾处写上“特此函告”或“盼复”、“请函复”；若是复函，则写上“特此函复”。

5.10.7　规定

规定是对某项工作或活动的进行作出具体规范的法规公文形式，具有强制性和约束力。有的在施行过程中具有一定的灵活性，如“暂行规定”。规定的内容一般包括制定规定的依据，规定的具体内容和规定的实施说明等。

具体要素

（1）写规定时，一般以分段或分条分款的办法写作；

（2）把内容逐一写清；

（3）文字一定要简洁、明晰、准确，切忌模棱两可，似是而非。

5.10.8 办公室常用表格

包括：办公物品领用单，如表5－4；

办公物品盘点登记表，如表5－5；

印章使用登记表，如表5－6；

介绍信，如表5－7；

借阅登记表，如表5－8；

办公室物品登记表，如表5－9；

请示报告卡，如表5－10；

库房材料月盘点登记表，如表5－11；

周例会学习、点评、改进措施记录表，如表5－12；

社区文化活动记录表，如表5－13；

月工作计划进度表，如表5－14。

办公物品领用单 **表5－4**

领用部门： 领用时间： 年 月 日 编号NO：

序号	办公物品名称	规 格	单 位	数 量	用 途	备 注
经理审批签字：		办公室承办人签字：			领用人签字：	

办公物品盘点登记表 **表5－5**

盘点日期：

序号	盘店物品名称	购进物品时间	购进总数	使用部门	使用数量	备 注

印章使用登记表 **表5－6**

印章使用部门	印章使用原因	盖章数量	公司经理确认签字	盖章时间

介绍信 **表5－7**

存根：

兹有　　　公司　　　同志等　　人，因　　　　前往贵处办理

望贵处予以协助办理为盼！

×××物业管理有限公司

年　月　日

兹有　　　公司　　　同志等　　人，因　　　　前往贵处办理

望贵处予以协助办理为盼！

×××物业管理有限公司

年　月　日

借阅登记表 **表5－8**

序　号	借阅文件名称	数　量	借阅时间	归还时间	公司领导审批	借阅人签字

办公物品登记表 **表5－9**

序号	办公物品名称	数量	使用部门	使用人	物品状况	使用人签字	登记时间

请示报告卡 表5－10

<table>
<tr><td>部　门</td><td colspan="2"></td><td>请示人</td><td></td></tr>
<tr><td>请示时间</td><td></td><td>请示标题</td><td colspan="2"></td></tr>
<tr><td colspan="5">请 示 内 容</td></tr>
<tr><td colspan="5">公司领导：

请示人：
年　月　日</td></tr>
</table>

库房材料月盘点登记表 表5－11

序　号	材料名称	库存数量	消耗数量	备　注

盘点人签字：　　　　盘点时间：　　　　办公室备案人签字：

周例会学习、点评、改进措施记录表 表5－12

<table>
<tr><td>参加部门</td><td colspan="3"></td></tr>
<tr><td>参加人员</td><td colspan="3"></td></tr>
<tr><td>学习时间</td><td colspan="3"></td></tr>
<tr><td>学习内容</td><td colspan="3"></td></tr>
<tr><td>本周工作点评</td><td colspan="3">存在问题：
取得进步：</td></tr>
<tr><td>改进措施</td><td colspan="3"></td></tr>
<tr><td>记录人</td><td></td><td>记录时间</td><td></td></tr>
</table>

社区文化活动记录表 表 5 – 13

组织策划部门		活动项目	
活动具体时间		准备工作	
活动负责人		通知情况	
安全措施			
现场活动情况			

月工作计划进度报表 表 5 – 14

部　门		编制时间		编制人	
工作计划内容					
工作计划进度时间编排					
计划进度保障措施					
部门经理审核意见					

5.10.9 人事管理常用表格

包括：员工履历登记表，如表5－15；
员工离职登记表，如表5－16；
员工培训记录表，如表5－17；
学习记录表，如表5－18；
请假单，如表5－19；
临时加班审批表，如表5－20；
员工签到表，如表5－21；
员工考勤报表，如表5－22。

员工履历登记表　　应聘岗位：　　**表5－15**

<table>
<tr><td colspan="2">姓名</td><td colspan="3"></td><td colspan="2">性别</td><td></td><td>出生日期</td><td></td><td>年龄</td><td></td><td rowspan="3">照片</td></tr>
<tr><td colspan="2">籍贯</td><td colspan="3"></td><td colspan="2">婚姻</td><td></td><td>身份证编号</td><td></td><td></td><td></td></tr>
<tr><td colspan="3">联络地址</td><td colspan="5"></td><td>联系方式</td><td colspan="3"></td></tr>
<tr><td rowspan="5">学历</td><td colspan="3">入学时间</td><td colspan="2">毕业时间</td><td colspan="2">学校名称</td><td>学　历</td><td colspan="2">科系专业</td><td colspan="2">备　注</td></tr>
<tr><td colspan="3"></td><td colspan="2"></td><td colspan="2"></td><td></td><td colspan="2"></td><td colspan="2"></td></tr>
<tr><td colspan="3"></td><td colspan="2"></td><td colspan="2"></td><td></td><td colspan="2"></td><td colspan="2"></td></tr>
<tr><td colspan="3"></td><td colspan="2"></td><td colspan="2"></td><td></td><td colspan="2"></td><td colspan="2"></td></tr>
<tr><td colspan="3"></td><td colspan="2"></td><td colspan="2"></td><td></td><td colspan="2"></td><td colspan="2"></td></tr>
<tr><td rowspan="6">经历</td><td colspan="3">期　间</td><td colspan="5">单　位</td><td colspan="2">职　务</td><td colspan="2">离职原因</td></tr>
<tr><td colspan="3"></td><td colspan="5"></td><td colspan="2"></td><td colspan="2"></td></tr>
<tr><td colspan="3"></td><td colspan="5"></td><td colspan="2"></td><td colspan="2"></td></tr>
<tr><td colspan="3"></td><td colspan="5"></td><td colspan="2"></td><td colspan="2"></td></tr>
<tr><td colspan="3"></td><td colspan="5"></td><td colspan="2"></td><td colspan="2"></td></tr>
<tr><td colspan="3"></td><td colspan="5"></td><td colspan="2"></td><td colspan="2"></td></tr>
<tr><td colspan="3">有何特长</td><td colspan="10"></td></tr>
<tr><td colspan="4">希望待遇</td><td colspan="2"></td><td colspan="3">认为可胜任之其他职位</td><td colspan="4"></td></tr>
<tr><td colspan="13">若您被本公司录用，您将有何个人发展计划（请简述）</td></tr>
</table>

员工离职登记表 **表 5－16**

姓　名		部　门		岗　位	
移交情况					
物品移交情况					
物品接收部门确认					
工作移交情况					
接收部门确认					
离职原因					
办公室备案审批					
主管经理审批	主管经理签字：　　年　月　日				
项目经理批示	项目经理签字：　　年　月　日				
批准后离职时间	年　月　日				

员工培训记录表 **表 5-17**

培训部门		培训时间		参加人数	
培训具体内容					
现场培训情况					
组织培训部门					
培训工作人员					
培训所需时间					
培训检测效果					

学习记录表　　表 5－18

学习部门		学习时间		学习人数	
学习内容					
学习中存在的问题					
采取措施					
达到目的					

请假单　　表 5－19

姓　名		部　门		岗　位		请假天数	
请假事由							
部门经理审批意见	部门经理签字：　　年　月　日						
项目经理审批意见	项目经理签字：　　年　月　日						
办公室保存备案							

临时加班审批表 **表5-20**

<table>
<tr><td>加班部门</td><td></td><td>加班原因</td><td colspan="3"></td></tr>
<tr><td>加班数量</td><td></td><td>加班人数</td><td></td><td>加班日期</td><td></td></tr>
<tr><td colspan="6">加班工作内容</td></tr>
<tr><td colspan="6"></td></tr>
<tr><td colspan="2">部门经理审核签字</td><td colspan="4">年 月 日</td></tr>
<tr><td colspan="2">项目经理审批签字</td><td colspan="4">年 月 日</td></tr>
</table>

注：此表系双联，带存根

员工签到表 **表5-21**

<table>
<tr><td rowspan="2">序 号</td><td rowspan="2">姓 名</td><td rowspan="2">岗 位</td><td colspan="2">上 午</td><td colspan="2">下 午</td><td rowspan="2">备 注</td></tr>
<tr><td>上 班</td><td>下 班</td><td>上 班</td><td>下 班</td></tr>
<tr><td></td><td></td><td></td><td></td><td></td><td></td><td></td><td></td></tr>
<tr><td></td><td></td><td></td><td></td><td></td><td></td><td></td><td></td></tr>
<tr><td></td><td></td><td></td><td></td><td></td><td></td><td></td><td></td></tr>
</table>

员工考勤报表 **表5-22**

年 月 本月应出勤 天

<table>
<tr><td rowspan="2">序号</td><td rowspan="2">姓名</td><td rowspan="2">岗位</td><td rowspan="2">出勤（天）</td><td rowspan="2">夜班（天）</td><td colspan="2">加班（天）</td><td rowspan="2">工 时</td><td rowspan="2">备 注</td></tr>
<tr><td>平时</td><td>节假</td></tr>
<tr><td></td><td></td><td></td><td></td><td></td><td></td><td></td><td></td><td></td></tr>
<tr><td></td><td></td><td></td><td></td><td></td><td></td><td></td><td></td><td></td></tr>
<tr><td></td><td></td><td></td><td></td><td></td><td></td><td></td><td></td><td></td></tr>
<tr><td></td><td></td><td></td><td></td><td></td><td></td><td></td><td></td><td></td></tr>
</table>

项目经理签字： 制表： 制表日期：

5.10.10 物业服务综合运行常用表格

包括：每日物业运行记录表，如表5－23；

质量监督检查记录表，如表5－24；

物业服务传递单，如表5－25；

物业部门服务质量监督检查表，如表5－26；

部门材料计划表，如表5－27；

__年__月材料、物品采购计划表，如表5－28。

每日物业运行记录表　　表5－23

物业小区		记录人		记录日期	年　月　日
物业项目	记录内容				
业主接待					
保洁服务					
绿化养护					
安　防					
特约服务					
设施设备运行					
共用设施设备维护					
备　注					

质量监督检查记录表 表5-24

受检岗位		检查区域		受检人工号	
检查项目					
存在问题					
限期整改					
奖励额度	元	处罚额度	元		
受检时间		受检部门负责人签字			

物业服务传递单 表5-25

传递时间		传递相关部门		传递人	
相关部门人签字		接单时间			
传递内容					

注：此表系双联，带存根

物业部门服务质量监督检查记录表 表5-26

检查部门		被查部门		岗　位	
检 查 内 容					
存 在 问 题					
整改要求及时间					
检查时间		责任部门人签字			

部门材料计划报表　　表5-27

序号	材料名称	规格	型号	数量	单位	大约费用	用途
1							
2							
3							
4							
…							
	合计费用	元					

制表：　　办公室部：　　项目经理审核：

制表日期：　　审核日期：

____年____月材料、物品采购计划表　　表5-28

序号	材料名称	规格	型号	数量	单位	大约费用	用途
1							
2							
3							
4							
…							
	合计费用	元					

制表：　　项目经理审核：　　办公室部：　　公司经理审批：

5.10.11　有关业主情况常用表格

包括：业主登记表，如表5-29；

业主通信联络表，如表5-30；

业主房屋情况登记表，如表5-31；

业主意见调查表，如表5-32；

户型面积编号表，如表5-33；

空置房屋统计表，如表5-34；

业主投诉记录表，如表5-35；

业主房屋租赁情况登记表，如表5-36；

房屋租赁人员登记表，如表5-37；

业主求助记录表，如表5-38；

客户回访记录表，如表5-39；

物业服务综合评议表，如表5-40。

业主登记表 表 5－29

<table>
<tr><td>称谓</td><td>姓名</td><td>性别</td><td>出生年月</td><td>民族</td><td>户籍所在地</td><td>身份证号码</td><td>工作单位</td><td>联系电话</td></tr>
<tr><td></td><td></td><td></td><td></td><td></td><td></td><td></td><td></td><td></td></tr>
<tr><td></td><td></td><td></td><td></td><td></td><td></td><td></td><td></td><td></td></tr>
<tr><td colspan="6">交房时间</td><td colspan="3"></td></tr>
<tr><td colspan="6">入住时间</td><td colspan="3"></td></tr>
<tr><td colspan="2">房屋证编号</td><td colspan="3"></td><td colspan="4">房屋证发放单位：</td></tr>
<tr><td colspan="2">房屋性质</td><td colspan="7"></td></tr>
<tr><td colspan="2">房屋户型</td><td colspan="7"></td></tr>
<tr><td colspan="2">房屋结构</td><td colspan="7"></td></tr>
<tr><td colspan="2">建筑面积</td><td colspan="2">入住时间</td><td colspan="2">车牌号</td><td>颜色</td><td colspan="2">车型</td></tr>
<tr><td colspan="2"></td><td colspan="2"></td><td colspan="2"></td><td></td><td colspan="2"></td></tr>
<tr><td colspan="9">配套设施：</td></tr>
</table>

楼号： 房号： 办理日期： 年 月 日

业主通信联络表 表 5－30

楼号 单元号 房号	业主姓名	手机号	固定电话	住 址

业主房屋情况登记表 表 5－31

<table>
<tr><td>产权人姓名</td><td></td><td colspan="2">房屋坐落位置</td><td colspan="2"></td><td>登记时间</td><td></td></tr>
<tr><td colspan="8">房屋用途</td></tr>
<tr><td>业主房屋自用</td><td></td><td colspan="4">房屋租赁</td><td colspan="2"></td></tr>
<tr><td>租赁人姓名</td><td></td><td>办公</td><td></td><td>居住</td><td></td><td>商业</td><td></td></tr>
<tr><td>租赁时间</td><td colspan="7"></td></tr>
<tr><td colspan="8">装修状况</td></tr>
<tr><td>未装修</td><td></td><td colspan="2">已装修</td><td colspan="2"></td><td>装修时间</td><td></td></tr>
<tr><td>装修情况</td><td colspan="7">正常装修情况：
违章装修情况：</td></tr>
</table>

业主意见调查表 表 5－32

1. 您对本小区的物业服务现状满意吗？

   A 满意□　B 不满意□　C 一般□　原因：

2. 您对以下物业提供的服务评价

   1）保洁：　A 满意□　B 不满意□　C 一般□　原因：

   2）安防：　A 满意□　B 不满意□　C 一般□　原因：

   3）维修：　A 满意□　B 不满意□　C 一般□　原因：

   4）绿化：　A 满意□　B 不满意□　C 一般□　原因：

   5）接待管理：　A 满意□　B 不满意□　C 一般□　原因：

   6）供暖：　A 满意□　B 不满意□　C 一般□　原因：

   7）供电：　A 满意□　B 不满意□　C 一般□　原因：

   8）供水：　A 满意□　B 不满意□　C 一般□　原因：

3. 您对电梯的管理使用是否满意？

   A 满意□　B 不满意□　C 一般□　原因：

户型面积编号表　表 5－33

楼号	单元号	房号	产权人姓名	建筑面积（m^2）	移交时间	备　注

空置房屋统计报表　表 5－34

空置房房号	建筑面积	未移交原因	代管情况	备　注

业主投诉记录表　表 5－35

楼户号	投诉时间	投诉问题	记录人	处理结果	完成时间	完成人

业主房屋租赁情况登记表　表 5－36

序号	房屋租赁房号	出租时间	到期时间	房屋租赁用途	备案时间

房屋租赁人员登记表　表 5－37

序号	租赁房号	人员数量		关　系	身份证号	从事工作	暂住证号	联系电话
		男	女					

业主求助记录表 **表 5 - 38**

业主房号	求助时间	求助内容	约定时间	处理部门	处理结果	完成时间

客户回访记录表 **表 5 - 39**

回访时间	被回访业主住址	回访服务情况及业主意见	回访形式	备 注

物业服务综合评议表 **表 5 - 40**

业主姓名： 楼 单元 室 年 月 日

业主综合意见：
业主建议：
您对物业管理中心员工的评价： 1. 认为好员工： 2. 认为一般员工： 3. 认为较差员工：

5.10.12 安防常用表格

包括：交接班记录表，如表 5 - 41；

物品进出放行记录表，如表 5 - 42；

外来人员登记表，如表 5 - 43；

夜间机动车辆停放统计表，如表 5 - 44；

外来车辆进出情况登记表，如表5－45；
安防物品领用登记表，如表5－46；
安防人员培训学习记录表，如表5－47；
监控运行时间报表，如表5－48；
安防巡逻日记录表，如表5－49；
紧急事件处理记录表，如表5－50；
安防岗位检查记录表，如表5－51。

交接班记录表 **表5－41**

白班（　　）　　二班（　　）　　夜班（　　）　　年　月　日

<table>
<tr><td colspan="4">巡更情况</td></tr>
<tr><td>白天巡更（次）</td><td>按要求应巡更（次）</td><td>夜间巡更（次）</td><td>按要求应巡更（次）</td></tr>
<tr><td></td><td></td><td></td><td></td></tr>
<tr><td colspan="4">在巡更过程中存在下列问题</td></tr>
<tr><td colspan="4"></td></tr>
<tr><td colspan="4"></td></tr>
<tr><td colspan="4"></td></tr>
<tr><td colspan="4"></td></tr>
<tr><td colspan="4">建议下一班注意观察</td></tr>
<tr><td colspan="4"></td></tr>
<tr><td colspan="4"></td></tr>
<tr><td colspan="4">监控设备</td></tr>
<tr><td colspan="4">设备运行情况</td></tr>
<tr><td>正　常</td><td>不正常</td><td colspan="2">原　因</td></tr>
<tr><td></td><td></td><td colspan="2">夜间灯光问题</td></tr>
<tr><td></td><td></td><td colspan="2">夜间整体效果不良</td></tr>
<tr><td></td><td></td><td colspan="2">保存记录出现故障</td></tr>
<tr><td></td><td></td><td colspan="2">设备出现故障不工作（部位）</td></tr>
<tr><td></td><td></td><td colspan="2">摄像探头故障</td></tr>
<tr><td colspan="4">门　卫</td></tr>
<tr><td colspan="4">本班次共进入本小区外来车辆</td></tr>
<tr><td>做客（台）</td><td>运货（台）</td><td>拉货（台）</td><td>出租车（台）</td></tr>
<tr><td></td><td></td><td></td><td></td></tr>
</table>

续表

门卫			
车辆牌号、司乘人员身份、详见外来车辆登记表			
本班次共进入本小区外来人员			
做客探亲（人）	办公（人）	送货（人）	装修（人）
设备安装（人）			
对上述外来人员查看身份证和记录详见外来人员登记表			

设备巡视			
在本班次巡视过程中，本小区公共设施是否完善			
	正常	有问题	原因
健身器材			
草坪践踏			
井盖破损			
单元防盗门不能关闭			
对讲系统有故障（部位）			
生活垃圾桶盖、			
果皮箱盖损坏（部位）			
自动门不能正常关闭			
路灯不亮（部位）			
设像探头罩污渍（部位）			

装备移交					
对讲机移交	正常	台	不能正常使用	台
应急灯	正常	个	不能正常使用	个

责任区卫生						
东门及门房	良好		一般		差	
西北门及门房	良好		一般		差	
正东及西北自动门清洁	良好		一般		差	

仪容仪表				
着装	整洁		不整洁	
头发、胡子	不符合要求		符合要求	
胸卡	佩带		未佩带	
接班人意见				
交班人签字			接班人签字	

物品进出放行记录表 **表 5－42**

日期	携带人姓名、住址（单位）	物品名称	数量	检查结果	值班人	班/组长签阅

外来人员登记表 **表 5－43**

日期	来访/施工单位	来访人/施工人姓名	被访人/施工住（地）址	被访人姓名	入小区时间	出小区时间	当值人	班/组长签阅

夜间机动车辆停放统计表 **表 5－44**

序号	车型	颜色	牌号	车辆状况	检查时间	检查人	备注

外来车辆进出情况登记表 **表 5－45**

序号	车型	颜色	牌号	进入时间	驶出时间	事由	日期

安防物品领用登记表 表 5－46

领用人姓名			领用时间		
序号	物品名称		数　量	规　格	备　注
1					
2					
3					
部门经理审核签字			公司经理审批签字		

安防人员培训学习记录表 表 5－47

培训负责人		培训时间		培训地点	
培训人员数量		培训方式		备　注	
培训演练情况：					
安防学习内容：					
测试结果：					
存在问题：					
改正办法：					
办公室备案：					

监控运行时间报表 表5－48

班次：		值班员：	年 月 日	
摄像监控系统工作情况	突发事件和处理结果	值班记录	时：分	备 注

安防巡逻日记录表 表5－49

巡逻代班长		日 期	年 月 日	巡逻次数	
违规情况及处理结果					
公共设施					
其 他					
备 注					

紧急事件处理记录表 表5－50

年 月 日

接报时间		报告人		案（事）件性质	
相关部门到场时间		发生地点			
参与处理部门及参与人员					
处置情况	负责人签字： 年 月 日				
领导意见					
备 注					

安防岗位检查记录表 表5－51

值班情况 区域	区域值班检查情况简述	检查时间	检查人签字

5.10.13 消防常用表格

包括：防火安全检查记录表，如表5－52；
消防设施设备、器材统计一览表，如表5－53；
消防设施整改通知单，如表5－54；
消防设施整改记录表，如表5－55；
消防演习记录表，如表5－56；
消防应急器材检查记录表，如表5－57。

防火安全检查记录表 表5－52

检查时间		受检部门		检查人	
检查区域					
存在隐患					
限期整改 要求及时间					
责任人签字					

消防设施设备、器材统计一览表 表5－53

序号	消防设施设备器材名称	规格型号	分布位置	数量	保养状态	备注

消防设施整改通知单 表 5－54

<table>
<tr><td>消防设施名称</td><td></td><td>检修原因</td><td></td></tr>
<tr><td>受理部门</td><td></td><td>处理时限</td><td></td></tr>
<tr><td>接受人签字</td><td></td><td>接单时间</td><td></td></tr>
<tr><td>传递部门</td><td></td><td>传递人签字</td><td></td></tr>
<tr><td>传递时间</td><td colspan="3"></td></tr>
</table>

消防设施整改记录表 表 5－55

整改部门或维修部门	整改设施名称	型号规格	数 量	整改完成时间	整改情况	完成人员签字

消防演习记录表 表 5－56

年 月 日

<table>
<tr><td>单位名称</td><td colspan="2"></td><td>演习责任人</td><td></td></tr>
<tr><td>演习时间</td><td>参加部门</td><td>参加人数</td><td>演练成绩</td><td>备 注</td></tr>
<tr><td></td><td></td><td></td><td></td><td></td></tr>
<tr><td></td><td></td><td></td><td></td><td></td></tr>
<tr><td>填表人/日期</td><td></td><td colspan="2">审核人/日期</td><td></td></tr>
</table>

消防应急器材检查记录表 表 5－57

年 月 日

<table>
<tr><td>单位名称</td><td colspan="2"></td><td colspan="2">防火负责人/日期</td><td></td></tr>
<tr><td>序 号</td><td>名 称</td><td>规 格</td><td>数 量</td><td>检查状态</td><td>维修处理意见</td></tr>
<tr><td></td><td></td><td></td><td></td><td></td><td></td></tr>
<tr><td></td><td></td><td></td><td></td><td></td><td></td></tr>
</table>

5.10.14 保洁常用表格

包括：每日卫生保洁质量检查记录表，如表5－58；

保洁____月工作计划进度表，如表5－59；

卫生消杀记录表，如表5－60；

每日卫生运行工作记录表，如表5－61。

每日卫生保洁质量检查记录表 **表5－58**

<table>
<tr><td colspan="2" rowspan="3">楼
号</td><td colspan="9">卫生检查内容</td></tr>
<tr><td colspan="3">楼道卫生</td><td rowspan="2">单元
防盗门</td><td rowspan="2">饰物</td><td rowspan="2">张贴
物清理</td><td rowspan="2">室内顶
棚、墙面</td><td rowspan="2">电梯间</td><td rowspan="2">检查时间</td></tr>
<tr><td>地面</td><td>窗台</td><td>扶手</td></tr>
<tr><td rowspan="3"></td><td>1</td><td></td><td></td><td></td><td></td><td></td><td></td><td></td><td></td><td></td></tr>
<tr><td>2</td><td></td><td></td><td></td><td></td><td></td><td></td><td></td><td></td><td></td></tr>
<tr><td>3</td><td></td><td></td><td></td><td></td><td></td><td></td><td></td><td></td><td></td></tr>
<tr><td rowspan="2"></td><td>1</td><td></td><td></td><td></td><td></td><td></td><td></td><td></td><td></td><td></td></tr>
<tr><td>2</td><td></td><td></td><td></td><td></td><td></td><td></td><td></td><td></td><td></td></tr>
<tr><td rowspan="2"></td><td>1</td><td></td><td></td><td></td><td></td><td></td><td></td><td></td><td></td><td></td></tr>
<tr><td>2</td><td></td><td></td><td></td><td></td><td></td><td></td><td></td><td></td><td></td></tr>
<tr><td colspan="2">4#</td><td colspan="9">地面： 扶手： 栏杆： 卫生间： 玻璃： 饰物：</td></tr>
<tr><td colspan="2">地下
车库</td><td colspan="9">地面： 标志牌： 灯具：
玻璃： 其他：</td></tr>
<tr><td colspan="11">中心花园：
1. 地面卫生： 2. 不锈钢扶手：
3. 花　盆： 4. 喷泉一周瓷砖：
5. 休闲桌椅： 6. 长　廊：</td></tr>
<tr><td colspan="11">室外道路：
1. 幢　间： 2. 主干道：
3. 草　坪： 4. 垃　圾：</td></tr>
</table>

保洁____月工作计划进度表 表 5-59

部　门		编制时间		编制人	
工作计划内容					
工作计划进度时间编排					
计划进度保障措施					
部门经理审批					

卫生消杀记录表 表 5-60

消杀项目	消毒（布药）		消毒（布药）时间		次数	消杀人	监督人	消杀效果

每日卫生运行工作记录表 **表 5－61**

保洁负责人	
当日工作运行情况	
各区域地面清扫情况	
各区域饰物清擦情况	
电梯轿厢保洁情况	
生活垃圾桶清洗情况	
草坪绿地保洁情况	
各区域杂物清理情况	
其　他	
存在问题	
明天整改内容	

5.10.15 绿化养护常用表格

包括：月绿化养护工作计划表，如表5－62；

绿化工具（苗木）采购计划报表，如表5－63；

绿化养护质量检查记录表，如表5－64；

施肥、打药记录表，如表5－65；

绿化养护日工作记录表，如表5－66。

月绿化养护工作计划表　　表5－62

<table>
<tr><td>编制时间</td><td></td><td>编制人</td><td></td></tr>
<tr><td colspan="4">项目经理审核意见：</td></tr>
<tr><td colspan="4">公司经理审批签字：</td></tr>
<tr><td colspan="4">工作计划内容</td></tr>
<tr><td>绿篱修剪安排</td><td colspan="3"></td></tr>
<tr><td>草坪修剪安排</td><td colspan="3"></td></tr>
<tr><td>除草安排</td><td colspan="3"></td></tr>
<tr><td>施肥安排</td><td colspan="3"></td></tr>
<tr><td>打药安排</td><td colspan="3"></td></tr>
<tr><td>浇水安排</td><td colspan="3"></td></tr>
<tr><td>苗木补种安排</td><td colspan="3"></td></tr>
<tr><td>清　理</td><td colspan="3"></td></tr>
<tr><td>其　他</td><td colspan="3"></td></tr>
<tr><td>措　施</td><td colspan="3"></td></tr>
</table>

绿化工具（苗木）采购计划报表 表5-63

序号	工具（苗木）名称	规格	数量	大约金额	用途	备注

绿化养护质量检查记录表 表5-64

<table>
<tr><td>内部检查部门</td><td></td><td>检查时间</td><td></td><td>负责人签字</td><td></td></tr>
<tr><td colspan="6">检 查 内 容</td></tr>
<tr><td colspan="6">绿篱及区域：

草坪及区域：

浇水及区域：

虫害处理及区域

修剪情况：</td></tr>
<tr><td colspan="6">检 查 中 主 要 存 在 的 问 题</td></tr>
<tr><td colspan="6"></td></tr>
<tr><td colspan="6">整改要求及时间</td></tr>
<tr><td colspan="6"></td></tr>
<tr><td colspan="2">责任人确认时间</td><td colspan="2"></td><td>责任人签字</td><td></td></tr>
</table>

施肥、打药记录表 **表5－65**

序号	施肥（打药）区域	施肥（打药）区域植被名称	安全提示牌悬挂	药物名称	执行时间	责任人

绿化养护日工作记录表 **表5－66**

绿化负责人	
当日工作运行情况	
各区域绿篱情况	
各区域草坪情况	
各区域灌木情况	
各区域修剪情况	
各区域打药情况	
各区浇水情况	
其　他	
存在问题	
明天整改内容	

5.10.16 工程维修常用表格

包括：维修材料领用单，如表5－67；

工程维修____月材料计划报表，如表5－68；

维修工个人工具台账表，如表5－69；

维修派工单，如表5－70；

紧急抢修记录表，如表5－71；

工程维修日运行记录表，如表5－72；

设施设备台账登记表，如表5－73。

维修材料领用单　　　　表5－67

领用人姓名		用 途		领用时间	
序号	物品名称		数 量	规 格	备 注
1					
2					
3					
部门经理审核签字		项目经理审批签字			

工程维修____月材料计划报表　　　　表5－68

序号	材 料 名 称	规格	型号	数量	单位	大约费用	用途
1							
2							
3							
4							
5							
6							
7	合计费用				元		

制　　表：　　　　时　　间：

项目经理审核：　　　　上报办公室：

维修工个人工具台账表 表5－69

姓名：

序号	工具名称	规格	数量	领用人	领用时间	备注
1						
2						
3						

维修派工单 表5－70

楼　室	维修日期		完成时间		维修员签字		综合部主任签字	
维修项目								
维修部位								
材料消耗								
处理结果								
维修费用	材料费	元	人工费	元	合计费用			
支付费用方		业主确认签字			签字日期			

紧急抢修记录表 表5－71

事故名称	发生区域	发生时间	抢修时间	抢修人员数量	完成时间	现场负责人签字

工程维修日运行记录表 **表 5－72**

工程维修负责人	
当日工作运行情况	
配电室设备运行情况	
二次加压供水设备运行情况	
室外照明路灯情况	
电梯运行情况	
巡查中发现问题处理情况	
地下车库运行情况	
供暖锅炉运行情况	
公共部位（设施设备）维修或有偿维修情况	
其　他（含紧急事故处理）	
存在问题	
明天需整改内容	

统计人：　　　　统计时间：　　　　部门负责人审核签字：

设施设备台账登记表　　表5-73

序号	设施设备名称	型号	规格	数量	生产厂家	出厂日期及编号	联系电话	备注

5.10.17 房屋移交及装修管理常用表格

包括：单元防盗门钥匙领取登记表，如表5-74；
交房资料、业主手册领取登记表，如表5-75；
业主接房验房存在问题登记表，如表5-76；
房屋移交情况动态表，如表5-77；
装修情况动态表，如表5-78；
装修垃圾清运记录表，如表5-79；
违章装修通知单，如表5-80；
装修现场巡查记录表，如表5-81；
夜间值班记录表，如表5-82。

单元防盗门钥匙领取登记表　　表5-74

楼户号	钥匙数量	业主签收	领取时间	备注

交房资料、业主手册领取登记表　　表5-75

楼户号	领取数量（套）	业主签收	领取时间	备注

业主接房验房存在问题登记表 表5－76

楼　号		单元号		房　号	
业主姓名		联系电话		验房时间	
主要存在问题					

房屋移交情况动态表 表5－77

移交房屋编号	移交时间	未交房屋编号	移交时间	备　注

装修情况动态表 表5－78

正在装修 房屋编号	装修审批 时间	未审批已 装修编号	补办时间	未装修	违规情况	备　注

装修垃圾清运记录表 表5-79

清运时间	清运车牌号（车型）	清运数量（车次）	司机签名	物业主管签名	备注

违章装修通知单 表5-80

楼　单元　　室　　　　年　月　日　　　　NO：

巡查情况：
整改要求：
整改期限：
巡查人签字
装修人签字

装修现场巡查记录表 表5-81

岗位：

巡查时间	巡查区域	现场情况	整改要求	巡查人

夜间值班记录表 表5-82

值班人	值班时间	值班情况	处理结果	备注

5.10.18 水电及财务常用表格

包括：月公共用水消耗抄表记录单，如表5-83；

月公共用电消耗抄表记录单，如表5-84；

月交费动态表，如表5-85；

月公共用电分析表，如表5-86；

月公共用水分析表，如表5-87；

空置房屋月费用统计报表，如表5-88。

月公共用水消耗抄表记录单 表5-83

抄表区域	抄表区域	抄表时间	分表				总表				抄表人签字
			上次底数	本次指数	用量（吨）	金额	上次底数	本次指数	用量（吨）	金额	
							低区	高区			
合计											

月公共用电消耗抄表记录单 　　**表5－84**

抄表区域	抄表区域	抄表时间	分表				总表				抄表人签字
			上次底数	本次指数	用量（度）	金额	上次底数	本次指数	用量（度）	金额	
							低区	高区			
合计										1241	

月交费动态表 　　**表5－85**

（物业服务费、采暖费、电梯费、水费、车库服务费、二次加压运行电费）

房屋编号	物业服务费	电梯费	采暖费	车库服务费	水费	二次加压费

月公共用电分析表 表 5－86

支付供电局动力电费	公共区域抄见动力电量	支付供电局民用电费	公共区域抄见民用电量	支付供电局路灯电费	公共区域抄见路灯电量

月公共用水分析表 表 5－87

支付自来水公司水费	公共区域抄见水量	支付自来水公司商业水费	公共区域抄见商业电量	备　注	抄表时间

空置房屋月费用统计报表 表 5－88

空置房屋编号	空置房屋建筑面积	物业服务费	空置时间	备　注

5.11　物业服务质量调查与回访

在日常的物业服务过程中，物业服务企业所提供的服务质量关系到一个企业的声誉和发展。服务质量是指服务固有特性满足要求的程度。满足服务要求程度的高低，直接反映服务质量的好坏。而决定满足服务要求程度高低的一个重要因素是提供服务的人员的服务质量意识。

对于身处服务行业的物业服务企业而言，什么是正确的质量意识呢？那就是以业主为关注焦点，在充分掌握、分析各种数据的情况下，对企业现有的管理服务工作进行持续有效地改进和完善。因此，物业服务质量的保证除了物业服务企业内部有严密的管理制度外，还需要对物业服务区域内的业主进行调查和走访，从他们那里了解到真实的服务情况和服务质量，这就要求物业服务企业采取定期进行物业服务质量的调查和回访。

5.11.1 物业服务质量调查与回访要点

1. 制定回访计划

物业服务企业安排专人采取定期或不定期的回访方式进行调查回访。不定期的对所管区域进行抽查回访；每半年定期向全体业主发放回访单，全年两次。

2. 回访时间安排

（1）投诉事件的回访，应在投诉处理完毕后的一周内进行；

（2）工程维修的回访，在工作完毕后由物业服务企业专人负责回访；

（3）由专人对物业管理区域进行综合性的回访：申告、投诉、咨询、服务质量、有偿服务质量等；

3. 回访率

（1）投诉事件的回访率要求达到100%；

（2）工程维修服务，特约服务和求助服务的回访率要求达到90%；

（3）其他管理服务工作的回访根据实际情况由物业服务企业确定。

4. 回访人员的安排

（1）重大投诉的回访由主管经理组织进行；

（2）一般投诉的回访由被投诉部门主管与工作人员共同进行；

（3）工程维修服务，特约服务和求助服务的回访由专人负责进行；

（4）综合性的服务由物业服务企业组织人员进行。

5. 回访内容

（1）物业服务质量评价；

（2）物业服务效果的评价；

（3）业主对物业服务企业满意程度的评价；

（4）缺点与不足评价；

（5）业主建议的征集；

（6）投诉事件回访；

（7）工程维修回访；

（8）业主入住后的回访；

（9）综合服务的回访。

6. 回访方式

（1）上门入户回访；

（2）电话回访；

（3）发放回访调查表。

7. 回访工作操作要求

（1）依照回访计划，通知相关人员进行回访，回访人员应领取《回访记录表》如表5－89，并在《回访记录签收表》上签字，如表5－90。

回访记录表　　表 5－89

单位		业主姓名		回访方式		预约时间	
回访内容： 业主签名/日期：　　回访人签名/日期：							
业主意见或建议：							
备　注：							

回访记录签收表　　表 5－90

序　号	回访表格编号	领取人签收	回访事项	回访人数	备　注

（2）回访人员在限定时效内进行回访，回访工作一般采用与业主面谈，现场查看的方式进行，将回访内容简明扼要的记录在《回访记录表》上并请业主对记录内容签字确认。

（3）回访人员在《回访记录表》上签名确认，并将表格交回物业服务企业。

（4）物业主管对处理完毕的《回访记录表》进行审核，并加注意见，对于回访内容反馈不合格的事件应上报主管经理，按《业主投诉处理标准作业规程》办理，并将处理意见记录在《回访记录表》上。

（5）回访人员负责统计回访中的各项内容，并归纳、整理、以书面报告形式提出处理意见，报上级审核后，由主管经理审批执行。

5.11.2 物业服务质量调查与回访基本原则

为了做到使物业服务企业的业主满意，物业服务企业必须了解和评估业主对物业服务企业的满意程度，分析他们的满意度还是处在上升阶段，若不是，就要采取措施来提高满意度的上升，并检查自己在物业服务过程中存在哪些不足地方，需要改进和提高。

在进行业主满意度调查时，应当坚持以下原则：

1. 目标明确的原则。即明确业主满意度调查的目标。

2. 物业服务企业要重视的原则。即在评估过程之前，必须得到物业服务企业领导的支持。

3. 持续改进的原则。即采用持续改进调查系统，不局限在一次性的调研。

4. 协同运作原则。调动物业服务企业内外资源开展业主满意调研行动。

5. 基本事实的原则。即要求业主满意度调查真实有效。

5.11.3 物业服务质量调查与回访实施步骤

1. 业主满意度调查表内容的设定

物业服务企业在进行业主满意度调查前，要编制调查表和对本次调查的内容和达到的目的，以及交流实施的办法和持续改进措施，进行编制设定。

2. 完善业主的数据库信息

在进行调查前，物业服务企业要对所服务的物业区域内业主的数据库进行完善和补充，确保调查时使用到位。

3. 了解业主的期望值

了解业主的期望值，能够有效地对服务的质量和业主的需求有一个进一步的认识，从中也能发现物业服务企业在服务过程中存在着哪些不足和能使业主感到满意的一面，进而促使物业服务企业改进和提高服务质量目标。

4. 分析调查结果

对调查结果进行全面的审阅，并对调查表中涉及的调查内容进行分类统计和分析，从中发现目前物业服务企业的服务质量存在着哪些问题，这些问题占到调查总数比例的多少，并及时将这些问题列为改进的目标。

5. 改进措施

针对调查中存在的问题，组织物业服务企业的相关人员进行认真的分析研究，了解业主对物业服务中提出的实质性问题，通过分析，将业主提出的问题和建议作为物业服务企业提高服务质量改进目标，并一一做出相应的改进措施，安排实施到位。

5.11.4 物业服务质量调查与回访流程

物业服务质量调查与回访流程如图 5－2。

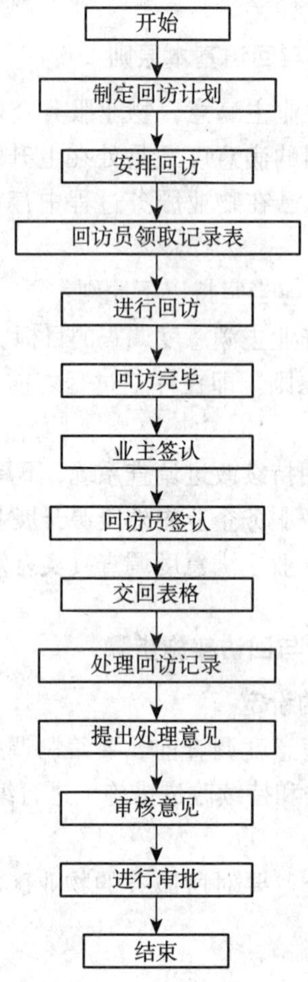

图5-2　物业服务质量调查与回访流程

5.12　物业服务企业与业主委员会的沟通

在物业管理服务活动中，物业服务企业与业主委员会是平等民事主体关系，双方的权利和义务通过物业管理委托服务合同来明确和保障。享受权利与承担义务是对等的。物业服务企业与业主委员会在物业管理服务层面上是平等的关系，不存在“上”与“下”的关系。而另一方面，物业服务企业、业主委员会的各项工作，各种观念与意识均应围绕业主而运作。物业服务企业离不开业主委员会，业主委员会也离不开物业服务企业，要形成鱼水交融的关系。物业服务企业与业主委员会都应该是在共同维护业主权益的基础上成为朋友，而不能是在损害业主权益、谋取私利的基础上成为朋友。因此，在日常的物业服务活动中，要加强物业服务企业与业主委员会之间的交流与沟通，在物业服务方面通过有效的沟通，取得业主委员会的理解与支持，那么物业服务工作才能做的有成效，才能让业主满意。

5.12.1 与业主委员会沟通应注意事项

在与业主委员会进行有效沟通时，物业服务企业应注意以下几点：

1. 物业服务企业的工作人员要熟悉了解物业管理的基本法律法规，并将其运用到实际的工作中，运用法律规定要求与业主委员会进行沟通，使其感到是一个懂法、守法进行物业管理服务的物业服务企业。

2. 物业服务企业的工作人员必须充分熟悉和掌握物业的基本情况以及物业区域内的设施设备使用功能和运行情况。

3. 经常性的以不同的方式与业主委员会及业主委员会的成员进行交流沟通，通过传递信息，使其知道目前物业管理服务的运行情况和工作中遇到的难点问题，以求得他们的帮助和支持，确保物业服务工作的顺利开展。

4. 角色转变。在与业主委员会的沟通中，物业服务企业的工作人员要给予业主委员会足够的尊敬，使他们有发言和用武之地。

5. 物业服务企业与业主委员会是两个独立存在，又相互依托的单位。

6. 向业主委员会通报工作情况均应以书面形式送达。

7. 对业主委员会的质疑、建议、要求应认真倾听、记录。

8. 对合理的质疑、建议、要求，应当在5个工作日内答复、解决，对不合理的质疑、建议、要求，公司经理及房管员应当耐心解释，无论如何不允许不耐烦或言语失礼。

9. 与业主委员会来往的工作信函、记录、决议，一律整理归档保存。

5.12.2 操作要点

1. 与业主委员会的沟通方式

（1）工作协调、沟通会议。每半年至少与业主委员会进行一次例行工作沟通会议，会议主要内容向业主委员会通报半年的财务支出状况和工作运行情况以及遇到的工作难点问题。

（2）以书面公文形式定期或不定期的将物业服务中的重要活动和需要协调解决的问题及时通报业主委员会。

（3）也可进行电话联络沟通。

（4）以其他形式的交流沟通。

2. 与业主委员会沟通内容

（1）解决需经业主委员会协调支持方能解决的问题；

（2）遇到重大问题，需经业主委员会同意方能进行工作时，召开专题会议；

（3）年底向业主委员会做全年工作总结汇报和来年工作计划；

（4）大/中型维修计划申请书内容：土建、电器、供暖、供水、防水；

（5）物业服务工作中涉及部分业主利益，需业主委员会出面协调；

（6）物业服务企业制定了新的管理措施需业主委员会支持工作时；

（7）其他事宜需向业主委员会通报并要求业主委员会予以支持；

(8) 新的物业管理服务中出现了重大变故或重大事件时;
(9) 业主委员会的个别委员与物业服务企业有重大的工作分歧无法解决时;
(10) 有重要的活动（文化娱乐、大中型维修、绿化、卫生等）时;
(11) 其他事宜应当向业主委员会通报的情况发生时。

5.12.3 物业管理与业主委员会沟通、协调流程

物业管理与业主委员会沟通、协调流程如图5-3。

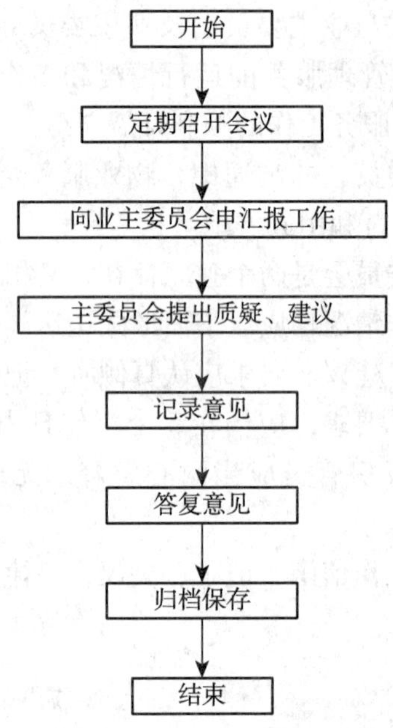

图5-3 沟通、协调流程图

5.13 社区文化活动的组织安排

社区文化的建设是一个长期性的工作，需要业主、业主委员会、物业服务企业共同努力来实现。

社区文化活动的开展，可以加强业主与业主之间的交流，营造物业服务企业与业主之间友好氛围，化解矛盾，丰富业主的业余文化活动，加强物业区域内的精神文明建设，增强物业服务企业与业主间的有效沟通，通过服务活动增强业主的荣誉感和物业服务企业的品牌效应。

5.13.1 物业服务企业开展社区文化活动要抓的主要工作

1. 物业服务企业每年至少组织两次大型的文化活动;
2. 根据物业区域的具体实际情况，拟定本年度社区文化活动计划;

3. 物业服务企业根据实际情况对文化活动计划予以批准或做适当调整后执行；

4. 社区文化活动开展前，先征询业主意见，并根据意见结果，拟定活动实施方案，报物业服务企业和业主委员会审批；

5. 组织、协调物业服务企业相关部门完成活动前的各项准备工作，并负责及时向业主及有关单位发出举办活动的通知；

6. 根据开展活动的形式，物业服务企业负责安排有关人员做好安全防范工作，防止意外事件发生；

7. 将具体实施方案征询业主委员会的意见，并报其审批或备案。

5.13.2 物业服务企业开展社区文化活动程序要点

1. 各辖区文体活动意向调查

调查社区文体活动意向可采取以下方式进行：

（1）电话采访；

（2）投递文体活动调查表；

（3）预约上门调查采访；

（4）发布公告。

2. 编制社区活动实施方案

（1）汇总征求意见，分类进行编排和研究分析。

（2）编制社区文化活动实施方案，实施方案应包括以下几个方面：

① 确定举办社区文化活动的项目；

② 开展社区文化活动的方式；

③ 社区文化活动所要配置的设施情况；

④ 开展社区文化活动所需经费预算；

⑤ 开展社区文化活动的组织及安排。

（3）将制定的社区文化活动实施方案上报审核，审核通过后，开始准备社区文化活动的各项准备工作。

（4）物业服务企业提前一个星期安排发布举办活动通知以海报形式张贴在物业区域内进行公告。

（5）具体分工：

① 综合部门负责社区文化活动所需的场地、设施设备的准备工作；

② 活动开展当天，相关组织人员均应进入活动场地进行现场布置及相关工作的具体安排；

③ 安防部门制定详细的人流组织和疏散方案以及公共秩序维护方案，并亲临现场具体落实；

④ 工程维修部应确保活动场所的设施、设备良好，并做好应急方案与处理措施；

⑤ 活动结束后，物业服务企业的工作人员应检点活动现场结束后的工作情况，并做好相关工作记录。

5.14 周例会与周计划

物业服务企业在日常的物业服务工作中除了做好应做的服务工作外，企业内部的管理工作也是至关重要，这是体现一个企业的管理服务能力和水平。那么在日常的企业内部管理工作主要包括那些内容：周例会的召开与解决问题措施、每周工作计划的编制与落实、日常工作记录等。

5.14.1 周例会的召开与解决问题措施

每周例会是协调解决问题的例会，物业服务企业如果不开例会，可能就会带来工作整体停滞或没有章法，工作随意性很大，体现不出一个企业的规范化管理、标准化服务，工作中的问题不能快速有效的得到解决，长久下去，影响服务质量，工作效率低下。因此，每周一次工作例会必不可少。

开周例会的工作要点：

1. 各部门上报上周工作完成情况及工作中存在问题，协调各部门之间的工作关系，采取必要的措施解决问题，安排落实处理问题的工作进度，上报本周工作的具体安排。

2. 各岗位主要简介部门解决工作中出现的问题，并督促具体执行者进行整改和完善，通过提问题、落实解决，达到服务质量标准。

3. 简明扼要点评本部门具体执行者存在问题，说明存在问题的工作区域 、部位，造成的原因，采取了哪些措施进行落实处理，并安排专人在规定的时间段落实完成，检查改进后的具体情况。

5.14.2 每周工作计划的编制与落实

部门工作计划是实现工作目标的具体安排，部门计划是直接关系到物业服务企业在服务活动中是否有条理的进行运行。因此，在编制每周工作计划时，必须了解物业现场的实际运行情况和发现在运行过程当中存在的哪些问题，以此作为编制每周工作计划的基本素材。

编制计划的要点：

1. 做什么（目标）；
2. 怎么做（保障措施）；
3. 谁来做（责任到人）；
4. 何时完成（完成时效）；
5. 做完后达到的效果（达到效果）。

5.14.3 日常工作记录

平常要养成做工作记录的习惯，将自己每天的工作计划和工作总结以及工作主要内容简单扼要地进行记录，俗话说得好“好记性不如烂笔头”，这样做可以完整的将整个物业运行情况记录下来，其好处是：

1. 随时可以查阅以前所做的工作；
2. 遇到问题时，能反映出当时的处理情况；
3. 是写工作总结的原始资料；
4. 可为编制工作计划或处理问题的依据；
5. 遇到纠纷时，可能会成为证据。

在日常的工作中除了做好记录外，在墙上的黑板上或白板上进行记录，各部门办公室内应设立一块白板，记录当天发生的事件或问题，并标注清时间，对于没有解决的问题，不能将其擦掉，直到解决为止，方可擦掉，如果每天不记载这些问题，可能就忘掉或疏忽，造成工作的延误。

记录的原则：

1. 根据不同岗位设定记录要求；
2. 时间、人或事、问题、处理建议和结果；
3. 记录标准化、格式化模式；
4. 发现问题（标注清楚产生原因、解决办法、完成时间、检查结果、责任人、备案）。

6 设备运行与管理

物业设备是整个物业的重要组成部分，是维持业主正常工作、生活、学习的重要保证。管理好、运行好、维护好、改造好物业区域内的现有设备，提高设备运行效率和完好率，是物业服务企业运行和管理设备的根本目标。设备运行与管理涉及面比较广，技术含量高，关系到物业的正常运行和安全使用，是物业管理服务的重要内容之一。物业设施设备主要包括电梯、消防设施、供暖与锅炉、中央空调、给排水系统以及强电设备等，是整个物业的核心组成部分。

在物业服务活动中，设备运行管理是管理过程中的重要一环，它关系到物业使用价值的体现，是支撑物业管理活动的基础。设备运行不好，不但会直接影响业主的生活质量、生活秩序、工作效率，而且还会影响到物业服务企业的社会声誉，它的重要性和原因就在于：一是物业内部环境是一个相对封闭的人造小环境，小区和大厦建造标准越高，居住办公条件越高尚，与外部环境相对隔离的程度就越大。供电、供水、电梯、空调、通风、排污、照明、消防、安全、监控等楼宇环境要素对系统设备运行的依赖性就越强。其二，设备运行成本在物业管理运作中占有相当大的比重，尤其是大厦的设备运行管理。设备运行管理的好坏，直接关系到业主和租户的利益，同时也关系到物业服务企业的效益。其三，用户（业主、租户）满意程度是评价物业服务企业服务质量和管理水平的综合尺度，业主满意程度的第一直觉几乎都与设备运行的优劣有关。因此，从物业管理服务活动的功能、效益和质量三个方面，都反映出设备运行管理在物业管理活动中的重要地位。

6.1 物业设备管理概述

物业设备管理的内容范围很广，包括：物业设备的基础管理、物业设备的运行管理、物业设备的安全管理、物业设备的维修保养管理等内容。如何搞好物业设备的管理工作呢？本节将从以下三个方面进行阐述。

6.1.1 物业设备运行的特点和要求

支撑物业设备运转的硬件一般由以下几个部分构成：

1. 各类管、线结构

各类管、线结构包括空调管路，给排水管路，消防管路；各类电力母线、干支线；电话、电视、监视线缆；各类通风、排风管路等。管线结构的特点是纵横交错，以隐蔽或半隐蔽的工程结构形式布置。各类管线通过阀门，插接箱，接线架框等结点，构成网络形式，分布在小区内和楼宇的各个层面。如果将物业比作一个生命体，这些网络就是维持生命的供血、呼吸、神经、消化等系统的管线。各类设备的运行都依赖这些管线网络的联系。因此，熟悉物业设备运行的首要一点，就是要去认识、熟悉、把握这些管线网络走向，从各类结点入手，逐步展开、深入。

2. 各类驱动转换设备

各类驱动转换设备包括发电机组、变压器；锅炉、冷水机组、热水器；各类水泵、送、排风机等。由于物业机电设备封闭运行的特点，主要设备不可间断，连续工作，任何一台运转中的设备出现故障，都有可能对整个系统造成重大影响。因而，设备配置一般采用主备方式，但由于各种原因，往往会出现原设计配置不能满足需求，出现备用余量不足的情况，使设备负荷加重，给运行管理造成较大的压力。针对设备不同的备用余量，当备用余量充足时，使主、备设备都保持随时能投入运转的状态，适时调整主、备设备投运时间，是运行管理的要点，当备用余量不足时，充分挖掘每一台设备的潜力。合理调度机组配置，搞好设备保养，严格控制设备负荷，是设备运行管理的重点。熟悉设备，不仅要熟悉设备的结构、原理、工作方式，更应根据物业运作需求负载的变化，了解各类设备负载能力和调配特点，做到物尽其用。

3. 终端设备

终端设备是指直接作用于服务对象的各类器具。如空调风机盘管，用户配电箱，各类照明器具，电视、电话插座，卫生洁具等等。这些设施数量多，分布面广，易损。单台设施的停用不会影响到系统的工作，易使运行管理人员疏忽。但由于这些设施直接为用户使用，是设备运行管理与用户对话的界面，直接反映工作质量和服务效果。运行管理中不能掉以轻心，因“小”失“大”，失去用户的信赖。

4. 设备运行环境

环境是设备运行管理水平的综合表现。由于楼宇内小环境是靠各类设备运行来保证的，它在“制造”环境、提供服务的同时，又受其影响和制约。没有一个满足物业各类设备运行的环境条件，如电力、温度、通风、卫生等，就不能够使设备发挥最大效率，甚至不能保证其正常运行。同样，没有一个完善的管理机制，也不可能创造良好的设备运行环境。因此，环境既是设备运行体系的组成部分，又是设备运行体系运行的结果。

上述四个部分，构成了设备运行体系的基本框架。要把握物业设备运行的脉搏，必须从这四个部分入手，去了解它，认识它，掌握它。

物业设备运行体系是一个庞大的系统，了解熟悉是一个由表及里、由浅入深、由静到动、由知其然进而知其所以然的长期过程。作为物业服务企业保障设备运行管理和操作的每一位员工，都应当把熟悉认识过程当作本职工作的必需部分。对熟悉程度不同的员工，要求是：生疏者勤，由生到熟；熟悉者精，由熟及巧。员工之间，包括管理层和操作层，提倡“能者为师，不耻下问”，要求“互教互学，共同提高”。这样，逐渐使从事设备运行管理的全体员工，对管理对象的认识做到“心中有数，有案可查，有据可依”，使设备运行管理工作建立在扎实的基础上。

6.1.2 物业设备运行的目标

物业设备运行的目标，从物业管理服务行业角度来看，应包括安全性、可靠性、舒适性、经济性四个方面。

1. 安全性

安全是设备运行管理的第一要求，没有安全，就没有一切。设备运行管理的安全目标，一是设备体系运行安全，包括本体、管线、终端、环境的运行安全；二是用户的使用安全，如用电器的接地保护等；三是操作者的生产安全。保证安全的主要措施有：

（1）思想上高度重视，行动上处处小心。对于管理者，要有一个“婆婆嘴”，不厌其烦，时时提醒；对于操作者，要多一个“小心眼”，步步谨慎。

（2）严格按章办事。规章制度是保证安全的长堤，决不能开口子。违章指挥，违章操作是发生安全事故的主要因素。发现违章的苗头，任何人都有权制止。

（3）定期检测、试验，进行预防性检修、维护。设备运行有自己的规律，应当纳入周期安检的器材或设备，决不能以任何理由拖延或停止周检。对一些未规定周期安检的设备，当运行时间较长时，为防止疲劳损伤形成的安全隐患，应安排进行检验或试验。

2. 可靠性

物业设备运行的可靠性表现在两个方面：一是对服务需求的保障能力；二是应付突发事件的及时性。提高设备运行的可靠性，取决于两基本条件。

（1）设备保障能力。包括设备容量、备用设备容量；设备运行参数的稳定性、可调节性；管线布置的合理程度，以及终端设施的完好率等。

（2）管理能力。良好的管理往往可以弥补设备配置的一些先天缺陷。反之，混乱的管理就可能抑制设备能力，使原本可以满足需求的设备配备感到不足，形成浪费。在设备运行体系已经配置完成，且不易更改的情况下，使设备保障能力得到充分发挥，必须做到“三严”：严格的管理制度；严密的运行计划（包括突发事件应对计划）；严肃的工作作风。

3. 舒适性

从物业管理行业服务性的特点看，舒适性目标是物业设备运行管理必要的目标之一。舒适性是最能体现物业管理行业服务特点的一项目标，也是反映物业管理员工工作细腻性一面的一项指标。舒适性指标包括两个方面：一是指标满足性，即功能满足程度。这是一项硬性指标，靠设备参数的调节来实现。设备参数的调节可以通过自动化仪表和自控系统来实现精确控制，但给定参数的高、低，要靠操作者和管理人员长期探索，认真总结分析才可以得到，这必须要有细腻严实的工作作风方可实现。另一项是感官满足性，即感觉满足程度。这一要求除了考虑服务对象的共性之外，还要考虑服务对象之间的差异，尽可能做到，“因人而异”，提供高质量的服务。

4. 经济性

物业服务企业在提供服务的同时，必须讲效益。那么，经济性目标必然是设备运行管理的目标之一。经济性目标与以上三个目标相比，是一个收敛性或限制性的目标。经济性对物业设备运行的要求是：

（1）必须在满足安全、可靠、适度舒适的前提下实现经济性目标。

（2）节省能源是实现经济性目标的主要途径。能源费用是物业设备运行费用的主要部分，节省能源费有两种方式：一是利用能源的可替代性，采用适用的经济的能源；二是省能，因为采用第一种方式一般需要进行一些工程和设备改造，在物业管理中，工程和设备改造是比较困难的。那么，降低能源费用基本上靠省能方式实现。省能有两个途径：第一，是减少使用量，这在某些场合和时间是可行的。例如降低照度过高的照明功率；降低过高的供暖温度等。但减少使用量与用户需求往往是矛盾的。因此，这个途径有较大的限制。第二，是提高能源利用率。其方法有三：改造设备，提高能源利用效率；合理调节运行方式和运行参数，最大限度的利用能源；减少能源损失。总之，采取一切可行的方法，努力提高能源利用率，是楼宇省能、节省能源费的主要方式。

（3）易损零配件和耗材的耐用性。楼宇设备运行时，需要消耗大量的消耗性器材，如灯管、洁具配件、设备易损零配件等。在选择品牌时，耐用性是重要因素。与耐用性相冲突的是价格，从运行总体经济性角度考虑，应对常用易损消耗件的耐用性，价格比进行统计分析，择优采用，减少运行消耗。

（4）维保方便。新建、改造设备等工程项目，必须考虑维保方便，以减少维修开支。

6.1.3 物业设备运行管理要点

1. 建立和完善物业设备运行标准

由于各种物业之间的差异，各类物业的结构、运行和服务对象都有各自不同的特点，因此就不可能有一种统一的设备运行标准。即使是同样类型的设备，在不同的物业，其运行方式、要求和参数指标都有所不同。因此，根据设备所在物业的特点和服务对象，结合设备本身的技术要求，制定与之相适应的运行标准，是搞好物业设备运行的首要工作。标准的制定是一个动态的，不断完善的过程。随着设备运行时间的推移，物业服务对象的变动等种种因素的改变，设备运行标准的补充和完善、变动和修订将伴随着设备运行管理的全过程。因此，设备运行管理标准的制订，是以“变”求“不变”。所谓“变”，是指标准修订、完善的动态过程；“不变”，是通过完善标准，贯彻执行标准，实现设备运行管理的目标，使物业设备始终在良好运行的最佳状态不变。

2. 强调预防性措施

由于物业管理设备运行的连续性特点，各种预防性措施在物业设备运行管理中处于特别重要的地位，包括：

（1）预防性试验；

（2）预防性检修；

（3）突发事件应变方案；

（4）巡检、点检、定检。

实现预防性措施的基础是收集整理、归纳和分析各类资料，有针对性的建立各类设备和管线系统的台账，运行、保养、检修记录档案等。对于重要的设备，如冷水机组、锅炉、电梯等，应按单台设备建立运行和检修档案，建立易损零配件资料库，制定更换周期。档案建立后，对于收集的资料应定期进行分析，特别是反映设备状况的运行参数，应建立分析报表制度，以便从设备状态趋势，找出故障隐患，有计划地进行维护检修，避免因故障突发造成停机事故。

对于管、线等系统，预防性措施的重点是巡检和点检，定期保养。特别是楼宇管井多，管路器件多，容易疏漏。对于管件或电路分支节点等易发生故障的节点，可逐步建立完善的节点台账，实行“位式”管理，主要内容是：

（1）逐件建立台账，一一对应，有据可查，防止疏漏；

（2）合理制订巡检路线和巡检项目，抓住重点，明确主次；

（3）制定保养周期，分批轮检，不疏不漏；

（4）采用保养合格及期限标贴方法，便于检查。

预防性试验制度是设备可靠运行的保障线。预防性试验的对象是涉及安全、重要参数检测的仪表、仪器和器具。对于季节性运行，在运行季节不可停机的连续运行设备，在停运季节维保后，运行季节到来前，应提前进行试运行。楼宇自救设备，如发电机组、送排风机、消防水泵、报警系统等一直处于一级战备状态的设备，必须定期试机。

3. 做好突发事件处理

在突发事件应变方案中，最重要的是组织方案。由于物业运行后，用于突发事情应变的设备一般来说变动不大，其应对能力受设计限制。突发事件发生时，通信、组织及时是处理好突发事件的最重要保证。在组织措施中，人员培训是基本保证。由于人力是一个可变的资源，同样数量的人力资源，训练有素和毫无准备产生的作用有天壤之别。所以，物业设备运行管理中，有效地处理好突发事件应变是员工考核中最基本的一个项目。

4. 抓好技术改造

由于受物业结构和运行条件限制，技术改造在物业运行管理中的地位不十分突出。但随着科技产品的发展和应用，局部技改是弥补一些物业先天不足的重要方法。特别是控制和监测方式的技术改造，对于提高物业管理整体运行水平将起主要的作用。因此，在物业设备管理中，应大力提倡小改小革，克服物业条件限制，发挥科技进步的作用。

5. 落实组织措施

所有类型的设备运行管理都一样，设备离不开人，人是各项因素中最活跃的因素。在现代自动化程度、智能化程度较高，硬件设施配备完善的物业中，重视人的数量、讲究人数比例已大大降低。强调人的素质，重视人的技术技能，放到管理工作的首位。再先进的设备，没有人会使用，先进的设备只能作为摆设，但由于人的素质高、能够掌握先进的设备，就可以对设备效率的充分发挥起到“催化剂”的作用，量小作用大。因此，无论物业设备现代化水平如何，都决不可以忽视员工思想、技术、技能技巧，重视技术能力，思想建设和组织建设，其中主要的方法是加强员工培训。在现代管理方法中，培训和工作是统一的，工作的过程也是培训的过程，培训是工作中不可分割和缺少的一部分。其中的关键是组织和方式。培训的意义和方式用两句话可概括为：只有经过培训的才是可以上岗的；只有在岗上继续培训的才是合格的。其次是班会。班会是基层管理的最基本、最主要，也是最重要的方式。班会形式可以不拘，内容可以不拘，但不可不开。通过班会可以使潜在矛盾浮现，可以通过交流使其消解。不开班会的班长不是一个合格的班长，不听班会的基层管理者更是一个不合格的管理者。再次是加强协调，协调是组织措施中管理者发挥其管理艺术的舞台，是组织措施中的润滑剂、凝结剂 。协调的方法千变万化，其根本是因时、因地、因人，因各种可以对协调目标产生影响的种种因素而变。

6.2 消防设备运行与管理

消防设备在物业区域内的地位和作用，一方面是由设备本身决定的，另一方面又是由设备管理决定的。如果没有科学的管理，再好的消防设备也不会发挥作用。如果由于管理不善，不能发挥其消防作用，甚至设备本身遭到损坏，那么，消防设备就谈不上运行与管理。因此，消防设备管理对于充分发挥消防设备的作用，保证消防安全和消防设备的正常运行，提高物业管理服务效益都具有重要的意义。

6.2.1 消防设备管理的目的

1. 消防设备管理是设备正常运行的重要保证

消防设备管理的好坏直接影响着设备的装备水平和技术状态。只有通过有效的设备管理，对存在的问题及时处理，才能提高设备效率，保障消防设备的正常运行。

2. 消防设备管理是提高维修质量的重要保证

消防设备管理水平的高低，直接影响着设备维修时间和维修质量。积极采用现代化管理方法和手段，通过加强现场管理，科学组织，在保证质量的前提下缩短检修时间，对提高设备可开动率，降低维修费用具有重要意义。

6.2.2 消防设备的配置

在物业区域内消防设备一般配置包括：消防水泵、消防定压设备、CO_2 灭火系统、喷淋设备、烟感温感探头、室外消火栓、消防水泵结合器、消防联动监控设备、防火卷帘、消防水箱、加压送风系统、防排烟装置等消防设备。

6.2.3 消防设备档案建立

在管理服务的物业区域内，要对所有安装使用的消防设备建立消防设备管理档案，通过建立档案，使消防设备始终处于监管之中，以确保消防设备保持良好的工作运行状态。建立了消防档案后，方便了物业服务企业对消防设备运行管理，无论是在查阅消防设备技术资料，还是设备原始档案都能方便快捷的了解到所配置消防设备的相关技术参数、运行性能、维护要求等。因此，消防设备档案是物业管理档案中的重要部分。如何建立消防设备档案，应从以下几个方面入手：

1. 消防档案内容设定

（1）消防设备档案内容应包括如下：

① 生产厂家、型号、规格、生产能力、出厂日期、购置日期；

② 安装位置、施工图；

③ 安装使用说明书，制造合格证，；

④ 设备图纸、易损件、备件、附件等清单；

⑤ 消防设备履历卡片、设备编号、主要规格、安装地点、投产日期、附属设备名称规格、主要操作运行条件、周期和主记录；

⑥ 检修、维护、保养的内容，周期和记录；

⑦ 消防设备技术鉴定记录及技术台账。

（2）技术鉴定及技术台账的内容：

① 主要设备的验证资料；

② 主要设备技术革新成果汇总表；

③ 设备技术状况汇总表（设备完好率和设备主要缺陷）；

④ 设备检修状况汇总表（大修项目、实际完成项目、计划外项目、计划检修工时、实际完成检修工时、维修费用等）；

⑤ 设备事故汇总表（事故次数，停机时间、停查损失）；

⑥ 设备备品备件、材料消耗汇总表。

2. 消防档案资料分类

消防档案资料主要包括消防设备原始资料档案和设备技术资料档案。

（1）消防设备原始资料档案是在接管物业区域后建立起来的档案，原始资料档案文件主要有：消防设备验收文件（包括验收记录、测试记录、产品与配套件的合格证书、订货合同、安装合同等）、消防设备安装图及消防设备使用维护说明等。

（2）消防设备技术资料档案包括设备登记卡、设备台账和设备维修资料档案。

3. 建立消防设备登记卡与设备台账

（1）消防设备登记卡：物业服务企业对所管理的消防设备应建立消防设备登记卡。卡内应记录有关消防设备的各项明细资料如：消防设备类别、编号、名称、规格、技术参数、安装位置、建造年份、开始启用时间、维修情况等内容。

（2）消防设备台账：是根据消防设备登记卡，按照消防设备的分类顺序，统一填写在消防设备的登记表上，作为物业服务企业管理消防设备数量及变动数量的台账，从而反映全部消防设备的基本情况，给消防设备的运行管理工作提供方便。定期进行一次清点核对，做到账物相符。

4. 保存好消防设备运行与维修记录

对消防设备运行与维修记录资料要保存并建立档案妥善管理。消防设备运行与维修资料包括：设备运行情况记录、设备维修记录、设备技术革新资料记录。设备运行记录每月一册，每月统计一次，每年装订一次，并放档案室保存；设备维修记录每月统计一次，每季装订一次，并放档案室保存；设备技术革新资料记录保存于档案室。

6.2.4 建立消防设备运行制度

物业区域内的消防设备运行的好与坏，除了所配置的消防设备故有的瑕疵外，也有人为原因造成的设备出现这样或那样的问题，因此，在消防设备运行的同时，消防制度的建立是必不可少的，这是消防设备运行的前提保障和规范操作人员的行为标准，所以，必须建立消防设备运行管理制度。消防设备运行管理制度要体现在以下几个方面：

1. 物业服务企业必须配备消防设备管理技术人员，要求既有机电设备管理知识和经验，又要懂消防知识的复合型专业人员；
2. 应明确消防设备负责人，责任到人；
3. 消防监控中心 24 小时的监管到位；
4. 消防设备巡视、检查、测试方面的要求；
5. 消防设备运行操作流程的编排；
6. 消防设备维护保养的具体方法；
7. 有关消防设备运行维护记录的管理要求；
8. 明确巡检周期、项目的具体要求；
9. 考虑消防设备突发故障的应急方法。

通过建立消防设备运行管理制度，使物业区域内的消防设备运行有一个安全的保障措施和消防安全工作到位，确保物业区域内业主、使用人的生命、财产的安全，最终使业主能够安居乐业和安心工作。

6.2.5 消防设备的系统构成

消防设备系统是物业区域内消防安全的重要保障，通常消防设备系统由 8 个部分组成。

1. 火灾报警系统

火灾报警系统由烟感探测器、温感探测器、手动报警按钮、监控系统、火警警铃、消防广播系统等组成。

2. 消防控制中心

消防控制中心由集中报警器、联动控制柜、消防电梯控制器等组成。当发生火警时，控制中心指挥各项灭火、疏散和救护行动，并直接控制消防泵、送排风设备等。

3. 消火栓

消火栓系统主要由消防泵、管道、阀门、水龙带、喷水枪、消防水泵接合器等组成，是常用的灭火装置。

4. 自动喷洒灭火系统

自动喷洒灭火系统由喷水泵、供水管道、喷头等组成。当火灾使环境温度达到一定的临界值时，该系统就会喷水灭火，是一种有效的灭火系统。

5. 防排烟系统

防排烟系统由防火门、通风管道、排烟风机、正压送风机组成，通过排烟风机抽走烟气，用正压风机强制送入新风。

6. 安全疏散与防火隔离系统

安全疏散与防火隔离系统由安全疏散指示灯、防火门、防火卷帘、水幕等组成，对人员起到安全指示方向作用，对烟和火起到隔离作用。

7. 灭火器

灭火器为较常用的灭火器具，携带方便，对初期火灾灭火效果好，常见灭火器分为泡沫灭火器、干粉灭火器等。

8. 其他消防设施

其他消防设施包括室外消防道路、室外消防管网及消火栓井；对于高层建筑还必须设置避难层，甚至在屋顶设置可供直升机起落的救援平台等。

6.2.6 消防设备安全检查与维护

搞好消防设备的维护检查，尽管这些消防设备可能几十年也不一定会用上一次，但通过对消防设备进行检查维护养护保证其常处在“可用”状态，以防万一，是消防管理的重要工作。怎样才能搞好消防设备的维护检查工作，需要从以下几个方面做起。

1. 定期对消防设备进行检查维护

定期对消防设施进行检查，以便发现问题，更换破损器材，补充丢失器材，通常二个月一次检查有如下设施：

（1）屋内消火栓，查消防水带是否霉腐；查消火栓接口是否生锈，通过滴油防锈的办法，保证消火栓手柄能够打开；

（2）检查防火门闭门器是否有效，滴油防止生锈卡断；

（3）检查疏散指示标识是否清晰，用手按动试验键，进行断电自亮检查；

（4）检查风阀箱内是否存放杂物；检查风口挡板和风阀箱门是否松脱；

（5）检查消防广播扬声器、手动报警按钮、烟感控测器、消防警铃等是否松脱，如发现问题及时修理紧固。

2. 定期对消防供水系统进行试验检查

（1）检查消防管道阀门是否全部处在“开”状态，并要求在消防阀门丝口处滴油防锈；

（2）检查地下和楼顶的消防水池是否水量足够；

（3）每2个月至少点动一次消防泵，时间以观察水压是否上升为准；

（4）定期给消防泵电机轴承加注黄油，防止生锈。保证消防供水系统始终处在“可用”状态。

3. 定期进行消防电梯功能检查

要求每半年进行一次消防电梯迫降试验，迫降以后要求消防电梯能用消防员的专用钥匙打开启用。

4. 定期进行消防功能检查

一年一次定期抽样对楼道烟感探测器进行吹烟试验；手动报警按钮报警试验；消火栓手动远程启泵试验，与此同时进行消防广播试音。在吹烟、手动报警及消火栓远程启泵试验的同时，消防监控中心主机显示消防报警地址，防排烟风机联动正常，楼层风阀打开，警铃响起。在进行消防试验时必须事先“公告”通知物业区域内业主，以免引起恐慌。消防功能试验中应检查：

(1) 防排烟风机启停是否正常，有无异声、异味，风管有无锈蚀，并及时给风机拖动电机轴承加注黄油润滑；

(2) 检查风阀“开—关”是否灵活，风量是否足够，有无异物阻塞。应定期给风阀联结件处抹油防锈。

5. 发电机维护检查

大厦自备发电机主要是具备火灾事故时，市政停电情况下提供电梯、消防泵、公共通道照明、防排烟风机等紧急电源，因此对其定期进行维护性试运行必不可少。一般一个月试运行一次约 15 分钟，平时保证机油、柴油和冷却水量充足。主要检查项目有：

(1) 发电机蓄电池电量是否足够，必要时定期附加充电。定期更换陈旧的电池液；

(2) 经常检查润滑机油的酸碱度、色泽、黏度和杂质量，及时更换陈旧机油；

(3) 定期检查水格油格，保证循环冷却水路和柴油油管的畅通；

(4) 一年一次检查化烟部位，清理烟垢，提高发电效率，延长发电机使用寿命。

6. 消防监控主机的检查

通常消防监控主机都有自检查功能，每天检查一次，搜寻系统故障及时排除。保持主机工作环境干燥、环境温度控制在 25℃ 室温。并经常检查主机附属部件的功能是否正常，如打印机打印功能，计算机地址显示功能和主机自备电源切换功能等是否正常，如发现问题应及时修复或更换故障部件。因为消防监控主机是整个消防报警系统的“心脏”。正确使用，精心维护是保证这个“心脏”正常工作的关键。

7. 喷淋系统的试验检查

喷淋系统主要用于物业公共区域内自动灭火，当喷淋头在特定的温度以上爆裂时自动喷水灭火并启动喷淋泵。消防管理员通常每半年对喷淋管末端放水试验至启动喷淋泵止。观察记录水压表变化及喷淋泵运行情况。对喷淋系统及管道阀门的维护保养工作与消火栓泵类似。

8. 温感、烟感及防火门检查

对烟感和温感及防火分隔卷帘门的试验检查，一般一年一次。烟感试验采用吹烟的办法，而温感试验最好采用电热吹风，不提倡使用明火燃烧。试验后要求消防主机能显示试验地址并联动分隔区防火卷帘门下降，降到中部时应约有 10 秒钟停留时间以便区内人员逃生，最后降至底部。这些功能试验必须同时伴有警铃报警声。在卷帘门下降的同时，消防管理员应检查卷帘门下降有无异声，并给门动力传动部件加油润滑及防锈。

消防设备的维护检查看似平凡，但它是保证物业区域消防系统正常运行的基础，消防工作人员的工作是保证系统在需要时，能真正启动消防设备保障物业安全。

6.2.7 消防设备的运行管理

在日常的消防设备运行管理过程中，物业服务企业首先是要做好消防设备运行的劳动组织。劳动组织的具体任务要从以下几个方面入手开展工作：

1. 在合理分工与协作的基础上，合理配置劳动力。

2. 根据消防设备的操作技术要求与岗位设置的要求，采取合理的组织形式以提高工作效率主要包括：

（1）定员工作；

（2）作业组的组织；

（3）工作轮班组织。

3. 建立完善消防设备的管理制度，管理制度是工作的依据与准则，主要包括：

（1）消防设备的安全操作规程；

（2）消防设备的巡检工作制度；

（3）岗位职责；

（4）值班与交接班制度；

（5）记录与报表制度；

（6）报告制度与服务规范等。

6.3 电梯运行与管理

电梯作为人们日常的垂直运输工具，其安全性能和舒适性能是备受人们的关注，在日常的电梯运行管理当中如何将电梯运行好、管理好是物业服务企业的工作重点，因为电梯运行管理的好与坏关系到电梯的使用寿命和使用安全，所以规范电梯运行管理工作，是确保电梯良好运行的前提。要运行和管理好电梯，就必须对电梯设备进行全面细致的了解，只有了解和熟悉电梯的功能和具体操作，才能做好电梯的管理和安全运行，确保业主及有关人员的安全使用。

6.3.1 电梯分类

1. 电梯按用途分为

（1）乘客电梯；

（2）载货电梯；

（3）客货电梯；

（4）病床电梯；

（5）住宅电梯；

（6）服务电梯（供图书馆、办公楼、饭店运送图书、文件、食品等，不允许人员进入的电梯）；

（7）观光电梯。

2. 电梯按速度分为：

（1）低速电梯（1m/s）；

（2）快速电梯（2m/s）；

（3）高速电梯（大于2m/s）。

3. 电梯按拖动方式分为：

（1）交流电梯；

（2）直流电梯。

4. 电梯按驱动方式分为：

（1）液压式电梯；

（2）螺旋式电梯。

5. 电梯按操作方式分为：

（1）乘客自己操作电梯；

（2）专门操作员操作电梯。

6. 电梯按控制方式分为：

（1）手柄操纵电梯；

（2）按钮控制电梯；

（3）信号控制电梯；

（4）集选控制电梯；

（5）并联控制电梯；

（6）群控电梯。

6.3.2 电梯的组成

电梯一般由机房、井道、轿厢和层站组成。

1. 机房

机房是电梯的重要组成部分，是安装曳引机、电气控制柜、限速器的房间。机房一般设置在井道的上方，有足够的空间，通风良好。

2. 井道

井道是为轿厢和对重装置运行而设置的垂直筒体，由顶板、井道壁、底坑和轿厢轨道等组成。

3. 轿厢

轿厢是用来运送乘客或货物的箱体，由于各类电梯的用途不同，轿厢的结构也不一样。客梯轿厢内装饰有各种豪华的轿顶结构及轿壁饰面。

4. 层站

层站是指各楼层用于出入轿厢的地点，层站主要包括层楼显示器、自动厅门开关、手动钥匙开关、厅门呼梯钮、到站钟等。

6.3.3 电梯运行管理的主要工作

在日常的电梯运行管理中，物业服务企业应从以下几个方面开展工作。

1. 依据电梯生产厂家提供的图纸及相关的技术资料，制定本物业区域内电梯的安全运行和维护保养规章制度和工作程序。

2. 工作程序包括：值班安排、操作规程、应急处理、日常巡检及保养方案。

3. 建立电梯技术档案，将电梯的原始技术资料、安装验收资料、检测维修资料进行分类归档，妥善保管。

4. 熟悉电梯的日常消耗材料的种类及规格，并适当的备置一些常用的消耗品，如照明灯、机油等。

5. 选择有专业资格证书的专业电梯维护保养公司作为电梯的维护保养单位，并签订维护保养合同，确定维护保养的等级和维护费用。

6. 安排专人负责电梯的日常巡检和对外联络工作。

7. 对外联络工作包括：政府技术监督部门对电梯的年检和审验、日常与电梯维保公司的联络工作、获取电梯合格证书等。

8. 协助配合专业电梯维护保养公司做好电梯的各项运行工作。

6.3.4 电梯运行安全的预防措施

1. 制定应急方案

针对可能出现的险情制定处理方法，如电梯困人的解困程序、火灾时电梯的迫降程序等。

2. 建立电梯工作制度和值班制度

在电梯内设置摄影头，监控中心一旦发现险情，及时报告工作人员进行处理。

3. 制定电梯巡查制度

按时巡检电梯的使用状况，发现轿厢升降异常、控制柜有异声时应立即处理。

4. 将电梯应急方案和电梯保养公司的紧急联络电话悬挂在电梯机房或电梯管理人员的办公室内，以便急需。

5. 电梯管理人员熟记应急处理方案，全面掌握应急措施，在紧急情况下从容应对。

6. 资料中建议附：应急方案、电梯工作制度、工程值班制度、电梯巡查制度和巡查表格样本等。

6.3.5 电梯困人的紧急救护步骤

1. 如乘客被困在电梯内，并有闭路电视及对讲机，则须把电视机镜头移至困人的电梯，观察电梯内的活动情况，详细询问被困者有关情况及通知管理人员到电梯门外及保持联系。

2. 立即通知电梯保养公司紧急维修站派人释放被困者及修理该电梯，在打电话时必须询问对方姓名及告知有人被困。

3. 被困者内如有小孩、老人、孕妇或人多供氧不足的须特别留意，必要时请求消防人员协助。

4. 被救者救出后，须询问：

（1）是否有不适，是否需要帮助等；

（2）提供姓名、地址、联系电话及到本楼的原因；

（3）如被困者不合作或自行离去，则记录备案。

5. 必须记录事件开始到结束的时间，详细情形及维修人员、消防员、警员、救护人员到达和离去的时间，消防车、警车及救护车车牌号码等。

6. 必须记录被困者救出的时间或伤员离开时间及查询伤员送往何处医院。

6.3.6 电梯保养要点

1. 电梯停驶保养时，首先切断控制电源，以确保安全。

2. 电梯机房要保持整洁，做到无积灰、无蛛网，地板上无垃圾和灰尘。电梯机房不得堆放杂物和易燃物品，不准闲人进入，不准住人。电梯机房要有明亮的采光，窗玻璃完好无损且光亮清晰，通风良好，并配有必要的消防器材。

3. 曳引电动机全部外形要擦净，做到无油垢、无黄油，底盘无积油。

4. 电梯控制屏用吹风机或用漆刷轻掸，要做到无灰尘，磁铁接触开关无锈蚀、无油垢等。如有油垢等时，可用酒精棉花擦净，以防磁铁串电后被粘结吸住不放，造成电动机继续运转。

5. 各层站厅门及地坎槽要经常清洁，以防门脚阻塞而影响厅门畅通。厅门外要定期擦净，保持整洁卫生。

6. 电梯检修或保养时必须挂牌，确认轿厢内无乘客后，方可停机。

7. 在轿厢顶维修和保养时，除了判断故障和调试需要外，禁止快车。工作时必须戴安全帽。

8. 井底作业时，禁止关闭厅门（厅站留有人监视时除外），厅门口必须摆设告示牌，防止无关人员靠近。

9. 井道底坑如有积水，必须首先断电，然后排除。有漏水、渗水情况，一定要修好。同时要将垃圾清除干净，不得堆放杂物，保持底坑整洁，确保电梯有效运行。

10. 如遇跑水事故时，紧急将电梯提升到最高层，并断电停梯，然后排除险情。

11. 轿厢内外、顶上、底下均须经常擦净，防止生锈腐蚀。要定期油漆，保持清洁美观。

12. 电梯所有的转动机件均须加油润滑，要做到定点、定质、定量、定期、定人、确保安全运行。

13. 维修保养工作完成后，必须认真清理现场，清点工具和物品，切忌遗漏。

14. 机房、井道因工作需要动火时，必须遵守消防管理规定，指定专人操作和监视，事后清理火种。

15. 电梯进行维保时，要提前在物业区域内进行公示通知。

6.3.7 电梯维护保养安全要求

1. 检修人员作业应穿工作服，高空作业时应系安全带，上下交叉作业应戴安全帽。

2. 电梯设备的检修应两人以上同时进行，操作人员应有主有辅，带电检修与快车检修应有防范措施和监护人。

3. 维修养护人员在现场作业时，应通知现场管理人员停止运载乘客或货物，并作相应标记。如在主要入口处置挂“检修停用”，在电梯开关上悬挂“有人工作，禁止合闸”等警告牌。厅门拆下修理时，必须使用高防护栏或红色警告灯。

4. 检修转动部件和带电部件时，电梯应停止运转，在轿厢顶作业时必须用检修速度运行，并使用机顶检修开关控制开停。

5. 在轿厢顶工作时，应断开轿厢顶检修箱的急停开关或安全钳联动开关；在厢内工作时，应断开轿厢操纵盘内的运行电源开关；在底坑作业时，应断开底坑检修按钮箱的急停开关或限速器张紧装置的开关。

6. 轿厢顶作业时，应将各厅门关好，轿厢顶工作人员不准将身体任何部位伸出护栏。

7. 严禁作业人员双脚分别跨在厅坎和轿厢内工作，或双脚站在厅坎，身体趴在轿顶工作，禁止从轿厢内跳到井道外。

8. 底坑作业时应使用36V的低压照明，并随时清理废油、废棉丝等易燃品，禁止吸烟和使用明火。

9. 维修工作完成后，要收好所有警告牌并锁好电梯操纵控制阀。

6.3.8 电梯运行管理职责

1. 工程主管负责检查电梯运行管理工作的实施情况。

2. 组长负责电梯运行管理工作的组织实施。

3. 电梯机电维修员具体负责电梯的运行管理。

6.3.9 电梯运行管理巡检

1. 日检

工作人员每天应对电梯进行例行巡检，检查内容包括电梯的运行状态、存在哪些问题、需要对电梯维护部位、现场处置情况、存在哪些安全隐患等，并对在检查中发现的问题及存在的安全隐患问题及时进行纠正和做相应的处理，并做巡检记录。

2. 周检

物业服务企业安排专人每周应根据电梯运行的实际情况进行全面的检查，除日检内容外，其内容还包括电梯机房设备及电梯井内的钢丝绳使用情况进行检查、业主对电梯的运行意见反馈、工作人员的巡检记录和服务质量，以及安全隐患分析等，并填写周检记录表。

3. 月检

项目经理对电梯的管理服务工作进行全面的检查，重点检查现场管理服务运行效果及过程管理记录，确保电梯运行管理工作执行到位。

4. 督查

物业服务企业安排专人不定期的对电梯运行管理进行突击检查，确保电梯运行管理工作严格按照标准执行。

5. 检查部位

检查的主要部位有：电梯轿厢、电梯机房、电梯井、运行记录等。

6.3.10 电梯设备的运行监控

巡视监控包括以下内容：

（1）电梯工作人员每天应对电梯的主要部位至少巡视一次。

（2）巡视监控的主要内容如下：

① 曳引电机有无异常噪声或气味，是否温度过高，曳引电机轴承是否需要加注润滑油，螺栓是否松动；

② 减速箱是否需要加注润滑油，油色、油位是否正常，联轴器是否牢固可靠，螺栓有无松动；

③ 指示仪表、指示灯是否正确，各继电器、接触动作是否正常，有无异常声响；

④ 变压器、电阻器、电抗器温度是否正常，有无过热现象；

⑤ 制动器动作是否正常，制动线圈是否过热，制动轮上是否有油污；

⑥ 曳引轮、曳引绳、限速器、机械选层器、测速机等运行是否正常，有无异常声响；

⑦ 通信设施是否灵敏畅通，指示牌、标示牌是否完好，盘车手轮、开闸板手等救援工具是否已放置在指定位置；

⑧ 轿厢照明是否正常，厅外及轿厢内指层、指令及指示灯是否正常；

⑨ 厅门及轿厢门踏板是否清洁干净；

⑩ 轿厢和对重导靴油盅油量是否足够；

⑪ 电梯运行有无异常振动声响，舒适感有无明显变化；

⑫ 开关门有无异常（顺畅），轿厢内应急灯是否可靠；

⑬ 底坑限速器、张紧装置、开关和碰铁距离是否异常；

⑭ 补偿链是否有异响；

⑮ 底坑有无积水或脏物。

（3）巡视过程中如发现上述情况有不正常时，工作人员应及时通知电梯专业保养公司到场采取措施予以解决。

6.3.11 电梯运行突发事件处置

1. 发生火灾的处置

（1）楼层发生火灾时，工作人员应立即击碎玻璃按动“消防开关”使电梯进入消防运行状态，电梯运行到基站后，应使乘客保持镇静，疏导乘客迅速离开轿厢。

（2）井道内或轿厢发生火灾时，电梯机电维修员应立刻停梯，疏导乘客迅速离开轿厢，切断电源。用干粉和1211灭火器灭火控制火势蔓延。

（3）对于上述两种情况，工作人员应及时通知上级主管按应急消防预案程序执行。

2. 电梯湿水的处置

（1）当底坑内出现少量进水或浸水时，应将电梯停在二层以上，断开电梯总电源。

（2）当楼层发生水淹而使井道或底坑进水时，应将轿厢停于进水层站的上一层，断开电梯总电源。

（3）当底坑、井道或机房进水较多时，应立即停梯，断开电梯电源总开关。

（4）发生湿水时，应迅速阻断漏水源。

（5）对湿水电梯应进行除湿处理，如用干抹布擦拭、热风吹干（温度不能太高）、自然通风（用工厂用鼓风机）、更换管线等。确认湿水已消除，各绝缘电阻达到要求并且试梯运行无异常后，方可投入正式运行。

3. 停电造成停梯或故障造成停梯时的困人救援应按照电梯困人救援应急预案处理。

6.3.12 电梯机房管理

1. 非值班人员不准进入机房，若需要进入，须经物业主管同意，并在值班人员的陪同下方可进入机房。

2. 机房内严禁存放易燃、易爆或危险品，机房内应配足消防器材，禁止吸烟。

3. 每周打扫一次机房的卫生，做到地面、墙壁、顶棚、门窗、设备设施表面无积尘、无锈蚀、无油渍、无污物，油漆完好、整洁光亮。

4. 机房应当通风良好、光线足够、门窗开启灵活。

5. 机房应当做到随时上锁，钥匙由当值工作人员保管。

6.3.13 电梯运行管理交接班要求

1. 接班工作人员应准时来接班。

2. 接班人员认真听取交班人员交代，并查看《电梯运行日记》，检查工具、物品是否齐全，确认无误后在《电梯运行日记》表上签名。

3. 有下列情况之一者不准交接班：

（1）上一班运行情况未交代清楚；

（2）记录不规范、不完整、不清晰；

（3）机房不干净；

（4）接班人未到岗；

（5）事故正在处理中或交班时发生故障，应由交班人负责继续处理，接班人协助进行。

6.4 给水设备运行与管理

给水设备运行管理的好坏，直接关系到业主的正常生活，同时也关系到物业服务企业的管理水平。业主满意程度是评价物业服务企业服务质量和管理水平的综合尺度，业主满意程度的第一直觉几乎都与设备运行的优劣有关。因此，给水设备运行管理在物业管理服务活动中占有重要地位。要运行和管理好给水设备，就必须对给水设备进行全面细致的了解，只有了解和熟悉给水的功能和具体操作，才能运行和管理好给水设备，才能保障物业区域内的正常给水。

6.4.1 给水系统的分类

给水系统按用途可分为：

1. 生活给水系统

在生活给水系统中，除了满足需要的水量和压力外，其水质必须符合国家规定的饮用水质标准。

2. 消防给水系统

在消防给水系统中，对水质的要求不高，但必须按建筑消防规范的有关规定设计，要求有足够的水量和压力。

3. 生产给水系统

在生产给水系统中，其对水质、水量、水压以及安全可靠性的要求因工艺要求的不同存在一定的差异。

6.4.2 给水方式分类

1. 直接给水方式

直接给水方式又称为直供方式（物业区域外的给水管网压力水量满足建筑物室内用水要求）其给水方式简单、经济。

2. 设置升压设备给水方式

（1）单设水箱给水方式：在单设水箱给水方式中，不需要增压设备。

（2）单设水泵给水方式：在单设水泵给水方式中，出水量均匀、水质稳定、压力也相对稳定。

3. 水泵—水箱联合给水方式

当直供方式的水压不足时，可在设于地下室的水池中用水泵将水打入设在足够高度的水箱中，再由水箱向下为各用户供水。

4. 气压式给水方式

气压式给水方式主要是通过气压罐和附件，将水输入到给水管网。由于气压罐是1类压力容器，故需接受锅炉压力容器安全监管部门的管理。

5. 高层建筑给水方式

对于一些高层建筑，由于上下部分的压差较大，故常将给水管网分为高区和低区，上部楼层由高区给水，下部楼层由低区给水。

6.4.3 给水设备运行管理要点

1. 建立和完善给水设备运行标准

由于各种物业之间的差异，各类物业的结构、运行和服务对象都有各自不同的特点。因此，根据给水设备所在物业的特点和服务对象，结合给水设备本身的技术要求，制定与之相适应的运行标准，是搞好给水设备运行的首要工作。标准的制定是一个动态的、不断完善的过程。随着给水设备运行时间的推移，物业服务对象的变动等种种因素的改变，要进行给水设备运行标准的补充和完善、变动和修订将伴随着给水设备运行管理的全过程。

2. 制定预防性措施

由于给水设备运行的连续性特点，各种预防性措施在运行管理中处于特别重要的地位。这些预防性措施包括：预防性试验；预防性检修；突发事件应变方案；巡检、点检、定检。实现预防性措施的基础是收集整理、归纳和分析资料，有针对性地建立给水设备和管线系统的台账和运行档案等。档案建立后，对于收集的资料应定期进行分析，特别是反映给水设备状况的运行参数，应建立分析报表制度，以便从给水设备运行状态趋势，找出故障隐患，有计划地进行维护检修，避免因故障突发造成停机事故。

3. 完善组织管理

给水设备的运行离不开人的管理与操作，人是各项因素中最活跃的因素。因此，无论给水设备现代化水平如何，都决不可以忽视员工的思想、技术、技能技巧。重视技术能力、思想建设和组织建设，其中主要的方法是加强员工培训。在现代管理方法中，培训和工作是统一的，工作的过程也是培训的过程，培训是工作中不可分割和缺少的一部分。

6.4.4 给水设备设施的管理内容

给水系统设备管理主要针对给水系统中所涉及的各种设备及管道等的日常操作运行、维护等的管理活动。包括物业服务企业对所管辖区内给水系统的计划性养护、零星返修和改善添装。如消防水箱定期调水放水，以防出现阻塞、水质腐臭等现象，消防泵定期试泵等等都属于给水设备管理范畴。

给水设备管理的内容涉及很多，根据具体的给水系统及设备种类而定。但一般主要包括以下几个方面：

1. 给水设备设施的基础资料管理

给水设备基础资料管理的主要内容是建立给水设备管理原始资料档案和设备维修资料档案。所有给水设备（包括其余的如采暖、空调等）接管后均应建立原始资料档案。这类档案资料主要有：产品与配套件的合格证、竣工图、给水设备的检验合格证书、供水的试压报告等等。建立设备卡片，应记录有关设备的各项明细资料，如：给水设备类别、型号、名称、规格、技术特征、开始使用日期等。给水设备的维修档案资料主要有：

（1）报修单：即每次维修填写的报修单，按月、季统计装订，维修管理部门负责保管以备存查；

（2）运行记录：要求值班人员每天填写设备运行记录，以备存查；

（3）检查记录：平时的设备检查记录；

（4）运行月报：管理部门每月上报一次运行情况总结；

（5）考评资料：定期或不定期检查记录奖罚情况，每年归纳汇总、装订保存；

（6）其他资料：包括技术革新资料，设备运行的改进、设备更新、技术改进措施等资料。

2. 给水设备的日常操作管理

给水设备设施日常运行操作管理的内容主要是规范给水设备的操作程序。确保正确安全地操作给水设备。

3. 给水设备运行管理

给水设备运行管理的内容是建立合理的运行制度和运行操作规定，确保给水设备良好运行。

4. 给水设备的维修养护管理

给水设备的维修养护管理是根据给水设备设施的性能按照一定的科学管理程序和制度，以一定的技术管理要求，对设备进行日常养护和维修更新，确保给水设备设施性能良好。

5. 文明安全管理

文明安全管理的内容是对给水设备的运行操作、使用进行文明安全管理，定期检查操作人员、维修人员的安全操作，并进行安全作业训练，还要建立安全责任制。

6.4.5 给水设备的运行管理职责

1. 给水设备管理人员的工作职责

（1）负责对所管辖范围内给水设备的运行，处理一些一般性故障，协助维修组人员进行设备设施的维修保养工作，对发生的问题及时向管理组或经理汇报；

（2）必须对所管辖范围内给水及设备情况有详尽了解；

（3）掌握相关设备的操作程序和应急处理措施；

（4）定时巡视设备运行情况，并做好巡查记录和值班记录；

（5）密切关注给水设备的压力状态，保持平稳的压力值；

（6）记录设备运行投诉情况，并及时处理；

（7）保持值班室、设备及水泵房等清洁有序；

（8）负责设备房的安全管理工作，禁止非工作人员进入，做好防水、防火、防小动物的安全管理工作；

（9）遇突发事件，采取应急措施，迅速通知相关人员处理等。

2. 维修组人员的工作职责

（1）熟练掌握设备的结构、性能、特点和维修保养方法；

（2）按时完成设备的各项维修、保养工作，并作好有关记录；

（3）保证设备与机房的整洁；

（4）严格遵守安全操作规程，防止发生事故；

（5）发生突发情况，应迅速采取应急措施，保证设备的正常完好；

（6）定期对设备巡视、检查，发现问题及时处理等。

3. 管理组人员的工作职责

（1）具体负责对外协调；

（2）负责统一调度管理；

（3）负责工具和材料的采购、保管和发放；

（4）负责文件资料的保管、建档和发放；

（5）负责组织人员进行安全技术和质量意识培训等工作。

为了提高工作效率，确保给水设备的运行、维修和保养工作有序开展，并能在紧急情况下及时派遣人员到达现场。可设值班室，值班室每天24小时全天值班，给水设备的故障情况均应通知值班室，以便值班室依照物业主管的要求合理安排人员进行抢修维护，保障给水的正常运行。

6.4.6 给水设备运行管理的基本要求

1. 每年定期消毒清洗生活水池或水箱两次。

2. 每年安排两次对生活饮用水质进行检测，保证水质符合国家饮用水标准。

3. 每周对水泵房的设备进行一次例行检查。

4. 按保养计划要求对设备进行保养。

6.4.7 给水设备运行监控

1. 运行监控要求

泵房管理员每两小时巡视一次给水泵房，维修人员每天巡视一次给水设备及给水管网和阀门。

2. 运行监控内容

（1）水泵房有无异常声响或大的振动；

（2）电机、控制柜有无异常；

（3）电机温升是否正常，变频是否运行正常；

（4）电压表、电流表指示是否正常，各信号灯是否正常；

（5）压力表是否正常；

（6）是否出现失水现象；

（7）水池或水箱水位是否正常；

（8）阀门、法兰连接部位是否漏水；

（9）止回阀、浮球阀液位控制器是否动作可靠。

水泵房管理员在巡视过程中发现给水设备有不正常现象时应及时处理，如处理不了应及时上报主管。

6.4.8 给水设备运行突发事件处置

1. 供水管爆裂

（1）立即关闭其上方供水管上最近处的阀门；

（2）关闭阀门后仍大量泄水的，应立即关停相应水泵，并向业主发布停水紧急通知；

（3）立即通知维修人员进行抢修；

（4）修复后，恢复现场原状。

2. 水泵房发生火灾

当水泵房发生火灾时，应按《火警、火灾应急处理标准作业规程》处置。

3. 水泵发生异常情况处理

（1）停止有异常响声水泵的运转；

（2）立即启动备用泵；

（3）泵房管理员先进行自检，了解故障的基本情况，然后上报主管，请维修专业人员进行修理。

6.4.9 给水设备运行管理巡检

1. 日检

工作人员每天应对给水设备进行例行巡检，检查内容包括给水设备的运行状况、存在哪些问题、需要维护的部位、现场处置情况、存在哪些安全隐患等，并对在检查中发现的问题及存在的安全隐患问题及时进行纠正和做相应的处理，并做巡检记录。

2. 周检

物业服务企业安排专人每周应根据给水设备运行的实际情况进行全面的检查，除日检内容外，其内容还包括对水泵房设备及变频设备和电气控制柜使用情况进行检查、业主对给水设备的运行意见反馈、工作人员的巡检记录和服务质量，以及安全隐患分析等，并填写周检记录表。

3. 月检

项目经理对给水设备的管理服务工作进行全面的检查，重点检查现场管理服务运行效果及过程管理记录，确保给水设备运行管理工作执行到位。

4. 督查

物业服务企业安排专人不定期的对给水设备运行管理进行突击检查，确保给水设备运行管理工作严格按照标准执行。

5. 检查部位

检查的主要部位有：泵体、控制阀门、水质情况、电器控制柜、变频设备、运行压力、供水量、运行记录等。

6.4.10 给水设备保养

1. 制定《给水设备维修保养年度计划》

（1）每年年底，由物业主管组织水泵房管理员一起研究、制定《给水设备维修保养年度计划》并报审批。

（2）制定《给水设备维修保养年度计划》的原则：

① 给水设备的使用频度；

② 给水设备的运行状况及故障隐患；

③ 检修时间避开节假日、特殊活动日。

（3）《给水设备维修保养年度计划》应包括如下内容：

① 维修保养项目及内容；

② 备品、备件计划；

③ 具体实施维修保养的时间；

④ 预计费用。

2. 水泵机组维修保养

水泵房管理员每年4月、10月应对水泵机组进行一次清洁、保养。

3. 电动机维修保养

(1) 用500V摇表检测电动机线圈绝缘电阻是否在0.5MΩ以上，否则应烘干处理或修复；

(2) 检查电动机轴承有无阻滞或异常声响，如有则应更换同型号轴承；

(3) 检查电动机风叶有无碰壳现象，如有则应修整处理；

(4) 清洁电动机外壳，检查电动机是否脱漆严重，如是则应彻底铲除脱落层后重新油漆。

4. 水泵维修保养

(1) 检查水泵轴承是否转动灵活，如有阻滞现象则应加注润滑油。如有异常摩擦声响则应更换同型号轴承；

(2) 转动水泵轴，如果有卡住，碰撞现象，则应更换同规格叶轮。如果轴键槽损坏严重，则应更换同规格水泵轴；

(3) 检查压盘根处是否漏水，如是则应添加或更换压盘根；

(4) 清洁水泵外表，如水泵外表脱漆腐蚀严重，则应铲除脱落层，重新上油漆；

(5) 检查电动机与水泵联轴器有无损坏，如有则应更换；

(6) 检查水泵机组螺栓是否紧固，如松弛则应拧紧。

5. 控制柜维修保养

水泵管理员在每年5月、11月，应对水泵房、控制柜进行一次清洁、保养。

(1) 用压缩空气、干净干抹布清洁柜内所有元器件，清洁控制柜外壳，务必使柜内无积尘、无污物；

(2) 检查所有线头是否连接牢固，对于烧蚀严重不能正常工作的触头应更换；

(3) 检查柜内所有线头的号码是否清晰，是否有脱落现象，如有则应更新，整固；

(4) 交流接触器维修保养：

① 清除灭弧罩内氧化物的颗粒；

② 清除触头表面及四周污物（但不要修锉触头），烧饰严重的则应更换；

③ 清除铁芯上的油污及脏物；

④ 检查复位弹簧情况；

⑤ 拧紧所有紧固件。

(5) 自耦减压启动器维修保养：

① 用500V摇表检查绝缘电阻，应不低于0.5MΩ，否则则应干燥处理；

② 外壳应可靠接地，如有松脱或锈蚀则应在除锈处理后拧紧接地线；

(6) 热继电器维修保养：

① 检查热继电器的绝缘板，是否完整无损，如损坏则应更换；

② 检查热继电器导线接头处是否有电弧烧灼痕迹或烧坏。如有则应修理，修理后达不到要求的则应更换。

（7）自动空气开关维修保养：

① 用500V摇表测量绝缘电阻，应不低于100MΩ，否则应烘干处理；

② 清除灭弧罩内氧化物颗粒，如果灭弧罩破裂则应更换；

③ 自动空气开关在闭合或断开过程中，其可动部分与灭弧室的触头应无卡住现象；

④ 检查触头表面是否有积碳和烧灼现象，如有则应清除，但不能修锉，只能轻轻擦拭。

（8）信号灯、指示仪表的维修、保养：

① 检查信号灯是否正常，如有不亮则应更换；

② 检查各仪表是否正常，如有偏差，应做调整，调整后偏差仍大则应更换；

（9）闸阀、止回阀、浮球阀、液位控制器维修保养。

① 闸阀保养：检查密封垫是否漏水，如漏水则应换垫；对闸阀阀杆加黄油润滑。

② 止回阀维修保养：检查密封垫是否损坏，如损坏则应更换；检查止回阀弹力是否足够，如太软则应更换。

③ 浮球阀维修保养：检查浮球阀密封垫是否老化，如已老化则应更换；检查浮球阀杆是否弯曲，如弯曲则应矫正；检查浮球阀连杆插销是否磨损严重，如磨损严重则应更换。

6. 潜水泵、排污泵维修保养

（1）用500V摇表检测潜水泵、排污泵、绝缘电阻是否在0.25MΩ以上，否则应拆开，对线圈进行烘干处理；

（2）检查密封垫是否老化，如是则应更换；

（3）检查轴承磨损情况，如转动有异常现象则应更换。

7. 给水管维护保养

（1）每年10月对明装给水管进行一次维修保养；

（2）每年入冬以前进行一次室外给水管网的检查维护，对有可能受冻的管道、阀门进行保温防护；

（3）每次给水维修保养的时间应尽量短，以免给居民生活带来不便；

（4）维修保养需停水时要提前24小时通知有关用户，如遇特殊情况突然停水，应在恢复供水12小时内向用户作出说明。

6.5 供电设备运行与管理

在物业区域内供电设施是否能够正常的运行，关系到整个物业区域内业主的生活和办公，因此，作为物业服务企业在做好日常物业服务工作的同时，要特别加大对供电设施的运行管理，确保万无一失。

6.5.1 物业区域内的供电设施构成

供电设施构成包括供电线路、变压器、总开关、负荷开关、漏电保护自动开关、计量表、照明装置、互感器、配电箱（盘、柜）等。

这些供电设施组成了整个的供电系统，在运行中相互关联缺一不可，这就要求物业服务企业，要注重平时的巡检和维护，发现问题及时处理，避免因这样或那样的供电设施由于出现故障，而导致停电事故的出现。

6.5.2 供电运行服务的基本内容

1. 了解供电范围内各建筑物的结构方式，用电内容及主要要求。
2. 掌握供电方式、电压等级、用电容量、分配负荷情况。
3. 了解整个物业区域内的供电线路、供电原理，以及配套的设备说明书、配线图、产品合格证书、试验、检验报告。
4. 掌握实际安装的线路及供电设备的数量、规格、型号、位置等情况。
5. 建立供电设备档案。
6. 供电设备启用后，要了解用电情况、设施运行情况。

6.5.3 供电运行管理工作的主要内容

1. 根据物业供电设施的配置情况，合理配备一定数量的专业人员。
2. 根据实际运行情况制定严格的供配电运行制度和维护保养制度，并建立相应的检查监督机制和各项规章制度。
3. 建立供配电系统技术档案。
4. 配备必要的专业操作工具。
5. 定期对计量表进行检查和校对，确保计量的准确性。
6. 在供电运行的同时，要做好用电的统计与分析工作。
7. 建立供电运行检查标准。
8. 建立火灾、水灾、地震等灾害发生时的应急供电预案。
9. 建立24小时值班制度，发生故障时能紧急组织力量进行抢修，尽快回复供电运行。
10. 重视无功功率和补偿工作，提高功率因数，改善用电质量。
11. 定期对公共用电进行分析和统计，随时掌握物业区域内的用电情况。

6.5.4 供电运行安全操作要求

1. 操作高压设备、设施时，必须戴绝缘手套，穿绝缘鞋，身着全棉质工作服，使用绝缘操作杆。
2. 严禁带电作业。
3. 空气开关跳闸或熔断器熔断时，应查明原因，排除故障后再恢复供电。
4. 变、配电房拉、合闸时，应一人操作一人监护。

6.5.5 供电运行保养要求

1. 主管经理负责审核《供配电设备、设施维修保养年度计划》并核查执行情况。

2. 物业主管负责制订《供配电设备、设施维修保养计划》并组织实施该计划。

3. 变、配电室组长负责对供配电设备、设施进行维修保养的工作。

4. 保养要求

(1)《供配电设备、设施的维修保养年度计划》的制订。

(2) 每年年底前制定计划，上报审批。

(3) 制定计划原则：

① 各设施的使用频度；

② 供配电设备、设施的运行情况（根据日常记录存在的隐患)；

③ 在每年定检供电设备和春检变电室停电时，实施大型的保养。

(4) 计划作出预算，提早准备好配件。

(5) 变压器维修保养：利用供电部门春检的时间，在每年春季进行一次外部清洁。进行变压器测试，并检查油样，缺油时补充变压器油。

(6) 高压柜维修保养：每年协助供电局对高、低压柜进行一次检查和维修保养，并将供电局年度检验报告交给部门主管入档保存。

(7) 低压柜保养：每年4月、10月对低压配电柜内外进行清洁、吹污、吹尘工作。每年进行两次刀闸开关、交流接触器、熔断器的维修保养。

6.5.6 供电运行巡视内容

1. 变压器油位、油色是否正常，密封处是否漏油，变压器运行是否超温（85度)。

2. 有无异常响声或气味。

3. 各种仪表指示是否正常，指示灯是否正常。

4. 单相、三相电压是否在额定值的正负10%范围内，是否超载运行。

5. 各种接头是否有过热或烧伤痕迹。

6. 防小动物设施是否完好。

7. 接地线有无锈蚀或松动。

8. 各种临时用电接驳情况。

9. 各种标示牌、标示物是否完好。

10. 安全用具是否齐全，是否存放于规定位置；

11. 按时开关管辖区域内内路灯、灯饰或喷水池，及时维修好辖区内路灯。

对于巡视中发现的问题，当值变配电室值班电工应及时采取整改措施加以解决，处理不了的问题应及时如实地汇报给物业主管，在主管的协同下加以解决。

6.5.7 供电设备运行管理巡检

1. 日检

工作人员每天应对供电设备进行例行巡检，检查内容包括供电设备的运行状况、存在哪些问题、需要维护的部位、现场处置情况、存在哪些安全隐患等，并对在检查中发现的问题及存在的安全隐患问题及时进行纠正和做相应的处理，并做巡检记录。

2. 周检

物业服务企业安排专人每周应根据供电设备运行的实际情况进行全面的检查，除日检内容外，其内容还包括各类电气控制柜运行使用情况进行检查、业主对供电设备的运行意见反馈、工作人员的巡检记录和服务质量，以及安全隐患分析等，并填写周检记录表。

3. 月检

项目经理对供电设备的管理服务工作进行全面的检查，重点检查现场管理服务运行效果及过程管理记录，确保供电设备运行管理工作执行到位。

4. 督查

物业服务企业安排专人不定期的对供电设备运行管理进行突击检查，确保供电设备运行管理工作严格按照标准执行。

6.5.8 供电设备运行突发事件处置

1. 触电处置

（1）发现有人触电时，当值变配电室值班电工应保持镇静、保持头脑冷静，尽快使触电者脱离电源，并进行紧急抢救。

（2）拉开电源开关、拔去插头或熔断器。

（3）用干燥的衣服或绝缘塑料布垫住，将触电者脱离电源。

（4）防止触电者在断电后跌倒。

（5）如果触电者尚未失去知觉，则必须让其保持安静，并立即请医生进行诊治，密切注意其症状变化。

（6）如果触电者已失去知觉，但呼吸尚存，应使其舒适、安静地仰卧，将上衣与裤带放松，使其容易呼吸，若触电者呼吸困难，有抽筋现象，则应积极进行人工呼吸，并及时送进医院。

（7）如果触电者的呼吸、脉搏及心跳都已停止，此时不能认为其已死亡，应当立即对其进行人工呼吸。人工呼吸必须连续不断地进行到触电者自行呼吸或医生赶到现场救治为止。

2. 配电柜自动空气开关跳闸的处置

（1）判断跳闸原因（短路或过载）。

（2）查清楚负载种类及分布情况。

（3）对可疑处逐个检查，确认故障部位或报告物业主管，请协调援助解决。

（4）如故障已排除应立即恢复供电。

3. 变配电房发生火灾应按《火警、火灾应急处理标准作业规程》处置。

4. 变配电房发生水浸时的处置

（1）视进水情况，拉下总电源开关或高压开关。

（2）堵住漏水源。

（3）如果漏水较大，应立即通知机电维修部主管，同时尽力阻滞进水。

（4）漏水源堵住后，应立即排水。

（5）排干水后，应立即对湿水设备设施进行除湿处理（如用干的干净抹布擦拭、热风吹干、自然通风，更换相关管线等）。

（6）确认湿水已消除（如各绝缘电阻达到规定要求），开机试运行，如无异常情况出现，则可以投入正常运行。

6.5.9 变配电室管理

1. 非值班人员不准进入变配电室，若需要进入，须经主管批准，并在值班人员陪同下方可进入。

2. 变配电室内严禁存放易燃、易爆、危险物品。室内应备齐消防器材，并禁止吸烟。

3. 每班打扫一次室内的卫生，每周清洁一次室内和设备设施卫生，做到地面、墙壁、天花板、门窗、设备设施表面无积尘、无油渍、无锈蚀、无污物，油漆完好，整洁光亮。

4. 变配电室内应当通风良好、光线足够、门窗开启灵活，防小动物设施完好。

5. 对变配电室都应当做到随时上锁，钥匙由当值班电工保管，值班电工不得私自配钥匙。

6.5.10 交接班要求

1. 接班人员应准时来接班。

2. 接班人员应认真听取交班人员交代，并查看《供配电设备设施运行日记》。检查工具、物品是否齐全，确认无误后在《供配电设备设施运行日记》上签名。

3. 有下列情况之一者不准交接班

（1）上一班运行情况未交代清楚。

（2）记录不规范、不完整、不清晰。

（3）室内不干净。

（4）事故正在处理中或交班时发生故障，此时交班人负责继续处理，接班人协助进行。

6.6 安全防范系统运行与管理

在物业区域内安全防范系统是否能够正常运行，关系到整个物业区域内业主的生活和办公安全，因此，作为物业服务企业在做好日常的物业服务工作的同时，要加大对安全防范系统的运行管理，确保物业服务区域内有一个良好的安全环境。

6.6.1 安全防范系统的构成

安全防范系统包括监控系统、周界红外报警器系统、巡更管理系统、门禁系统（出入口）等。这些子系统组成了整个安全防范系统，在运行中相互关联缺一不可，这就要求物业服务企业，要注重平时的巡检和维护，发现问题及时处理，避免系统中由于出现故障，而导致安全防范系统出现瘫痪的局面。

1. 闭路监控系统构成包括：智能主机、显示器、UPS 电能储存器、监控摄像探头。

2. 周界红外报警系统构成包括：红外探测器、报警喇叭。

3. 巡更系统构成包括：巡更点、巡更打点器（数据棒）、计算机。

4. 门禁系统构成包括：监视器、升降杆、摄像探头、读卡器。

6.6.2 安全防范系统运行服务的基本内容

1. 了解系统范围内的分布方式和使用功能及主要要求。

2. 掌握昼夜安全防范系统的运行情况（如白天运行效果，夜间运行效果）。

3. 了解配套的使用说明书、配线图、产品合格证书等。

4. 掌握实际安装的位置及安全防范系统所使用的的产品数量、规格、型号等情况。

5. 建立安全防范系统技术资料档案。

6. 系统启用后，要了解用电情况、系统运行情况。

6.6.3 安全防范系统运行管理工作主要内容

1. 根据安全防范系统的配置情况，合理配备一定数量的专业人员。

2. 根据实际运行情况制定严格的安全防范系统运行管理制度和维护保养制度，并建立相应的检查监督机制和各项规章制度。

3. 建立系统技术档案。

4. 配备必要的专业操作工具。

5. 定期对保存的录像资料进行数据备份和存档。

6. 建立安全防范系统运行检查标准。

7. 建立 24 小时值班制度，发生故障时能紧急协调厂家组织力量进行抢修，尽快恢复运行。

6.6.4 安全防范系统运行要求

1. 专业人员必须按照使用说明要求程序正确操作设备。

2. 工作人员要懂得系统内各设备的技术性能，使之相互配合，正确使用。

3. 与专业厂家的建立维修保养关系，出现问题随时通知专业厂家到场进行处理。

4. 注重日常设备的维护与保养，定期检查、检测，发现问题及时处理。

5. 建立智能化设施、设备操作、维护保养、维修的制度。要求管理人员对智能化设施、设备的使用、维护保养，维修必须严格执行相关制度和标准。

6.6.5 安全防范系统运行维护

1. 维护内容

（1）日检：系统外观—前端、终端、传输线路信号日常检查记录；软件测试。

（2）例检：系统外观—前端、终端、传输线路信号传输阶段性检查、记录、软件测试。

（3）临检：对日常维护工作、例检工作进行督检，对其工作成果进行测评。

2. 维护方式

（1）一般性检查维护（日检）；

（2）定期检查维护（例检）；

（3）临时抽样检查维护（临检）。

3. 详细维护保养项目及计划

（1）小修计划：根据日常维护记录、月检记录及报告，制定每季一次的小修计划。

（2）中修计划：根据季检记录及报告、年检记录及报告，制定每年一次的中修计划。

（3）大修计划：根据年检记录及报告，制定每三年一次的大修计划。

（4）智能化系统维护保养项目如表6－1。

智能化系统维护保养项目表 **表6－1**

类别	对象	项目	标准	日常维修表					备注
				日检	月检	季检	年检	临检	
室内安防报警系统	主服务器，备用服务器	外观	清洁、完整、有序无破坏	√		√		√	
		接插件及联线连接	牢固、无松脱		√		√	√	
		双机切换性能	顺利无断点	√		√		√	
		运行状况	正常、无死机、无过热等不良现象、电源稳定	√	√	√	√	√	
	紧急按钮、磁控门锁	外观	清洁、完整、有序无破坏			√		√	
	红外探头、密码键盘	安装与连接	安装牢固、连接可靠			√		√	
		感应性能	灵敏度高、响应特性正常			√	√	√	
	智能主机	信号发送	完整、无缺漏		√		√	√	
摄像监视系统	监视器	外观及布置	清洁无尘、摆放有序、散热部位无堵塞、遮盖	√			√	√	
		接插件及联线连接	牢固、无接触不良		√		√	√	
		显示性能	画面清晰、稳定、调节旋钮灵敏	√		√	√	√	
	控制器、画面分割器、录像机	接插件及联线连接	安装、无接触不良		√		√	√	
		控制性能	各性能控制键几旋钮灵敏、可靠、画面分割稳定录象清晰、干扰信号小	√	√		√	√	
	摄像头	外观	清洁、完整、无破损		√	√		√	
		安装及连接	安装牢固、联线连接可靠		√	√		√	
		摄像性能	视频信号清晰、完整、失真小、控制灵敏可靠	√		√		√	

续表

类别	对象	项目	标准	日常维修表					备注
				日检	月检	季检	年检	临检	
巡更系统	读卡机	外观	清洁、完整、无破损、无水浸、防晒	√		√		√	
		安装与连接	安装牢固、连接可靠	√		√		√	
	间杆系统	外观	清洁、完整、无破损	√			√	√	
		安装与连接	安装牢固、连接可靠			√		√	
		运行	安全、灵活、准确、机件润滑性能好	√		√	√	√	
各系统电脑	主　机	外观	清洁、完整	√		√		√	
		接插件及联线连接	牢固、无松脱	√		√		√	
		运行状况	正常、无死机、无过热不良现象	√	√	√	√	√	
	打印机软、硬盘	外观	清洁、完整、无破损	√		√		√	
	显示器	连接	牢固	√	√		√	√	
		运行状况	正常、无各种不良现象	√		√		√	
传输线	视频线、控制线、电源线、有线电视	外观	清洁、完整、有序无破损、无老化		√		√	√	
	网线	连接	牢固、无接触不良		√		√	√	
		传输性能	正常、无异常衰减	√		√		√	
各系统软件	软　件	运行状况	无死机不良现象、无病毒感染	√		√		√	
	数据	维护	完整、准确、保存完好	√	√	√	√	√	
工作环境	运行环境	状况	温度、湿度、洁净度、防火、防磁、防震、防雷等情况正常	√			√	√	

6.6.6 交接班要求

1. 接班人员应准时来接班。

2. 接班人员应认真听取交班人员交代，并查看《安全防范系统运行日记》。检查工具、物品是否齐全，确认无误后在《安全防范系统运行日记》上签名。

3. 有下列情况之一者不准交接班：

（1）上一班运行情况未交代清楚；

（2）记录不规范、不完整、不清晰；

（3）机房不干净；

（4）事故正在处理中或交班时发生故障，此时交班人负责继续处理，接班人协助进行。

6.7 供暖设备运行与管理

锅炉是供暖设备的主要部分，锅炉设备的构成除锅炉本体外，还包括辅机设备、除尘设备、除渣设备、上煤设备（燃油燃气锅炉除外）等，不管其中哪一部分出现故障，都会导致供暖设备不能正常运行，就会影响业主的正常生活。因此在供暖设备运行与管理中要对设备进行维护保养，科学管理，从而保障锅炉的安全使用。

6.7.1 供暖运行管理的特点

供暖运行管理具有以下特性：

1. 系统性与和整体性

供暖管理对象是由热源管理、热网管理、用户管理三个部分组成的有机整体，缺少任何部分都不能完成供暖过程，表现出明显的系统性和整体性。供暖管理要和供暖系统相适应，要具备系统性和完整性，保证供暖系统正常运行。

2. 季节性

供暖具有明显的季节性，一般只在严寒地区的冬季才运行供暖系统。随着严冬的过去，供暖系统也将停止运行。

3. 复杂性

供暖管理本身很复杂，主要表现为以下两点：

（1）管理内容的复杂性：包括设备管理、燃料采购、炉渣外运、人员培训、取暖费用收取等；

（2）管理用户的复杂性：用户的文化素质不同，收入也有差别，对供暖系统认识也不尽相同等，而使管理复杂化。

在制订供暖管理实施方案的操作规程时，一定要根据供暖管理对象及供暖管理特点，制定供暖管理遵循的普遍原则，为实施管理建立理论基础。

6.7.2 燃煤锅炉设备构成

锅炉设备构成包括锅炉本体、辅机设备、除尘设备、除渣设备、上煤设备几个部分。

1. 锅炉本体包括水暖锅炉或蒸汽锅炉、锅筒、对流管、炉排、安全阀；

2. 辅机设备包括风机设备、循环设备、增压设备、补水设备、除氧设备、软化水设备、水箱等；

3. 除尘设备包括过滤水池、麻石除尘器或钢制除尘器；

4. 除渣设备包括渣槽、刮板、链条、机头。

6.7.3 锅炉运行注意事项

在锅炉运行时要注意以下事项：

1. 锅炉及管网系统的压力变化。

2. 锅炉水位计变化，根据水位计显示的水位情况及时补水。

3. 安全阀要进行检测后，方可使用。

4. 定时排污。

5. 鼓风、引风调整要适当，保持锅炉炉膛内始终为负压燃烧（引风要适当大于鼓风）。

6. 除渣系统、除尘系统运行状态是否正常，定时进行巡查。

7. 观察锅炉水温的变化情况，避免锅炉开锅。

8. 注意调整煤层厚度。

6.7.4 锅炉运行管理工作内容

1. 建立锅炉设备技术档案资料

在管理服务的物业区域内，要对锅炉设备建立设备管理档案，通过建立档案，使锅炉设备始终处于监管之中，以确保锅炉设备保持良好的工作运行状态。建立了锅炉档案后，方便了物业服务企业对锅炉设备运行管理，无论是在查阅设备技术资料，还是设备原始档案都能方便快捷地了解到所配置设备的相关技术参数、运行性能、维护要求等。因此，锅炉设备档案是物业管理档案中的核心。如何建立锅炉设备档案，应从以下几个方面入手。

（1）锅炉设备档案的内容应包括：

① 生产厂家、型号、规格、生产能力、出厂日期、购置日期；

② 安装位置、施工图；

③ 安装使用说明书，制造合格证；

④ 设备图纸、易损件、备件、附件等清单；

⑤ 设备履历卡片、设备编号、主要规格、安装地点、投产日期、附属设备名称规格、主要操作运行条件、周期和主记录；

⑥ 检修、维护、保养的内容，周期和记录；

⑦ 设备技术鉴定记录及技术台账。

（2）技术鉴定及技术台账的内容：

① 主要设备的验证资料；

② 主要设备技术革新成果汇总表；

③ 设备技术状况汇总表（设备完好率和设备主要缺陷）；

④ 设备检修状况汇总表（大修项目、实际完成项目、计划外项目、计划检修工时、实际完成检修工时、维修费用等）；

⑤ 设备事故汇总表（事故次数，停机时间、停查损失）；

⑥ 设备备品备件、材料消耗汇总表。

(3) 档案资料的分类

档案资料主要包括锅炉设备原始资料档案和设备技术资料档案。

① 设备原始资料档案是在接管物业区域后建立起来的档案，原始资料档案文件主要有：设备验收文件（包括验收记录、测试记录、产品与配套件的合格证书、订货合同、安装合同等）、设备安装图及锅炉设备使用维护说明等。

② 设备技术资料包括设备登记卡、设备台账和设备维修资料档案。

(4) 建立锅炉设备登记卡与设备台账

① 设备登记卡。物业服务企业对所管理的设备应建立锅炉设备登记卡。卡内应记录有关设备的各项明细资料如：设备类别、编号、名称、规格、技术参数、安装位置、建造年份、开始启用时间、维修情况等内容。

② 设备台账。是根据设备登记卡，按照设备的分类顺序，统一填写在设备的登记表上，作为物业服务企业管理设备数量及变动数量的台账，从而反映全部设备的基本情况，给设备的运行管理工作提供方便。定期进行一次清点核对，做到账物相符。

(5) 保存好锅炉设备运行与维修记录

对设备运行与维修记录资料要保存并建立档案妥善管理。设备运行与维修资料包括：设备运行情况记录、设备维修记录、设备技术革新资料记录。设备运行记录每月一册，每月统计一次，每年装订一次，并移交档案室保存；设备维修记录每月统计一次，每季装订一次，并移交档案室保存；设备技术革新资料记录保存于档案室。

2. 建立锅炉设备运行制度

物业区域内锅炉设备运行的好与坏，除了所配置的设备故有的瑕疵外，也有人为原因造成设备出现这样或那样的问题，因此，在锅炉设备运行的同时，供暖管理制度的建立是必不可少的，是锅炉设备运行的前提保障和规范操作人员的行为标准。锅炉设备运行管理制度要体现在以下几个方面：

(1) 物业服务企业必须配备设备管理技术人员，要求既有机电设备管理知识和经验，又要懂锅炉供暖设备运行知识的复合型专业人员；

(2) 应明确锅炉设备负责人，做到责任到人；

(3) 设备巡视、检查、测试方面的要求要到位；

(4) 设备运行操作流程的编排；

(5) 设备维护保养的具体方法；

(6) 有关设备运行维护记录的管理要求；

(7) 明确巡检周期、项目的具体要求；

(8) 考虑设备突发故障的应急方法；

(9) 建立完善的各项运行管理制度。

通过建立设备运行管理制度，使物业区域内的锅炉设备运行有一个安全的保障措施和平稳运行到位，确保物业区域内的业主、使用人享受到供暖带来的温暖，最终使业主能够安居乐业和安心工作。

3. 强化人员培训

(1) 定期到主管部门进行人员培训，并持证上岗操作；

（2）现场强化熟练操作规范要求；

（3）熟记安全操作要求；

（4）现场技术人员进行随机性的检查和帮教。

6.7.5 锅炉运行管理操作程序

1. 启动前的检查

（1）检查锅炉、风机、循环泵的电流、电压是否正常；

（2）各仪表、信号是否正常；

（3）启动锅炉前检查煤仓是否有煤，出渣仓是否满溢；

（4）检查锅炉各风门、闸门是否开启灵活，及锅炉炉排油杯是否有润滑油。

2. 开启锅炉的次序

（1）开启循环泵；

（2）启动出渣机和除尘泵；

（3）启动引风机和鼓风机；

（4）启动锅炉炉排，调节风门和炉排上煤层厚度。

3. 启动后各设备的观察

（1）观察出渣机转动是否正常；

（2）观察除尘泵开启后，灰槽中水流是否正常；

（3）观察鼓、引风机电流是否正常，风机转动声音、振动是否正常；

（4）观察炉排转速是否正常；

（5）开炉门看炉膛内燃烧情况是否正常。

4. 停炉的程序

（1）按下炉排转动设备的停止按钮；

（2）停鼓风机、引风机；

（3）停出渣机；

（4）停除尘泵；

（5）检查炉前是否集灰和煤，如有则清掏干净。

5. 巡视要求

当班工作人员每隔2小时巡视一次锅炉。巡视部位包括锅炉本体、炉膛、水泵机组、鼓、引风机、电气控制系统及各种附属装置包括闸阀、压力表、水箱等。

6.7.6 锅炉运行管理标准内容

锅炉供暖运行管理工作必须要达到国家的有关规定和标准，这就必须：科学管理、制度健全、设备完好、精心操作、安全运行、消烟除尘、节能节电。具体标准是：

1. 严格执行制定的锅炉运行各项管理制度。

2. 文明运行操作，保持操作现场整洁，锅炉及附属设备，供暖管网保持完好。

3. 安全运行做到

（1）锅炉使用须登记，设备技术立卷建档。工作人员经过培训后持证上岗；

（2）保证锅炉的安全附件，压力表、安全阀、水位表等齐全、准确、灵敏、可靠；

（3）每年检验检修，保障锅炉设备的安全运行；

（4）搞好水质管理。

4. 经济供暖方面做到

（1）煤质进场验收和量的核对；

（2）建立用煤考核制度；

（3）在达到国家规定的温度后，要调整供热热量，节约能源消耗。

6.7.7 锅炉运行管理巡检

1. 日检

工作人员每天应对锅炉设备进行例行巡检，检查内容包括锅炉设备的运行状况、存在哪些问题、需要进行维护的部位、现场处置情况、存在哪些安全隐患等，并对在检查中发现的问题及存在的安全隐患问题及时进行纠正和做相应的处理，并做巡检记录。

2. 周检

物业服务企业安排专人每周应根据锅炉设备运行的实际情况进行全面的检查，除日检内容外，其内容还包括各类辅机设备等运行使用情况进行检查、业主对供暖设备的运行意见反馈、工作人员的巡检记录和服务质量，以及安全隐患分析等，并填写周检记录表。

3. 月检

项目经理对锅炉设备的管理服务工作进行全面的检查，重点检查现场管理服务运行效果及过程管理记录，确保锅炉设备运行管理工作执行到位。

4. 督查

物业服务企业安排专人不定期的对锅炉设备运行管理进行突击检查，确保锅炉设备运行管理工作严格按照标准执行。

6.7.8 交接班要求

1. 接班人员应准时来接班。

2. 接班人员应认真听取交班人员交代，并查看《锅炉运行日记》。检查工具、物品是否齐全，确认无误后在《锅炉运行日记》上签名。

3. 有下列情况之一者不准交接班：

（1）上一班运行情况未交代清楚；

（2）记录不规范、不完整、不清晰；

（3）机房不干净；

（4）事故正在处理中或交班时发生故障，此时交班人负责继续处理，接班人协助进行。

6.8 中央空调设备运行与管理

中央空调设备运行管理水平的高低决定着设备运行质量的好坏程度，对中央空调设备的管理包括设备的运行和对设备的日常维护两大部分。所谓的运行管理，是指根据建筑物实际情况确定中央空调的运行方案，最大限度地做到中央空调在运行时节能，又能使业主在舒适的状态下生活和工作，也就是说既要满足业主的使用要求，又要达到经济运行的目的。因此，物业服务企业在中央空调设备运行的情况下，有责任对运行中出现的问题进行及时处理，保障设备的正常运行，使建筑物的使用功能得以最大限度的发挥。

中央空调运行管理最主要的工作就是进行系统调整。根据使用负荷的变化情况进行运行调试，保障室内的温度和湿度要求。通过调节系统达到舒适、经济、节能和环保要求。

6.8.1 中央空调设备构成

中央空调设备构成包括：直燃机组、冷冻泵、冷却泵、补水系统、软化水系统、冷却塔、风机盘管等。

6.8.2 中央空调运行注意事项

在中央空调运行时要注意以下事项：

1. 注意新风量的调整，在满足正常使用的状态下，合理调整新风量。
2. 合理的确定室内温度和湿度的标准。
3. 改变中央空调设备启动、停止时间。
4. 从排风中直接回收热量。
5. 风机盘管的局部运行调整。

6.8.3 中央空调设备运行管理工作内容

1. 建立中央空调设备技术档案资料

在管理服务的物业区域内，要对中央空调设备建立设备管理档案，通过建立档案，使中央空调设备始终处于监管之中，以确保中央空调设备保持良好的工作运行状态。建立了中央空调设备档案后，方便了物业服务企业对中央空调设备运行管理，无论是在查阅设备技术资料，还是设备原始档案都能方便快捷的了解到所配置设备的相关技术参数、运行性能、维护要求等。因此，中央空调设备档案是物业管理档案中的重要组成部分。如何建立中央空调设备设备档案，应从以下几个方面入手：

（1）中央空调设备档案内容应包括如下

① 生产厂家、型号、规格、生产能力、出厂日期、购置日期；

② 安装位置、施工图；

③ 安装使用说明书，制造合格证；

④ 设备图纸、易损件、备件、附件等清单；

⑤ 设备履历卡片、设备编号、主要规格、安装地点、投产日期、附属设备名称规格、主要操作运行条件、周期和主记录；

⑥ 检修、维护、保养的内容，周期和记录；

⑦ 设备技术鉴定记录及技术台账。

(2) 技术鉴定及技术台账的内容

① 主要设备的验证资料；

② 主要设备技术革新成果汇总表；

③ 设备技术状况汇总表（设备完好率和设备主要缺陷）；

④ 设备检修状况汇总表（大修项目、实际完成项目、计划外项目、计划检修工时、实际完成检修工时、维修费用等）；

⑤ 设备事故汇总表（事故次数，停机时间、停查损失）；

⑥ 设备备品备件、材料消耗汇总表。

(3) 档案资料的分类

档案资料主要包括中央空调设备原始资料档案和设备技术资料档案。

① 设备原始资料档案是在接管物业区域后建立起来的档案，原始资料档案文件主要有：设备验收文件（包括验收记录、测试记录、产品与配套件的合格证书、订货合同、安装合同等）、设备安装图及中央空调设备使用维护说明等。

② 设备技术资料包括设备登记卡、设备台账和设备维修资料档案。

(4) 建立设备登记卡与设备台账

① 设备登记卡。物业服务企业对所管理的设备应建立中央空调设备登记卡。卡内应记录有关设备的各项明细资料如：设备类别、编号、名称、规格、技术参数、安装位置、建造年份、开始启用时间、维修情况等内容。

② 设备台账。是根据设备登记卡，按照设备的分类顺序，统一填写在设备的登记表上，作为物业服务企业管理设备数量及变动数量的台账，从而反映全部设备的基本情况，给设备的运行管理工作提供方便。定期进行一次清点核对，做到账物相符。

(5) 保存好设备运行与维修记录

对设备运行与维修记录资料要保存并建立档案妥善管理。设备运行与维修资料包括：设备运行情况记录、设备维修记录、设备技术革新资料记录。设备运行记录每月一册，每月统计一次，每年装订一次，并移交档案室保存；设备维修记录每月统计一次，每季装订一次，并移交档案室保存；设备技术革新资料记录保存于档案室。

2. 建立设备运行制度

物业区域内的中央空调设备运行的好与坏，除了所配置的设备故有的瑕疵外，也有人为原因造成的设备出现这样或那样的问题，因此，在中央空调设备运行的同时，中央空调设备运行管理制度的建立是必不可少的，是设备运行的前提保障和规范操作人员的行为标准。设备运行管理制度要体现在以下几个方面：

(1) 物业服务企业必须配备设备管理技术人员，要求既有机电设备管理知识和经验，又要懂中央空调设备运行知识的复合型专业人员；

(2) 应明确中央空调设备负责人，做到责任到人；

(3) 设备巡视、检查、测试方面的要求要到位；

(4) 设备运行操作流程的编排；

(5) 设备维护保养的具体方法；

(6) 有关设备运行维护记录的管理要求；

(7) 明确巡检周期、项目的具体要求；

(8) 考虑设备突发故障的应急方法；

(9) 建立完善的各项运行管理制度。

通过建立设备运行管理制度，使物业区域内的中央空调设备运行有一个安全的保障措施和平稳运行到位，确保物业区域内的业主、使用人的享受到中央空调带来的舒适，最终使业主能够安居乐业和安心工作。

3. 强化人员培训

(1) 定期到主管部门进行人员培训，并持证上岗操作；

(2) 现场强化熟练操作规范要求；

(3) 熟记安全操作要求；

(4) 现场技术人员进行随机性的检查和帮教。

6.8.4 中央空调设备运行管理巡检

1. 日检

工作人员每天应对中央空调设备进行例行巡检，检查内容包括设备的运行状况、存在哪些问题、需要进行维护的部位、现场处置情况、存在哪些安全隐患等，并对在检查中发现的问题及存在的安全隐患问题及时进行纠正和做相应的处理，并做巡检记录。

2. 周检

物业服务企业安排专人每周应根据中央空调设备运行的实际情况进行全面的检查，除日检内容外，其内容还包括各类辅机设备等运行使用情况进行检查、业主对中央空调设备的运行意见反馈、工作人员的巡检记录和服务质量，以及安全隐患分析等，并填写周检记录表。

3. 月检

项目经理对中央空调设备的管理服务工作进行全面的检查，重点检查现场管理服务运行效果及过程管理记录，确保中央空调设备运行管理工作执行到位。

4. 督查

物业服务企业安排专人不定期的对中央空调设备运行管理进行突击检查，确保中央空调设备运行管理工作严格按照标准执行。

6.8.5 中央空调设备保养

1. 中央空调设备运行前必须对设备进行保养，包括过滤网的清洗、风机盘管电机、水泵电机的加油，以确保系统畅通，无杂质堵塞盘管等。

2. 运行前应对冷冻机组的各个部件进行检查，加油、干燥、截止阀门开启灵活无渗漏、清洁设备灰尘、检查其他附属设备，以保障系统处于正常运行状态。

6.8.6 交接班要求

1. 接班人员应准时来接班。

2. 接班人员应认真听取交班人员交代，并查看《中央空调运行日记》。检查工具、物品是否齐全，确认无误后在《中央空调运行日记》上签名。

3. 有下列情况之一者不准交接班：

（1）上一班运行情况未交代清楚；

（2）记录不规范、不完整、不清晰；

（3）机房不干净；

（4）事故正在处理中或交班时发生故障，此时交班人负责继续处理，接班人协助进行。

6.9 车库运行与管理

在日常的物业管理服务工作中，车库运行管理工作应作为物业服务企业的重点工作去管理服务，因为，车库是一个综合而复杂的系统，除了车辆的进出停放管理外，它还涉及消防系统、安全防范监控系统、门禁系统、新风与排风系统、各类管线和阀门、电气设备、排水系统、立体车位设备系统以及其他设备等。所以说车库的运行管理相对要集中，运行管理的要求相对较高。那么物业服务企业如何将车库运行管理好，应从几个方面考虑。

6.9.1 车库运行管理的主要工作

在日常的车库运行管理中，物业服务企业应从以下几个方面开展工作。

1. 根据车库的配置，要求生产厂家提供相关的图纸及技术资料，并制定车库的安全运行和维护保养规章制度和工作程序。

2. 工作程序包括：值班安排、操作规程、应急处理、日常巡检及保养方案、管理制度以及车辆管理办法。

3. 建立车库完善的技术档案，将所有的原始技术资料、安装验收资料、检测维修资料进行分类归档，妥善保管。

4. 熟悉车库的日常运行消耗材料的种类及规格，并适当的备置一些常用的工具及消耗材料等。

5. 对于车库内涉及的专业维护保养的设备，要选择有专业资格证书的专业维护保养公司作为车库内设备维护保养单位，并签订维护保养合同，确定维护保养的等级和维护费用。

6. 安排专人负责车库的日常巡检和对外联络工作。

7. 对外联络工作包括：消防主管部门对消防设施的年检和审验、日常与专业维保公司的维护工作等。

8. 协助配合专业维护保养公司做好车库内的各项运行工作。

9. 配置懂专业的工作人员负责车库设施设备的巡检。

10. 完善车库内涉及的各类相关提示牌、警示牌、车位线、交通设施。

6.9.2 车库运行安全的预防措施

1. 制定应急方案

针对可能出现的险情制定处理方法，如门禁系统故障排除程序、火灾时消防喷淋启动程序等。

2. 建立车库工作制度和值班制度

在根据车库内设置的摄像头，监控中心一旦发现险情，及时报告工作人员进行处理。

3. 制定车库巡查制度

按时巡检车库内各类设施设备的使用状况，发现异常应立即处理，并上报物业主管。

4. 将应急方案和专业保养公司的紧急联络电话悬挂在工作人员的办公室内，以便急需。

5. 车库工作人员应熟记应急处理方案，全面掌握应急措施，在紧急情况下从容应对。

6. 建立安全措施：即要求车库内光线充足，适合驾驶，各类指示牌、标志牌、地下白线箭头指示清晰，在转弯道、车行道、坡道等危险地带设立警示标语，设置防撞杆、防撞柱等。对于出现不清晰的牌子，也应立即进行处理。

7. 车库 24 小时运行值班，做好车辆检查和定时巡视，检查是否存在安全和消防隐患。

8. 注意门禁系统的使用，一旦出现这样或那样的问题，必须按照应急预案进行操作。

6.9.3 车库运行管理巡检

1. 日检

工作人员每天应对车库设备及车辆停放现场进行例行巡检，检查内容包括车库设备的运行状况、车辆停放状况、存在哪些问题、需要维护的部位、现场处置情况、存在哪些安全隐患等，并对在检查中发现的问题及存在的安全隐患问题及时进行纠正和做相应的处理，并做巡检记录。

2. 周检

物业服务企业安排专人每周应根据车库运行的实际情况进行全面的检查，除日检内容外，其内容还包括各类设备等运行使用情况进行检查、业主对车库的运行意见反馈、工作人员的巡检记录和服务质量，以及安全隐患分析等，并填写周检记录表。

3. 月检

项目经理对车库的管理服务工作进行全面的检查，重点检查现场管理服务运行效果及过程管理记录，确保车库运行管理工作执行到位。

4. 督查

物业服务企业安排专人不定期的对车库运行管理进行突击检查，确保车库运行管理工作严格按照标准执行。

6.9.4 车库运行管理巡检内容

1. 车库内各类设备的运行情况包括立体车位、新风送风系统、监控系统、消防系统、电气设备、门禁系统等，检查内容标准按本章有关设备运行管理要求执行。
2. 车辆的进出与停放是否符合规定要求。
3. 检查工作人员的服务规范是否到位。
4. 雨期来临时，巡查车库内排水系统是否正常工作。
5. 消防检查，是否按消防要求运行。
6. 在车库巡检时要注意屋顶是否存在渗漏，发现问题应及时处理。

6.9.5 交接班要求

1. 接班人员应准时来接班。
2. 接班人员应认真听取交班人员交代，并查看《车库运行日记》。检查车辆、工具、物品是否齐全，确认无误后在《车库运行日记》上签名。
3. 有下列情况之一者不准交接班：

(1) 上一班运行情况未交代清楚；

(2) 记录不规范、不完整、不清晰；

(3) 车库不干净；

(4) 事故正在处理中或交班时发生故障，此时交班人负责继续处理，接班人协助进行。

6.10 防雷系统安全运行与管理

检查防雷与接地系统安全是物业服务企业工作中的一部分，进行防雷系统的检查与维护保养，就是要确保建筑物及人员在雷雨天气免受灾害，使业主能安居生活和办公。

6.10.1 防雷系统安全运行与管理工作要求

1. 物业主管负责监督检查工作的落实情况是否到位。
2. 工程人员负责实施每月的定期保养。

3. 实施保养后要进行记录并保存。

4. 对于检查出来的问题，要安排专人负责落实处理。

5. 必须采用仪器多点检测与目视检测相结合的办法进行检查。

6.10.2 防雷系统安全运行与管理保养内容

1. 检查避雷针、避雷线、避雷带及引线有否锈蚀，如有则要及时除锈并刷银粉漆。对于锈蚀程度严重、截面锈蚀达30%以上的必须更换。

2. 用小锤轻敲引下线的导电接触部件，检查接触是否良好，焊点连接是否脱焊，有问题要及时解决。

3. 检查接地引线和接地装置是否正常，接地螺母是否牢固可靠，如发现问题要及时改正及紧固。

4. 每年雨季来临前，用接地电阻仪测试避雷系统的接地电阻（$R \leqslant 10\Omega$）。

5. 保养频次

（1）避雷系统有锈蚀，刷银粉漆，每季度保养一次；

（2）导电接触部件、焊点，每季度保养一次；

（3）接地电阻测试，每年测试一次。

7 物业服务的责任与风险应对

物业服务涉及关系复杂，风险无时不在、无处不在，如果物业服务企业在日常的物业服务过程中不注重风险的防范和应对，在一定的条件下就有可能演变为突发事件，因此物业服务中可能出现的任何风险必须有防范应急措施，以确保得到有效的处置和避免引发法律纠纷。

风险具有普遍性、客观性、损失性和不确定性。物业服务中由于物业服务企业或企业以外的自然、社会因素所导致出现的物业风险，对物业服务企业的发展都可能造成一定的影响。

7.1 物业服务的责任

根据国家颁布的《物业管理条例》，物业服务是指业主通过选聘物业服务企业，由业主和物业服务企业按照物业管理服务委托合同约定，对房屋和及配套的设施设备及其相关场地进行维修、养护、管理，维护相关区域内的环境卫生和秩序的活动。在《物业管理条例》中已对物业服务的概念和定义有了明确的规定，界定了物业服务的主要内容和物业服务企业的主要义务。风险是与责任、义务相对应的，义务人因为应承担相应的义务，根据《物业管理条例》第三十六条“物业服务企业应当按照物业服务合同的约定，提供相应的服务。物业服务企业未能履行物业服务合同的约定，导致业主人身、财产安全受到损害的，应当依法承担相应的法律责任”的规定，造成业主直接或间接经济损失和人身损害，即产生了相应的法律风险和赔偿的法律责任。

7.1.1 强化员工的法律意识

履行服务合同的能力，靠的是物业服务企业的内部管理机制，诸如员工的法律意识、责任心和人性化的服务精神。这完全取决于物业服务企业强制制度的规范约束和不断培训形成的员工的自觉意识。此外，物业服务企业应该特别注意必须依法成立业主大会、业主委员会。业主委员会是物业服务合同的主体之一，物业服务企业管理的是物业，服务对象是业主，但业主不是物业服务合同的主体，和物业服务企业不存在合同关系，正如物业服务企业的员工和业主委员会不存在合同关系一样。物业服务企业通过对物业共用设施设备、共用部位的维修养护和公共秩序的维护等体现了为全体业主的服务，从而履行了物业服务企业对业主委员会物业服务合同责任义务条款。

除谨慎签订物业服务合同，严格执行合同以规避风险之外，还要靠物业服务企业员工的责任心，靠人性化的服务、靠严谨细致的标准就可以减少很多风险点。

7.1.2 认真履行合同约定的责任

在进行物业管理服务过程中，物业服务企业要认真按照签订的物业服务合同的约定，履行《合同》中双方制定的服务质量标准和应尽管理服务的义务，从全方位的综合管理服务角度出发，制定出详细的服务细则和服务范围。根据物业现场的实际情况，按照管理服务的项目进行分类，既要体现出物业服务质量的标准要求，还要体现出各项目中可能存在的风险隐患警示处理防范要求，使物业管理服务工作的责任得以明确，并贯彻执行到物业服务企业的相关部门和人员，才能真正意义上的规避物业服务企业的风险，避免给物业服务企业的生存和可持续发展带来的阻碍。

7.1.3 明确物业服务责任范围

按照服务合同要求，物业服务责任范围可从以下几个方面体现出来：

1. 明确物业服务区域内的管理服务项目；
2. 明确管理服务的范围和要求；
3. 明确对管理的共用设施设备、共用部位的具体内容和具体管理要求；
4. 明确物业服务的环境卫生服务范围及具体要求；
5. 明确物业服务的绿化养护管理服务范围及具体要求；
6. 明确物业服务的车辆管理服务范围及具体要求；
7. 明确物业服务的公共秩序维护服务范围及具体要求；
8. 明确物业服务的装饰装修管理服务范围及具体要求；
9. 明确特约服务的服务范围及具体要求；
10. 明确物业服务收费标准及收费原则；
11. 明确因建设单位原因造成物业存在瑕疵或缺陷的具体内容，以及处理责任的划分；
12. 明确物业服务企业、业主的权利与义务。

只有明确了物业服务责任范围，才能在物业服务过程中按照约定的物业服务责任范围和要求，履行物业服务企业的工作责任，避免或减少物业风险的出现。

7.2 物业服务企业风险的防范

物业服务企业是相对利润低的服务行业，风险的承担可能导致物业服务企业正常的经营服务活动无法进行，因此风险的防范成为摆在物业服务企业面前首要解决的问题。在日常的物业管理服务过程中，物业风险的种类较多，风险的类型可以依据管理服务的具体义务内容划分而确定。大致可分为：前期物业管理服务的风险和日常物业管理服务风险；在日常物业管理服务风险中又可分为治安风险、车辆管理风险、消防事故和隐患风险、物业及共用设施设备造成的风险、公共环境不安全因素造成的风险。当然这并不能涵盖全部的物业风险，但基本包括了风险的主要方面。

7.2.1 前期物业管理风险的防范

有的物业服务企业在没有完全确定是否能接管新物业项目的时候，就投入了大量的人力、物力、财力，最终因其他因素未能接管到这个物业项目时，将蒙受人、财、物的损失；或是新接管了物业项目，物业服务企业在招投标过程中的竞相压价，恶性竞争，中标后物业服务企业将在日后的物业管理服务中承受因低价所带来的诸多影响，体现在物业运行成本难以维持，物业服务质量因低价位而受影响；或是通过其他途径新接管的物业项目工程质量不合格，遗留问题及工程质量问题将造成物业服务企业在今后的物业管理活动中的诸多被动，腹背受敌，甚至业主委员会成立后被解聘等。由于这些不该属于物业服务企业解决的问题，却要求物业服务企业解决这些物业服务企业解决不了的问题，长期困扰物业服务企业，给物业服务企业带来了具有潜在的物业风险。

7.2.2 日常物业管理风险的防范

1. 收费管理中风险的防范

业主（或使用人）由于各种原因缓交、少交或拒交费用，是物业服务中的难点问题，由于物业服务企业缺少有效的追缴手段，收费风险将凸显出来。特别是按建筑面积测算收费和实际收费有一定的差距，“收费难”是当前物业服务企业最感头痛的问题，收费率低是现象，它集中反映了物业服务活动中的诸多矛盾。无论哪方面的问题，都直接影响到收费。因此，在收费过程中要明确几点：

（1）物业服务质量本身不存在瑕疵时，业主无权拒交物业服务费；

（2）对于物业服务质量存在瑕疵时，可通过沟通协商一致后酌情收取部分物业服务费用；

（3）对于物业存在工程质量问题时，业主无权拒交物业服务费，因为工程质量问题与物业服务质量问题不属于同一个属性；

（4）对于不属于物业服务范畴内存在的问题，而引发业主欠费，通过做工作和沟通使欠费业主缴纳物业服务费用；

（5）对于无任何理由而拖欠物业服务费的业主，通过解释沟通，仍无效果，物业服务企业可通过法律途径追讨物业服务费。

2. 车辆管理风险的防范

物业服务企业接受开发商或业主委员会的委托进行车辆管理服务，应从停车场地的硬件建设、维护和车辆停放管理软件两方面进行风险防范。

（1）物业服务企业必须对停车场地的设施进行维护和保养；将停车场地的车辆停放服务的内容制作成公示牌，放置在显著位置，明示服务范围和责任等，停车场地因维修工程等原因可能造成停放车辆损害时，应以指示牌等形式向车辆停放人明确告知，并将可能造成车辆损害和危险的区域单独围拦，进行分离，明确禁止车辆停放在上述区域。

（2）制定车辆停放管理制度，对车辆的出入严格管理。进入停车场地的所有车辆凭智能管理车辆卡进行进出。应记载车辆牌号、进入停车场地的时间，对车辆明显的已有的损害和破损应进行登记记录。当车辆进入停车场地后，工作人员负责对车辆的停放位置和停放秩序进行规范和指挥，及时制止不规范的停放行为。防止造成停放车辆的损害，履行自身的管理职责。

（3）车辆驶离停车场地时，工作人员应仔细核对记载的车牌号和其他情况是否与车辆相符。当不一致时，应及时核对车辆行驶证件、驾驶人员的证件，上述管理规范程序就是风险防范的过程，其目的在于确保停放车辆车身不被损害，确保停放车辆的完好。如果车辆停放人有意不按管理规定停放车辆，而停车场地也已进行明示告知，工作人员已进行劝止，停放人拒不纠正导致损害的，应由车辆停放人承担责任。

3. 消防风险的防范

（1）物业区域内的消防问题是关系到广大业主和使用人生命、财产安全的重大问题，同时也是具有一定专业性的管理事项。物业服务企业首先在接手物业项目时，尤其是针对新建物业，应查验是否已通过消防部门的验收，取得消防验收合格证。在物业未取得消防验收合格证之前，物业服务企业可以提前进入，但业主不能办理入住手续。即使是开发商要求入住，物业服务企业应坚持不办理入住手续。如果在此情况下，为业主办理了入住手续，发生消防事故造成人身和财产损失，物业服务企业就会负有不可推卸的责任。

（2）业主入住后，在二次装修过程中，物业服务企业审查业主申请装修项目，是否影响结构安全，使用的材料是否符合消防要求。同时在装修过程中，应监督业主是否按照消防要求配备消防灭火器材、在装修现场应严禁明火等；监督业主在装修过程中，是否损坏公共消防设施和器材。对损坏公共消防设施和器材的行为应及时制止，造成重大损坏或后果严重的，物业服务企业应向消防主管部门报告，由消防主管部门依法处理。

（3）物业服务企业在进行物管理服务过程中，对物业的消防设施和器材，进行日常的维修和养护。消防设施的维修和养护事项委托给专业的消防公司；对消防设施需要中修、大修等以及根据消防部门检查的整改意见，应依法律规定的程序，经业主大会同意，从专项维修资金中开支。

（4）在物业区域内发生消防事故时，物业服务企业应在第一时间报警，并协助消防部门进行事故处理；确保消防设施、器材完好和功能正常；相关人员能够熟悉和掌握消防设施的正确使用。

4. 设备风险的防范

根据《物业管理条例》第二十七条规定，全体业主依法享有的物业共用部位、共用设施设备的所有权或者使用权，物业本身及共用设备和设施的管理是物业服务企业的主要工作内容。物业区域内的共用设施、设备的管理以及维护方面潜在的隐患也是物业管理服务风险的主要方面。为防止上述风险，物业服务企业应从以下几个方面着手：

（1）物业服务企业与开发商或业主委员会签订物业服务合同时，应当对物业共用部位、共用设施设备进行查验，与原开发商或业主委员会、原物业管理单位进行交接过程中，应对物业共用部位、共用设施设备的现状和存在的问题进行交底和记录，了解以往曾出现的故障和隐患，各方进行书面确认，这些记录和情况作为以后防范风险的参考资料。对于交接过程中发现的重大损坏和人为原因造成的事故，根据不同情况，确定责任和修复费用的承担主体。

在办理物业承接验收手续时，物业服务企业应向建设单位接收下列资料：

① 竣工总平面图，单体建筑、结构、设备竣工图，配套设施、地下管网工程竣工图等验收资料；

② 设施设备的安装、使用和维护保养等技术资料；

③ 物业质量保修文件和物业使用说明文件；

④ 物业管理所必需的其他资料。

在各方交接的过程中，向新的物业服务企业移交上述全部资料，是原开发商、业主委员会和原物业服务企业应履行的法定和合同义务，如果不履行，应承担相应的法律责任。

（2）依据《民法通则》第一百二十六条规定，建筑物或者其他设施以及建筑物上的搁置物、悬挂物发生倒塌、脱落、坠落造成他人损害的，它的所有人或者管理人应当承担民事责任，但能够证明自己没有过错的除外。物业服务根据上述规定，应首先明确自己的管理服务责任范围，管理服务责任范围决定风险责任承担的范围。属业主自己入住的由业主自己维修和养护的范围，相应的责任和费用都由业主承担，如业主阳台放置的物品或者悬挂的物品坠落造成他人人身或财产损失的，由业主承担全部的赔偿责任。如果证明是受害人的故意行为造成的由受害人承担责任。另外，如果由于业主的过失行为，或业主未成年子女及未成年来访者的过失行为导致他人损害的，业主应承担相应的法律责任。物业服务企业分清上述责任，是防范自身风险的举措之一。

（3）提高物业服务企业工作人员的防范风险的意识尤为重要。工作人员的防范风险意识源于日常的管理服务行为规范化、制度化和法制化，没有工作人员的防范风险意识，一切防范风险的措施都将成为空话。

（4）为防范风险，物业服务企业必须对所管理的全部建筑物的共用部位、共用设施和设备，按照经业主大会通过的各项管理制度的规定，做好日常检查、维修、保养工作，保持建筑物共用部位完好，共用设施和设备的正常运行。对房屋共用通道所属的窗户和公共天台、通道、空中连廊区域的绿化应定期检查是否完好，是否需要更换，考虑在特殊天气时，是否可能发生损坏，从而导致人身和财产损害，造成物业服务企业承担法律的赔偿责任。

5. 治安风险的防范

（1）首先要明确物业服务企业的法律地位和职责。每一个物业区域都是社会的组成单元，都面临社会治安问题。应该明确的是社会包括物业区域内的治安是由公安机关负责的，物业服务企业的义务是协助公安机关维护好物业区域内的公共秩序。这一点作为物业服务企业和业主都应明确，物业服务企业不享有超出法律规定的任何行政管理职权和行政处罚职权，物业服务企业的工作人员，包括安防人员都不具有超出普通公民的任何特权，因此物业服务企业的治安防范义务是在一定限度内有限的义务，物业服务企业不具备保证业主和非业主使用人的人身和财产安全的行为能力。

（2）物业服务企业在明确自身法律地位和职责的基础上，物业管理服务应在自己一定限度内，按照物业服务合同的约定履行义务，协助公安机关维护物业区域内的公共秩序和防范治安风险。

（3）为防范治安风险，针对不同管理服务区域的不同具体情况，制定相对完善和实用的制度，组建和设置相应的机构和人员实施和执行制度规定。制度中应明确对物业区域内往来人员如何管理，定时安排人员巡逻和巡视，针对治安事件的处理程序等。鉴于不同的物业特性，业主和非业主使用人的需求也就不同，应采取不同的管理方式。来访者采用登记或经业主和非业主使用人同意后进入物业区域，物品搬离物业区域要以登记的方式进行，并凭当时在业主或合法的非业主使用人入住时预先所留的印鉴或签名确认。同时必须配备相应的其他人员进行定时的流动式巡逻和巡查工作，对已进入物业区域内的人员的行为进行监督，及时发现和制止不法侵害的行为，第一时间进行报警，协助公安部机关制止和防范违法犯罪行为、保护事发现场，以实现协助公安机关维护公共秩序的职责。物业服务企业应根据物业区域的不同情况与业主委员会协调共同组织一定数量的业主，结合自愿原则，建立业主防范体系，配合和促进物业服务企业的治安防范工作，既针对非法侵害行为，也可以监督和发现物业服务企业中的工作漏洞，最终形成不同层次的防范体系。

（4）物业服务企业严格履行服务合同约定的义务后，物业服务企业不再承担业主和非业主使用人因第三人非法侵害导致的人身和财产损失赔偿责任。

6. 公共环境风险的防范

（1）物业服务企业依据法律规定和物业服务合同的约定从事物业服务，物业服务的范围通常是物业区域的红线范围内，物业服务企业的义务是依据物业服务合同的约定要求，对物业区域内的公共区域和场地进行管理和维护服务，维护正常的使用和功能。公共区域的绿化、消杀、环境污染的整改都是消除公共环境不安全因素和隐患的必要工作。

（2）物业服务公共区域内的绿化和消杀工作是为了维护物业区域内良好的生活和办公环境。但物业服务企业在上述工作中，应注意避免由于上述工作本身给广大业主和非业主使用人带来的潜在风险和隐患。在绿化养护时，物业服务企业往往对新种植的草坪和其他植物，采用围拦方式阻止行人通过，以实现养护的目的。用来围拦的材料本身存在一定的危险，特别是在黑夜时，行人很难看清楚，容易造成行人被绊倒和摔伤。

（3）对于物业服务企业在公共区域设置的临时性障碍物，首先必须考虑所使用的障碍物本身是否会造成对他人的人身损害，应选择安全的障碍物，在障碍物前需要设置明显的提醒行人注意的标识，告知行人注意和绕行。

（4）在消杀前应在物业区域内公示栏内张贴告示，提前告知业主和非业主使用人消杀的时间安排，提醒注意未成年人和宠物的安全；消杀过程中，对作业的区域应适当加以封闭，暂时阻止行人通过；消杀完成后的一定时间，应在作业区域周围，设置明显的提示和告知标识，避免因业主和非业主使用人在不知情的情况下，造成人身和财产损害。

(5) 针对物业服务企业发现的，在管理范围区域内的业主个人所有的物业存在安全隐患，可能危及公共利益及他人合法权益时，物业服务企业应书面通知责任人及时维修养护，要求相关业主给予配合；同时将上述情况书面告知业主委员会，由业主委员会出面协调，督促责任人履行自己的义务。

7.3 物业风险的应对措施

在物业管理服务活动中，风险是客观存在和不可避免的，在一定的条件下还带有规律性。虽然不可能完全消除风险，但是通过物业服务企业的努力，将存在的风险降低到最低的限度。这就要求物业服务企业要善于发现风险、积极应对处理风险、有效地控制风险的发生，以保障物业区域内业主和使用人的正常生活和工作。

物业风险防范的具体措施应根据物业的不同和管理服务的时间、地点和具体情况进行处理。具体风险防范的措施可从以下几个方面进行：

7.3.1 提高风险防范的法律意识

物业服务企业要学法、懂法和守法，物业管理服务相关合同在订立前要注重合同主体的合法性，合同服务的约定应尽可能详尽，避免歧义。在合同订立中要明确相关服务标准、服务质量、收费事项、违约责任、免责条件和纠纷处理的方式等。在参与投标、接管项目和提供服务等各个环节中自觉执行物业管理服务相关法律法规，并充分运用法律武器保护自身的权益，切实提高风险防范的法律意识、合同意识、公约意识和服务意识。

7.3.2 建立健全各项规章制度

物业服务企业要抓制度建设、抓员工素质和抓管理落实，建立健全并严格执行物业管理企业内部管理的各项规章制度和岗位责任制，不断提高员工服务意识、服务技能和风险防范意识，通过机制创新、管理创新和科技创新改进经营管理方式，提高管理水平和效率，降低运营成本、增强企业自身的市场竞争能力和抵御风险能力。提高管理中要特别注意对事故隐患的排除，在服务区域的关键位置，设立必要的提示和警示标牌，尽可能避免意外事件的发生。

7.3.3 妥善处理物业服务企业与相关主体间的关系

1. 妥善处理与业主的关系

物业服务企业在向业主提供满意服务的同时，应通过业主公约、宣传栏等形式向业主广泛宣传物业管理服务的有关政策，帮助业主树立正确的物业管理服务责任意识、消费意识和合同意识，使他们既行使好权利，又承担相应的义务。

2. 妥善处理与开发建单位的关系

物业服务企业要通过早期介入，帮助建设单位完善物业项目设计、提高工程质量、节约建设资金等，努力引导建设单位正确认识物业管理服务活动。

3. 妥善处理与市政公用事业单位及专业公司的关系

按照《物业管理条例》第四十五条的规定，在物业管理区域内，供水、供电、供气、供热、通信、有线电视等单位应当向最终用户收取有关费用。物业服务企业应当按此规定，与有关单位分清责任，各司其职。对分包某项专业服务的清洁、绿化等专业公司，要认真选聘，严格要求，并在分包合同中明确双方的责任。

4. 妥善处理与政府行政主管部门的关系

妥善处理与政府相关行政主管部门、街道办和居委会的关系，积极配合各级政府主管部门的工作，主动接受行政主管部门、街道办、居委会对服务工作的指导和监督。

5. 做好与相关单位的沟通协调工作

物业服务企业应重视企业的宣传，建立舆论宣传的平台，树立企业良好的形象。要与政府、行业协会、业主大会和新闻媒体等相关部门建立良好的沟通与协调机制。在风险与危机发生后，应当从容应对，及时妥善处理做好相关协调工作，争取舆论支持，最大限度地降低企业的经济和名誉损失。

6. 引入市场化的风险分担机制

比如为其接管物业的共用设施设备购买保险，若发生楼宇外墙墙皮脱落伤及行人或砸坏车辆等意外事件，由保险公司承担相应赔偿责任。

7. 提高防范风险的能力

风险管理是一门新兴的管理学科，它是以观察实验、经验积累为基础，科学分析为手段。因此，物业服务企业要重视研究风险发生的规律，加强控制和防范风险的能力。应当建立事前科学预测、事中应急处理和事后妥善解决的风险防范与危机管理机制，把握风险的规律性，引入先进的风险管理技术规避、转移和控制风险，并针对不同类型的物业管理风险建立相应的应急预案来防范风险和应对紧急事件。

7.3.4 将防范风险落实到每个工作环节

1. 培养工作人员防范风险的意识

培养物业服务企业工作人员防范风险的意识，除对工作人员按物业服务企业管理制度的培训和规定操作训练，还需要对工作人员进行专业的法律知识培训，学习同行业和其他物业服务企业已经发生的教训是提高防范风险意识最有效的方法之一，既直观又深刻。通过培训，工作人员对照案例分析自身管理行为的潜在风险之处，加以纠正和规范。作为物业服务企业的管理人员不仅需要知道规范的管理制度，还需要知道为什么制定如此的管理制度，这样才能有效地在物业管理服务中控制和防范各类风险的发生。

2. 将法律意识落实到工作中

作为物业服务企业的管理人员应该将法律意识和风险防范意识不折不扣地贯彻在日常的各项管理制度和工作中，有的物业服务企业都已经通过质量管理体系认证，但往往过多流于形式和表面，没有与法律风险的防范结合在一起，造成对风险防范不是很有效。物业服务企业和各项制度的草拟应加入法律专业人员的修改意见和建议，各项工作的管理服务流程的设计也应征求法律专业人员的意见，将风险控制真正落实和渗透在具体工作的每个环节中，严格控制每个环节的法律风险，提高整体的管理服务效率。随着物业服务的日益细化，物业服务企业应聘请专业的法律顾问，为企业提供法律专业服务；除对物业服务企业的管理制度和管理服务流程提供法律专业意见外，针对物业管理服务过程中出现的纠纷和事故，第一时间采取紧急措施应对和处理，还应征求律师或法律顾问的意见，将法律专业知识与物业管理有机结合在一起，以避免由于法律专业知识不足，造成风险的出现和不利因素。

7.3.5 共用设施设备风险法律责任

1. 在建筑物及共用设施、设备的管理中，物业服务企业工作人员应特别明确的一个问题是，在目前的司法实践中，由于建筑物及其他设施或附着物、悬挂物和坠落物造成的人身和财产损害诉讼，举证责任由建筑物或设施的管理人和所有权人承担，就是当损害发生后，不是由受害人向法庭证明损害发生的原因，受害人只需要证明损害结果和该结果是由建筑物或设施导致的。而物业服务企业在法律上有义务证明自己在管理过程中是没有过错或损害结果是由受害人的故意行为造成的，如果不能证明这一点，法庭将依法推定管理人和所有权人负有过错责任。

2. 物业服务企业所管理的房屋共用部位、共用设施设备的所有权人是物业区域内的全体业主，受害人很难向所有人追索，而且目前的司法实践中也难以操作；同时根据物业服务企业与开发商或业主委员会的物业服务委托合同的约定，通常由于容易发生损害的设施设备的区域，应建有相应的监控设备，对现场进行监控和录像，定期存储。另外物业服务企业平时对房屋、设备设施的维修、养护等应进行书面和现场维修保养记录，如果是委托其他专业公司和人员完成的，应签订有关合同，保留履行合同的所有证据，以证实物业服务企业已履行了义务，可以向该公司索赔，以降低物业管理的风险和赔偿责任。

3. 物业服务企业将物业管理服务中涉及的电梯、绿化等专项管理服务，可委托给专业公司提供专业化的服务。这也是物业服务企业防范风险的措施之一。

7.3.6 消除风险的措施

物业服务工作本身就是一项细致而繁复的服务工作，每一个细节，每一个环节都决定物业服务质量的成败和风险的防范，因此在日常的物业服务工作中要时常提醒自己防微杜渐，防患未然。将问题消除在萌芽状态之下。一般采取以下措施。

1. 逆向思维物业服务中的各个环节，即反想假如风险隐患——可能造成后果——避免这种结果所采取的必要措施；

2. 现场巡视找出可能引发风险的问题；

3. 由发现的问题引出可能存在的诸多方面的风险隐患和带来的后果；

4. 将这些风险隐患逐一列出，并进行归类；

5. 根据这些存在的风险隐患，制定风险防范措施和实施要求。即采取的措施——提示——处理方案——实施时间——执行人员——处理结果——完毕后查验——记录；

6. 安排具体部门和人员按照制定的风险防范措施和实施要求，限时由执行者具体执行完成；

7. 风险防范处理完毕后，要对现场进行评估和监督检查，并作记录；

8. 对于在物业服务过程中存在的各种风险，物业服务企业必须要有相关的提示标志加以警示；

9. 再发现问题，再加以防范和处理。

7.4 物业现场安全提示

在日常的物业管理服务当中，安全提示相当重要，作为物业服务企业安全提示到位，说明对物业管理服务工作从不同的角度能及时发现物业区域存在的潜在风险隐患，物业服务企业并能采取必要措施，将发现的风险隐患进行处理，同时以提示的方式告知业主注意安全，从而减少风险的出现和避免不必要的法律纠纷。

7.4.1 现场安全提示50条

1. 阁楼部分

（1）阁楼防护栏严禁攀爬；防护栏上严禁晾晒物品；

（2）阁楼电梯机房门前严禁堆放杂物，以免影响突发事件处理；

（3）阁楼平台落水管入口处严禁倾倒废弃物品；

（4）严禁拆改避雷系统。

2. 地下室

（1）严禁在地下室主电缆上堆压物品和触动电缆；

（2）地下室严禁存放易燃易爆危险品；

（3）地下室公共区域内严禁堆放杂物，以免影响通行和发生火灾；

（4）为了安全，地下室自用部分请勿存放贵重物品；

（5）地下室自用部分，严禁使用电器设备，只供照明使用。

3. 地下车库

（1）地下车库采光井处严禁攀爬；

（2）地下车库公共区域内严禁堆放杂物，以免影响通行和发生火灾；

（3）为了安全，地下车库自用部分请勿存放贵重物品；重要证件随身携带；

（4）地下车库严禁存放易燃易爆危险品；

（5）地下车库自用部分，严禁使用电器设备，只供照明使用；

（6）严禁触动地下车库自用部分的消防设施；

（7）严禁闲杂人员进入地下车库内。

4. 电梯部分

（1）老年人、儿童乘坐电梯要有专人陪护；

（2）电梯运行时，严禁扒门，以免坠落；

（3）电梯轿厢内严禁吸烟。

5. 室外部分

（1）严禁在污水井和化粪池井盖上及周边燃放烟花爆竹，以免发生爆炸事故；

（2）室外窗台严禁摆放花盆、杂物，以免坠落伤人；

（3）严禁随便开启小区内所有井盖，以免发生意外；

（4）开启单元防盗门时，一定要平稳操作键盘；

（5）儿童在使用健身器材活动时，一定有家长陪护；

（6）儿童在小区户外活动时，家长要监护好，以免发生意外；

（7）严禁攀爬小区围墙，以免发生意外；

（8）严禁触动变压器；

（9）生活蓄水池上严禁宠物入内，以免污染水质；外出溜宠物时，要带绳套，以免危及他人安全，并自行处理好宠物粪便；

（10）生活垃圾袋装后要放到生活垃圾桶内，严禁在楼道内堆放；

（11）严禁在生活垃圾桶内燃烧杂物；

（12）植被喷药时，严禁触摸以免发生意外；

（13）户外擦玻璃时，系好安全带，以免发生意外。

6. 交通部分

（1）雨雪天气，慢行注意安全；

（2）小区内骑车时，注意行人安全；

（3）车辆进入物业小区内，慢行注意安全。

7. 室内部分

（1）楼宇内所有配电箱严禁触动；

（2）单元楼道内及室外公共区域严禁停放车辆；

（3）严禁在楼道内、阳台上燃放烟花爆竹，以免伤及他人和发生火灾；

（4）严禁高空抛物，以免危及他人安全；

（5）严禁将废弃杂物倒入下水道内，以免发生意外事故和影响正常使用；

（6）严禁拆除室内防护栏，以免发生意外；

（7）儿童勿攀爬窗户，以免发生意外；

（8）晚间休息或外出时，水、电、气阀门一定要关闭好，以免发生意外；

（9）外出或晚间休息时，一定要关闭好门窗，以免发生意外；

（10）楼宇上人孔，严禁随便攀爬，以免发生意外；

（11）空调室外机要按指定位置安装，冷凝水要统一位置排放；

（12）不准随便将单元防盗门钥匙转借非小区人员使用，以免发生意外；

（13）使用燃气热水器时，一定要注意通风；使用电热水器时，一定要注意安全；

（14）雷雨天气，注意安全使用家用电器；

（15）紧急电话：火警119，匪警110，急救120，以及物业值班电话。

7.4.2 物业提示牌内容

1. 人身安全提示牌

人身安全提示牌的内容如表7-1。

人身安全提示牌内容 **表7-1**

序号	提示内容
1	生命只有一次，没有下不为例
2	关爱生命，关注安全
3	为了他人的生命安全，勿高空抛物
4	珍惜生命，勿将身体探出窗外
5	地面光滑，请您慢行
6	为了您的安全，请勿触摸
7	正在维修作业，请您绕行
8	正在维修作业，请您注意安全
9	乘梯有序，勿拥挤
10	梯稳门开，再出入
11	坡陡，慢行
12	转弯，慢行
13	轻推（大堂两侧玻璃门）
14	慢拉（大堂两侧玻璃门）
15	请勿触摸顶棚设施
16	注意安全（卫生间管道井）
17	成人监护儿童，安全乘坐电梯
18	勿将手、脚伸入电梯门缝隙处
19	小心玻璃
20	雪天路滑，注意安全
21	扒门危险，以防坠落
22	勿将物品置放窗外，以防坠落殃及行人、车辆
23	燃放烟花爆竹，请您远离汽车、楼宇玻璃 、绿化带
24	燃放烟花爆竹，请您注意自身安全、他人财物安全、消防安全

2. 安全防范提示牌

安全防范提示牌内容如表7-2。

安全防范提示牌内容　　表 7－2

序号	提示内容
1	生活不在真空，自我防范为重
2	安全防范记心间，生命财产保平安
3	防心于小心之中，安心于细心之内
4	人人参与防范，人人得到平安
5	治安防范，从我做起
6	人走、门闭，防范为重
7	外来人员，请您登记
8	小区是我家，防范靠大家

3. 环境卫生提示牌

环境卫生提示牌内容如表 7－3。

环境卫生提示牌内容　　表 7－3

序号	提示内容
1	爱护环境卫生，从我做起
2	珍惜别人的劳动，请您将烟头、纸屑投入到果皮箱内
3	爱护环境卫生，请勿随地吐痰
4	珍惜别人的劳动，就是在尊重自己
5	关注自己的办公环境，从我做起
6	一举一动，珍惜卫生
7	来也匆匆，去也冲冲
8	环境卫生靠大家
9	舒适的生活环境，需要您的呵护

4. 消防安全提示牌

消防安全提示牌内容如表 7－4。

消防安全提示牌内容　　表 7－4

序号	提示内容
1	灭火器（干粉）
2	灭火器（二氧化碳）
3	消防压力表
4	珍爱生命，关注消防
5	时时留心，刻刻防火
6	同防星星火，人人共尽责
7	消防安全，从我做起
8	消火栓
9	消防安全，你我他
10	珍爱生命，关注消防

5. 绿化提示牌

绿化提示牌内容如表7-5。

绿化提示牌内容 **表7-5**

序号	提示内容
1	草坪被践踏，您觉得踏实吗?
2	践踏会使青草枯萎
3	青草生命，大家关爱
4	爱护环境，从小做起
5	茵茵青草，践踏何忍
6	请勿景上添“花”
7	青青小草，足下留青
8	投之以爱护，报之以芬芳
9	攀摘花卉，行为不雅
10	我很弱小，请关爱我
11	已打农药，请勿触摸

6. 节水提示牌

节水提示牌内容如表7-6。

节水提示牌内容 **表7-6**

序号	提示内容
1	水是生命之源，请节约每一滴水
2	节约用水，利在当代
3	节约用水，关“住”点滴
4	请珍惜每一滴水
5	珍惜水就是珍惜您的生命
6	惜水、爱水、节水，从我做起
7	一滴清水，一片绿地，一个地球
8	为了我们大家的生存，请节约用水

7. 节电提示牌

节电提示牌内容如表7-7。

节电提示牌内容 **表7-7**

序号	提示内容
1	少开一盏灯，奉献一片情
2	节约用电，共尽责任
3	人走、灯灭

续表

序号	提示内容
4	惜电、用电，从我做起
5	避峰节电，同献爱心
6	点点滴滴汇成节电洪流，开开关关照亮万家灯火
7	节约用电没诀窍，随手关灯为首要
8	随手关灯，随时有灯

8. 电梯安全提示牌

电梯安全提示牌内容如表7－8。

电梯安全提示牌内容 表7－8

序号	提示内容
1	出入电梯，先下后上
2	用手按钮，严禁撞击
3	乘梯时候，请勿蹦跳
4	保持清洁，请勿吸烟
5	老人儿童，专人陪同
6	电梯困人，严禁扒门
7	等梯过程，严禁扒门
8	若有意外，请按呼叫
9	危险物品，严禁入梯
10	电梯载人，禁止运货
11	发生火灾，切勿乘梯

9. 交通安全提示牌

交通安全提示牌内容如表7－9。

交通安全提示牌内容 表7－9

序号	提示内容
1	限速5公里
2	转弯慢行
3	下坡慢行
4	注意避让
5	禁止鸣笛

10. 其他提示牌

其他提示牌内容如表7－10。

其他提示牌内容 表 7－10

序号	提示内容
1	为了他人的身体健康，请您勿在公共场所吸烟
2	吸烟有害健康
3	喧哗噪声，影响办公
4	方便你、方便他，从我做起（爱护公共设施）
5	爱护公共设施，从我做起
6	请您轻按键盘（爱护电梯）
7	禁止梯内吸烟
8	请您将茶叶倒入指定筐内
9	请您到墩布池内涮墩布
10	为了您和他人的身体健康，人与宠物勿入内
11	爱护公共设施，从我做起

7.5 监督检查记录与措施改进

为了确保物业服务质量和减少风险隐患，物业服务企业必须对服务工作进行必要的监督检查，目的就是要使物业服务工作达到合格要求。监督检查不仅仅是对物业现场服务的现状进行检查，同时也有必要将监督检查情况进行完整的记录，使得物业服务过程的控制可进行追溯。通过追溯可了解当时物业现场的服务质量情况以及追溯相应的物业工作人员的责任，也可在遇到风险隐患时，可追溯当时的具体情况，包括：发现存在风险隐患的具体时间、制定相应的风险防范措施情况、对风险隐患的具体处置情况、风险提示情况、相应的处置风险隐患的执行人员执行情况以及风险处置完毕后的验证情况。

通过监督检查记录，可以对物业服务运行现状和存在的风险隐患及时进行综合分析，通过分析，制定出完善的改进措施。改进措施包括：产生问题的原因、针对性的整改办法、处置后达到的效果、安排具体处置时间、安排执行人员实施、验证处置后的情况。这套完整的过程环节是物业服务的质量、风险隐患防范的前提保障。在实施监督检查分析、改进措施时，应根据物业不同的实际要求，确定并采用相应的统计技术，使改进措施得以确定并能在实际的物业工作中予以实施。无论监督检查，还是改进措施最终都要有完善的、规范的、可追溯的记录，记录是反映当时工作执行情况的原始凭证，一旦遇到这样或那样的问题时，可追溯记录将起到至关重要的作用。

因此，有了记录还必须将这些记录按类划分和编号，统一进行建档和保管。以便于日后的查找和使用。

8 紧急事件应急预案

紧急事件应急预案的制定，其目的就是在物业服务活动中如遇到突发事件时，能快速的按照所制定的应急预案组织实施，使得紧急事件得以有效的解决，减少紧急事件对人、财和环境所产生的不利影响。

8.1 紧急事件应急预案编制

紧急事件应急预案的编制一般可以分为 4 个步骤。

8.1.1 组建编制队伍

应急预案从编制到实施都应该有物业服务企业各部门的广泛参与，包括高层管理人员，中层管理人员，人力资源部门，工程与维修部门，安防部门，卫生环境保护部门等。

8.1.2 危险与应急能力分析

1. 法律法规分析

分析国家法律、地方政府法规与规章等，通过分析可以防止应急预案与法律之间产生矛盾，保障应急预案与法律之间的一致。

2. 风险分析

分析各类紧急情况的可能性和对单位的潜在影响，并将各部门所辨识出来的紧急情况进行汇总分析。通常应考虑下列因素：

（1）历史情况。本单位及其他兄弟单位，所在社区以往发生过的紧急情况，包括火灾、危险物质泄漏、极端天气、交通事故、地震、飓风、龙卷风等。

（2）技术问题。物业服务系统出现故障可能产生的后果，包括火灾、爆炸和危险品事故、设备运行安全系统失灵、通信系统失灵、电力故障等。

（3）人的因素。人的失误可能是因为下列原因造成的：培训不足，工作没有连续性，粗心大意，错误操作，疲劳等。

（4）危险分析应该全面周到，从时间、空间、物质和人员上都要考虑。并且要根据危险对人身、财产、环境和生产经营的潜在影响来确定各类危险的大小，确定哪些风险是重点关注的风险。

3. 应急能力分析

针对各类紧急情况，确认现有的综合响应能力。包括各类应急响应资源，人力、物力和能力。为此，应考虑每一潜在紧急情况从发生、发展到结束所需要的资源。对每一紧急情况应考虑如下问题：

（1）所需要的资源与能力是否配备齐全。

（2）外部资源能否在需要时及时到位。

（3）是否还有其他可以优先利用的资源。

8.1.3 应急预案编制

根据物业服务企业风险和应急响应能力现状，按照法律、法规和本单位相关规定编制应急预案。确定具体的工作目标和阶段性工作时间表；编制工作任务清单，落实到具体的人员和时间。

8.1.4 应急预案的实施

应急预案编制后。物业服务企业应将各类应急预案贯彻到相关部门执行。应急预案实施不仅指在紧急情况时执行，还应将应急预案在日常的整体活动中予以贯穿实施，包括应急预案的培训和演练等。

8.2 紧急事件应急处理

8.2.1 紧急事件处理

物业管理紧急事件，是物业管理服务活动过程中突然发生的，可能对服务对象、物业管理企业和公众产生危害，需要立即处理的事件。

1. 紧急事件的性质

（1）紧急事件能否发生、何时何地发生、以什么方式发生，发生的程度如何，均是难以预料的，具有极大的偶然性和随机性。

（2）紧急事件的复杂性不仅表现在事件发生的原因相当复杂，还表现在事件发展变化也是相当复杂的。

（3）不论什么性质和规模的紧急事件，都会不同程度地给社区、企业和业主造成经济上的损失或精神上的伤害，危及正常的工作和生活秩序，甚至威胁到人的生命和社会的和谐。

（4）随着现代科技的发展和人类文明程度的提高，人们对各种紧急事件的控制和利用能力也在不断提高。

（5）面对突如其来的、不可预见的紧急关头或困境，必须立即采取行动以避免造成灾难和扩大损失。任何紧急事件都有潜伏、爆发、高潮、缓解和消退的过程，抓住时机就可能有效地减少损失。面临紧急情况要及时发现、及时报告、及时响应、及时控制和及时处置。

物业服务企业在处理紧急事件的过程中，通过对处理原则、处理程序和处理策略的正确理解和运用，将更有助于有效地处理好紧急事件，降低物业管理风险。

2. 处理紧急事件的要求

（1）在发生紧急事件时，物业服务企业应尽可能努力控制事态的恶化和蔓延，把因事件造成的损失减少到最低限度，在最短的时间内恢复正常。

（2）在发生紧急事件时，管理人员不能以消极、推脱甚至是回避的态度来对待，应主动出击，直面矛盾，及时处理。

（3）随着事件的不断发展、变化莫测，对原订的预防措施或应对方案要能灵活运用，要能随各种环境与条件的变化而有针对性地提出有效的处理措施和方法。

（4）在紧急事件发生后应由一名管理人员做好统一的现场指挥，统一安排调度，以免出现“多头领导，”造成混乱。

（5）处理紧急事件应以不造成新的损失为前提，不能因急于处理，而不顾后果，造成更大损失。

3. 紧急事件的处理过程

紧急事件处理可以分为事先、事中和事后三个阶段。

（1）事先准备

① 成立紧急事件处理小组。紧急事件处理小组应由物业服务企业的高层决策者，综合部门、质量管理部门、技术部门领导及法律顾问等共同参加。

② 制订紧急事件备选方案。紧急事件处理工作小组必须细致地考虑各种可能发生的紧急情况，制订相应的行动计划，一旦出现紧急情况，小组就可按照应急计划立刻投入行动。对物业管理常见的紧急事件，不仅要准备预案，而且针对同一种类型的事件要制订两个以上预选方案。

③ 制订紧急事件沟通计划。紧急事件控制的一个重要工作是沟通。沟通包括企业内部沟通和与外部沟通两个方面。

（2）事中控制

在发生紧急事件时，首先必须确认危机的类型和性质，立即启动相应行动计划；负责人应迅速赶到现场协调指挥；应调动各方面的资源化解事件可能造成的恶果；对涉及公众的紧急事件，应指定专人向外界发布信息，改进组织、制度和流程，提高企业应对紧急事件的能力。

（3）事后处理

对于紧急事件的善后处理，首先要考虑如何弥补损失和消除事件所带来的影响，其次还要总结经验教训，同时要对应急预案进行全面的评估，包括有效性、组织机构、制度与流程等。

8.2.2 典型紧急事件的处理

在物业管理服务过程中经常会面临的紧急事件有火警、气体燃料泄漏、电梯故障、噪声侵扰、电力故障、浸水漏水、高空坠物、交通意外、刑事案件和台风等。

1. 火警

（1）了解和确认起火位置、范围和程度；

（2）向公安消防机关报警；

（3）清理通道，准备迎接消防车入场；

（4）立即组织现场人员疏散。在不危及人身安全的情况下抢救物资；

（5）组织义务消防队。在保证安全的前提下接近火场，用适当的消防器材控制火势；

（6）及时封锁现场，直到有关方面到达为止。

2. 燃气泄漏

（1）当发生易燃气体泄漏时，应立即通知燃气公司；

（2）在抵达现场后，要谨慎行事，不可使用任何电器（包括门铃、电话、风扇等）和敲击金属，避免产生火花；

（3）立即打开所有门窗，关闭燃气阀门；

（4）情况严重时，应及时疏散人员；

（5）如发现有受伤或不适者，应通知医疗急救单位；

（6）燃气公司人员到达现场后，应协助其彻底检查，消除隐患。

3. 电梯故障

（1）当乘客被困电梯内时，监控室应仔细观察电梯内情况，通过对讲系统询问被困者并予以安慰；

（2）立即通知电梯专业人员到达现场救助被困者；

（3）被困者内如有小孩、老人、孕妇或人多供氧不足时须特别留意，必要时请消防人员协助；

（4）督促电梯维保单位全面检查，消除隐患；

（5）将此次电梯事故详细记录备案。

4. 噪声侵扰

（1）接到噪声侵扰的投诉或信息后，应立即派人前往现场查看；

（2）必要时通过技术手段或设备，确定噪声是否超标；

（3）判断噪声侵扰的来源，针对不同噪声源，采取对应的暂时解决措施；

（4）做好与受噪声影响业主的沟通、解释。

5. 电力故障

（1）若供电部门预先通知大厦/小区暂时停电，应立即将详细情况和有关文件信息通过广播、张贴通知等方式传递给业主，并安排相应的电工人员值班；

（2）若属于因供电线路故障，大厦/小区紧急停电，有关人员应立即赶到现场，查明确认故障源，立即组织抢修；有备用供电线路或自备发电设备的，应立即切换供电线路；

（3）当发生故障停电时，应立即派人检查确认电梯内是否有人，做好应急处理；同时立即通知住户，加强消防和安全防范管理措施，确保不至于因停电而发生异常情况；

（4）在恢复供电后，应检查物业区域内所有电梯、消防系统、安防系统的运作情况。

6. 浸水、漏水

（1）检查漏水的准确位置及所属水质（自来水、污水、中水等），设法制止漏水

（如关闭水阀）；

（2）若漏水可能影响变压器、配电室和电梯等，应通知相关部门采取紧急措施；

（3）利用现有设备工具，排除积水，清理现场；

（4）对现场拍照，作为存档及申报保险理赔证明。

7. 高空坠物

（1）在发生高空坠物后，有关管理人员要立即赶到现场，确定坠物造成的危害情况。如有伤者，要立即送往医院或拨打急救电话；如造成财物损坏，要保护现场、拍照取证并通知相关人员；

（2）尽快确定坠落物来源；

（3）确定坠落物来源后，及时协调受损/受害人员与责任人协商处理；

（4）事后应在恰当位置张贴“请勿高空抛物”的标识，并通过多种宣传方式，使业主自觉遵守社会公德。

8. 交通意外

（1）在管理区域内发生交通意外事故，安全主管应迅速到场处理；

（2）有人员受伤应立即送往医院，或拨打急救电话；

（3）如有需要，应对现场进行拍照，保留相关记录；

（4）应安排专门人员疏导交通，尽可能使事故不影响其他车辆的正常行驶；

（5）应协助有关部门尽快予以处理；

（6）事后应对管理区域内交通路面情况进行检查，完善相关标识、减速坡、隔离墩等的设置。

9. 刑事案件

（1）物业管理单位或控制中心接到案件通知后，应立即派有关人员到现场；

（2）如证实发生犯罪案件，要立即拨打110报警，并留守人员控制现场，直到警方人员到达；

（3）禁止任何人在警方人员到达前触动现场任何物品；

（4）若有需要，关闭出入口，劝阻住户及访客暂停出入，防止嫌疑犯乘机逃跑；

（5）积极协助警方维护现场秩序和调查取证等工作。

8.3 停水、停电、停暖应急预案

1. 停水、停电、停暖后，能源工程部应迅速通知综合部门停水、停电、停暖的原因和大致恢复正常的时间。

2. 综合部门迅速在物业区域内张贴通知，并告知业主造成停水、停电、停暖的原因和恢复正常的大致时间。同时告之业主关闭自用的各种电器设备（照明除外）及供水开关、供暖阀门等。

3. 综合部门、能源工程部门准备充足的照明工具，能源工程部门各工种的人员迅速在各自的岗位上按操作要求进行应对处理。同时，以最快的速度检查备用柴油发电机，在最短的时间内恢复临时供水系统的使用。

4. 锅炉司炉员严格按照锅炉司炉的应急措施进行处理，保证锅炉设备安全停运。

5. 安防部门迅速组织安防人员加紧物业区域内的巡逻、守护，防止盗窃、火灾等事件的发生。同时，指派专人加强进入物业区域人员的登记管理工作。

6. 能源工程部门迅速组成有各工种的抢修组，重点检查供水、供电、供暖设备的故障点。

7. 能源工程部门迅速向公司经理汇报物业区域内停水、停电、停暖的原因及抢修人员的工作安排情况、目前抢修进度情况、所需应急物资材料情况，请经理指示安排。

8. 通知公司办公室采购人员在最短的时间内购置所需的物资材料，并运到抢修现场。

9. 物业接待人员应坚守工作岗位，随时接待、接听业主的问询，并保持与现场抢修组的联系，随时了解抢修的最新动态。

10. 综合部门根据了解到的信息，做出最后通知送电、送水、送暖的具体时间，同时要求业主自行检查各自室内设施的开启情况。

11. 正式供水、供电、供暖恢复正常。

12. 将处理情况和发生时间进行记录备案。

8.4 突发治安事件应急预案

8.4.1 盗窃、匪警案件应急处理预案

1. 安防员在执勤巡逻中遇有（或接报）公开使用暴力或其他手段（如打、砸、抢、偷等）强行索取或毁坏物业区域和业主财物或威胁业主人身安全的犯罪行为时，要切实履行安防员职责，迅速制止犯罪。

2. 当发生突发案件时，要保持镇静，设法制服罪犯，同时立即通过通信设备呼叫求援。

3. 受调遣的安防员在听到求援信号后，要立即赶到现场，监控中心/安防要及时通知门岗封锁出口，然后向有关领导汇报。

4. 若犯罪分子逃跑，一时又追捕不上时，要看清人数、衣着、相貌、特征、所用交通工具及特征等，并及时报告物业服务企业，重大案件要立即拨“110”电话报警。

5. 有案发现场的（包括偷盗、抢劫现场）要保护现场，任何人不得擅自移动任何东西，包括罪犯留下的一切手痕、脚印、烟头等，不得让外人进入现场；在公安机关人员未勘察现场或现场勘察完毕之前，安防人员不得离开。

6. 记录业主所提供的所有情况，记录被抢（盗）物品及价值，询问业主是否有任何线索、怀疑对象等情况。

7. 若是运行过程作案，没有固定的场地，对犯罪分子遗留下的物品、作案工具等，应用钳子或其他工具提取，然后放进塑料袋内妥善保存交公安机关处理，切不可将安防人员或其他人员的指纹等不良痕迹留在物品上。

8. 如有人员受伤，要尽快送医院医治抢救并报告公安机关。

9. 安防班长做好现场记录，并写出书面报告上报物业服务企业。

8.4.2 斗殴应急处理预案

1. 执勤中（或业主投诉）或监控中心通知，发现有人争吵、斗殴的现象时，要及时制止。

2. 迅速报告公司领导、主管领导、由物业服务企业出面调解。如个人力量单薄，应请求增援。

3. 在制止争吵、斗殴双方时，切记不能动粗，不允许恶言相向。

8.4.3 酗酒闹事或精神病人事件应急处理预案

1. 醉酒者或精神病人失去正常的理智，处于不能自控的状态下，易对自身或其他人员造成伤害，安防员应及时对其采取控制和监督措施。

2. 及时通知醉酒者或精神病人的家属，让他们派人领回。

3. 若醉酒者或精神病人有危害社会公共秩序的行为，可上报主管将其强制送到派出所处理。

8.4.4 对爆炸物品及可疑爆炸物品事件应急处理预案

1. 安防人员发现或接到各类可疑物品时，要立即向主管领导及时报告，并留守现场，阻止任何人再接触可疑物。

2. 主管领导立即组织人员赶到现场，向有关人员了解情况，如初步确认可疑物品为危险物品时，立即对附近区域的人员进行疏散，并设置临时警戒线，任何人员不得擅自入内。

3. 立即向公安机关报案，并向公司领导通报。

4. 对附近区域进行全面的搜索，以消除隐患。

5. 待公安人员到达现场后，协助公安人员消除爆炸危险隐患，并进行调查。

6. 如果危险已经发生，安防人员要立即赶到现场协助抢救，运转伤员，稳定人员情绪，保护好现场，安置疏散人员。

8.4.5 接报治安案件应急处理预案

1. 接到斗殴、流氓、暴力事件报案时，要问清发案地点、人数、闹事人是否带有凶器。

2. 通报主管领导并立即赶赴现场，控制事态，劝阻疏散围观人群。

3. 制止双方的过激行为，分别将各方带到安防部，进一步了解情况，做好笔录，并提出对事件的处理意见。

4. 派人清查损坏物品数量。

5. 向公安机关报案，同时对打、砸、抢及蓄意破坏的肇事者，进行控制并送公安机关。

8.4.6 盗窃案件应急处理预案

1. 管理处或控制中心接到通知后，应立即派有关人员到现场。

2. 如证实发生罪案，要立即拨打110”报警，并留守现场，直到警务人员到达。

3. 禁止任何人员在警务人员到达现场前触动任何物品。

4. 若有需要，指令关闭入口大门，劝阻业主及访客暂停出入，防止窃贼乘机逃跑。

5. 当警务人员到达后，应清楚记下办案警官的级别、编号及报案编号，以做日后查阅、参考之用。

6. 认真对待传媒人员入内采访。

7. 尽速向主管呈交案情报告。

8.5 突发各种自然灾害应急预案

8.5.1 洪涝灾害应急预案

为了有效地预防小区内洪涝灾害的发生，最大限度地减少因洪涝灾害造成的损失，结合小区的实际情况和特点。重点对小区的大门、后大门容易发生水涝隐患的部位进行重点防护，以确保小区业主生命、财产安全，特制定洪涝灾害应急预案。

1. 应急工作组织机构如图 8－1。

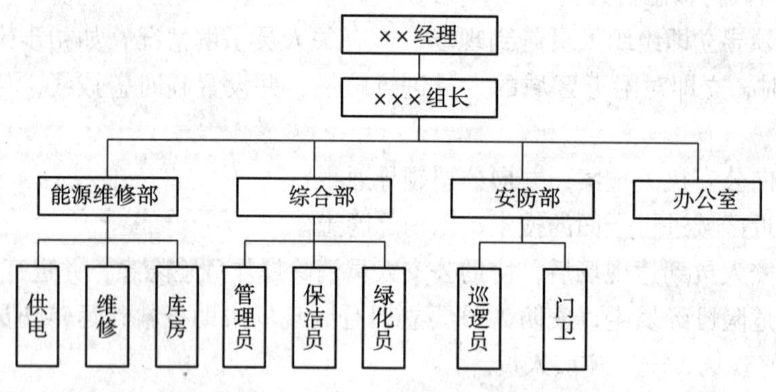

图 8－1 洪涝灾害应急工作组织机构

根据实际情况由上述部门共同做好小区洪涝灾害应急工作。

2. 抢险防护措施

(1) 安防员重点防护好大门处，以防洪水倒灌物业区域内；

(2) 工程维修员重点做好物业区域内所有雨水排放管网的日常清掏，应及时巡检；

(3) 管理员配合总调度负责各自区域防洪工作的具体落实和协调；

(4) 电工负责物业区域内的防洪抽水泵的接电安装工作；

(5) 其他各工种的工作人员在最短的时间内将防洪物资材料拉运到一线，如：沙、土、袋、锹、镐、胶皮管等；

（6）由总调度具体安排各人员的具体工作，重点预防地下室进水，道路塌陷，电缆沟进水，楼宇散水下陷，雨水井溢水等工作，并要求各人员随时报告上述各点的洪涝情况；

（7）由专人负责在大门处紧急堆放沙袋，同时安排水泵紧急排水；

（8）安防部主管总协调防洪抢险处理工作的一切事务，在洪涝发生过程中有权调动物业区域内的一切人力、物力，任何部门及个人均应无条件服从。

3. 灾后处理

（1）重点由管理员牵头到物业区域内各楼宇进行灾后现场查看，同时慰问物业区域内的业主；

（2）对于在洪涝灾害中出现的问题应及时通知相关部门进行恢复和维修；

（3）对发生洪涝灾害的防洪薄弱环节，进行原因分析，进一步完善防洪预案的措施。

8.5.2 地震灾害应急预案

虽然物业没有防震设施，一般较小的地震物业管理区域不会受到较大影响。但为了安全起见，必须注意以下事项：

1. 发生地震时，各岗位员工应保持镇定，坚守岗位，在附近寻找坚固的结构部位寻求掩护，切勿离开物业管理区域。

2. 远离窗户、玻璃、不牢固的支架或悬挂的物件。

3. 切勿在悬挂物下逗留，应在适当时机尽快离开。

4. 地震时切勿在楼梯下躲避。

5. 准备应付后续更多余震的各部门职责：

（1）工程部应迅速切断生活水泵供水，关闭其附属设备，切断非应急电源及燃气总阀门。

（2）物业服务企业应组织业主镇定而有秩序地沿应急疏散通道撤离物业管理区域的危险地区，并在安全空旷场地集合。

（3）监控室应按照负责人的命令，通过应急广播向物业区域内的业主（住户）提示以下注意事项：

——请保持镇定；

——确认管理区域建筑结构是安全可靠的；

——请按照应急疏散路线有秩序地撤离本物业；

——告之撤离后的集合地点；

——提醒业主（住户）远离窗户、玻璃、不牢固的支架及悬挂物体。

（4）护管队应协助维护疏散秩序，安慰业主（住户），控制所有出入口，严禁任何人员进入物业管理区域，并应检查所有可能的火源是否熄灭，防止火灾发生。

6. 所有物业区域内的人员严禁散播谣言或夸大本物业管理区域的损坏情况，切勿引起业主（住户）的恐慌。

7. 地震警报解除后的工作程序

（1）工程部应仔细检查所有设备系统、房屋结构。如有必要，应请有关技术部门进行鉴定，并出具鉴定报告，设备系统如有损坏，应迅速维修，尽快恢复正常；

（2）物业服务企业应公开致函全体业主（住户），解释管理区域受损情况及修复情况，并通知业主（住户）回到本物业管理的居住区域；

（3）护管队派人员应加强楼内巡视，严防不法人员趁乱作案，危害管理区域及业主（住户）的利益；

（4）调动各方面力量配合上级部门进行抢险救灾。

8.5.3 风雨灾害应急预案

物业服务企业值班人员应每天注意收集气象信息并做记录。如有预报暴风雨时，各部门应按以下职责执行：

1. 护管队负责检查所有外窗是否关闭，检查所有出入口室外水位情况。如遇水位上升时，应及时准备挡水物资进行封堵。

2. 工程部负责检查所有雨水排放系统是否畅通，查看屋面是否有积水，检查屋顶、外墙、玻璃幕墙及外窗是否有渗漏。如有可能，应采取临时措施修补。同时应切断所有楼外供电，如：泛光照明、广告、草地灯等。

3. 物业服务企业负责通知业主关好窗户。如遇业主单元内无人且上锁时，应通过应急联络电话通知业主。

4. 保洁人员负责清理楼内积水，在主要出入通道敷设防滑地垫。

5. 各部门应随时向物业服务企业（夜间护管值班队长）报告发现的问题及处理结果。

6. 及时向上级领导通报情况。

8.6 火灾应急预案

为有效地预防物业区域内火灾的发生，最大限度地减少火灾损失，消防领导机构可根据物业区域内的实际情况和特点，对物业区域内火险隐患较大的部位，进行重点防火确定，并在重点部位标识检查预防。

1. 消防预案要求

（1）消防器材准备齐全，灭火器在有效期内；

（2）消防设施设备完好，能随时启用；

（3）消防演习的具体组织时间为每年×月；

（4）每年×月前准备演练计划；

（5）每年检验消防组织机构是否合理，有无人员短缺；

（6）消防主管具体实施。

2. 基本情况

（1）认真填写物业区域周围及区域内情况报表。

（2）检查物业区域内所有消防设施及阀门是否能正常使用，并绘制消防设施位置分布图。

（3）物资准备充分（灭火器、消防水带）。

（4）消防队员均有明确职责和分工，“四懂四会”须人人掌握：

① 懂本岗位的火灾危险性，会报警；

② 懂预防火灾的措施，会使用消防器材；

③ 懂灭火方法，会扑救初期火灾；

④ 懂逃生方法，会组织人员疏散逃生。

（5）能源工程部配合，保证消防供水和应急照明。

（6）及时与消防部门取得联系，告知火灾情况和发生火灾的具体位置。

3. 着火后的人员疏散

（1）当遇到险情后，消防主管安排专人紧急疏散周围群众，将现场进行紧急控制不得随意进入出事现场；

（2）将现场保护好并拉起隔离带，防止他人破坏，并组织人员将老、弱、病、残、孕、婴人员及时送出出事现场；

（3）当发现有人受伤后，应及时进行抢救并拨打“120”急救电话。

4. 报警

员工及业主在物业区域内发现火灾均应及时报警，为减轻消防部队的压力，最大限度地减小损失，应遵守以下规定：

（1）火势比较大，靠物业公司自已的力量难以扑灭的，应立即拨打“119”并上报主管领导；

（2）重点部位或其邻近区域发生火灾，靠物业公司自已的力量无法短时扑灭的，并有可能危及重点部位的，应立即直接拨打“119”并上报主管经理；

（3）一般火灾情况（火势较小，火势发展慢；靠物业公司自已的力量可以扑灭），应先上报主管领导，由安防部自行处置。

5. 灭火指挥

物业公司领导和安防部，能源工程部共同组成灭火指挥部，物业公司领导担任总指挥，指挥负责全面工作，安防部领导负责灭火指挥，现场保护和协助公安消防部门勘察现场，同时安排专人负责火灾现场及其周围的治安秩序的维护，能源工程部的领导负责后勤保障。总指挥在灭火过程中可调动一切人力、物力，任何单位和个人均无条件服从。

总指挥部下设联络组、灭火组、治安组和后勤组，各组长分别组织各组人员完成总指挥下达的任务。

6. 灭火

火灾发生后，首先由义务防火队的灭火组先实行灭火措施，然后总指挥部根据火场的情况调集力量，由灭火组组织全体人员灭火，各单位发现火灾后，领导要立即组织本单位力量，随时准备接受指挥部交给的灭火任务。

7. 清理现场

火灾扑救完成后，待公安部门勘察完现场，经总指挥部允许，后勤组可督促协助火灾发生单位清理火灾现场。

8.7 其他应急预案

8.7.1 突发性水浸和室内水浸的应急预案

为了使物业管理区域内的业主（住户）在突发性水浸和室内水浸事件时，能够及时、冷静、迅速的处理，减小损失，物业服务企业应做好宣传，请业主（住户）牢记以下内容：

1. 关于突发性水浸的处理办法

（1）维修人员接到水浸通知后，即携通信设备前往水浸现场观察，关闭水阀门；

（2）水浸危及附近的电表房、设备房等公共设施时，要安排员工在上述设施周围堆放沙包隔离，防止浸水；

（3）对水浸地方要安排保洁人员及时清除积水，并把浸水情况详细报告公司主管领导；

（4）如水浸时影响用户正常供水，服务中心必须书面通知各业主（住户）。

2. 关于室内水浸的处理办法

（1）物业服务企业接到业主投诉室内浸水时，要立即派人前往现场观察；

（2）现场观察人员到浸水业主区域，必须得到的业主/用户同意，不能撬门强行入内，找到阀门地点，及时关闭阀门；

（3）浸水情况严重，必须关闭物业管理区域的设备机房总阀门，避免水浸扩大；

（4）立即通知保洁人员，携带专用吸水设备赶到现场进行吸水作业，防止水浸区域进一步扩大；

（5）关闭物业管理区域的总阀门后，影响物业正常供水，必须书面通知各业主（住户）。

8.7.2 化学药品的应急预案

根据《中华人民共和国化学危险品的管理条例》，结合物业服务区域实际情况，应对绿化所使用的危险化学药品加强管理。

1. 组织机构

由物业服务企业领导担任应急组长，全面负责此项工作，负责日常管理具体操作时的监督工作和报警工作，绿化主管负责药品的采购、入库工作和应急时报警工作。组员：×××负责药品的保管、配制、指导操作和应急报警，组员×××负责实际操作。

2. 应急措施

（1）采购时，打碎了药瓶则应将残留物及时清理干净，并用袋装好，不能随地处理；

(2) 在库房如有人误饮，应及时拨打120，同时和就近医院取得联系，就近医疗；丢失时，要立即报案；

(3) 工作中有人中毒，争取就近医院进行救治，同时拨打120；

(4) 药用完后的瓶子，应深埋2m的地下；

(5) 打药后的用具要清洗五次，清洗水不得随便乱倒；

(6) 农药使用按标准要求作业实施。

8.7.3 可燃气体泄漏应急预案

1. 如发现可燃气体泄漏，应保持镇定，严禁开关电气设备，包括：手电筒、手机、对讲机等。

2. 撤离危险区域，到达安全地点后向监控室报告情况。

3. 打开附近的所有外窗进行通风。

4. 监控室应通知相关部门及时到场关闭燃气阀门。

5. 事故发生后应采取的措施及步骤：

(1) 调集尽可能多的护管力量加强对物业管理区域各个出入口的控制，如有可能关闭一些出入口；

(2) 如有必要可设置路障和隔离带避免闲杂人员闯入；

(3) 对进入本物业管理区域涉及危险区域的人员，应采取必要措施进行控制；

(4) 通知物业管理区域内业主（住户）按秩序恢复工作和生活，避免造成混乱；

(5) 如有可能安排专门人员控制相关通道，尽量杜绝无关人员到达事故原发现场；

(6) 如有需要可要求相关部门派力量协助做好必要的善后工作。

8.7.4 电梯困人应急预案

1. 工作人员接到业主报警求助或发现有乘客被困在电梯内，应立即通知监控室，同时记录接报和发现时间。

2. 监控室接报后应一方面通过监控系统或对讲机了解电梯困人发生地点、被困人数、人员情况，以及电梯所在楼层，另一方面通过对讲机向安防部主管经理或领班人员汇报，请求派人前往解救。

3. 安防部主管经理或领班接报后，立即亲自到场或派员到场与被困乘客取得联系，安慰乘客，要求乘客保持冷静，耐心等待求援。尤其当被困乘客惊恐不安或非常急躁，试图采用撬门等非常措施逃生时，要耐心告诫乘客不要惊慌和急躁，不要盲目采取无谓的行动，以免使故障扩大，发生危险。注意在这一过程中，现场始终不能离人，要不断与被困人员对话，及时了解被困人员的情绪和健康状况，同时及时将情况向值班领导汇报。

4. 工程部主管经理或值班人员接报后，应立即派人前往现场解救，必要时电话通知电梯维修公司前来抢修。若自己无法解救，应设法采取措施，确保被困乘客的安全，等待电梯维修公司技工前来解救。

5. 若工程部和电梯维修公司都无能力解救或短期时间内解救不了，应视情况向公安部门或消防部门求助（应说明求助原因和情况）。向公安、消防部门求助前应征得公司经理的同意。

6. 在解救过程中，若发现被困乘客中有人晕厥、神志不清（尤其是老人或小孩），应立即通知医护人员到场，以便被困人员救出后即可进行抢救。

7. 被困者救出后，安防部主管经理或领班应当立即向他们表示慰问，并了解他们的身体状况和需要，同时请他们提供姓名、地址、联系电话并记录下来存档备案。

8. 被困者救出后，工程部应立即请电梯维修公司查明故障原因，修复后方可恢复正常运行。

9. 安防部主管经理或领班应详细记录事件经过情况，包括接报时间、安防和维修人员到达现场时间、电梯维修公司通知和到达时间、被困人员的解救时间、被困人员的基本情况、电梯恢复正常运行时间。若有公安、消防、医护人员到场，还应分别记录到场和离开时间、车辆号码；被困人员中有受伤的，应记录伤者情况和被送往的医院。

10. 工程部主管经理或值班人员应详细记录故障发生时间、原因、解救办法和修复时间。

8.7.5 噪声控制应对预案

为了使物业区域内保持舒适的工作和生活环境。对物业区域内的音量应进行合理的控制：

1. 做好日常宣传工作，在业主入住时告知业主，不得在物业区域内发出超过一定分贝的音量。

写字楼最高音量为：　30dB；
公寓最高音量为：　40dB；
商务中心最高音量为：　60dB。

2. 在有噪声发出，并持续不断时，应首先确定噪声发出的方向，进一步确定噪声来源，如为物业区域内所发出，并影响到相邻业主正常工作、生活时，安防员应协同物业主管到发出噪声的相关业主处说明事情利弊，劝阻其停止该行为。如噪声不是从本物业区域发出的，也应向受到影响的相关业主告知。

3. 如遇发出噪声的相关业主不听劝阻时，应报主管经理出面进行说服，尽量以友好协商的态度解决。

4. 事后物业服务企业应将噪声处理过程进行记录和归档。

9 规章制度及标准

9.1 物业区域管理规定

9.1.1 小区安防管理规定

为给小区业主营造一个安静、安全、舒适的生活环境，特制定小区安防管理规定。

1. 小区业主、单位或临时进入小区的外来人员，要树立法制观念，自觉遵守国家的法律、法规和小区的规章制度。

2. 业主有义务爱护小区内的所有公共设施，不得损坏。对有意破坏的违规者，移交公安机关处理。

3. 严禁游商、小贩、收烂货、捡破烂的人员进入小区，若有发现业主有权责令其退出小区。

4. 业主应教育子女爱护小区内各种公共设施和花草树木。如有损坏，家长应承担经济赔偿责任。对因少儿在小区内造成的人身伤害事故，均由个人和家长负责。

5. 任何业主不准在小区内点火燃物，以防火灾发生。

6. 小区内的业主不得聚赌，传播不健康的书刊、音像。

7. 小区内的业主不得发生打架、斗殴事件，情节严重者及时移交公安机关处理。

8. 小区业主应积极配合物业公司安防部做好小区内的治安防范工作。

9. 治安防范不同于财产保险，业主应管理好自己的机动车辆和自行车、摩托车，防止丢失、被盗，存入棚内的车辆若丢失，由车棚管理员按规定负责赔偿。

10. 严禁将宠物带入小区公共场所，由此引起的后果，由责任人承担。

9.1.2 小区交通道路、车辆管理规定

为确保小区道路畅通，行人安全，建立良好的交通秩序和车辆停放秩序，特制定交通管理规定。

1. 小区内所有的车主，必须严格按照《小区交通道路、车辆管理办法》执行。

2. 进入小区的车辆应自觉听从安防员的指挥，以保证小区内交通的畅通。

3. 进入小区的车辆必须按照小区限速标志行驶，违者出现的交通事故责任由违章者承担。

4. 进出小区的车辆不得在小区内鸣笛。

5. 进入小区的车辆必须停放到已划好的车位线内。车主不得随意乱停，影响其他业主车辆的进出。

6. 当进入小区的车辆停放好后，不得将贵重物品放置在车内，应随身携带，同时要自行检查车门、窗是否关好，由此引起的一切后果自负。

7. 进入小区的车辆严禁载有易燃、易爆等危险品。

8. 小区楼幢间严禁停放和进入2.5t以上的车辆。

9. 小区主干道上严禁停放6t以上的大型车辆。

10. 进入小区的车辆，若碾压坏绿地、硬化地面和公共设施等，应按造价赔偿，并根据情节轻重给予处罚。

11. 小区车辆的进出实行单行线管制。

12. 在小区行驶的机动车辆必须按转弯道车辆让行直行道车辆，严禁机动车辆在直行道或交叉口处相互抢道，由此引起的责任，由责任方负责承担。

13. 业主所使用的自行车、电动自行车、摩托车统一存放在小区存车处，严禁乱放占用楼前便道、楼道等公共场地，未按本条款规定执行，如有车辆丢失的责任均由车主自负。

14. 小区存车处（指：自行车、电动自行车、摩托车）由专人负责，车辆存取实行昼夜服务，车辆统一执行一车一牌制度。业主存放车辆不得乱停乱放，车主应自觉维护好存车秩序。严禁将易燃、易爆物品带入存车处，存入存车处的车辆，车主要自行加锁，未加锁或车锁失灵丢失自负。

9.1.3 小区绿化管理规定

加强小区绿化管理工作，为小区业主营造一个园林式的居住环境，特制定绿化管理规定：

1. 小区的绿化综合管理工作由物业公司负责和实施。

2. 小区内的各种植被、草坪、花卉及绿化设施是美化小区的绿色景观，业主有责任和义务保持区内绿化完好，维护和管理的义务。

3. 业主不得在树木上晾晒衣物和绑扎铁丝、绳索。不准在绿化地带堆放垃圾、乱扔杂物，不得向花草树木泼洒污水和有害物质。

4. 业主不得任意攀折和损坏花草树木及剥削树皮，并教育小孩不摘花、不踏草、不损坏花卉、绿篱。

5. 业主不得在绿化带周边及草坪内燃放烟花爆竹，由此引起的一切后果由责任人承担。

6. 业主不得任意在草坪或花池内种植农作物和其他东西。

7. 业主车辆严禁碾压绿化带和草坪，违章者照价赔偿。

8. 业主不得在绿地内挖土移花。

9. 业主不得摘取植被标识牌，违者视偷窃行为，并视其情节轻重赔偿20~50元。

9.1.4 小区环境卫生管理规定

为加强小区环境卫生管理，给小区营造一个清洁、优美、舒适的生活居住环境，小区业主应自觉遵守小区的管理制度，共同维护好小区的环境卫生，特制定环境卫生管理规定：

1. 业主（使用人）应讲文明、讲公德、讲卫生，自觉维护小区的环境卫生。

2. 业主所产生的生活垃圾须袋装，并扎严口袋，投放到生活垃圾筒内，严禁放置在楼道内或生活垃圾筒外，造成环境污染。

3. 对于所产生的生活垃圾或其他杂物，严禁业主或使用人从窗口、阳台向下抛掷，由此造成的后果，由责任人承担经济和法律责任。

4. 在小区内业主不得随地吐痰、便溺、扔纸屑、烟头和果皮等废弃杂物。

5. 业主（使用人）或外来人员不得在小区内的楼宇外墙上或楼梯间内乱写、乱画、乱贴广告。

6. 业主不得在公共场所（楼道、共用阳台、地下室、共用楼道、绿地、一层阳台底部）堆放废料和杂物。

7. 小区业主不得在阳台、窗外堆放或吊挂有碍小区外貌的物品。

8. 小区业主清洗车辆时，不得随意将产生的垃圾乱抛、丢弃。

9. 装修的业主不得将物料堆放在公共场地上，在施工时产生的废水、泥浆不得溢流出室外，堵塞管道。

10. 装修的业主，必须将产生的装修垃圾袋装，并自行将装修垃圾倾倒到指定地点（注：装修的业主如果不清楚有关事宜，可到小区物业中心咨询），不得堆放在单元门口处，应将装修垃圾堆放到物业公司指定的位置，由物业公司统一进行有偿清运。

11. 小区业主不得将宠物带到公共场地，杜绝宠物造成的环境污染。

12. 小区业主不得随意将衣物、铺盖晾晒在公共场所内。

13. 小区业主不得随意在楼梯间、单元门口、楼栋间清洗油烟机，到指定的地点进行清洗。

9.1.5 小区生活垃圾、装潢垃圾倾倒管理规定

为了保持小区环境卫生的整洁美观，为广大业主创造一个舒适的生活环境，特制定以下规定：

1. 小区每栋楼宇单元门外均设有生活垃圾桶，所有业主/住户均应将日常的生活垃圾装袋放入生活垃圾桶内。

2. 业主/住户装修房屋前须向物业公司交纳一定的装修垃圾清运费，其装修期间产生的装潢垃圾，由物业公司进行统一归集、拉运。

3. 装修期间，物业公司将指定相应的集中倾倒地点，施工人员应将装修中产生的垃圾装袋后，堆放在指定的地点。

4. 小区每日的生活垃圾日产日清，物业公司根据每日装修垃圾倾倒量进行及时拉运处理。

5. 装修施工人员在施工中，严禁将装修垃圾堆放在楼梯间公共平台或从高空向下抛撒，由此造成的一切后果由责任人承担。

9.1.6 小区宠物豢养管理规定

为美化、净化小区居住环境，防止病疫传播，确保小区业主/住户的合法权益不受侵犯，并根据国家有关法律及《×××市限制养犬的管理规定》，结合本小区实际情

况，制定本规定。

1. 本小区禁止饲养鸡、鹅、猪、猫等以食肉或观赏为目的的家畜、家禽。

2. 饲养观赏鸟、信鸽，不得占用楼道、楼梯间、天台等共用地方，不得在外墙和防盗网外部挂放鸟笼，不得妨碍和影响他人的正常生活和休息，不得污染环境。

3. 小区原则上不提倡饲养宠物，对养犬者实行严格管理，养犬者应携犬到农牧部门进行检疫检查，注射狂犬病疫苗后，持免疫证到公安分局办理登记注册，领取《养犬许可证》和犬牌。并应持所获得的相应证明到小区物业管理处备案，小区范围内禁止无证养犬。

4. 小区主要道路、公共花园、活动场所内禁止遛犬，尤其在双休日或节假日。养犬者在遛犬时，应当避让老年人、残疾人、孕妇和儿童。

5. 携犬出户时，应当束犬链，由成年人牵领，妥加看管。每日出户时间为19时至次日7时。

6. 携犬人应当携带垃圾袋，随时将犬的粪便收装，犬在户外排泄的粪便，携犬人应及时清除，不得损害公共环境卫生。

7. 养犬不得影响他人正常生活，犬吠影响他人休息时，养犬人应当采取有效措施予以制止。

8. 犬伤害他人的，养犬人应当承担被害人的全部医疗费用及其他相应的民事责任，依法赔偿被伤害人其他损失。

9.1.7 小区燃放烟花爆竹管理规定

过节、婚庆严禁在自家阳台、露台上燃放烟花爆竹，燃放烟花爆竹时，请在物业公司指定的地点燃放，鞭炮可在自家单元门口便道上燃放，二踢脚、爆竹等烈性爆竹到指定的花园广场或较空旷的地方燃放，如不按规定燃放造成的损失由直接责任人承担责任和赔偿。

9.1.8 小区二次装饰装修管理规定

根据《中华人民共和国室内装修管理办法》及本小区的实际情况，为加强本小区二次装修管理工作，规范装修施工行为，防止因随意装修而造成的房屋结构、外貌等损坏或其他不良影响，以促进物业的保值、增值，特制定本规定：

1. 业主装修前，须向物管中心提交装修设计资料并填写《装修申请表》进行备案。

2. 业主装修前，须向物业管理中心交纳房屋装修押金______元和装修垃圾清运费______元/户。装修保证金在业主装修完毕后根据实际发生情况予以返还。

3. 为加强施工队伍的管理，实行《装修施工许可证》制度。施工队进场作业前，须认真填写《装修施工人员登记表》，经审批领取《装修施工许可证》后方可施工。

4. 严格按照《装修申请表》所批准的项目进行施工。超出规定范围的，须再次提出申请，经批准后方可施工。

5. 任何单位或业主装修时均不得改变楼宇外貌，室内布局结构；不得改变原设计的使用功能。

6. 本小区楼宇全部为高层建筑，小区内禁止安装太阳能热水器。业主/住户家中的油烟机排风管禁止从玻璃向外延伸，须从设定的烟道内进行排风。

7. 为确保电梯正常、合理使用，延长电梯的使用寿命。装修期间，一律不允许使用电梯搬运装修材料（可通过吊运方式搬运材料或人工经消防楼梯进行搬运）。

8. 装修垃圾、余物必须装入编织袋内，在指定地点集中堆放，不准乱抛乱扔，装修垃圾由物业管理中心负责统一有偿清运。

9. 施工作业时间：上午 8：00 ~ 12：00；下午 14：30 ~ 20：00（交房后三个月为集中突击装修时间，期间施工时间可以适当延长），除施工规定时间外，不得延长施工作业时间，以免影响他人的正常生活。

10. 物业管理中心对装修施工实行统一管理，有权按照规定劝诫和制止各种违章行为，并视情节轻重给予如下处罚：

（1）未经批准，私自装修施工的，属违章行为，责令其补办有关手续。

（2）凡随意开凿墙洞，损坏外墙面等严重影响建筑结构、外貌的，除限令按期恢复原状外，给予 ××× ~ ×××× 元罚款（从装修押金中扣除）。拒不执行者，将采取停电、停水、没收施工工具等强制性措施。

（3）凡擅自改变室内设施（管道、散热器等）和原设计使用功能并发生渗漏、电源线短、断路等问题的，除限令按期修复外，并给予 ×× ~ ××× 元的罚款（从装修押金中扣除）。

（4）凡不按规定时间施工，经警告无效，给予停止施工处理，并视检查认识态度等情况，酌情办理，对施工人员发生偷盗、打架斗殴等事情，视集体情况，或逐其出场、或移交公安部门处理。

（5）装修期间，严禁从高层抛撒垃圾和其他物品，对装修过程中违章堆放、抛撒建筑垃圾或损坏公共设施、共用管线、道路、绿化，物业管理中心有权予以处罚，造成的损失应有责任人予以赔偿。

（6）严禁安装防护网，违反此规定除拆除恢复原貌外，并给予 ××× ~ ×××× 元的处罚（从装修押金中扣除）。

11. 违章装修处理：

（1）批评教育；

（2）责令停工，进行整改；

（3）责令恢复原状；

（4）扣留或没收施工工具；

（5）驱逐施工人员离开现场；

（6）停电；

（7）投诉市政府城建监察执法部门。

12. 在装修过程中，家中所有安装有供水阀门、暖气阀门的地方严禁包装死，如要包装必须留成活口，以便日后维修时方便维修，否则，日后维修时对此处造成的损害由业主自行负责。

13. 装修完工后按时撤离施工现场。

9.1.9 小区装修施工人员管理规定

装修施工人员应严格按照2002年3月5日中华人民共和国建设部令（第110号）《室内装饰装修管理办法》及建设部（第33号）《城市新建住宅小区管理办法》以及小区二次装修管理规定，确保楼宇安全、美观和业主的切身利益，在装修过程中应注意以下事项：

1. 装修人员在装修房屋时须严格遵守有关装修管理规定，在进行装修前应先到小区物业管理中心填写《装修施工人员登记表》，并办理相关人员出入证手续，经小区物业管理中心审批后凭出入证方可进入小区进行施工。

2. 施工作业时间：早8：00～午12：00；午14：30～晚20：00。施工时间外不得延长施工作业时间，以免滋扰他人。

3. 装修垃圾、余物必须装入编制袋内，在指定地点集中堆放，由物业服务公司统一有偿清运，不准乱抛乱扔。

4. 施工人员应自觉接受小区物业服务公司的监督和检查，配合小区物业服务公司对施工人员的现场管理，不得违反小区治安管理规定，破坏小区清洁环境、绿化和公共设施。

5. 施工期间严禁改变原设施及主体结构，否则视为违章装修。

6. 施工人员要动火作业或超容量使用电器作业前应报小区物业服务公司同意后，方可动火作业。

7. 施工人员在施工期间内未按业主《装修申请》及《装修承诺表》内的相关内容进行作业，物业服务公司将责令其停工。

8. 凡随意开凿墙洞，损坏外墙面等严重影响建筑结构、外貌的，除限令按期恢复原状外，给予×××～××××元罚款（由装修保证金中扣除）。拒不执行者，将采取停电、停水、没收施工工具等强制性措施。

9. 凡擅自改变室内设施（管道、散热片等）和原设计使用功能并发生渗漏、电源线短、断路等问题的，除限令按期修复外，并给予××～×××元的罚款（由装修押金中扣除）。

10. 凡装修垃圾未进行袋装处理，乱抛乱洒的，一经查实，给予×××元的罚款。

11. 施工人员严禁在地下室、公共场所进行大、小便，一经发现，除进行清理外，另给予×××元的罚款。

12. 凡不按规定时间施工，经警告无效，给予停止施工处理，并视检查认识态度等情况，酌情办理，对施工人员发生偷盗、打架斗殴等事情，视具体情况，或逐其出场、或移交公安部门处理。

13. 为确保电梯正常、合理使用，延长电梯的使用寿命，装修期间，一律不允许使用电梯搬运装修材料（可通过吊运方式搬运材料或人工经消防楼梯进行搬运）。

14. 在装修过程中，家中所有安装有供水阀门、暖气阀门的地方严禁包装死，如包装必须留成活口，以便日后维修时方便维修，否则，日后维修时对此处造成的损害由业主自行负责。

15. 装修完工后按时撤离施工现场。

9.1.10 小区电梯使用管理规定

1. 乘载电梯时，要正确使用开关按钮，严禁撞击电梯轿厢。

2. 进入电梯内禁止吸烟、吐痰、涂污和乱扔杂物，切勿靠近电梯厢门。

3. 禁止儿童在电梯附近嬉戏玩耍，儿童乘坐电梯应由大人陪同。

4. 为确保电梯正常、合理使用，延长电梯的使用寿命，装修期间，一律不允许使用电梯搬运装修材料（可通过吊运方式进行搬运或人工经消防楼梯进行搬运）。

5. 小区内的电梯仅限于乘人使用，禁止使用电梯拉运大型物品和长件物品。

6. 禁止将易燃、易爆、有毒化学物品等带入电梯内。

7. 禁止开启电梯轿厢顶部的安全窗。

8. 禁止在电梯内用力敲打按钮，撞击轿厢门。

9. 当发生火灾时，切记不得使用电梯。

10. 电梯出现下列情况，应及时通知小区物业服务公司：

（1）门的开关失去控制；

（2）运行时有明显的速度异常；

（3）运行时有异常的振动和响声；

（4）有漏电现象。

9.1.11 小区消防管理规定

为了保证小区业主生命财产安全，确保业主安居乐业，特制定如下消防管理规定：

1. 严禁损坏挪用消防器材、挪用消防水源，消防器材由小区物业服务公司安防部负责管理。

2. 严禁在公共场所及地下室自用部分、公用阳台存放易燃、易爆及化学危险物品（如汽油、甲醇、石油液化气、纸布、硫酸、盐酸、硝酸、农药、泡沫塑料、可燃性溶剂）。

3. 严禁储存烟花爆竹、炸药、雷管及各类剧毒品。

4. 严禁把烟头及其他带火物品投向户外或绿篱内，造成损失的由责任人承担经济法律责任。

5. 严禁在装修时乱拉乱接电路线路，严禁超负载用电，造成损失的由责任人承担经济法律责任。

6. 严禁在小区内燃烧废弃物（如枯枝落叶、废纸、废木工料等），造成损失的由责任人承担经济法律责任。

7. 严禁在单元内及阳台上燃放烟花爆竹。

8. 严禁占有、堵塞小区内任何消防通道，严禁在楼道内、公用阳台、屋顶上进行点火作业，造成损失的由责任人承担经济法律责任。

9. 小区业主必须服从消防机关和物业服务公司有关消防方面的管理、监督。

10. 小区内的安防员为小区消防管理监督员，发生火灾时，及时上报消防主管或报火警，并且听从消防机关或消防主管的指挥。

11. 物业公司全体员工为小区义务消防队员，居住在本小区的全体业主都有救火的义务。

9.1.12 小区地下车场管理规定

本小区内设有地下停车场，为了确保大家进出车场及停放车辆方便畅通，特制定本规定：

1. 所有车辆在进入小区车场时须向车场管理员出示车辆通行卡，通过刷卡进入车场。

2. 车辆进入地下车场后，要限速慢行，并按指定位置有序停放车辆。

3. 车主停放好车辆后，应将车门锁好，并将车内的贵重物品拿走，保管好自己的东西，如有丢失，物业公司不负任何责任。

4. 当车辆开出小区时，车主仍须向车辆管理员出示车辆通行卡，经车场管理员核实后方可开出车场。

5. 地下车场内禁止练习驾车，否则一切后果自负。

6. 地下车场内严禁吸烟，禁止携带易燃、易爆物品进入。

7. 地下车场按相关规定交纳一定的费用，车主需按规定及时交纳相关费用。

9.1.13 摩托车、电动自行车、自行车管理规定

1. 小区内的业主（使用人）需存放自行车、摩托车、电动自行车的，先到物业服务公司办理登记手续，领取存车牌。

2. 自行车、摩托车、电动自行车必须放到指定的位置。

3. 在车辆停放完毕后，领取存车牌，并核对车牌号是否一致。

4. 按时足额交纳停车费。

5. 要尊重工作人员的工作，服从工作人员的管理。

6. 工作人员的服务工作受小区全体业主的监督，其任何失职行为及时向小区物业服务公司反映。

9.1.14 临时机动车辆管理规定

为维护小区的交通秩序，保持小区安静、整洁，确保小区消防通道和人行道的畅通以及小区业主/住户的人身安全，特制定本规定：

1. 所有外来车辆未经门岗许可，不得进入小区。

2. 外来车辆进入小区临时停放时，必须服从小区管理人员和安防人员的管理，不得以任何理由乱停乱放，对违章者，管理人员有权按公司有关制度处理。情节严重者，可交由交警部门处理。

3. 进入小区的临时车辆须按照小区的交通标志行驶，限速慢行，速度不超过 5 公

里/小时，禁止在小区内鸣喇叭。

4. 进入小区的临时车辆要停放在临时停车位上，严禁乱停乱放。

5. 临时车辆须按相关规定交纳一定的费用，离开小区时须将相关交费凭证出示给门岗，方可予以放行。

6. 临时停放车辆严禁载有易燃、易爆、有毒物品进入小区。

7. 进入小区停放车辆后，车主要锁好车门并自行保管好车上物品，如有丢失，物业公司不负任何责任。

8. 进入小区的临时停放车辆如对小区内的公共设施、设备损坏，须进行维修并进行相应的赔偿，如造成意外交通事故的，驾驶人员等责任人须负有一切责任。

9.1.15 空调外挂机管理规定

为了保护小区业主的生活环境、公共安全和人体健康，制定本规定。

1. 业主安装、使用空调设备应当维护小区美观整洁，避免妨碍他人的正常工作、生活。

2. 小区物业服务公司对小区业主空调设备的安装、使用实施监督、管理。

3. 小区业主安装空调设备须到物业服务公司登记，并按统一位置进行安装。

4. 安装空调的管线不能随意在楼梯间公共部位墙面上布置。

5. 安装空调设备不得占用人行道、楼梯间、共用部位。

6. 空调设备应当尽可能远离相邻方的门窗，空调设备与相对方门窗不得小于下列距离：

（1）制冷额定电功率不满 2kW 的为 3m；

（2）制冷额定电功率 2kW 以上不满 5kW 的为 4m；

（3）制冷额定电功率 5kW 以上不满 10kW 的为 5m；

（4）制冷额定电功率 10kW 以上不满 30kW 的为 6m。

7. 禁止在建筑物内的走道、楼梯、出口等共用部位安装空调设备。

8. 空调设备的使用者应当采取相应的安全保障措施，并定期检查，防止意外事故发生。安装空调设备不得擅自改变房屋承重结构，影响房屋安全。

9. 空调设备冷凝水的排放，不得妨碍他人的正常工作、生活。禁止将空调设备的冷凝水排放到建筑物的外墙面和室外地面上。

10. 使用空调设备，应当避免噪声妨碍他人的正常工作、生活。必须把噪声污染危害减少到最低程度。

9.1.16 水、电、暖气使用管理规定

为加强小区供水、供电、供暖管理工作，保证小区业主的正常用水、用电和冬季生活取暖，本着“维护设施、节约能源、保证质量”的原则，依据国家颁布制定的《水法》《城市用水管理规定》和《电力法》等法律规定特制定本办法：

1. 供水管理规定

（1）小区物业服务公司负责小区内公共供水管网维护、检修、安装、查验，计量

抄表等管理与服务工作。

（2）小区内业主的土建维修或公共绿化等用水均需树立节水意识，严格遵守用水规定，杜绝跑、冒、滴、漏等浪费现象的发生。

（3）小区执行全天24小时供水服务。

（4）业主必须严格遵守供水管理规定，不得私自启动水表铅封或在供水管网上乱拉乱改，或将水表反装，管理人员要经常巡查供水管网设施，如发现违反规定者一律视为偷窃用水行为，并酌情处以××~×××元罚金。

（5）凡新增或改造用水设施的业主，均需向小区物业服务公司提出申请，经批准后由物业管理中心派人员现场监督施工，验收合格后，方可用水。否则，亦按偷窃水行为论处。

（6）小区如发生停水或跑水故障时，物业服务公司将及时采取局部或全部停水措施进行抢修，同时，将通知业主做好储蓄工作。

（7）业主违反安全用水规定，而造成事故的，影响供水或对别的业主造成损失的要按实际情况由责任人承担经济赔偿责任。

（8）凡业主家用水表由于超过使用年限计量不准，均由业主出费用校验水表或更换新表。

（9）凡业主要更换水表，需到小区物业服务公司办理换表手续，并由物业服务公司工作人员对原有水表指数或新表指数进行确认、记录，若违反者，将按偷窃水进行处理。

2. 供电管理规定

（1）小区物业服务公司负责小区内公共供电设备、线路、计量仪表的检修、维护、安装、查验、计量抄表等的管理与用电服务工作。

（2）凡小区的业主或基建维修均需树立安全用电意识，严格遵守用电管理规定，严禁业主随意私拉乱接电源。

（3）小区内任何业主或单位无权私自拆改、安装供电设备、线路及附属设施。

（4）小区实行全天24小时供电服务。

（5）凡小区业主更换电表，需到物业服务公司办理换表手续，并由小区物业服务公司工作人员对原电表指数或新电表指数进行确认、记录，若违反者，将按偷窃电处理。

（6）凡业主更换的电表不得超出5~20A范围。

（7）凡小区的业主应按照国家有关规定和小区规章制度，合理、有序的使用电能，并每月按时交纳电费。

（8）凡小区业主自用部位的线路、开关刀闸、漏电保护器、计量装置等进行修理时，均实行有偿服务。

（9）业主不得在公用电设施上擅自接线用电；不得跨越用电计量装置用电（表前接线）；不得在计量装置内增加短接线路，造成计量装置不准或失效；严禁擅自打开计量装置铅封用电。

（10）对窃电行为的业主应及时予以制止，并当场终止供电。窃电者应按所窃电量补交电费，对于无理阻挠工作人员正常工作及漫骂、殴打工作人员的违法行为，要追究责任，情节严重者移交司法机关追究其刑事责任。

（11）小区业主不得擅自拆除自用的漏电保护器，由此引起的后果和经济损失责任自负。

3. 供暖管理规定

（1）凡小区业主，需树立社会公德意识，自觉爱护小区及室内供暖设施，按照政府颁布的《供暖条例》按时交纳冬季采暖费用。

（2）小区供暖期间，住户不得将供暖管网上的阀门进行包装。

（3）小区不提倡业主/住户对供暖管网进行改动，尤其将原供暖系统改为地暖供热，由此给小区其他业主/住户冬季供暖造成的一切不良后果由改动业主负责。

（4）小区内的供暖管网，楼内管网及业主室内供暖设施，未经小区物业服务公司的同意，任何人或单位不准改拆、变动和损坏，由此引起的供暖效果不好及跑水的后果，由责任人承担相应的经济损失。

（5）凡安装有供暖设施的房屋，业主应采取防寒、保温措施，将室内门窗关闭好，以防冻坏供暖设施，造成能源的浪费。

（6）凡小区业主责任造成的供暖效果不好或事故，一切损失均由业主自行承担，物业服务公司不负担任何责任。

（7）严禁业主在取暖设施上私接水嘴和水管，窃用供暖热水，业主不得擅自扩大供暖管径、增加暖气片和取暖面积，由此引起的一切后果自负并承担相应的经济损失。

（8）严禁在供暖系统管道上使用铝塑管、PVC 管等影响供暖质量的材料。

（9）居住在最高层的业主，不得私自关闭任何供暖阀门，而造成楼下业主室内供暖效果不好，由此引起的一切后果业主自负并承担因此而造成的经济损失。

（10）小区业主室内供暖设施出现故障，业主应及时通知小区物业服务公司工作人员协调处理，并及时排除故障，不得自行处理而影响其他业主的正常采暖。

（11）小区业主室内供暖设施出现损坏时，所发生的维修费用由业主自行承担。

9.1.17 业主房屋租赁管理规定

1. 当业主您的房屋要进行转让或出租时，需到物业服务公司将房屋出租情况进行登记备案。

2. 业主只可将房屋出租给有正当职业的本市人或有暂住证的外地人员居住，并需出具承租人的身份证件等有效证件。

3. 小区内房屋出租原则上仅限于居住使用，如承租人将房屋用于居住以外的其他用途（以不影响相邻业主的正常生活为前提），物业服务公司将按商业物业进行各项费用的收取。

4. 承租人在出租房屋内不得进行违法活动。

5. 业主对已出租的房屋须经常了解承租人的活动情况，发现有不规行为的，应及时告知物业服务公司或派出所。

6. 承租人应遵守小区内的一切管理规章制度，并按时交纳相关的各项费用。

7. 房屋出租后，如承租人不能按时履行交费义务的，出租人（业主）负有连带责任。

9.1.18 小区物业设施设备使用管理规定

1. 业主作为物业的所有权人，应对其所有物业承担自用部位和自用设施的维修养护责任。

2. 房屋的室内部分（即户门以内的部分和设备，包括水、电、气、热户表以内的管线和自用阳台），由业主负责维修。

3. 房屋的共用部位和共用设施设备，包括房屋的外墙面、楼梯间、通道、屋面、上下水管道、公用水池、加压水泵、电梯、机电设备、公用天线和消防设备等房屋主体公用设施，由物业服务公司组织定期维修。

4. 住宅区内的水、电、煤气、通信等管线的维修养护，由有关供水、供气及通信单位负责，维修养护费由有关业务单位支付。但是，物业服务公司与有关业务单位另有约定的，按双方约定确定维修责任。

5. 物业所有人可以自行维修养护自用部分和自用设备，也可以委托物业服务公司或其他专业维修人员代修。由于业主拒不履行维修责任，致使房屋及附属设施已经或者可能危害毗连房屋安全及公共安全的，业主委员会可以授权物业服务公司进行修缮，其费用由业主承担。造成损失的，业主应当赔偿损失。

6. 人为造成公用设施损坏的，由损坏者负责修复；造成损失的，应当赔偿损失。

9.1.19 小区物品进出放行管理规定

为了维护小区业主的利益，确保小区业主的财产安全，特制定本规定：

1. 小区内业主/住户有大件物品搬出小区时，应预先到物业服务公司办理物品出门手续，填写《物品放行条》，并请业主签名确认。

2. 业主/住户凭物业公司开出的《物品放行条》，经安防员核对业主身份及物品名称、数量与《物品放行条》所列相同后予以放行。

3. 如果实际物品与《物品放行条》所列不同，请业主到物业服务公司根据实际情况重新开具《物品放行条》。

4.《物品放行条》必须为业主本人方可办理。

9.1.20 小区外来人员进出管理规定

1. 小区门岗需对进入小区的外来人员进行盘问、登记。

2. 对携带有违禁品及易燃、易爆、剧毒或有污染的物品进入小区者或游商小贩进入小区时进行阻止。

3. 对进出小区的装修、施工人员实行出入证管理。

4. 对进入小区的外来人员须问清其去向，必要时应先和业主核对清楚后再予以放行。

9.1.21 小区收费管理规定

为规范小区服务费用的收缴工作，确保如数、及时、安全地收回各项费用，请您按照小区物业服务收费办法按时交纳物业服务费用及其他各项有偿服务费。

1. 费用收取的范围

（1）物业服务费；

（2）机电管道维修、清洁、绿化等各项特约服务费；

（3）代收代缴其他费用；

（4）物业服务公司服务价格收费公开、明码标价，并每半年公布一次物业服务费收支情况；

（5）物业共用部位及设施设备的大修、中修、更新和改造费用，通过专项维修基金列入，不纳入物业管理服务费用中；

（6）物业服务公司在物业管理服务过程中，遵守国家的相关法律法规，严格履行物业服务合同，为您提供质价相符的服务；

（7）物业管理公司向您提供物业管理合同约定以外的服务，按《业主自用部位有偿服务收费价格》标准执行；

（8）每月____日前由收费员将《收费通知单》下发到您家中，同时收取现金，并请业您签收姓名、日期或当您买电时即可收取各项费用。

2. 收取方式

（1）上门收取现金；

（2）到物业服务公司收费室交纳或预交现金。

9.1.22 小区广告宣传、信息发布管理规定

根据建设部《城市异产毗连房屋管理规定》的有关内容，为切实维护小区全体业主/住户的利益，创造良好的小区环境，结合小区的实际，制定本规定：

1. 小区内所有业主/住户均无权私自在过道、绿化带、外墙、屋面及其他场地设立广告牌。

2. 所有商铺的招牌也只能在所占用的商铺内或门面上悬挂或张贴。

3. 占用楼宇内房屋做商业活动的单位，不得在窗外的玻璃上悬挂、张贴任何招牌及广告。

4. 占用门前走道或封堵部分（不影响消防）做广告时，须先向物业服务公司提出申请，物业服务公司在不影响消防、安全、治安的前提下可以批准，使用方须交纳一定的场地占用费。

9.1.23 小区单元防盗门及对讲系统使用管理规定

本小区内各楼宇单元及业主家中均设计安装为可视对讲门铃系统，为了减少小区单元防盗门的意外损坏，特制定本规定：

1. 小区内各楼宇单元防盗门属业主共同财产，小区所有业主/住户均有义务进行维护。

2. 所有业主/住户均要正确、规范使用单元防盗门，轻按轻开，禁止撞击防盗门。

3. 在装修期间，禁止将防盗门中的配件随意卸掉，或将防盗门用砖块或石头支卡。

4. 所有业主/住户进出单元时，及时将单元防盗门关闭，以防止不法人员进入楼宇内部。

5. 业主/住户在装修房屋时，禁止将家中的可视对讲机专线移位或改变线路配置。

6. 楼宇单元防盗门移交业主，日后损坏需要维修时，其维修费用需由本单元所有业主/住户平均分摊。

9.1.24 小区公共区域使用管理规定

小区内的公共区域均为全体业主享用，因此，生活和居住在小区内的您有义务维护小区的公共利益。

1. 在公共场所活动时，请不要带您的宠物出现在公共场所，以免给他人造成安全隐患、环境污染和噪声污染及影响其他业主的正常活动。

2. 在小区的公共场所活动，请您将产生的烟头、废弃物等自觉投放到果皮箱内，维持好小区公共场所的环境卫生。在活动时，不要随身携带危险物品，以免造成对他人及自身的伤害。

3. 您在活动时，要积极向上，既要进行健身活动，又要避免喧哗和打闹从而影响他人的正常工作和休息。

4. 带小孩活动时，请看管好自己的孩子，不要随意采摘花园中的花卉，影响小区公共场所的环境绿化。

5. 当小孩便溺时，请带小孩到小区内的公共厕所，不要随地便溺，从而造成公共场所卫生环境的污染。

9.1.25 小区油烟机清洗管理规定

小区内业主/住户家中的油烟机进行清洗时，不应在单元楼宇前随地进行，否则，油烟机中的油腻将会导致地面出现污渍，难以清除。在日常清洗油烟机时，最好让清洗工人带出小区进行清洗，或者向物业公司告知，由物业服务公司安排指定适当地点进行清洗。否则随地清洗对小区环境造成的污染由业主/住户负责。

9.1.26 小区室外高空管理规定

为了确保小区业主的人身、财产安全，减少意外事故的发生，特制定本规定：

1. 小区内所有业主/住户，禁止在自家窗台上（尤其是外窗台上）堆放任何物品。

2. 禁止在房屋外墙上安装固定铁丝架晾晒衣物。

3. 禁止从窗户向外乱扔杂物，尤其在装修期间禁止将装修垃圾从窗户向外抛撒。

4. 如因高空抛物或从自家窗户掉落的物品伤及他人，相关责任人将承担一切后果。

5. 小区业主日常须擦洗自家窗户玻璃时，应特别注意做好安全防护措施，确保擦洗人员安全。

9.2 物业服务企业管理制度

9.2.1 首问制度

为了能及时、快捷处理业主的报修和咨询工作，并落实到人、到位，确实为业主解决问题，树立良好的服务形象，物业服务公司特制定首问责任制。

1. 首问责任制是指：

（1）公司全体员工为本岗位履行职责的第一责任人；

（2）公司全体员工对受理业主反映情况或投诉实行首问责任制，做到“受理——登记——落实或转达相关人员——跟踪——反馈”全过程的物业服务。

2. 当业主询问（求助、报修、投诉、咨询）有关物业问题时，公司每一位被问及（接电话）的员工，必须履行职责，做到热情、周到地回答业主的提问和落实解决问题，一抓到底，不得以任何理由拒绝或推诿。

3. 当业主咨询的问题属于自己工作职责范畴内的问题，员工必须予以耐心的解答，并应对解答的结果负责。

4. 当业主咨询的问题不属于自己工作职责范畴内或自己不太清楚的情况下，应耐心记录、解释，并负责转告相关部门或人员限时落实解决，将结果告知业主。

5. 如员工拒不履行首问责任制，对业主的咨询、报修、投诉、求助等漠不关心，态度不端正或未能做到跟踪全过程服务，扣发30~50元工资。

9.2.2 财务管理制度

为了加强财务管理，规范财务管理职能，确保公司的财务不受损失，根据国家有关规定，结合公司的实际情况，特制定本财务管理制度：

1. 会计核算制度：企业会计制度

2. 会计核算方法：借贷记账法

3. 会计核算的原则：权责发生制原则

4. 会计核算金额：人民币

5. 会计核算的时间：公历1月1日~12月31日

6. 现金管理：

（1）收取的现金与票据必须相符，并在票据上签字确认，保证款项的准确无误。

（2）现金收付：要做到日清日结，账实相符，如有长短情况，要查明原因，分清责任，经项目经理批准后才能做出处理。

（3）现金支出由经办人填制合法票据，写明时间、内容、金额、部门、签字后由部门负责人和项目经理审批后方可支出。

（4）出纳人员收取的现金必须当日送交银行，库存现金不得超过2000元。

（5）对各种借款要如实填写借款的日期、事由、原因、金额等。借款时间不得超过一周。长期借款与特殊情况的借款（包括一个月以上的借款）由项目经理批准后，做出挂账处理，避免长期白条定库。

（6）库存现金应每月进行盘点清查，公司领导应不定期的进行检查。

7. 票据管理：

票据是公司经营活动的重要凭证，是经济往来的重要依据，必须严加管理。

（1）各种收据、发票、银行印鉴，由会计专人管理，并实行领用制度并设有票据领用簿，对票据的领用、收回进行详细的登记。

（2）银行支票、电汇、汇票，由出纳员管理，使用时必须经理批准的申请书、会计签字后才能领用。不许签发没有批准的支票和空白支票，要事先确定收入款的单位、金额、用途等有关内容并要求使用人在支票存根上签字。

（3）领用票据必须登记编号、时间、交回收据及支票存根时，保管人必须核对收据发票的编号，确保没有缺号和编号不符情况的出现，开错的收据必须粘贴底联，必须标有作废字样。

8. 固定资产管理：

固定资产是企业生产经营活动必备的劳动资料，为了保证财产的有效使用和妥善保管特制定本制度。

（1）固定资产是给员工配备的办公用具，必须专人管理、登记造册，实行领用制度和内部调拨制度，购置时必须提前1个月制定购置计划，特殊情况临时追加购置计划，经项目经理批准后方可购置。购入时必须填制入库单由专管员签字后按报销程序报财务入账，使用时必须填制出库单，经手人签字、经项目经理审批后方可使用。

（2）固定资产设置专人管理，建立固定资产台账、详细记录，固定资产的名称、规格、型号、使用部门、负责人等情况。财务建立固定资产明细账，详细记录固定资产原值、净值、折旧等情况。建立固定资产清查制度，每季度或至少半年进行固定资产清查，做到账实相符。

（3）对本部门固定资产只有使用、保养、维修的权利和义务，没有外借、报废、转让的权利，使用中发生丢失和恶意的损坏，按其损坏轻重的程度进行赔偿（购置价－折旧）×损坏程度。

（4）使用人在离开公司应办理固定资产移交手续，才能办理离职手续，否则公司有权拒绝办理离职手续，由此造成的后果由固定资产使用人承担。

（5）不能正常使用的闲置的固定资产，要及时办理调拨和报废手续，在报废转让时均需按公司规定的审批手续方可办理。

（6）根据公司实际情况固定资产的使用年限较长、数量众多、单位价值在500元以上（含500元），按固定资产进行核算，500元以下按低值易耗品进行核算。

（7）固定资产折旧，按照平均年限法计提折旧，按5%计提残值率。

1）营业用房：房屋建筑场折旧年限　　20年

2）机器设备折旧年限　　10年

3）运输工具折旧年限　　5年

4）办公设备折旧年限　　　　　　　　5 年

9. 低值易耗品的管理：

（1）低值易耗品单位价值较低，使用年限较短的资产为低值易耗品核算，根据公司实际情况，单位价值 100 元以下的采用一次摊销法，直接记入费用成本。单位价值在 100 元以上（含 100 元）500 元以下，实行五五摊销法进行核算。

（2）低值易耗品购入时，必须填制入库单，保管员签字，领导审批后报销入账，领用时 50% 记入成本费用，50% 记入低值易耗品进行核算，到报销时，经领导批准 50% 记入成本费用。

（3）低值易耗品设置专人管理，建立低值易耗品台账，详细记录财产的名称、规格、型号，使用部门的情况，财务部门进行明细核算，保证财产有效使用。

10. 费用开支的标准及审批权限

（1）公司各部门的一切费用开支及各项款项的支付，由经办人员填制、财务人员审核、项目经理审批，对于凭证不真实，审批手续不全，财务人员有权拒绝办理，待手续齐全后，方可办理。

（2）物资设备运营支出，必须附验收合格单和采购审批单，付款金额在 10000 元以上（含 10000 元）的，经有关部门签字，项目经理审批、总经理审批后，财务方可支付；付款金额在 10000 元以下，经有关部门签字，项目经理审批，财务便可付款。

（3）办公支出及物业公司自用，付款金额在 3000 元以上（含 3000 元），经有关部门签字，项目经理审批、总经理审批后，财务方可支付；付款金额在 3000 元以下，经有关部门签字，项目经理审批，财务便可付款。

（4）招待费及非正常费用，500 元以上（含 500 元）须报公司总经理批准。

（5）如不能取得的原始凭证，应书面形式申报注明原因并由部门负责人批准，财务部门审核，项目经理审批，由财务部门付款及负责办理。

9.2.3　借支与报销制度

1. 凡公司员工因公需要预先从财务部门支取现金时，须先填写《借款单》或《借支单》，《借款单》或《借支单》中要写清借款原由、借款金额及借款归还大概时间。

2. 借款人首先应在《借款单》或《借支单》上签字，后经项目经理审批后，到财务部经会计人员审核无误后，方可从公司出纳处领取现金（每次借款现金额度不超过 200 元）。

3. 借款人在办理完事情后，应及时到财务部门办理相关还款手续，如因办理公事发生现金支出，须填写相关报销手续，《报销单》应根据相关原始单据如实填写。

4. 如报销金额高于借款金额的，《报销单》在经项目经理批准后，多出部分从财务部领取，并将前《借款单》或《借支单》从财务部撤销；如报销金额低于借款金额的，借款人应将差额部分上缴财务，并将《借款单》或《借支单》从财务部撤销。

9.2.4　考勤制度

1. 凡公司员工必须遵守工作时间，做到按时上下班，不迟到、不早退、不旷工。

2. 各部门员工因事请假在三日之内的由部门主管批准；超过三日的报项目经理批准。部门经理（含部门经理）以上员工因事请假在三日内的报项目经理批准。请假批准后，均需将请假条交办公室考勤员确认备案。

3. 凡请假者必须事先交代当日或近期工作，以不影响正常的工作进行为前提。凡员工因客观情况不能直接请假者外，由其家属或电话或委托他人向公司办理请假手续。

4. 凡上班迟到、早退，每超过10分钟到岗或提早10分钟退岗，一次扣罚2元，依次累加。

5. 中途私自外出者，视情节轻重，扣罚当日薪金。

6. 公司全体员工薪金发放以出勤和业务考核记录为依据，缺勤者当日薪金全免，每月薪金在考核每位员工的工作实绩和出勤情况后发放。

7. 凡随意旷工者，将按照有关规定、公司章程和合同对旷工者做出相应处理。

8. 公司各职能部门员工由办公室考勤，各部门员工，由各部门负责人考勤。

9. 劳动时间实行每周×天，每天8小时工作制。管理人员实行每周一次值班和遇特殊情况实行跟班制度。操作人员实行每日8小时工作制，特殊工种可根据实际情况实行机动时间工作制。

10. 事假一律不计发工资，婚丧病假按公司规定执行。

11. 有下列行为者计旷工：

（1）未事先办理请假手续而缺勤或未准假而私自休假者以及各种假期逾期未续假者；

（2）不服从调配而不上班或上班消极怠工者；

（3）打架斗殴致伤不上班者；

（4）迟到早退30分钟者。

12. 工伤：

凡在工作中因发生事故而造成的工伤，由部门经理签批方可确认为工伤，否则按病假处理。工伤必须是按操作规程和工作规范在工作中受的伤，对违反操作规程和规范的行为的另行确定。

9.2.5 计算机使用管理制度

由于现在办公计算机使用的频繁化，经常出现不规范的操作，为了确保公司办公计算机规范、正常使用，确保公司计算机内部资料存放安全，特制定本制度：

1. 公司计算机统一由办公室进行管理，各部门根据工作性质配备计算机。

2. 各部门人员使用计算机时均应按照规范操作程序进行，不得违规操作。

3. 各部门计算机操作人员不得擅自修改、删除有关电脑系统中的数据资料及文件资料，不得擅自安装/卸载应用程序。

4. 各部门人员使用公共计算机编辑文件时，不允许擅自访问他人文件。

5. 上班期间，不得编排或打印私人资料。

6. 上班期间，所有联网的计算机，使用人员不允许上网查看与工作无关的资料，更不允许在上班期间上网聊天、玩游戏。

7. 跨部门使用计算机时，要经过被使用部门的同意后，按计算机规范操作程序进行使用。

8. 计算机在使用过程中如发现异常情况，不能自行处理的，应及时向办公室反映，由办公室安排进行计算机的维修。

9. 新购买的系统和软件在使用前均应进行病毒检测。

10. 财务部门计算机要严格管理，禁止不是财务人员操作装有财务软件的计算机。

9.2.6 员工培训制度

为了使物业管理工作走向规范化、制度化、科学化，加强员工服务意识，提高员工管理服务水平，特制定本制度。

1. 培训内容

（1）公司的发展简介、发展前景；

（2）物业管理服务的基本概念，基本知识和专业知识；

（3）物业服务公司的内部管理制度，公司各部门岗位职责、人员岗位职责、工作标准、工作细则、操作规程；

（4）仪容仪表、礼节礼貌、职业道德、行为规范；

（5）协防、消防、交通、设备安全知识；

（6）设备及工具的使用和保养。

2. 培训形式

（1）岗前培训：新聘用员工上岗前必须进行培训，否则不准上岗，国家规定必须凭证的工种，必须经专业培训领取证书后方准上岗，如电工、电梯工等；

（2）在岗培训：在岗培训是主要的培训形式，包括岗位工作或邀请专业人员利用班前班后时间进行有计划的培训；

（3）脱产培训：部分员工暂停工作，或将主要业务骨干送专业培训部门进行有计划、系统的专业培训。

3. 培训方法：

（1）个别培训；

（2）班组培训；

（3）部门集体培训；

（4）公司集中培训。

上述培训应采取理论与实际操作相结合的方法。

4. 培训后检查与考核

（1）员工经过培训后，各部门要进行跟踪检查是否按培训要求和标准进行工作；

（2）实行对班组及个人检查和考核制度，考核成绩记录备案。

5. 培训组织与管理

（1）员工培训由办公室统一安排和策划；

（2）定期组织对员工的培训，随时进行总结，提高培训质量；

（3）培训教材另行制定。

9.2.7 员工守则

1. 品德风貌

（1）热爱社会主义祖国，认真贯彻国家方针政策。遵守国家法律法规和物业公司的各项规章制度。

（2）关心企业，热爱本职工作，树立良好的职业道德，尊重领导，服从指挥，忠诚老实，廉洁奉公，文明服务，勤俭节约，爱护公物，自觉维护公司声誉。

（3）努力学习物业相关的法律法规和专业知识，不断提高物业服务质量和管理水平，保质保量完成工作任务。

2. 遵守纪律

（1）严格遵守考勤制度，按照规定上下班时间到办公室签到及消到，不得代签。按时上下班，不迟到，不早退，不旷工，不得擅离职守。

（2）上班前不得饮酒，吃生葱、生蒜等食品，上班期间不得吃零食。

（3）上班时间严禁串岗、脱岗、睡岗、聊天、饮酒、打闹。

（4）上班时间不准做私活。

（5）上班时间不准看与业务无关的书籍、报刊、不准打私人电话。

（6）工作期间不得大声喧哗。

（7）服从领导的工作安排和调度，按时完成任务。

（8）在工作场所要礼貌待客，避免当着业主的面整理头发，触摸自己的面孔。

（9）每个员工要作风正派、行为检点，不在业主面前做不礼貌动作。员工之间无论有无外人在场，均不许口吐脏话、追逐打闹、勾肩搭背。遵守社会公德，创造并保持公司内部良好的工作秩序和作风。

（10）员工须严格遵守公司各项规定，不随地吐痰，不乱抛果皮纸屑、烟蒂和杂物，不乱涂乱划，保持办公场所或施工作业现场的整洁优美。

3. 仪容仪表

仪容、仪表是表现企业和个人形象，精神风貌的重要载体。

（1）工作时间一律按要求穿着工作服，工作服应干净平整。

（2）皮鞋要保持光亮。

（3）员工的工作牌应佩戴于左胸。

（4）保持头发整齐，男员工不准长发盖耳，不留大鬓角，小胡子；女员工发长不过肩，淡妆上岗。

（5）不准染指甲，头发、指甲要勤修剪。

（6）经常保持耳、鼻、口、颈清洁，无口臭。

4. 工装、工号牌

（1）上班时穿统一着工作服，佩带工作牌，下班后换便装。

（2）每位员工均由公司办公室按规定发放工作牌，部门主管和督查人员有权随时检查有关证件。

（3）工作牌如有遗失、被窃，应及时向本部门、管理部门报告，并按规定办理交费补领手续，所引起的一切责任由本人负责。

（4）员工离职应将有关证件交回公司办公室。

5. 其他

（1）爱护小区的所有公共设施，注重所有设备的定期维修保养，有义务维护好，并注重日常的节约用水、用电、易耗品。

（2）认真填写工作日志和各类工作记录。

（3）认真按规范要求做好本职工作。

（4）接到投诉、救助、报修时应按规定时间内予以处理，严禁推诿或拖延。

（5）入户服务时，严禁收取业主小费或馈赠物品。

（6）入户服务时，严禁与业主发生争执与冲突。

（7）入户服务完毕后，应将工作现场恢复原样。

（8）做好应急状态下的各项服务工作。

9.2.8 劳动条例

1. 人员录用

（1）经核定录用人员于报到之日须携带：一寸免冠照两张，学历证书及身份证复印件到办公室报到办理就职手续。

（2）试用

新进员工试用期两个月，试用期满由部门经理依据个人表现，提交是否转正、延期或辞退报告，由办公室报项目经理审核批复。

2. 员工辞退

员工离职分为“辞职、解雇、开除、自动离职”四等（试用期内员工及公司双方均有权提出辞职或解雇，而不负担任何补偿。离职前须与公司结清各项手续）。

（1）辞职：试用期过之后，员工辞职需提前半个月通知公司，到辞职日期结算工资，但不结算任何福利。未提前半个月通知公司，扣除离职人员当月工资的30%。

（2）自动离职：凡无故擅自旷工三天以上者，均按自动离职论，不予结算任何工资、福利。

（3）解雇：工作期内，员工因工作表现、工作能力等因素不符合本公司要求，无法胜任本职，公司有权解雇，届时结算工资及福利。

（4）开除：员工因触犯法律，严重违犯公司规章制度或犯严重过失者，即予停职开除，计薪到停职之日止。

3. 员工考勤

（1）员工请假不论时间长短，不论任何假，除紧急情况外（紧急情况指个人得急病要急诊，直系亲属有危及生命的病及意外事件），一律事前填写请假单（特殊情况除外，待上班后补办请假手续），经项目经理批准后方可生效。

（2）员工请假一天以内由部门经理批准，三天以上（含三天）由项目经理批准，并由部门上报办公室备案。请假一天按日工资总额扣除，依此类推。

（3）管理人员统一实行每周×天工作制（日休息）；一线员工每月有×天休息日，

根据实际情况可自行调整。

（4）员工作息时间：

夏季

上午：8：00～12：00

下午：14：30～18：30

冬季

上午：8：00～12：00

下午：14：00～18：00

（5）全体员工上班时不得迟到、早退、旷工。

（6）如因工作需要，公司要求员工在正常工作时间外超时工作时，按加班薪酬计算。

（7）对经各部门经理或项目经理批准安排超时工作的员工，均给予调休或发加班费。

（8）各部门均设考勤员，员工上班须自觉到考勤员处签到，如不作签到视旷工处理。

（9）月末财务部根据考勤记录核发工资。

9.2.9 奖罚条例

1. 奖励

（1）奖励方式

① 公司通报表扬；

② 物质或现金奖励；

③ 增加浮动工资；

④ 外出旅游、学习；

⑤ 项目经理颁发荣誉证书。

（2）奖励条件

① 在年度工作中模范遵守公司各种规章制度，工作积极认真，业务技能熟练，服务热情周到，工作踏实肯干，按时按岗位标准完成本职工作，以优秀的服务为公司赢得声誉被评为优秀员工者；

② 在改善经营，提高服务质量、降低成本等方面，提出合理化建议，经实践证明有明显效益和成绩者；

③ 技术革新、设备改造等方面有突出贡献，为公司节约经费开支，使公司效益有明显提高者；

④ 积极参加文化和专业技术学习，在考核中成绩优异者；

⑤ 拾金不昧者；

⑥ 在工作中责任心强，及时发现并排除和避免重大事故发生者；

⑦ 在公司安全防范工作中做出突出贡献者。

2. 纪律处分

凡公司员工经过入职培训并进入工作岗位后，违反了公司的规章制度，公司将根据违规的不同情节给予适当的处罚，以达到教育和警告之目的。所有员工无论职位高低都必须遵守公司制定的各项规章制度，任何人无权侵犯公司利益，对违反者本着一视同仁的原则，依照本事件视情节轻重给予必要处罚。公司的纪律处罚可分为“口头警告”、“书面警告”、“严重警告”、“解雇”等4种形式，处分依据为员工过失的4个类别即：“轻度过失”、“过失”、“严重过失”、“重大过失”。具体扣罚按《处罚细则》处理。

（1）一般过失

① 工作时间不认真工作；未经许可擅自离开工作岗位、串岗、聊天、做与工作无关的事情；

② 工作时间在工作场所打闹嬉笑、大声喧哗、追逐；

③ 工作时间打私人电话或处理私人事情；

④ 工作时间不佩戴胸卡；

⑤ 工作时间不穿工作服；

⑥ 人为地制造矛盾、无中生有、造谣传话、干扰正常的工作秩序；

⑦ 在公司内部泄露有关的保密信息，造成不良影响；

⑧ 未经主管经理批准私自换班、换休；

⑨ 不遵守公司安防措施和消防条例。

⑩ 工作时间睡觉或玩电脑游戏、上网；

⑪ 不服从上级的工作安排；

⑫ 当月迟到、早退四次以上或当月旷工1~2天。

（2）严重过失

① 大庭广众之下互相大吵大闹，对别人恶语中伤、辱骂，影响公司风气，搅乱正常工作秩序；

② 不遵守交通法规，造成交通事故，致使人员伤亡（汽车驾驶员）或车辆损坏；

③ 当月旷工3天及以上；

④ 在公司内煽动斗殴或参与斗殴；

⑤ 长期工作不力，效率低下，态度不端正；

⑥ 工作效率低下、麻痹疏忽而致使公司蒙受重大损失，工作上弄虚作假；

⑦ 工作时间内兼任其他公司工作；

⑧ 违章指挥或违章操作，造成工具、设备损坏、工伤事故；

⑨ 无证驾驶或私自动用机动车等机动车辆；

⑩ 未经许可擅自开动设备，造成不良后果，给公司带来经济损失；

⑪ 向本公司以外的公司或个人泄露公司商业机密；

⑫ 公开诋毁公司的名誉和信用，使公司受到损害；

⑬ 连续旷工5天以上或一年累计旷工10天；

⑭ 对主管和同事使用恐吓、胁迫、暴行和其他不法行为，严重危害人身安全，玷污个人名誉；

⑮ 利用工作之便索取回扣，接收贿赂；

⑯ 贪污公款、盗窃公司物品或私人钱物。

（3）其他类似性质的行为。

① 轻度过失：扣罚 5～20 元；

② 过失扣罚：20～50 元；

③ 严重过失扣罚：50～100 元；

④ 重大过失扣罚：100 元以上或扣除当月工资，情况严重者，视具体情况追究其经济责任和法律责任。

3. 处罚程序

（1）罚款：由部门主管以上管理人员或专职监督检查人员填写罚款通知单，交公司办公室实施并备案；

（2）警告以上处理：由所在部门根据情节轻重做好书面报告及处理意见，连同员工本人检查一起报办公室；

（3）办公室接到部门呈交的处分报告后，根据有关规定签署意见后交项目经理审批；

（4）项目经理审批后交办公室转发当事部门，由部门经理具体执行；

（5）处分过程中，允许员工向项目申诉，但项目经理签批后立即执行；

（6）员工如犯有重大过失，所造成的损失，在给予开除的同时要给公司全额赔偿；

4. 考核细则标准

安防员考核细则标准如表 9－1；

保洁员考核细则标准如表 9－2；

工程维修员考核细则标准如表 9－3；

绿化员考核细则标准如表 9－4；

物业主管考核细则标准如表 9－5；

办公内勤考核细则标准如表 9－6。

安防员考核细则标准 **表 9－1**

序号	内 容	扣款金额
1	迟到、早退	扣 10 元/次
2	脱岗、串岗、睡岗	脱岗、睡岗扣 50 元/次，串岗 20 元/次
3	巡逻路线次数不到位	5 元/次
4	检查地下室没检查到位	10 元/次
5	仪容、仪表不整洁	10 元/次
6	自行车、摩托车丢失	当班当事人 50 元/次
7	失盗	当班带班长 50 元/次，当事人 200 元/次
8	门岗失职者（进出人员不询问、拉出物品不询问、拉进装潢材料不询问、不登记）	10 元/次
9	消防设施维护保养不到位或损毁	20 元/次
10	工作服务不到位	20 元次

续表

序号	内 容	扣款金额
11	门岗卫生区、宿舍卫生状况差的	当班人10元/次
12	不按时交接班者	当事人10元/次
13	带班长不负责者	20元/次
14	打架斗殴者	双方各100元/次
15	不服从工作安排者	责任人30元/次
16	业主投诉（实事求是、客观存在）	责任人30元/次
17	楼道出现小广告	10元/次
18	发现问题未处理	10元/次
19	小区内出现小商贩	5元/次
20	小区丢失公共设施设备	50~100元/次
21	与业主发生争执	5元/次
22	楼宇单元防盗门大敞开	5元/次
23	聚众聊天	10元/次
24	值班室有闲杂人员	10元/次
25	未填写当日工作记录	5元/次
26	未认真观察监控出现问题	20元/次
27	损坏安防器械或监控设备	200元/次

保洁员考核细则标准 **表9-2**

序号	区域	内 容	扣款数
1	楼道	不干净，有明显的污渍，墙上有拉丝，扶手不擦洗	2元/次
2	扶手	手模有明显的脏迹	2元/次
3	窗台	有明显灰尘	2元/次
4	玻璃	每月按时清擦玻璃	2元/次
5	楼道墙面、地面	有蜘蛛网污迹，广告纸屑、灰尘	2元/次
6	电表箱	有张贴物，手模有灰尘、污渍	2元/次
7	地下室	每月按时清扫（每月清扫四次）有杂物尘土	2元/次
8	门框、单元防盗门等	有灰尘、污渍	2元/次
9	庭院干道	区域内卫生脏乱或纸片、塑料袋随处可见	10元/次
10	草坪、绿化带	草坪内有纸屑、杂物，绿篱下有明显的枯枝败叶	5元/次
11	生活垃圾筒	每日未倾倒	5元/次
12	生活垃圾	每日未能将生活垃圾归集起来	5元/次
13	装修垃圾	区域内乱堆乱放装修垃圾或现场脏乱	10元/次
14	劳动纪律	迟到、早退、脱岗、聚众聊天	10元/次
15	循环保洁	区域内未循环保洁现场脏乱	5元/次
16	业主投诉	不服从工作安排	10元/次
17		与业主发生争执	5元/次
18		客观存在	30元/次
19		发现问题未能及时处理或未上报领导	10元/次
20		吵架不团结	10元/次

工程维修员考核细则 **表 9－3**

序号	区域	内　容	扣款数
1		工作不主动不服从分配	10 元/次
2		工作责任心不强，造成事故	50～100 元/次
3		上门维修接受业主的馈赠财物	20 元/次
4		没有公司的安排，擅自离岗；值班擅自离岗	20 元/次
5	上门维修	不按入户规范要求执行	10 元/次
6		出现维修返工现象	15 元/次
7		施工过程中，造成材料严重浪费	50 元/次
8		每出现一盏不亮灯（未巡检）	1 元/盏
9		发现问题未及时处理或未上报	20 元/次
10		未按时保养供电、供水设备而造成事故	50 元/次
11		雨季每月未清掏落水管口杂物一次	10 元/每次
12		出现线路虚接，配电箱筑巢、空气开关烧坏	50 元/次
13	劳动纪律	出现迟到、早退、脱岗、聊天	20 元/次
14		工作期间干私活	50 元/次
15		业主投诉（客观存在）	30 元/次
16		打架斗殴	100 元/次
17		与业主发生争执	5 元/次
18		安排的工作未能在规定的有效期限内完成，造成事故	15 元/次
19		擅自将维修工具借出	50 元/次
20		对区域内的公共设施维护不到位出现设施损坏	15 元/次
21		吵架不团结	10 元/次
22		停送电不及时或违规操作	10 元/次
23		每月未能按时抄水电表，延误收费	30 元/次
24		发现偷水、电问题未上报或未采取措施	30 元/次
25		冬季供暖中出现管道故障不及时处理造成事故	50 元/次
26		出现突发事件时，工作无程序、无处置措施或不配合	20 元/次

绿化员考核细则标准 **表 9－4**

序号	时间	内　容	扣款数
1		未能做好绿化养护的日常工作和记录	5 元/次
2	解冻水	所有的植被未浇解冻水或只局部浇一些解冻水	20 元/次
	春耕、清明前	未将小区内花池内土质进行土质疏松	30 元/次
	施肥	未能在每年 3 月 25 日前完土质追肥	20 元/次
	锄草	绿篱、草坪、花池内杂草丛生	50 元/次
3	浇水	因未浇水，造成植物枯死或植物严重缺水	50 元/次
		绿篱、草坪（夏季）每周浇水不少于两次	10 元/次
4	打草	草坪高度大于 60mm，未进行修剪	20 元/次
		打草后现场卫生脏乱或未清理	10 元/次
		平剪的植被不整齐或不成型	10 元/次
5	打药	出现病虫害时，未能及时进行打药	30 元/次

续表

序号	时间	内容	扣款数
6	卫生清理	每日未及时清理绿篱、草坪中的塑料袋、纸屑、老枝、败叶、残花等	10元/次
7	冻水	上冻前未浇冻水或局部浇一些冻水	50元/次
8	劳动纪律	发现问题未上报领导或未进行处理	15元/次
9		安排的工作未能在规定的有效期限内完成，造成事故	30元/次
10		器械操作使用不当或未保养，造成设备损坏	80元/次
11		迟到、早退、脱岗、聚众聊天	10元/次
12		不服从工作安排	10元/次
13		与业主发生争执	5元/次
14		业主投诉（客观存在）	30元/次

物业主管考核细则标准　　表9－5

序号	内容	扣款数
1	不服从工作安排	10元/次
2	业主投诉率达3起（客观存在）	50元/次
3	发现问题处理不及时或未安排处理	10元/次
4	每日4次装修管理巡检不到位或未巡检，出现问题	30元/次
5	协调工作不到位，工作效率低	10元/次
6	迟到、早退、脱岗、串岗或做与工作无关的事情	10元/次
7	对可能出现的问题没有预见性，造成事故	30元/次
8	每日巡检未做记录	20元/次
9	现场管理无头绪	10元/次
10	突发事件发生时未采取应急措施或未到现场协调指挥	50元/次
11	每日未对各工种的工作现场进行抽检和现场监督检查	20元/次
12	未能协调处理好供暖中存在的问题	20元/次
13	公司领导交办的工作未能按期限完成或未安排执行	20元/次
14	对下属人员管理松散或未按公司制度进行管理	20元/次
15	每月未完成水、电等数据统计分析上报公司领导	10元/次
16	当日未填写物业运行记录	5元/次
17	与业主发生争执	5元/次
18	工作不主动、不服从分配	10元/次
19	工作责任心不强，造成事故	50～100元/次
20	吵架不团结	10元/次
21	未能安排好各季节的重点工作，造成工作失误	15元/次

办公内勤考核细则标准　　表9－6

序号	内容	扣款数
1	日常行政事务：办公环境不整洁，未能按时完成领导临时下达的任务	5元/次
2	来访客人，接待工作未到位	5元/次
3	对往来的函电，未做好记录或归档	5元/次

续表

序号	内　容	扣款数
4	未及时完成印发的通知或手写通知	10元/次
5	未能在当月5日前做好各部门、各员工日检的考核统计工作	10元/次
6	对考勤工作管理不严，出现疏漏	10元/次
7	未完成当月的费用统计和微机录入	5元/次
8	未能及时将各类文件归档案和微机数据录入	5元/次
9	各类票据归类不完善或未做记录	5元/次
10	交验房不按规范要求执行，出现工作失误	15元/次
11	对于各类文件、材料未能收回并整理分类、登记、归档	5元/次
12	迟到、早退、脱岗或做与工作无关的事情	10元/次
13	安排的工作未能在规定时间内检点督促到位	5元/次
14	不服从工作安排	10元/次
15	与业主发生争执	5元/次
16	业主投诉（客观存在）	30元/次
17	发现问题处理不及时或未安排处理	10元/次
18	公司领导交办的工作未能按期限完成或未安排执行	20元/次

9.2.10　员工职业道德规范

1. 您的仪容

衣着整洁；

修饰大方；

精神饱满。

2. 您上班时

不迟到　不串岗；

不怠工　不务私 。

3. 您下班时

不早退　不拖拉；

关好水电门窗。

保证安全。

4. 您打电话时：

不闲谈；不泄密。

5. 您接电话时

先答“您好，×××物业公司”。

6. 您开会时

准时到场；认真记录；积极参与。

7. 您与同事们

不过问工资、奖金及其他机密事宜；

不传递小道消息；

主动关心和帮助别人的病痛疾苦及其他困难。

9.2.11 安全措施、意外与紧急事故

1. 公司各部门应随时注意环境安全与卫生设施，以维护员工身体健康。

2. 员工应遵守公司有关办公安全及消防、个人安全的相关规定。

3. 办公安全

（1）来访人员须在公司相关人员的陪同下方可进入公司办公场所，来访人员不可单独在办公场所进出。

（2）公司员工应注意保管好公司文件，不得泄露或让非相关人员传阅，保守公司商业秘密是每个员工应遵守的纪律之一，凡废弃、复印有错漏、重复的机密文件须及时销毁，不得随意乱弃。

（3）公司所有电脑上制作的文件及相关图片均属公司财产，不得用作私人用途或提供给其他公司。公司员工应注意电脑的加密，定期更换密码。

4. 消防安全

（1）注意防火、防盗，如发现事故苗头或闻到异味，必须立即查找处理并及时通知相关部门，切实消除灾患。

（2）下班前，要认真检查，消除不安全险患，切实消除灾患。

（3）如发现有形迹可疑或有不法行为的人或事，应及时通知相关部门。

（4）防范小孩玩火、玩电，避免意外发生。

（5）下班专人负责关闭电器等设备。

（6）进入工作现场的工作人员，一定注意安全。

5. 火警

（1）每个员工都应谨记火警电话，熟悉走火通道及出口位置，熟悉消防器材的使用方法，在救火过程中听从指挥。

（2）遇火警发生，必须作出如下措施：

① 保持镇静，不可惊慌失措；

② 呼唤附近的同事援助；

③ 通知安防部，清楚说出火警点，燃烧物质等；

④ 协助客人疏散；

⑤ 在安全情况下，利用周围灭火器材将火扑灭；

⑥ 切勿用水或泡沫扑灭因漏电引起的火灾，切勿用水扑救燃油火灾。

6. 意外

（1）如遇意外发生，应立即报告部门主管；

（2）如属环境意外，应加设临时标志，警告他人，勿近危险区；

（3）尽量不要让其他客人知悉发生意外，婉转告诉客人离场，以免造成混乱。

9.2.12 会议制度

为有效探讨公司业务工作，以“高质、高效、低成本”完成工作任务，确保铁的工作纪律，特制定本制度。

1. 在无特殊情况下，各部门经理每周工作例会时间规定为每周一上午 8：30～9：30。

2. 会议地点：小区会议室。

3. 会议由办公室主任组织，公司经理主持召开。

4. 各部门经理必须按时到会，并准备相关的会议材料。

5. 凡遇特殊情况不能参加会议者，事先必须向项目经理请示并获准同意，不能无故缺席。

6. 参会者到会时必须进行会议签到，该项工作作为出勤及绩效考核的参考依据。

7. 严格遵守会议纪律，在会议召开过程中，不得打开手机、高声喧哗干扰会议正常召开；不得中途退席，遇特殊情况须经会议主持人同意方可离开。

会议记录及资料的整理，由办公室人员负责。会后将会议记录交项目经理签发后，及时转发相关部门及与会人员。

9.2.13 保密制度

1. 公司文件在收发、承办过程中应严格执行公文的处理程序。

2. 凡属机密文件在拟定过程中，不得随意泄露扩散。

3. 公司文件印制时，承办人须按规定的份数办理，废页要及时销毁。

4. 严格按批准权限履行签批手续，复印机密文件由指定人员负责。

5. 携带公司机密文件外出时须经主管领导批准，指定专人保管，并采取相应安全防范措施。

6. 定期将文件整理归档，将文件放置于保密设施的铁皮柜或保险柜内。

7. 办公室人员变动时，应办妥交接手续，并由主管领导核准签字。

8. 秘密文件的立卷、归档、借阅、归还应严格按规定履行登记手续。

9. 不得擅自销毁文件，对销毁的文件事先做好造册登记，在专人监视下销毁。

10. 凡属督办、查办机密案件材料、检举揭发材料及其他相关秘密文件应严格保密。

11. 公司业务统计资料、各类报表、统计报表等要注意保管。

12. 公司和各种会议记录及行政文件要严格保存。

13. 公司的人事档案、领导干部考查材料等要妥善保管。

9.2.14 文件档案管理制度

1. 公文管理制度

（1）公文办理一般包括分级、分办、批办、承办、拟办、核稿、签发、印刷、用印、传递、归档、销毁等程序；

（2）凡公司的收文，由办公室签收登记；

（3）公文登记后，根据项目经理的批示，由办公室转交各部门传阅，如需转交有关部门阅办，应由办公室人员送交，并经登记，签收后方可送交；

（4）秘密级以上文件须到办公室阅读，因工作需借阅文件应办理手续，用完后及时退还，秘密级以上文件，各级领导及有关人员均不得携离办公室；

（5）各部门或个人对承办的公文，必须认真负责，按规定期限迅速办理，不得拖延积压；

（6）各部门均应实行公文催办制度。负责办理公文的人员，对自己经手处理的公文，应件件有着落，事事有下文，转办要及时，催办有结果，防止积压误事；

（7）公文办完后，应根据文书立卷、归档的有关规定，及时将公文定稿，正本和有关材料整理立卷，当年文件应于第二年第二季度移交完毕；

（8）各级干部调动时，应将文件（含保密记录本）清理移交，凡参加会议带回的文件，应及时送交办公室登记保管；

（9）没有保存价值的文件，经过鉴别和主管领导批准，由办公室定期销毁，销毁秘密文件，要进行登记，有专人监督，保证不丢失、不漏销，秘密级以上文件不准作废出售，一律集中用碎纸机粉碎处理。

2. 档案管理制度

（1）各部门办理完毕的文件（含会议文件），要及时上交办公室，文件回收后按“条款目录”分别存放，次年经检查齐全后整理立卷归档。

（2）归档方法可能按字母顺序、按题目分类，或按地区、时间等形式分类。但是，为了查找方便，无论采取哪一种分类形式，都必须在档案夹里清楚地标明并按顺序排列好。

（3）每天的文件要及时归档，以免散失、积压。

（4）每年要清理一次档案，清除不必要保存的材料。

（5）要做好文件索引，以便查找。

（6）归档前要先把资料进行分类，按类别分组入卷。

（7）立卷按长期、短期、临时分别组卷，卷内文件要把正文和底稿、文件和附件、请示和批复放在一起，卷内页号一律在右边，案卷目录打印四份，卷内目录打印五份。

（8）案卷厚度一般在 1.5 ~ 2cm 为宜，装订前要拆除金属物，做好文件材料的检查，对破损或退色的材料，应当进行修补和复制；装订部位过窄或有字迹的材料，要用纸加衬边；纸面过大的书写材料，要按卷宗大小折叠整齐；字迹难以辨认的材料，应附上抄件；卷宗标题要标明作者、问题或名称，文字要简练、确切，用毛笔或钢笔书写，字迹要端正。

（9）据卷内文件的联系，进行系统排列、编张号、抄写案卷题目和案卷封面、确定保管期限、装订案卷、排列案卷、编制案卷目录等，档案目录主要由封面、卷宗说明、案卷目录、卷内目录组合而成。

（10）案卷按年代、机构排列，永久、短期案卷分开保管，每个箱上要编上顺序及注明存放案卷年号与卷号。

(11) 案卷应做好防盗、防水、防潮、防尘、防鼠、防高温、防强光等工作。每年对档案材料的数量、保管等情况进行一次检查，发现问题及时采取补救措施，确保档案的安全。

(12) 对于已经失效的档案要按规定进行销毁。销毁档案材料前经过认真鉴定，确定要销毁的档案材料必须列册登记，送项目经理审批后才能销毁。

(13) 销毁档案材料时，必须指派专人监销，防止失密。

9.2.15 印章使用管理制度

1. 凡使用印章，须先到办公室填写印章申请表，一般内部事务由办公室主任批准可直接用印；重大事务呈送项目经理批准后（如：合同、协议、契约及对外事务等），方可用印。

2. 凡属文件、制度、合同、标书等，先由办公室主任审核，在送交项目经理批准后，方可用印。

3. 一般内部通知、告知等日常性文件由办公室主任审核和登记后，可直接用印。

4. 公司各类印章一般不得携带外出，如因特殊公务需携带外出使用，须经项目经理批准，并有2人同行，互相监督、担保，事先办理借用手续，如期归还办公室。

5. 因业务需要，持空白介绍信或公文纸加盖公司印章时，须经办公室审核、项目经理批准，办公室登记后发出，事后若未使用或未用完的，应如数交回办公室核销。

6. 公司各类印章不能为公司以外人员出具证明、介绍信等使用，违者追究用印人或审核审批人的责任。

7. 公司印章由办公室负责妥善保管。

9.2.16 电话使用管理制度

1. 公司办公电话必须合理使用，长话短说。

2. 正常使用电话时，应控制通话时间，用语简明扼要，以免妨碍正常工作。

3. 员工有急事或下班后需用电话，须经当事人或有领导同意后方可使用（不得开长途线），若需使用长途，必须自备电话卡。

4. 上班时间一律禁止使用私人电话（特殊情况除外）。

5. 禁止在物业办公室内打私人长途电话，违者每发现一次扣罚50元，并给予相应的行政处分。

6. 禁止跨部门使用私人长途电话，违者每发现一次扣罚200元，并给予相应的行政处分。

7. 因公需要使用长途电话，必须先到办公室进行登记，再进行使用。

9.2.17 仓库管理制度

1. 对材料、设备等物资在托运、验收、储存、包装、防护和领（借）用过程有效控制，防止出现撞击、腐蚀、变形、破损、遗失现象，确保物资质量符合要求。

2. 物资使用部门负责编制托运、验收、储存、包装、防护和交付的技术要求，并负责托运、防护等相关事项。

3. 根据物资的特点选用合适的装卸工，装卸前认真检查装卸机械工具的完成情况，不准超负荷使用。

4. 装卸中如果包装破损应及时采取措施，避免杂物混入，散落的物资不得随意收入包装袋内。并在入库时向仓库管理员说明。

（1）化工材料搬运时，应轻装轻放，不得乱扔堆放，保护包装，防止晒漏，以免不同材料互相掺杂污染，并做好消防等安全措施；

（2）在搬运、运输过程中保护好物资的标识，不得损坏和丢失；

（3）仓库管理员和采购员、使用部门相关人员应认真核对在库物资，检查是否具备合格证，凭《申领（购）单》以及供应商货单等有关凭证进行清点，计量核实之后办理入库手续，填写《入库单》及相关台账；

（4）当发现凭证不齐、品种规格不符、短缺数量大、包装严重损坏或经检查不合格等情况，仓库管理员及时反馈到上级或相关部门经理处进行处理，原则上不予办理入库。

9.2.18 物品出入库管理制度

1. 公司所有物品实行出入库管理，凡公司增加物品时，须先办理入库手续，填写物品《入库单》，写清物品名称、规格、单价、数量、金额等。

2. 库房管理人员应经常盘点库房现存物品，对于一些经常性使用的办公用品，应根据物品存余数量及时购入；对于少量使用的材料、物品，由各部门在事先上报材料采购计划，库房及时购买。

3. 各部门平时领用物品时，须先填写《材料、物品领用单》，经项目经理批准后，凭《材料物品领用单》，到公司库房领取。

4. 每次物品出库、入库后，库房管理人员均应及时将出库、入库物品登记记录。

9.2.19 入户服务规范

为加强物业公司对入户工作人员的管理，提高服务水平，树立企业形象，制定本规范。本规范是公司入户工作人员提供服务时，应达到的基本标准，是主管部门对入户服务质量实行监督检查的基本依据：

1. 入户服务人员基本素质

（1）入户服务人员统一着整洁的工作服。

（2）入户服务人员应做到无头屑，无怪异发型，禁止染发，不留过长指甲，无污垢。清除口腔异味。

（3）入户服务人员的行为举止要自然，动作大方、得体、利落、适度。站立时挺拔，自然、不摇晃、走步时轻捷、平稳。说话时声音适中，语言清晰简练，对业主说话彬彬有礼，不卑不亢，不在工作现场与他人打闹，不与业主闲谈，开玩笑。

2. 各岗位服务人员工作流程

（1）管理员

① 入户服务时，敲门以业主听见为宜，按门铃时间不宜过长。

② 入户服务和业主见面时，要平和、面带微笑问候业主，经业主允许后方可入内。

③ 按预约时间赴约，且赴约误差前后不得超过三分钟，若预计不能按时到达，应提前通知业主并简单说明原因请业主谅解。

④ 入户服务洽谈协调解决问题时，简明扼要向业主阐述解决问题的办法，同时要虚心征求业主的意见，达成共识，避免语言生硬，行为粗俗的工作态度。

（2）收费员

① 入户服务时，敲门以业主听见为宜，按门铃时间不宜过长。

② 入户服务收费和业主见面时，要语气平和，面带微笑问候业主，经业主允许后，方可入内。

③ 入户收费时，应向业主简明扼要说明来意，各项费用的构成和所发生的各项费用，并将费用单据端正递给业主。

④ 入户服务收费时，遇到个别问题时，应耐心细致给业主进行解答。若属确实无法解答的问题，应认真记录下来，反馈回相关部门，避免语言生硬，行为粗俗的工作态度。

⑤ 入户收费时，在业主核对清各项费用后，并无任何异议时，应及时将费用收回，并在收费单上加盖名章，让业主认可，收单后，真诚致谢。

⑥ 出门前应向业主道别，一般情况下，不需主动与业主握手，如业主动伸出手来，在可以的情况下不得拒绝；不能握手情况下（自身手不清洁）要表示歉意，握手要短暂。并轻轻地为业主关上门。

（3）工程维修员

① 执行24小时响应及预约服务。为业主维修服务时，要确定维修时间，并迅速准备维修所需的材料和工具。

② 接到报修后（小修）应在15分钟内赶到维修现场；若预计不能按时到达，则应提前通知业主并简要说明原因请业主谅解，同时，要尊重业主的“时间优先选择权”。

③ 上门维修服务时，敲门以业主听见为宜，按门铃时间不宜过长，经业主允许后，方可入内。

④ 维修中应注意事项：维修现场井然有序，无杂乱现象；维修过程中，不能在业主家中闲聊或高声说话；维修完后，必须请业主试用维修好的设施，在没有问题的情况下，让业主在维修工作单上签字，并视情况对业主进行如何正确使用的讲解。清理现场，将物品放回原处，并有序收拾工具、装袋，并将维修时的残留物装进袋内带走。

9.2.20 交接班制度

1. 交接班时，全体接班人员由负责人带队到各岗位进行岗位交接。

2. 岗位人员在值班期间，应将本班的当值情况详细记录于交接本，在交接班时应将重要事项向接班人员交代清楚各个细节，及注意跟进的事项。

3. 接班人员须在交接本上签名后由交班人员带回交给部门负责人审阅。

4. 接班人员应将上班交下的公用物品查点清楚，并在值班记录本上登记注明。

5. 必须提前10分钟接班，不准迟到或早退，交班前应打扫清理好值班场地的卫生，并监督周围环境卫生。

6. 岗位的交接班完成后，所有下班人员在指定地点由部门负责人对当日的工作实施讲评，传达公司及上级领导的指示，布置下一步待跟进的工作，通知临时会议、活动及其他安排等。

9.2.21 值班制度

由于物业管理服务行业的服务特殊性，管理服务不能因公司员工休息而停止，所以特制定本值班制度如下：

1. 公司管理人员统一实行每周__天工作制（周日休息），每周一次值班和遇特殊情况实行跟班制度。

2. 值班人员在值班期间应按照正常的工作时间上、下班，不得无故迟到、早退。

3. 值班期间，对于业主的投诉，值班人员应及时处理，不能因为相关负责人员不在而怠慢业主，造成业主的不满，并应将其事情经过及处理结果详细记录在案。

4. 值班期间，如遇到紧急问题，难以进行处理时，应向上级领导汇报。

5. 在值班期间，值班人员如发现一些不属于自己工作职能范围内的问题，应记录在案，待正常上班后，告知相关责任人及时进行处理解决；如属紧急事件，则应通知相关责任人。

9.2.22 投诉处理及回访制度

为加强物业公司与业主联系，及时为业主排忧解难，管理工作置身于业主监督中，及时总结经验教训，提高服务质量，建立来访接待制度，受理业主投诉并定期进行回访。

1. 服务中心工作人员在接到业主/住户投诉后，应在《业主求助登记表》上进行记录。对于业主/住户提出的合理要求及能够及时解决的投诉要马上解决并做好记录；不能及时解决的应及时上报部门主管处理。

2. 服务中心主管对于属于自己处理权限内的投诉要及时做好记录；对于超越自己处理权限的投诉事件应及时向服务中心经理汇报，并提出初步处理意见，待经理作出明确指示后，妥善处理并在《投诉处理单》上“处理结果”一栏做好记录。

3. 服务中心主管对于接到的有关投诉，应向相关部门经理发出《投诉处理单》，相关部门经理/主管应及时解决投诉并将处理结果反馈至服务中心主管处。对于未能及时或延时处理的投诉，由服务中心经理作出相应处理并派人员处理，由指派人员作出记录。

4. 一般投诉应在3日内回复业主/住户；业主/住户直接向服务中心经理的投诉，由服务中心经理亲自与相应部门经理处理并由负责处理的人填写《投诉处理记录表》。

5. 服务中心应对业主服务进行随机调查和回访，及时了解业主的感受和服务需求。

6. 对业主的回访，可以针对综合服务，也可对专项服务内容（如维修、保洁、绿化等）进行回访；回访形式可以通过电话回访，也可以亲自到业主家中进行回访。

7. 回访人员在进行回访时，要礼貌用语，首先向业主问好，其次要说明通话意图或来意，对于业主的意见和建议及时进行记录。

8. 对于业主对公司各部门提出的意见，要综合分析，并及时将业主的意见和建议向相关部门反馈，以进一步提高服务水平。

9. 项目主管把对业主的回访列入职责范围，并落实到每年的回访计划中。

10. 项目主管把物业所做各项工作分项列出进行回访。

11. 回访中，对业主的询问、建议如不能及时答复，应及时上报公司领导并应告知回复时间。

12. 回访后，对反馈的意见、要求、建议、投诉及时整理并进行综合分析，拿出改进措施方案，落实到人进行实施。

13. 回访形式及时间

（1）管理人员按区域范围分工，每月回访 1 次；

（2）有针对性地对业主做专题调查听取意见；

（3）项目主管每年做回访 1 ~ 2 次。

9.2.23 办公用品、工具管理制度

1. 各部门办公桌、台、椅凳均需按规定位置放置，不得随意调整。

2. 各岗位员工上班前需检查所需物品是否丢失及损坏，发现丢失或损坏的应及时向部门负责人报告，并采取相应的补救措施。

3. 上班时应保持桌面整洁、有序，不允许摆放与工作无关的其他物品。

4. 下班前应将桌面整理干净，办公椅放在办公桌的恰当位置。

5. 常用办公设备的使用，常用办公设备包括：计算机、打印机、复印机、传真机、碎纸机、电话及其他设备。

6. 计算机的管理制度，为了加强对计算机使用的管理，防止病毒的侵入，以保障我公司计算机系统的正常运作，必须遵守以下规定：

（1）不得使用外来软盘（这是病毒传入的主要途径），如必须使用，由办公室检测后，方可使用。

（2）各部门计算机要有专人管理，并指定一名兼职人员负责监护计算机的使用、保养、管理。指定人员必须经过公司组织的专业培训学习或由专业人员考核合格，并发放上岗证，方可进行工作。

（3）每次上机前，应做必要的上机登记，要按正常步骤，操作使用机器。下机前要先保护好各类信息，然后按顺序退出，关机。

（4）不用计算机时，机器要锁死未经许可不得让外人使用，否则造成机器损坏，当事人照价赔偿损失。

（5）各部门计算机只能用于各项企业管理，严禁用计算机玩游戏、处理私人文

件等。

（6）上机时如遇不正常情况，请及时登记不正常现象，并向主管人员汇报，以便查找原因，排除故障，不准做其他不符合实际的尝试。

（7）计算机及其配套设备发生故障、损坏，必须立即向办公室报告，由办公室联系厂家，分析故障及原因后，确定解决办法。绝不允许自行拆卸设备，否则后果自负。

（8）计算机设备确定位置后，未经允许任何人不得随意搬移、拆除或更换器件。

（9）当天输入计算机的资料、数据，应用软盘备份，防止资料丢失。技术储存的各项经济技术指标及有关企业机密，使用的系统软件均属公司独有财产，未经公司领导批准，任何人无权向公司外部人员提供。

（10）如电脑员工作不称职，影响计算机正常运作可随时提出调换建议，在未换人之前暂时停止其工作，其他人员未经批准不得擅自启动计算机。

（11）计算机室禁止闲人入内。保持室内温度、湿度、洁净度。每周五下午下班前一个小时为设备维护、保养、机房吸尘、打扫卫生时间。

7. 打印机的管理

（1）联机。一般情况下，打印机与计算机联网之后，无须再进行联机。

（2）打印机启动与关闭的一般程序：

—启动打印机开关；

—放好所需打印的纸张；

—在计算机对话框内进行打印操作；

—关闭程序按启动程序的反方向操作。

（3）打印机应避免频繁的开关机操作。

（4）正确使用打印机的详细程序按有关打印机操作说明书的指导进行操作。

（5）打印文稿需经部门负责人申请、办公室批准，在文稿上签字后方可予以打印。

（6）打印出的文稿应进行校对。一般情况下由发稿部门人校对，然后将校对好的文稿经计算机修改后，再进行打印。

（7）为节约纸张，文稿未进行校对之前，打印时应使用可以使用的旧纸张或旧文稿的背面打印。

8. 复印机的管理

（1）管理人员应在开始上班时接通复印机插座电源：

—开启复印机开关，复印机需自动预热；

—检查复印纸是否放好（可以开始工作）；

—复印机管理人员下午下班时关闭复印机开关；

—关闭复印机电源插座；

—正确使用复印机的程序，按复印机有关操作说明书进行操作。

（2）复印程序：

—所有需复印的文件、资料必须先在《复印记录本》上登记，然后再复印；

—复印机页数在两份（含）以上或三页以上的，须部门负责人在《打印复印批表》上批准签字后，方可复印；

—复印机管理员检查复印数量及登记记录是否属实，属实的，在《复印记录本》上签名确认；不属实的，将情况汇报经理处理；一般情况下，第一次违规给予口头警告；第二次或以上违规给予书面警告处分；

—如果复印机出错，应将报废纸张数量予以登记。

（3）复印机一般情况下每天开机、关机各一次，尽量避免频繁开关。

（4）为节约纸张，不重要的复印件应使用可以复印的废纸张背面复印。

9. 传真机的管理：传真机一般情况下保持24小时开机。正确使用传真机的程序按传真机有关操作说明书进行操作。

（1）接收传真：

—传真机管理员应注意检查传真纸是否用完及传真机信号是否稳定；

—收到传真件后，由传真机管理员及时将传真件取下，并将传真的有关的内容（发送单位、发送人、传真题目、接收部门、接收人等）登记在《传真登记表》内并复印传真件，以免日后自动消失；

—10分钟后通知接收部门人领取传真件，并要求在《传真登记表》中注明签收时间。

（2）发送传真实行一级审批制度：部门传真件由部门负责人审批，内容包括：

—传真机管理员依据传真审批单的内容在《发送传真记录本》上登记，内容包括：发送部门、发送人、传真内容题目、接收单位、接收人、传真号码、要求完成时间等；

—传真机管理员放好传真件并拨通对方传真号码将传真件发送过去；

—传真机管理员应在3分钟之内致电对方确认是否收到传真件，直至对方收到为止，然后将实际发送的时间登记在《发送传真记录表》内。

（3）传真机的正确使用程序按传真机有关操作说明书进行操作。

10. 碎纸机的管理：

（1）碎纸机是对公司部分绝密、机密文件及草稿进行销毁的工具，普通文稿无须利用碎纸机进行销毁。

（2）碎纸前应将文稿中的金属物或黏性物（书订或胶纸等）取出，以免损坏机器。

（3）按照碎纸机的要求，一次不能超过最大放入量，一般情况下，不得超过三张复印纸的厚度。

（4）操作人员按以上要求，打开碎纸机电源，将须切碎的纸张放入切纸口，让碎纸机自动切碎纸张。

（5）当碎纸机箱内的碎纸装满后，操作人员须将碎纸清理出来后方能继续操作。

（6）正确使用碎纸机的程序按碎纸机有关操作说明书进行操作。

11. 电话的管理：正确使用电话机的程序按电话机有关操作说明书进行操作。

（1）为有效控制电话费，一般情况下，电话应设定限制呼出功能。

（2）除项目经理批准的电话外，其他电话均取消长途直拨功能，须打长途电话的部门或人员均需办理审批手续，并在办公室登记后，方可操作。

（3）公司所有电话均取消声讯电话功能。

（4）上班时间原则上禁止打私人长途电话，特殊情况需经部门经理审批，到办公室登记后，方可操作，拨打长途电话费从工资中扣除。

（5）办公室每季度至少进行一次电话费查询核对。

9.2.24 物业服务质量标准

物业公司各部门是物业管理业务和为业主提供服务的窗口，为保证物业公司各部门服务达到规定的质量标准和要求，向业主提供满意的物业管理服务，特制定本服务标准，本服务适用于物业管理公司的各部门及所属的分支机构，是各部门的服务质量验收依据。

1. 服务管理

（1）接待室是业主咨询、投诉、报修的重要接待场所，因此，工作现场应整洁、明亮、办公用品实行定质定量管理。

（2）接待室应设有24小时响应电话、办公桌，资料柜统一摆放整齐、色调一致。

（3）接待室应健全岗位责任制度和各项管理制度以及相关部门的应急救助电话、服务标准价格表、服务的内容（含财务部）。

（4）接待室设专人24小时响应接待、履行、协调相关部门进行物业管理工作，并做登记和处理结果记录；业务档案资料应及时整理，并按时归档。

（5）工作人员应及时根据接待室收到的信息传递到各部门，及时进行相关内容的处理，并将处理结果及时反馈回接待室。

（6）各部门在进行相关内容处理时，应合理安排人员，按时按质的高效率完成工作任务，并有工作记录和承办人签字。

（7）财务收费人员应按时将每月缴费收据通知单准确发放到每户家中，并按时将各项费用及时收回。

2. 人员素质

（1）具有良好的职业道德和正确的服务意识，树立业主至上，服务第一的服务宗旨，维护本物业公司的企业形象全心全意为业主服务。

（2）熟练掌握本业务的处理程序和方法，熟知本岗位标准作业规程。

（3）了解本物业公司已开办的各项业务和管理程序。

（4）工作人员在进行服务过程中，必须严格执行规范的服务用语，态度和蔼、亲切，热情解答业主提出的咨询和问题。

9.2.25 薪金发放管理制度

1. 公司根据员工的学历、工作经验、职业技能、个人能力、特别是工作业绩等，给员工提供合理的薪金报酬。

2. 员工的薪金是岗位职责要求及员工工作业绩的体现，员工的工资资料及薪金调整实行保密制度。

3. 公司各部门指定一名考勤员，负责本部门员工的考勤记录和监督。

4. 每月5日前，各部门考勤员应将本部门人员考勤情况上报公司办公室，由办公室进行审核后，送交财务部门作为发放员工薪金的依据。

5. 财务部根据各部门员工实际出勤天数、加班及请假情况，并结合相关的奖罚条款计算员工每月薪金。

6. 员工薪金公司按月发放，具体薪金发放时间为每月 15 日发放上月工资。

7. 员工领取薪金时，要当面点清，并在工资领取表中签字确认。

9.2.26 员工工作服管理制度

1. 总则

为树立物业公司的整体服务形象，公司员工上下班期间统一着装，进行物业服务，现对员工工作服的制作、发放、领用、穿着特制定管理办法。

2. 员工工作服的发放标准、领用时间和领用范围

（1）标准：公司员工可依据标准领用工作服，发放标准依据员工所从事的工作岗位而定。

（2）领用范围：管理人员、保洁员、安防员、电梯员、工程维修员、监控员。

（3）领用时间：管理人员每 24 个月发放一套工作服；保洁员每 12 个月发放一套工作服；安防员每 24 个月发放两套工作服；电梯员每 12 个月发放一套工作服；工程维修员每 12 个月发放一套工作服；监控员每 12 个月发放一套工作服。

3. 工作服的管理

（1）工作服由公司统一制定标准，公司办公室负责工作服制作计划的拟订，并将计划报送公司领导审批。

（2）物业公司办公室统筹管理和发放工作服。

（3）对于公司工作服，任何部门和个人不得随意更改。

4. 本规定适用于本物业服务公司全体员工。

5. 管理人员工作服，依据各人体形量体定做，不回收，如有离开公司或调出本管理岗位者，按下列规定执行：

（1）穿用不满一年者，按 80% 交纳服装工本费；

（2）穿用满一年，不满两年者，按 30% 交纳服装工本费；

（3）穿用满两年，不用再交纳服装工本费。

6. 员工工作服，依据公司相关政策，按岗位服装要求，分大、中、小规格制作，如遇辞职或被辞退，按下列规定执行：

（1）穿用不满三个月者，按 80% 交纳服装工本费；

（2）穿用不满半年者，按 50% 交纳服装工本费；

（3）穿用不满一年者，按 40% 交纳服装工本费；

（4）穿用满一年者，不用再交纳服装工本费；

（5）返还的工作服费用，在当年物业经营费用中列支；

（6）雨衣、雨靴统一添置，集中保管，需要时领用。

7. 防寒大衣。安防人员冬季所配置的防寒大衣，首次领用防寒大衣时，个人必须交纳 100 元押金。

安防人员辞职时，需将防寒大衣清洁干净后返还公司，同时领取 100 元押金。

每年的4月底，所有领取了防寒大衣的安防员须将防寒大衣清洁干净后交回公司，10月底再次领取防寒大衣。

8. 在使用期限内，工作服丢失或损坏，须即使向公司办理新装手续，其工本费由个人承担。

9. 工作服的发放由领用人填写领用单，物业主管审核，上报公司办公室进行核查复检，物业公司经理审批后，进行发放。

10. 新入公司的员工在通过试用期后，按规定向公司办公室申请领用。

11. 上班须按规定着装，并佩带工作牌，违反者按《公司条例》有关规定处理。

12. 按规定着装，做到保持整齐洁净，不得露胸后披挂，衬衫必须束于裤腰或裙内。

13. 工作服着装时间为每周除休息之外的正常上班时间。

14. 管理人员深入一线参加劳动，必须着工作服，同时必须佩带工作牌。

15. 员工在设施设备维修，油污较多的情况下，可着装旧工作服或特殊作业劳动时，也视情况可不着工作服，但必须佩带工作牌。

9.2.27 员工劳保用品发放标准

员工劳保用品发放标准如表9－7。

员工劳保用品发放标准表　　表9－7

岗位	时间（月）	单位	数量	品种	备注
管理人员	12	条	1	毛巾	
	3	克	250	洗衣粉	
	3	块	1	肥皂	
保洁员 绿化员	3	条	1	毛巾	
	3	克	500	洗衣粉	
	1	条	1	肥皂	
	1	副	1	线手套	
	2	副	1	胶皮手套	
工程维修	24	双	1	绝缘鞋	
	1	副	1	帆布手套	
	1	副	1	线手套	
	3	条	1	毛巾	
	3	克	500	洗衣粉	
	1	条	2	肥皂	
	24	副	1	防护镜	
	6	副	1	电焊手套	

9.2.28 变、配电室管理制度

1. 高低压变、配电室电气设备的运行，由专职电工负责管理。

2. 高低压变、配电室未经许可，非工作人员不得入内。

3. 工作人员必须持证上岗，熟悉配电设备状况、操作方法和安全注意事项。

4. 工作期间不得在高低压变、配电室内从事与本工作不相符的事情。

5. 工作人员必须每天对高低压变、配电室内的电气设备进行巡视，密切注意各类仪表的指示情况；严禁变压器、空气开关超载运行，发现异常现象要及时处理，并做好处理记录；对重大异常现象要及时报告。

6. 保持高低压变、配电室内地面及电气设备外表无尘；室内周边不得堆放易燃易爆物品及其他杂物；时常处于良好的卫生状况。

7. 配电室内电气设备的倒闸操作，由本班专职电工单独进行，其他在场人员只作监护，不得插手；严禁两人同时倒闸操作，以免发生错误。

8. 因故需停某部分负荷或遇突发性小区全部停电时，应提前一天张贴通知向业主作出解释。

9. 保持高低压变、配电室内的消防设施的完好齐备；保证应急灯在停电状态下能正常使用。

10. 做好高低压变、配电室内的防水、防潮工作，堵塞漏洞；以防蛇、鼠等小动物进入变、配电房室内，造成事故。

11. 严格执行交接班制度；并做好日常的巡查记录。

9.2.29 水泵房管理制度

1. 水泵房是小区供水系统的关键部位，由专职管道工负责管理。

2. 专职管道工每日对水泵房的设备进行巡查，并做好运行记录。

3. 专职管道工必须熟悉水泵房的设备状况，特别是重点检查水泵、管道、软接头、阀门有无裂缝和渗漏。

4. 经常注意巡视水泵控制柜的指示灯的状况，观察停泵时水泵压力表的指示。在正常情况下，生活水泵、消防水泵的开关应置于自动位置。

5. 消防泵每月自动和手动操作一次，确保消防泵在事故状态下能正常启动。

6. 水泵房要定期进行清扫，确保地面和设备的外表清洁。

7. 按照水泵保养要求，定期对其进行维修保养。

8. 保证水泵房的通风照明，以及应急灯在停电状态下的正常使用。

9.3 物业服务岗位职责

9.3.1 经理岗位职责

1. 负责物业服务公司全面工作，对公司负责。

2. 根据物业公司职能，决定人事架构与部门人员调配、运筹、策划物业公司各项经营管理工作。

3. 制定公司各项管理规定，提高工作效率，完成预定经营管理目标。

4. 指导各部门工作，为业主和住户创造一个高品位的新生活环境。

5. 定期召开公司工作例会，总结、检查前期工作，布置今后工作任务。

6. 指导各部门经理开展管理工作，并考核各部门经理工作绩效，作出升、降调整及奖惩决定。

7. 注意人力资源的开发与利用，提高管理队伍的工作能力与水平，使管理与服务逐步走向标准化、规范化、科学化。

8. 组织审定公司中长期发展规划、年度计划、各种专项计划、物业服务方案和重大发展计划。

9. 做好对外沟通、对内协调工作，保持与政府及有关部门之间的良好关系。

10. 审核和分析公司财务报表、控制资金合理支出，审批各项费用，对因经营不善而导致的企业亏损负责。

11. 塑造企业形象，确立企业文化，抓好团队建设；审批业主、员工的合理投诉并批示整改意见。

9.3.2 副经理岗位职责

1. 接受公司上级领导，协助总经理工作。负责物业管理范围内的工作质量，保证为业主提供良好的管理与服务。

2. 负责对物业公司的日常业务进行管理、监督。

3. 制定公司各项管理规定，提高工作效率，完成预定经营管理目标。

4. 负责指导、监督、检查各部门工作完成情况和服务质量。

5. 指导各部门工作，为业主和住户创造一个高品位的新生活环境。

6. 根据工作情况，及时提出服务质量相关文件的修改意见。

7. 负责物业运行成本核算和控制管理工作，制定物业公司月、年度财政预算，合理使用资金，监督费用收支情况。

8. 咨询和听取小区业主的各种宝贵意见，与业主建立良好关系。

9. 督导各部门实行优质服务，维护业主权益和物业服务公司的品牌和效益。

10. 按公司规定对员工实施考核，做到奖惩分明。

11. 协调公司各部门之间的工作配合。

12. 在权限范围内处理公司内部管理事宜。

13. 开展多种经营，弥补物业经费不足，提高物业服务公司经营效益。

14. 督导各部门实行优质服务，维护业主权益和物业服务公司的品牌和效益。

9.3.3 办公室岗位职责

1. 负责部门的文件撰写、整理工作和各类通知的起草和打印工作。

2. 负责统计与核对员工考勤、保管清点文具、收发传达文件等日常工作，妥善保管物业部的各类来文。

3. 负责拟定、审核公司各种文件及日常行政工作安排。

4. 负责向业主移交物业并填写相关文件资料和归档管理工作。

5. 具体负责物业公共事务各类档案的整理、建立、完善和管理工作，保证档案完整、齐全、保密工作，做好图、档、卡、册的管理工作。

6. 组织物业各类会议，并做好会议纪要，并及时打印、分发至各有关部门，配合上级作好上传下达的具体工作。

7. 负责公司员工考勤的统计和管理工作。

8. 做好用工计划，负责员工招聘、考核录用及培训工作。

9. 负责处理公司各种文件的往来、印章使用管理、文档管理等。

10. 负责组织公司员工的文化素质，工作能力及业务技能的策划和培训管理工作。

11. 协助经理处理好当班的日常事务。

12. 负责物业各岗位服务质量、工作效率、工作记录、服务标准、落实完成结果的评定、督导、检查工作，并做好相关文件的归档工作。

13. 负责公司各部门主要办公设备、固定资产的管理、维护、保养工作，控制办公费用。

14. 负责公司各类材料、工具等管理工作。

15. 负责汇总公司材料计划，并上报项目经理审批。

16. 完成上级交办的其他工作任务。

9.3.4 会计岗位职责

1. 按照国家的法律法规及物业服务的合同，负责编制财务的预算，确定合理的收费标准和分摊比例，协助项目经理制定各项指标并监督执行。

2. 根据会计制度和公司的管理制度，组织日常的财务核算，遵守各项收入制度和费用开支的范围及标准。对不真实、不合法的事项，有权拒绝办理。

3. 负责各类原始凭证的审核、记账凭证的编制、账簿的登记、财务成果的核算、报表的上报等工作，要做到账实相符、账证相符、账账相符、账表相符。

4. 根据物业管理的要求，准确计算各项收入与各项费用支出，对各项收入分门别类的进行核算，对各职能部门和各项目要进行明细核算。

5. 定期做好财务分析，及时向项目经理反映公司的经营情况及财务状况，为公司领导今后的决策提供所需的数据，当好领导的参谋。

6. 指导出纳的工作，定期或不定期的抽查出纳的库存现金，发现问题及时汇报调整。

7. 每月定期对库存的商品、固定资产及低值易耗品核对、检查，并编制库存商品的盘点表。

8. 负责税务的申报，发票的购置、印章的保管及会计档案的保管。

9. 每月10号以前报公司财务报表（资产负债表、损益表、财务状况分析表、出纳的现金流量表及现金盘点表）。

9.3.5 出纳岗位职责

1. 负责登记现金日记账及银行存款日记账的工作，做到日清日结，应及时与会计核对现金的收付与结存情况，月末报总公司现金盘点表及流量表。

2. 负责保管库存现金、各类有价证券、结算凭证、空白支票及银行印鉴等有关资料。

3. 负责管理银行账户，办理银行结算业务，月终及时对账，并根据需要编制银行存款余额调节表。

4. 出纳员应按照有关规定，具体办理经营收入及费用报销等现金收支或银行转账手续。

5. 遵守公司的现金管理及票据管理制度，收取的现金与票据必须相符，对每一笔业务要验钞复点，绝不允许有假钞和少收的情况，保证资金的安全。

6. 遵守现金和银行管理制度，大额的现金提取和交存必须由专人护送，不准私自滞留和挪用，未经批准不得支付一切支出。

7. 加强货币资金的管理，严格执行国家有关现金管理条例和银行账户管理法规制度，不得挪用公款，不得出借公司账号。

8. 遵守票据的管理制度，开出的收据必须加盖财务专用章，方可生效，使用后底联应及时的交存会计保管。如果收据作废，应将三联粘贴一起作废。

9. 负责物业管理费等各项费用的通知和收缴。

10. 及时发放收费通知单，保证费用的按时收缴，并对缴费情况随时进行统计，做好欠费追收工作。

11. 在收费工作中出现重大问题及时向领导汇报，按领导指示及处理力求将工作做得更为完善。

12. 协助公司领导及财务部会计完成其他日常工作。

9.3.6 收费员岗位职责

1. 熟悉掌握小区业户情况，每月对小区各项应收费用了然于心。

2. 每月及时足额向业主收取各项应收费用。

3. 每月对小区收费情况进行动态分析，并将欠费户欠费原因进行汇总分析。

4. 对业主在交纳费用过程中提出的问题进行合理解释，并将业主反映情况及时向小区综合管理员反映，以进行及时处理解决。

5. 每日将所收取的各项费用及时交回公司财务部，以确保现金安全，且做到日清日结，身上不存有大量现金。

6. 每月对当月应收数和实收数进行对比，分析差额原因。

9.3.7 采购员岗位职责

1. 采购员应注重培养自己对公司常用物品好与劣的鉴别能力。

2. 熟悉公司常用各种物品的性能及销售地点，尽量减少物品采购成本，节约公司开支。

3. 按时、按质、按量完成下达的采购任务，在合格供应商店买不到的物品，要做到货比三家，争取采购物品质优平价。

4. 严格按财务制度执行款项的结算，对公司各部门所需拉运的材料物品，及时配合各部门工作需要。

5. 对采购回的物品要及时办理入库，对一些部门急需的物品通知相关部门物品已购回，以便使用部门及时领用。

9.3.8 项目经理岗位职责

1. 全面负责物业管理服务工作，负责物业管理服务范围内的工作质量，保证为业主提供良好的管理与服务。

2. 负责制定、贯彻、落实项目部岗位职责，制定工作要求细则，工作计划及达标措施，以及建立完善各项规章制度。

3. 负责指导、监督、检查各部门工作完成情况和服务质量，随时根据工作实际，提出合理化整改意见。

4. 协调与公司各部门的工作配合，充分调动起全局一盘棋的整体风貌。

5. 随时掌握所在项目的收、交费情况及欠费原因，掌握各管理员的工作进度。

6. 发现公司运行中存在不规范因素，及时果断处理，有重大情况及时汇总及上报领导。

9.3.9 工程主管岗位职责

1. 切实执行公司经理指令，认真落实岗位责任和相关物业管理法规。

2. 及时传达公司各种会议精神及领导指示，并组织部门员工学习、贯彻、落实。

3. 负责制定小区公共设施、楼宇、设备的管理规定并贯彻执行，确保上述设施、设备处于安全、完好状态。

4. 负责编制小区设施设备及供暖管网的维修保养计划，并落实执行，确保按计划保养率达100%，设备完好率达95%以上。

5. 负责物业公司新接管物业项目的供配电、给排水、通风空调、消防、电梯、弱电系统及建筑装修项目的验收和资料核实工作，并及时按要求将有关资料、图纸存档、建档。

6. 做好小区业主的报修服务工作。

7. 配合公司做好各种设备的年度检验工作，锅炉的定检、运检和小区变电室的年度春检工作，做好小区饮用水的年度化验工作。

8. 负责能源用量的控制和统计，做好设备运行紧急事件的应急预案和抢险措施；

9. 做好小区雨、污水管网检修、清掏工作的安排。

10. 做好小区生活用水管网的巡检、保养工作的安排。

11. 做好维护工程部耗能设备排污、降耗的管理工作，保证设备运行达环保要求。

12. 协调施工单位按国家规定标准为业主提供保修服务，保障业主利益。

13. 对部门员工的工作质量、工作效率进行考核，发现问题及时纠正。

14. 负责紧急情况的处理工作。

15. 积极协助支持其他部门工作。

16. 完成领导交办的其他工作。

9.3.10 综合主管岗位职责

1. 具体负责制定本部门各岗位责任制。

2. 具体负责监督、检查本部门工作完成情况和服务质量。

3. 负责组织质量检查和本部门员工考核管理工作。

4. 负责本部门各项工作计划的制定和落实。

5. 负责本部门物品需求计划的制定和使用管理。

6. 负责受理业主投诉，组织业主意见征询活动，定期了解业主对公司各项服务的意见和建议。

7. 负责物业各岗位服务质量、工作效率、工作记录、服务标准、落实完成结果的评定工作，并做好相关文件的归档工作。

8. 按时组织工程人员对大厦各计量表进行核查抄录，并归档备案。

9. 具体负责能源供给消耗的控制管理工作。

10. 对项目经理直接负责，确保所管辖系统设备的安全运行是综合部主管的首要任务，对下属人员和所属系统设备负有全面的管理责任，要求每天做如下检查工作。

（1）主要设备的运行技术状况，发现问题立即组织处理。

（2）检查下属岗位纪律及精神状态，发现不良现象立即纠正。

（3）现场督导重要维修工程及增改工程施工，控制工作质量与进度。

（4）实地考察下属员工维修保养工作质量与工作效率，发现问题及时采取纠正措施。

（5）审阅运行报表，掌握所属系统当天能耗状况，发现异常，分析原因，及时杜绝浪费现象。

（6）设备发生故障及时组织检修，发现隐患及时组织处理，做好技术把关工作，保证所管辖系统设备处于优良的技术状态；做到“三不漏”（不漏油、不漏气、不漏水）、“五良好”（使用性能良好、密封良好、润滑良好、紧固良好、调整良好）。

（7）负责制定所管辖系统运行方案，并不断与运行人员研究改进措施，使本系统设备在保证安全运行的前提下，力图节省能耗。

（8）负责制定所管辖系统设备月度和年度的维修保养计划和备品、备件计划，定期报送项目经理审定，并负责组织安排维修保养计划的实施，制定工作标准，督导下属保证工作质量，提高工作效率。

（9）切实执行项目经理指令，认真贯彻落实岗位责任制，督导下属员工严格执行操作规程及员工守则，坚持周而复始的设备维修保养制度，做到“三干净”（设备干净、机房干净、工作场地干净）、“四不漏”（不漏电、不漏油、不漏气、不漏水）。严格检查督导下属。

（10）针对下属员工的技术状态和思想状况，编制培训计划，经常对下属员工进行职业道德、物业服务意识教育和专业技术知识培训。

（11）审核下属员工考勤，做好技术档案管理工作，督促下属做好设备维修、故障处理、零部件更换记录，每月交办公室整理归档。

（12）掌握改造不合理的设备，完善设施和施工遗留的缺陷；对所属系统的重大改造工程参与设计，提出与原系统匹配的可行方案。监督施工，验收施工质量。

11. 负责小区业主装修管理的审查和验收，确保建筑物结构安全和装修协调、统一、美观及符合消防要求。

12. 督导保洁工作质量和完成情况。

13. 完成上级交办的其他工作任务。

14. 协助经理处理好当班的日常事务。

15. 布置当日工作并负责检查落实工作的执行情况。

16. 检查、指导下属员工工作情况，对出现的工作质量问题及时作出处理。

17. 负责检查员工工作能力及工作规范程度的执行情况。

18. 整理记录各类文件，对当日发生的情况及处理方法做翔实的记录或提出有效建议。

19. 负责业主意见征询活动的具体工作，并针对各种问题提出具体解决方法和建议。

20. 负责各岗班后会议的召开，总结当日工作内容。

9.3.11 保洁员岗位职责

1. 熟悉清洁卫生操作规程和保洁标准。
2. 上班时，工作服装整洁，并佩带工牌。
3. 按时上岗作业，不迟到、不早退、不串岗、不消极怠工。
4. 服从保洁领班的工作安排，认真完成好工作任务。
5. 遵守公司制定的各项规章制度。
6. 卫生保洁时，未经许可，不得擅自进入业主办公室内，不得向业主索取小费。
7. 按时按要求保质保量做好保洁工作。
8. 负责小区公共区域的保洁工作。
9. 负责小区各楼层卫生间的日常保洁工作。
10. 负责对小区公共区域、卫生间等场所的卫生消杀工作。
11. 负责小区各楼层办公垃圾、卫生间垃圾的收集清运工作。
12. 负责小区公共区域内照明装置、消防设施等处的保洁工作。
13. 负责小区公共区域玻璃的保洁和清洗工作。
14. 认真做好小区公共区域的循环保洁工作。
15. 认真按卫生保洁标准要求及区域划分进行工作。
16. 完成公司领导交办的其他任务。

9.3.12 绿化员岗位职责

1. 服从绿化带班的工作安排，认真完成好工作任务。
2. 遵守绿化规则，爱护绿化财产，履行园艺养护服务。
3. 严格执行绿化养护工作的技术规范要求，按标准作业规程工作，保质保量完成所管辖区域的绿化工作任务。

4. 掌握了解各种植物的养护特性和管理方法。

5. 每日巡查所管辖区的绿化地，及时发现是否干旱，是否有虫害，是否需拔草，是否需施肥等问题。

6. 熟练掌握园林器械，并能自觉保管好园林器械。

7. 绿化养护时，未经许可，不得擅自进入业主房屋内，不得向业主索取小费。

8. 绿化养护时，应小心谨慎，确保辖区内各项设施的完好。

9. 爱护绿化工具和设备，确保工具和设备的完好，不得随意将工具和设备外借。

10. 熟悉治疗各种病虫害的方法和杀虫剂的安全使用。

11. 熟悉掌握各种肥料的使用方法和有机肥料的配料方法。

9.3.13 管道工岗位职责

1. 熟悉小区给排水系统（各种水泵、管道、阀门、控制设备）和各种机械设备、供气供水设备的性能、技术数据、运行情况，掌握操作规程和维护保养知识，按要求正确使用设备。

2. 负责小区污水处理池的定期清洁管理工作，及时排除常见的故障，保证系统处于良好的运转状态。

3. 当班期间及时巡检上下系统设备和其他设备的运转情况，并做好巡检维修记录。

4. 及时进行设备的维修保养，维修保养要及时，质量要保证，记录要完整并存档保管。

5. 做好应急（漏气、漏水、污水外溢等）抢修工作，接到应急报告时，按紧急预案程序进行处置，并迅速到达现场，及时进行抢修。

6. 积极配合其他工种工作，完成协作维护保养工作。

7. 负责做好维修保养工作。

（1）负责污水疏通的日常维护工作，及时排除常见的故障，保证系统处于良好运转状态；

（2）当班期间及时巡视检查上下系统设备和其他设备的运转情况，并做好巡检记录；

（3）及时进行设备的维修保养，维修保养要及时，质量要保证，记录要完整并存档保管。

8. 负责小区水消耗的具体控制工作。

9. 负责小区管道维护及涉外联络工作。

10. 发生管道故障时，及时排除故障，不得离岗。

11. 与其他工程人员共同维护保养中央空调系统设备。

12. 按时对小区的所有水表进行抄录，并上报公司办公室进行微机录入。

13. 每月制定管道设备的保养工作计划，并落实实施。

14. 搞好本班组内外清洁卫生工作。

15. 请假需提前一天告知综合部主管。

16. 完成上级交办的其他工作。

9.3.14 电工岗位职责

1. 严格遵守公司的各项规章制度，服从安排，除完成日常的电气维修任务外，有计划地承担其他工作任务。

2. 努力学习技术，熟练地掌握小区电气设备的工作原理及实际操作与维修技能。

3. 执行所管辖区所有设备的检修计划，按时、按质、按量地完成，并填好维修检查记录。

4. 积极做好协调配合工作，出现故障时按应急预案处置程序迅速到达现场进行处理。

5. 严格执行电气设备管理制度，做好小区电气运行工作记录。

6. 发生电气故障时，及时排除故障，不得离岗。

7. 按时对小区的所有电表进行抄录，并上报公司办公室进行微机录入。

8. 每月制定电气保养工作计划，并落实实施。

9. 负责小区电梯的维护保养工作和电梯厂家的协调联络工作。

10. 负责小区电能消耗的具体控制工作。

11. 负责小区电气维护及用电的涉外联络工作。

12. 负责物业区域内所有正常照明灯具、消防安全出口灯及其各种控制开关的更换工作。各种开关箱、计量表箱的维修、巡检工作。

13. 搞好本班组内外清洁卫生工作。

14. 请假需提前一天告知综合部主管。

15. 完成上级交办的其他工作。

9.3.15 车管员岗位职责

1. 负责对地下停车场的汽车、摩托车，以及自行车管理。

2. 按规定着装，佩戴工作牌，对出入车辆按规定和程序指挥放行，并认真填写《车辆出入登记表》。

3. 按规定和标准收费，开具票据，及时缴纳款项。

4. 负责指挥地下停车场车辆行驶和停放，维持畅通、停车有序。

5. 负责地下停车场的消防及卫生清洁工作。

6. 实行24小时值班制度，遵守规章制度，按时上下班，认真做好交接班手续，不擅离职守。

7. 发现进场车辆有划伤时应向车主（司机）提示，并做好记录，使责任分明。

8. 提醒和指挥司机按路线行驶，按定位泊车。

9. 严守岗位，保持警惕，文明上岗，礼貌待人，妥善处理上岗时遇到的各种问题。

10. 严格执行交接班制度，认真填写交接班记录，做到交接清楚，责任明确。

11. 检查停放车辆的状况，发现漏油、漏水，未关车窗、车门，未关车灯，应即时通知车主（司机），并报告车场管理负责人。

12. 检查摩托车、自行车是否停放在指定的位置上，发现未上锁时，及时通知车主，如暂时联系不上时，应重点看管。

13. 定期检查车库（场）内消防设施是否完好、有效，如有损坏，要及时报告主管领导。

14. 遵守《仪容仪表规定》，仪容整洁，执行公司文明礼貌用语规范，文明服务，礼貌待人。

15. 值班时不准嬉戏、打闹、会客、看书报、听广播，禁止喝酒、吸烟、吃东西，不准做其他与值班职责无关的事。

16. 爱护各种器具，不得丢失、损坏、转借或随意携带外出。

17. 依法办事，廉洁奉公，坚持原则，是非分明。

9.3.16 门岗员岗位职责

1. 维持大门口的正常秩序，保证门口畅通，确保门口无人员逗留。

2. 掌握进出小区人员的动态，对行为表现可疑人员要礼貌查问，发现问题及时上报主管查处，对晚间进入大厦人员要问清情况方可进入。

3. 对进出小区的施工人员，实行临时出入证管理，在施工人员出示由小区物业公司发出的临时出入证，方可进入小区施工。

4. 认真履行进出登记制度，工作期间禁止串岗、睡岗、脱岗，不得与业主发生争执。

5. 提前十分钟到岗，进行交接班。

6. 做好小区业主和来访客人的接待工作，并做好各类记录工作。

7. 看护好小区内的公共设施。

8. 完成公司领导交办的其他工作。

9.3.17 巡逻员岗位职责

1. 按时上岗巡逻各个辖区，掌握小区内各地段、人员动态，发现可疑人员及时盘查，并做好控制，如有违反小区规章制度的行为，及时规劝、教育。

2. 在小区内不得与业主闲聊。

3. 巡逻时按规定的要求进行巡逻，要注意自身仪容仪表。

4. 对小区内乱停、乱放的机动车、自行车要及时纠正。

5. 检查小区内装修施工人员的施工情况，做好人员的登记记录工作。

6. 维护小区内的所有公共设施。

7. 每日检查小区消防情况，发现问题及时处理。

8. 认真按规定的巡逻频次和线路进行巡逻。

9. 完成公司领导交办的工作。

9.3.18 监控员岗位职责

1. 努力学习专业知识，熟练掌握监控设备的操作规程。

2. 严格按设备标准要求操作，正确使用监控设备。

3. 对监控区域的画面，要认真细致观察，发现问题及时联络区内安防员进行处理。

4. 对监控区域，按程序要求，进行全天24小时录像对未发现问题的录像资料保存半个月，不得随意销毁，对有疑问的要报主管经理留存备查。

5. 所录制的资料（含重要录像资料），经主管经理批准，方可调看，监控员不得让无关的人员随意调看。

6. 要做到在岗尽职，不得擅自离岗、脱岗、睡岗或做与工作无关之事。

7. 对重点怀疑的人或进出物品所在区域重点监控，及时录像，并上报领导，同时通知安防员进行布控。

8. 工作期间严禁与此工作无关人员进入监控室，不得与他人闲聊或将有关资料借于他人。

9. 监控员要时刻保持高度警惕状态和清醒的头脑，实施监控。

10. 爱护监控设备，保持监控室的清洁，定期对设备进行维护、保养，保持设备的良好状态。

11. 监控员上岗前，要进行一周的培训学习和考核，方可上岗。

12. 交接班时，要认真填好交接班记录，做好遗留问题或设备检查记录。

9.4 物业服务质量标准

9.4.1 总则

1. 物业服务质量标准是依据国家相关物业法律规定结合小区实际情况制定物业服务质量标准。

2. 本标准适用于本物业公司所属的各部门。

3. 本标准是物业公司为业主提供服务时的基本标准，是服务质量监督检查的基本依据。

9.4.2 车辆管理标准

1. 交通设施

（1）区内有明显的各种车辆交通标准标识，并定位显要位置；

（2）区内主干道与支道处，设有限速台；

（3）区内各主干道、支道、庭院有标准的停车线。

2. 交通现场管理

（1）安防员必须严格遵守相关标准作业规程；

（2）安防员必须听从主管安排、服从指挥、不得人为的影响工作；

（3）安防员要严格遵守交接班制度，工作时间不准串岗、脱岗、聊天、不准做与工作无关的事情；

（4）安防员不准对业主的申告或投诉进行刁难；

（5）安防员自觉维护业主利益，严禁利用工作方便向业主索要财物；

（6）安防员必须严格执行保密制度，不准泄露本物业和业主的信息资料；

（7）认真指挥疏导进出入区内的车辆，严禁出现堵塞现象；

（8）对进入区内的机动车辆，要求停放到车位线内做到车辆停放有序、整齐；

（9）对夜间停放本区内业主的车辆进行数量登记，同时检查停放在区内的所有车辆是否关好车门、窗若有问题及时通知业主；

（10）安防人员对进、出入区的车辆要进行监督，车速不超速5km/h，禁鸣喇叭。

9.4.3 环境绿化管理标准

1. 设施、器具

（1）区内各个点的浇花井，要有明显的标识；

（2）区内各个点的浇花井内所有控制阀门无跑、滴、漏现象；

（3）区内所有喷灌装置开启灵活，复位完好无短缺喷头现象；

（4）所使用的打草机、平剪等器具，应按相关“作业标准”执行，用前、用后要进行工具检查，确保使用工具的完好；喷物口用完后要进行清洗并妥善将其放好；

（5）在使用浇花井进行浇灌时，应在浇花井处设置此井正在使用，注意安全的标志牌，使用完毕后，应将浇花井盖盖好，并撤出标志牌。

2. 现场管理

（1）绿化员在进行草坪、绿篱修剪时，应在上午9：00～11：00，下午3：00～7：00进行作业，严禁在规定外时间内进行作业，以免影响业主的正常休息；

（2）绿化员将修剪完后的草坪、绿篱、乔灌木的枝、叶、草及清除出来的杂草，枯枝应随时清理干净，并集中拉运到指定的位置进行处理；

（3）区内所有绿化植被进行喷打农药的工作现场，并提前向区业主发出打药通知，废弃空瓶、药水严禁随意乱扔、倾倒；

（4）绿化员在区内对所有植被进行浇灌时，应将被浇灌的植被必须浇透，但不能满灌溢出；

（5）所使用的浇水专用胶皮管，浇灌完后，应将其盘好，归放到绿化专用库内，另外其他工具也一并归放到库内。

9.4.4 环卫保洁管理标准

1. 保洁设施、工具

（1）区内各楼宇根据要求，定点布置生活专用垃圾桶，生活垃圾桶外观整洁、无污物。对于年久使用的生活垃圾桶应及时进行更换。

（2）区内应定点布置专用果皮箱，外观整洁、无锈蚀，对于年久使用的果皮箱应及时进行粉刷。

（3）对于其使用的工具（簸箕、扫帚、笤帚）应根据使用情况及时更换。

2. 现场管理

（1）对区内的主干道，支道、庭院进行清扫保洁时，应严格按照卫生标准作业规程的相关规定执行。

(2) 对区内的周边环境，绿地草坪，中心花园进行保洁时严格按照卫生标准作业规程的相关规定执行。

(3) 对区内各楼宇内的公共楼道，扶手、栏杆、顶棚、墙面、楼梯、窗户、窗台、电表箱、公用阳台、单元防盗门的保洁应严格按照卫生标准作业规程的相关规定执行。

(4) 公用果皮箱每日清掏，确保果皮箱内干净。

(5) 生活垃圾每日进行二次收集清运。生活垃圾不外溢、散落、并及时清理干净生活垃圾筒周围卫生。

(6) 生活垃圾筒每周进行二次清洗，并按消杀标准作业规程的规定，定期对生活垃圾筒或果皮箱进行卫生消毒。

(7) 对区内的公共区域每年不同季节进行消杀布药，对“鼠、蟑螂、苍蝇、蚊子”等进行消杀，严格按照消杀标准作业规程的规定执行。

(8) 建筑垃圾的收集与清运严格按照垃圾收集与清运标准作业规程的规定执行，做到区域无大面积乱扔、乱放现象。

9.4.5 收费管理标准

1. 收费室应悬挂“收费时间牌”及“外出办公告示牌”。

2. 收费室应保持整洁卫生、舒适安全，办公桌应放置写有收费员工号的工作板并标注清所管的收费区域。

3. 收费室应配备齐全办公桌椅，以便利缴费的业主。

4. 收费室应设有“意见簿”，公布监督或投诉电话号码。

5. 收费室应公布物业各项费用收取标准，服务范围等内容。

6. 收费员收费时，应和蔼、亲切、耐心回答业主提出的各种问题，并根据情况，可作记录，传递给相关部门予以解决处理。

7. 每月应按时将业主所发生各项费用的通知单传递到每户业主家中，并按规定可上门或银行划拨的形式进行收费。

8. 上门收费时，收费员应严格按照入户服务规范的相关规定执行。

9. 每月完成收费工作后，应及时上报财务部。报告内容为每月收费率，实收金额、欠费金额存在问题等。

9.4.6 安全防范管理标准

1. 设施管理标准

(1) 区内各点的报警装置完好无缺，并能正常报警；

(2) 区内各点应布置符合消防安全要求的各类有效期内的灭火器；

(3) 区内各楼宇所安装的单元防盗门应开启灵活，功能齐全；

(4) 区内配置的单元门灯、围墙灯等完好无损。

2. 现场管理

(1) 对进入区内的可疑人员应进行盘问、登记；

（2）对进入区内进行装修、设备安装的人员应进行登记并告知小区的有关规定；

（3）对装修等其他人员在小区内从事不符合小区规定的，要进行批评教育，对严重的，造成区公共区域损失的，应照价进行赔偿；

（4）对在区内随意悬挂条幅、广告的人员应按小区规定予以拆除，恢复原貌；对在墙面上随意乱贴小广告的人员责令将全部的小广告清洗干净，并通知其离开本区；

（5）在区内进行巡逻时，对于乱停、乱放的机动车辆、自行车应要求其机动车停放整齐，自行车、摩托车存放车棚内；

（6）在区内进行巡逻时，发现可疑人员时，应采取应急防范措施，并组织人员进行控制，通知公安部门前来处理；

（7）游商、小贩不得随意进入本区内，对已进入的应限其离开。

9.4.7　安全供电管理标准

1. 变压器根据供电局要求，每年进行春检保养一次，保证24小时正常运行。

2. 高、低压配电柜符合电器设备安装验收规范要求。

3. 每月应对变压器，高、低压的配电柜进行一次例行的日常保养，保养内容含：除尘、设备检修、变压器加油等内容。

4. 每班应每隔3个小时对变压器进行测温，每2个小时对高、低压配电柜的电流、电压进行运行记录。

5. 对区内各楼宇配电箱，单元总电表箱内的各类电器元件，线路应每月例行检修一次，并做检修记录。

6. 对电器设备例行检修时，应提前一天通知大厦业主同时应准备检修所需的材料、工具。

7. 例行设备检修时，应挂检修警示牌。停送电时应2人以上操作，并在监护下按操作程序依次合刀闸、停送电，并作检修记录。

9.4.8　公共设施管理标准

1. 区内各楼宇供水管道完好，无破损、无渗漏，符合管道安装验收规范要求。

2. 区内各楼宇供水阀门完好、开启灵活，无跑、冒、滴、漏或不出水现象。

3. 区内各楼宇主下水管道畅通，各污水井内无大量的沉淀物，未淹没主排水口。

4. 区内所有的供水井、污水井、雨水井的井盖、圈合套，无翻翘、松动现象。

5. 区内各楼宇的水落管、口齐全，无杂物堵塞、无缺损现象。

6. 区庭院路面平整，无短缺，无凸凹现象。

7. 区内各楼宇楼道间铝合金门、窗推拉灵活、玻璃齐全。

8. 区内各楼宇楼道间内声控灯完好，禁无缺损、无照明现象。

9. 区内各楼宇楼道间内电表箱、通信箱、配电柜完好，无破损短件现象。

10. 区内各楼宇的屋面防水层完好，无开口、脱落、空鼓、渗漏、杂物堆放。

11. 区内各楼宇的避雷系统完好，符合设计要求，阻值$R \leqslant 10\Omega$，无断点、短缺、锈蚀现象。

12. 小区各楼宇楼道间内墙面、顶棚干净、明亮，无污渍、无拉丝现象。

13. 小区各楼宇散水完好、无塌陷、无空洞现象。

9.4.9 社区文化管理标准

1. 羽毛球场地大小和画线符合国际标准，球网、架配套。

2. 健身器材（跑步机、转盘、单、双杠）符合国家设计标准、安全、牢固、无危险隐患。

3. 乒乓球案、网符合国家标准，全天开放。

4. 配置的棋桌、椅凳齐全，无短缺现象。

5. 配置的功放音响在运行时，噪音小于 80dB。

6. 活动场所配置的照明灯要符合电器安装要求，禁止缺损无照明现象。

9.4.10 房屋修缮管理标准

1. 房屋修缮管理内容：土建、上下水管道、电器、屋面防水、采暖管网。

2. 以上 5 类依据建设部下发的房屋验收标准执行。

10 案例分析与思考

学习案例，其目的就是要物业服务企业从中吸取经验教训，避免在日常的物业服务工作中出现易引发法律纠纷的问题，同时，通过案例分析学习，也使得物业服务企业及工作人员懂法、守法、学会运用法律来指导在物业服务过程中的服务与经营。

10.1 工程维护保养案例

10.1.1 下水道弯头堵塞冒水案

【案情介绍】

某小区的物业服务公司按照制定的维修维护计划，对区内所有的污水管网进行了检查和疏通，一切均正常。就在检查疏通完工后几天，由于楼上某业主家进行装修，施工人员违反物业装修管理规定，擅自将装修残余水泥、油漆等倒入地漏，经排水管道流至该楼主管弯头处，堵塞了本楼的管道。楼上住户排出的污水不能流出，便慢慢从楼下李先生家的地漏处冒出。

管理处发现跑水后，马上通知李先生，由于李先生当时不在家中，电话联系两小时后，李先生与物管公司人员一同到现场检查，发现部分木地板已被水淹。搞清故障点后，物管人员立即消除了堵塞现象。

李先生认为物业服务公司未尽到管理职责，遂向物业服务公司提出索赔要求。

【点评】

李先生受损的原因是下水管道被堵塞而引起冒水，而下水道被堵塞的原因是其他业主乱倒装修废弃物。在这两个环节当中，物业公司是否很好地履行了管理职责。

该小区的《业主规约》规定，物业服务公司负责小区的管理服务及房屋和公共配套设施的维护、养护。实际的工作中，每年每月都有计划地进行修缮这方面的工作。而就在事发的前几日还做过该楼污水管的例行清理。所以，物业服务公司完全尽到了设备、设施日常维护的职责。同时，该小区《业主规约》还规定，业主装修必须先向物业服务公司申报，领取装修许可证，并严格遵守小区房屋装修管理规定。

物业服务公司按照规定对该家装修进行了装修审批，告知装修注意事项，并要求其交纳了装修押金，告知其应遵守的规定，并派人员至装修现场巡视。

装修工人是在逃避物业服务公司监管的情况下，偷偷将废弃物倒入极为隐蔽的污水管道中而造成的。此种情况已经超出了物业服务公司的管理范围及力量以外，物业服务公司不可能察觉。所以在这个问题上，物业服务公司亦没有疏漏。因此物业服务公司不应承担任何赔偿义务。

根据相关的法律以及建设部《家庭居室装饰装修管理试行办法》规定，这次事件是由于装修人员违规操作而造成的，应负完全责任。

物业管理费只是一种服务费，公共设施设备的维修养护费，而不是保证或成为保险费。如果随意要求物业服务公司承担无端责任，物业管理企业的责、权、利就难以协调。

业主受到损失时，应当合法、合理的去解决，不能一味要求物业服务公司负责。否则这种行为损害物业服务公司的合法权益，实际上也损害了全体业主的合法权益。

物业服务企业要注意以下几点：

（1）应有保养计划；

（2）要有检修、保养记录；

（3）维修、保养严格按照物业服务合同约定的标准落实到位；

（4）室外现场施工时要有安全警示标牌，有围护措施。

履行了上述要求，物业服务企业也就履行好了工作职责，就可以规避不必要的风险和纠纷。

10.1.2 楼上跑水漏入楼下案

【案情介绍】

雷小姐居住在某大厦二楼，2007 年国庆节期间，她发现顶棚滴水。三楼的业主外出不在家，雷小姐猜想邻居家可能漏水了。她向物业服务公司及时反映了情况，但物业服务公司称：三楼业主不在家，不能入室检修。情形越来越糟，雷小姐的屋子里像下雨一样，顶棚、家具、衣服和被褥等都受到不同程度的浸湿，其中一些物品受损相当严重，而物业管理公司仍然未来维修。无奈之下，雷小姐拨通了“110”，在巡警的要求下，物业服务公司砸开了三楼业主的房门，入室维修。这时，发现三楼业主屋内的东西也被浸泡得不成样子了。经过一番抢修，雷小姐家的“雨”终于停了，但她对物业服务公司的“慢出手”表示极为不满，指责物业服务公司没有尽到责任。物业服务公司则称，三楼业主不在家，公司无权破门而入。三楼业主回来后，对物业服务公司的破门而入行为也很恼火，三方矛盾一时难以化解。

【点评】

以上案例在住宅小区的发生率较高，对于业主和物业管理人员的不同观点，有必要在住宅小区引入紧急避险概念。所谓紧急避险，就是为了使第三人或本人的人身或财产或者公共利益免遭正在发生的、实际存在的危险而不得已采取的一种加害于他人人身或财产的损害行为。在本案中，三楼漏水，损害了住在二楼的雷小姐的利益。在三楼业主家中无人的情况下，为了减少损害，就必须破门而入进行检修，但客观上又会对该业主的门、窗等财产造成损害，类似这样的行为就是紧急避险行为。

紧急避险行为由于其所保护的利益大于其所造成的损害，具有正义合理性，因而我国《民法通则》对此予以认可。但是，三楼业主是无辜的，由于紧急避险而遭受的损失，是否应受赔偿、如何赔偿，都是必须面对的问题。

对于责任问题，最高人民法院《关于贯彻执行〈中华人民共和国民法通则〉若干问题的意见》（试行）第 156 条规定：“因紧急避险造成他人损失的，如果险情是由自然原因引起，行为人采取的措施又无不当，则行为人不承担民事责任。受害人要求补偿的，可以责令受益人适当补偿。”从上面的法律规定可以看出，当出现漏水等情形时，是可以采取紧急避险行为的，在措施得当的情况下，无论是物业服务公司还是二楼业主，都不应承担民事责任。本案中，三楼的业主受到了一些财产损失，作为受害人的雷小姐应当给予其适当的补偿。但该紧急避险的行为减少了积水对三楼业主家中财产的损害，所以该业主实际上也是受害人之一，因此三楼业主也应当承担一部分损失。

无论现在还是将来，物业服务公司都要依据物业服务合同的约定从事物业管理服务工作，这就迫使物业服务公司必须将相关的免责条款尽可能详尽地写在物业服务合同中，以维护自己的利益，但又不能走向什么责任都不承担的另一极端。我国《合同法》第53条规定：“合同中的下列免责条款无效：（一）造成对方人身伤害的；（二）因故意或重大过失造成对方财产损失的”，即无论在何种情况下造成的业主或用户的人身损害，都是不能免责的。物业服务公司可根据实际情况将物业服务合同中的免责条款约定为：“物业服务者进行如下物业管理服务活动时，对业主造成的财产损失可不承担民事赔偿责任：（一）为救助人命而造成的必要财产损失（比如有人在房间中企图自杀，物业服务人员不得不破门、破窗而入）；（二）为避免业主或用户财产受损或可能受损而造成的必要财产损失（比如业主房间内严重漏水、失火又无人在内，为使其避免重大损失，物业管理人员强行入内救治）；（三）为抓捕违法犯罪分子、制止不法侵害行为而造成的必要财产损失；（四）其他类似上述情况的情形。”

10.2 安全防范案例

10.2.1 业主家中失窃案

【案情介绍】

小区多层住宅除一楼外均不允许安装防盗窗户，这是小区的规定。

很多业主安装了窗磁，门磁等防盗设施，但陈某安装后的一个夏夜，因乘凉通风后忘记关掉窗户，当夜小偷从窗户潜入后盗走价值两万多元的现金、物品等陈某认为这是因为物业服务公司不让他安装防盗窗户的原因，才造成失盗。于是向物业服务公司索赔。

经管理处再三协调无果，陈某将物业服务公司告上法庭。经法院审理认为：物业公司的安防人员无脱岗、出入登记记录完备，各安防员巡逻到位，管理处管理员值班到位，无失职责任。陈某属于自己疏忽未关窗户造成，属于意外损失，物业公司不承担法律责任，所以不与赔偿。

【点评】

1. 陈某入住小区时，已与物业公司签订《业主规约》，其中包括有不准安防盗窗的规定，陈某已认可，根据《民法通则》规定：企业已告知当事人情况，双方已签协议，当事人发生其他意外情况，企业不负直接责任。

2. 陈某属于自己疏忽大意，使其防盗系统失去作用，造成不可挽回的损失。

3. 物业公司在职守范围内无失职现象，所以不承担赔偿责任。

4. 物业服务企业所收物业服务费只是物业区域内的公共设施设备、绿化、环境卫生方面的服务，而非对特定的人、财、物予以管理和服务，也不承担犯罪行为而导致的人员伤亡、财物损失、毁坏的赔偿责任。

5. 工作当班期间工作人员无脱岗、串岗、睡岗行为。

6. 按物业服务合同约定要求，按巡逻频次巡逻到位，并有巡逻记录。

7. 出入门有人员登记记录。

8. 每班有交接记录。

按上述要求，履行了工作职责，就可以避免不必要的法律纠纷。

9. 物业服务企业在安全防范上要注意以下几点：

（1）要按物业服务约定的相关条款，履行好工作职责；

（2）要按规定好的巡逻线路和巡逻频次进行巡逻，发现有窗户开启的应仔细检查，并通知提示业主关闭窗户，发现可疑人员要及时盘查，并有巡逻记录；

（3）巡逻过程中要认真巡视，不能走马观灯，敷衍了事；

（4）物业人员不能脱岗、睡岗、串岗，值班人员要到位；

（5）物业主管要不定时加大检查力度，严格工作纪律。

做到上述5点，就履行了物业服务合同义务。

10.2.2 入室凶杀案

【案情介绍】

业主被杀，物业管理者是否应承担责任？福建省龙岩市中级人民法院在近期审结的一起案件中作出无需担责的判决。主审法官认为，物业管理中的安全服务不是广义上的社会安全，其保安责任不应包括确保物业管理区域内业主、物业使用者的人身不受第三人的不法侵害。

2003年1月5日晚，在福建省长汀县商业城租店开设金正通信店的郑某在店内被人杀害。8月27日，郑某父母将某市场发展总公司告上法院，要求判令被告付给因郑某死亡的赔偿费6万多元。

这个市场发展总公司对商业城市场行使管理职能，并对商业城业主、经营者进行有偿服务，向郑某等业主、经营者每月收取一定的物业费，其服务内容包括安全保卫等工作。一审法院审理认为，物业管理的保安应理解为，为物业使用创造方便安全的条件，维护物业管辖范围内公共秩序良好与稳定，它不是广义上的社会安全，保安不能等同于保镖，不能要求被告确保商业城内所有财产和人身的安全。被告已履行了保安义务，原告不能证明被告存在管理上的过错，因此被告不承担业主、经营者的人身损害赔偿责任。

原告不服一审判决，提出上诉。二审法院审理认为，由于被上诉人与商业城业主及物业使用者对安全保卫的内容未作特别约定，故依照现行物业管理的相关法规，可以认定被上诉人所负的保安义务仅是为维护物业管理区域内的公共秩序和物业使用的安全而实施的必要的正常防范性安全保卫活动；上诉人认为被上诉人的保安服务应包括对业主及物业使用者人身安全不受第三人不法侵害提供保障，于法无据；且郑某被害的地点位于商业城外的沿街商店内，案发后店门无异状，此时被上诉人即使履行了正常的防范性安全保卫义务，也无法避免店内犯罪行为的发生，因此被上诉人的行为与郑某之死无法律上的因果关系。故判决驳回上诉人的上诉，维持原判。

【点评】

本案的焦点是物业管理中的保安责任到底有多大，是否包括确保物业管理区域内业主、物业使用者的人身不受第三人的不法侵害。法官认为，物业管理企业对于业主、物业使用者人身和财产安全的保护义务主要来源于合同的约定或者法律、法规的直接规定。其中合同的约定也需符合法律、法规的规定，不能超越职权，不能将属于国家行政、司法机关的职能作为保安的职能。在本案中，被告为履行物业管理的安全防范服务，制订了《商业城专业市场文明公约》《商业城夜间保安员值班职责》和《保安夜班巡值情况登记表》，这些规定可以推定为郑某与被告之间在保安方面的约定。被告如果未按这些规定履行其职责或履行职责中存在明显的过错，可视为被告在物业管理方面存在过错和违约行为，就应承担违约责任。如果物业管理部门履行了上述制度规定，或者说原告方无法提供被告方在物业管理中存在过错的证据，那么，被告就不存在违约及承担违约责任的问题。

在物业管理中安全服务的性质只能是一种群防群治的安全防范服务。它不是广义上的社会安全，不能要求被告确保商业城内所有财产和人身的安全。

10.3 环境与保洁案例

10.3.1 雪天滑倒骨折案

【案情介绍】

小区内一号楼405室的李老太在雪后出门，在小区的步行街不慎跌倒，跌断右腿股骨头，安全员发现后立即将李老太送进医院。

经诊断为：右腿股骨头粉碎性骨折，立即实施手术置换股骨头，手术后李老太提出：她是在小区内跌倒的，因为自己每月都交物业管理费，其中包括了小区道路的公摊，那么，她在小区道路上跌伤的医疗费用及精神损失费用应由物业服务公司承担。

几经交涉，物业服务公司未做承担，李老太一纸诉状将物业公司推上法庭。

审理：

物业公司没有义务承担李老太医疗费及精神损失费。

【点评】

案例涉及小区内发生个人原因引起的意外伤害问题。

1.《中华人民共和国价格管理条例》是物业服务公司收费的依据，其中住宅小区公共性服务中包括了小区道路的绿化管理费，李老太所交物业服务费中的公摊是属于正常的收费范围。

2.《民法通则》，民法细则中明文规定：凡因个人原因引起的意外伤害（除工作范围内）其责任自负。

3. 李老太虽在小区内道路上跌倒，没有他人伤害，且小区步行街积雪已打扫过，物业公司的本职工作没有延误，“雪后路滑，请当心！”的警示牌在小区步行街醒目处悬挂，李老太这种意外伤害的确是与自己不当心或一时路滑不适应造成，与物业公司没有直接责任关系。

4. 物业公司可以在多方面关心李老太，但没有权利和义务为其支付医疗费和精神损失费。

5. 物业服务公司应注意以下几点：

（1）要点

① 物业管理费的用途（由九项构成）；

② 摔伤属于意外伤害；

（2）法律依据：

①《物业服务委托合同》相关条款；

②《民法通则》中民法细则明文规定：凡因个人原因引起的意外伤害（除工作范围内）其责任自负；

6. 物业服务企业应注意：

（1）在日常的物业服务过程中，应注意物业区域内的各项工作的维护和巡视，发现问题及时处理，并做好处理记录（时间、地点、内容、处理结果）。

（2）在日常物业服务工作中，特别应注意所做各项工作要提示业主（有提示牌）。

（3）下雪时，要及时组织人员清理积雪，清理出人行通道，并在显要位置悬挂提示牌，并做好清雪记录。

10.3.2 环境管理不到位纠纷案

【案情介绍】

田女士是北京朝阳区某小区业主，2005年4月，因田女士欠交多年物业费，被物业公司诉至朝阳区法院。在法庭上，田女士辩称，她之所以不交物业费，是因为物业公司管理不好，譬如小区摄像头形同虚设；楼上有人向地上倒垃圾，物业人员视而不见；物业公司不代收包裹，导致寄存包裹丢失等。朝阳区法院审理后认为，物业公司已提供了物业管理的主要服务，田女士应支付相应的物业管理费。田女士虽然提供了相关证据，但尚不够充分，故拒交物业管理费的理由不能成立。据此，法院判决田女士于判决生效后30日内向物业公司支付欠交的物业管理费共计2372.56元。田女士不服判决并上诉到市二中院。在市二中院的庭审中，田女士提供了其于2005年拍摄的影像资料及照片。经质证，市二中院认定影像资料及照片中反映的小区卫生环境差、未安排专职的保安人员进行封闭管理、磁卡门因损坏不能使用等问题确实存在。鉴于物业公司的管理服务中存在瑕疵，从而改判田女士支付物业公司物业管理费1500元。

【分析】

根据《北京市高级人民法院关于审理物业管理纠纷案件的意见（试行）》的规定，“物业管理企业未按合同约定提供服务或者提供服务不符合约定标准，业主可以要求物业管理企业承担违约责任。”因此，在上述这起事件中业主最终获得了胜利。过去，业主们因物业服务问题而拒交物业费的案子很多，但在法院的判决上却是屡战屡败，原因很简单，他们都是输在了证据不足上。而这次业主们之所以能够成功，主要得益于证据确凿。不过实际上，业主通过拒交物业费来维护自身权利，并不是明智之选。因为，从事小区管理的物业公司一般都是微利企业，他们不可能为业主垫钱来搞物业。物业公司只会有多少钱干多少事，如果收不齐物业费，物业员工会因待遇低、不能按时开支而没有积极性，物业公司对公共设施设备的维保也会因没钱而无法到位，物业服务质量因此将大打折扣，甚至使整个小区陷入恶性循环。由于有人欠费，按时交费的业主们并没有买到货真价实的物业管理服务，其损失可想而知。

【提示】

对于业主来说，虽然新的物业条例赋予了业主更多的权利，但对于那些服务工作中确实存在问题的物业公司，也不要一上来就以拒交物业费来维权，应该通过业主委员会或直接要求物业公司按照物业合同的约定进行整改。如果遇到物业公司严重违反合同约定，且拒不整改时，业主们可以向政府行政主管部门进行投诉，也可以通过业主大会解聘物业公司，还可以向法院起诉。不过，业主们一定要认清，物业公司不是万能的，您别什么事都找物业公司解决，更不能随便就拿物业公司当替罪羊、出气筒，那样的话真正倒霉的肯定还是您自己。另外，《物业管理条例》中明确规定，“违反物业服务合同约定，业主逾期不交纳物业服务费用的，业主委员会应当督促其限期交纳；逾期仍不交纳的，物业管理企业可以向人民法院起诉。”为了小区全体业主的利益，提醒业主们都不要恶意欠费。

对于物业公司来说，管理服务中的任何一项漏洞，都有可能成为业主维权的有力证据。所以，明智的物业公司应该立即要求全体员工端正服务态度，提升服务水平，严格按物业服务合同约定履行义务，不然的话，您也许就是下一家为物业服务不到位买单的公司了。

10.4 车辆管理案例

10.4.1 小区内汽车丢失案

【案情介绍】

原告：靳某

被告：某房产经营公司

1. 案情摘要：

1999 年 10 月 13 日，原告在某小区丢失了一辆桑塔纳轿车。车辆丢失后，原告即向小区所在地派出所报案，并同时告知管理该小区的某物业服务公司。在公安局破案未果的情况下。于是，原告在2000年4月16日向法院提起诉讼，要求被告赔偿经济损失158000元。

某法院认定事实及判决结果：

(1) 被告于本判决发生法律效力之日起十日内，赔偿原告人民币10万元整。

(2) 诉讼费用4670元由被告负担4000元，原告负担670元。

被告不服，向某中级人民法院提起上诉。

被告委托×××律师事务所律师×××、×××作为代理人参与了本案二审的诉讼活动。

2. 二审（上诉人）代理律师代理意见摘要：

上诉人与被上诉人未形成法律上和事实上的车辆保管合同关系。

(1) 物业服务费仅仅用于某小区公用卫生清扫和公用设施的日常维修养护，上诉人与包括被上诉人在内的该小区的住户已对此达成事实上的合意。

物业管理是根据开发公司开发的物业状况，基于业主（业主委员会）的授权对小区进行物业管理的行为，物业服务公司与业主之间是一种委托关系。本案中，被上诉人丢失车辆的所处小区是房管局直管公房，该小区在上诉人接手进行物业管理时，硬件环境即不具备：如没有院门，没有相应的停车位等。上诉人对该小区收取的所谓“物业管理费”是每月每户六元钱，该费用仅仅用于公用卫生清扫和公用设施的正常维修养护。上诉人与包括被上诉人在内的该小区的住户已对此达成事实上的合意。根据物业管理收费的规定，在法定的九项管理费开支中并不包括车辆保管费。并且，从收费项目、收费金额来看，判令上诉人承担被上诉人丢车损失也不符合民法的公平原则，与民事立法责、权、利相一致的价值取向相悖离。故上诉人与被上诉人并未形成法律上和事实上的车辆保管合同关系。

(2) 一审法院依据一份“住户手册”即认定上诉人与被上诉人之间形成车辆保管合同关系，不符合法律规定。

其一，因物业管理法律关系涉及当事人的权利义务比较复杂，故一般以文书的形式明确约定。“住户手册”即是这种情况下产生的，是由物业服务公司单方制定，并在住户入住该小区时发给住户，以使住户知晓该小区物业管理及相关法律规定，是物业服务公司创设的一种工作性的规范文件。“住户手册”所涉及的具体服务内容，尤其是一些特殊的专项服务以及影响较大的内容必须要按法律规定签订正式的书面合同。

其二，在本案中，上诉人与被上诉人仅就“住户手册”的前一部分签字盖章予以认可，该部分是上诉人与被上诉人的合意，具有法律约束力。但上诉人与被上诉人并未就该“住户手册”的后半部分，也就是说没有就包括“小区内机动车的管理”这种特殊服务事项作出约定。从民法、合同法原理来看，该“住户手册”后半部分记载的物业服务公司提供的特殊服务内容，仅仅是一种要约邀请，不属于合同范畴，对上诉人与被上诉人不具有约束力。

其三，根据《中华人民共和国合同法》第三百六十五条“保管合同是保管人保管寄存人交付的保管物，并返还该物的合同”、第三百六十六条“寄存人应当按照约定向保管人支付保管费”及《最高人民法院关于民事诉讼证据的若干规定》第二条“当事人对自己提出的诉讼请求所依据的事实或者反驳对方诉讼请求所依据的事实有责任提供证据加以证明。没有证据或证据不足以证明当事人的事实主张的，有负有举证责任的当事人承担不利后果”之规定，被上诉人主张与上诉人存在保管合同法律关系，即应就其车辆系由被上诉人保管、被上诉人收取其车辆保管费及其车辆系在被告诉人所管理的小区内丢失等事项承担举证责任。上诉人并未就以上事项予以举证证明，故一审认定被上诉人主张与上诉人之间存在车辆保管合同关系，不符合法律规定。

总之，上诉人向被上诉人收取的每月 6 元钱的物业管理费，并不包括车辆保管这种特服事项，且上诉人与被上诉人也并未就该事项达成合意。一审判令上诉人赔偿被上诉人人民币十万元，认定事实错误，判决不符合法律规定。

3. 某中级人民法院认定事实及判决结果

“本院认为：上诉人与被上诉人之间存在物业管理关系，但不必然形成车辆保管关系，车辆保管需订立保管合同，本案双方当事人并未订立车辆保管书面合同，也未有口头约定，双方之间未形成车辆保管合同关系，上诉人对被上诉人车辆不负有保管义务，对其丢失车辆也不承担赔偿责任，物业管理手册中涉及的服务内容只是一种广义的物业公司为住户提供哪些服务，而不具有合同性质，上诉人收取每月 6 元物业管理费后，有义务对住宅小区内公用设施、绿化、卫生、环境等进行物业管理，而非对小区特定的人、财、物予以管理，也不承担由于犯罪行为而导致人员伤亡、财物损失、毁坏的赔偿责任，不应任意加大物业公司所负责任。”依照《中华人民共和国民事诉讼法》第一百五十三条第一款第二项和《中华人民共和国合同法》第三百六十六条，三百六十七条的规定，判决如下：

一、撤销某区人民法院（2001）×民初字第×号民事判决；

二、驳回被上诉人的诉讼请求。

本案一、二审案件受理费 9340 元，由被上诉人负担。

【点评】

（1）物业服务费的用途（由九项构成）。

（2）“住户手册”只是一种提示性的服务文件，不具备保管合同性质。

（3）双方未形成书面保管合同文本。

（4）物业管理费只是对服务区域内的公共设施设备、绿化、环境卫生进行物业服务，而非对特定的人、财、物予以管理，也不承担犯罪行为而导致的人员伤亡、财物损失、毁坏的赔偿责任。

（5）法律依据

①《合同法》内的《保管合同》；

②《物业服务委托合同》。

（6）物业服务公司注意事项

① 工作人员无脱岗、串岗、睡岗行为；

② 按规定要求，按时巡逻，巡逻频次是否按规定要求做到，并有巡逻记录；

③ 出入门有人员记录；

④ 每班有交接记录；

⑤ 提示业主按规定要求停放车辆，并将车辆锁好。

10.4.2 小区内自行车丢失案

【案情介绍】

1. 案件经过

小区业主李某在小区内丢失三辆自行车后，拒绝交纳物业管理费，在多次催缴无果的情况下，物业公司将李某告上法庭要求其交纳物业管理费。

2. 审理及判决

庭审中，被告李某辩称：自己交纳的物业管理费中包含保安费，可小区保安并没有真正做到保证自己财产安全的义务。原告物业公司诉称，保安只负责维护小区公共秩序和安全，定时开关小区大门，巡逻时发现火警、治安、交通事故及时处理，对可疑人员进行盘查。而丢失自行车是属于治安刑事案件，应由公安机关负责处理，与物业公司无关。

最后，法院判决李某向物业公司交纳所拖欠的物业管理费。

【法律评析】

本案中，物业公司收取的物业管理费中虽然包含每户每月 4 元保安费，但并不意味着住户丢失的财物都应由物业公司负责。物业公司的保安职责有一定的范围，盗窃分子的盗窃行为属于治安或刑事犯罪，应在公安机关破案后由行为人负责赔偿。在物业公司履行职责过程中没有明显过失的情况下，这一责任不应由物业公司承担。

10.5 服务接待案例

10.5.1 解决延误供应煤气纠纷案

【案情介绍】

一天下午就要下班时，现代城服务中心来了两位女士，一位是韩国驻华大使馆的外交官夫人，一位是她的翻译。

那位年轻一点的翻译小姐上来就发脾气：“你们通知 8 月中旬通煤气，怎么又说要推迟，中国人办事就是拖拖拉拉。”负责接待的工作人员笑着解释：“很对不起，我们原来接到煤气公司的通知是 8 月中旬通气，现在他们又发来了延期的通知。”翻译小姐仍一脸的不高兴，“这位可是外国朋友，耽误了她的时间简直太不像话!”

在旁观察了一会儿的服务中心主管这时走过来，示意接待人员暂停解释，先对韩国女士点头致意，然后看着翻译小姐说：“小姐，您也是中国人吧?”（这句问话很有艺术性，不卑不亢，不轻不重，明是无心，实是有意）。翻译小姐脸“腾”地红了，低下头。主管接着说：“由于不可预见的因素而导致事情拖延的情况在中国有，在国外也有。现在的现实是管道煤气确实通不了，这肯定会给大家的生活带来不便。如果您需要用罐装液化石油气过渡一下，我们物业公司会尽全力给您们提供帮助。”（不掩饰和回避问题，主动提出解决方案，表现了全心全意为客户服务的精神）。翻译小姐怔了一下，回头用朝鲜语对韩国妇女复述。

韩国女士脸上的神情稍稍变得轻松些，她和翻译交流时，朝鲜语中偶尔夹杂着几句英语。主管见机主动用英语与她对话，说：“十分抱歉给您带来不便，当您需要时，我们会尽可能地帮助您。”说着还将物业公司的联系电话写在纸条上递给她，“请您理解我们工作的难处，我想我们今后一定会在一起愉快地共处。”韩国女士惊讶中露出愉快的神情，也用英语回答：“很抱歉错怪你们，希望您理解我的心情。我担心我丈夫吃不上可口的饭菜，所以十分着急……”说着大家都笑了起来。

第二天上午，那位韩国女士又给服务中心打来一个致歉的电话，电话中双方谈论得非常愉快。此后，彼此成了朋友。

【点评】

物业管理的服务对象既有中国人也有外国人，既有本地人也有外地人。一种双方都熟悉的语言，往往就能轻而易举地搭起沟通和友谊的桥梁。看来物业管理工作者真的需要练练语言功夫，多学几手，争取“见什么人说什么话”。

10.5.2 协调噪声扰民案

【案情介绍】

一天晚上11：30分，现代城某楼2704房业主陈女士投诉2604房业主家中有钢琴声，影响到家人的正常休息，要求物业公司派人协调处理。

服务中心了解情况后致电2604业主张女士，询问事情缘由。张女士承认家中的确有人在弹琴，她认为自己的行为虽然有些不妥，但2704业主通过敲打暖气管、用力跺踏木地板等报复楼下的业主，也是不对的。当时通过物业公司的协调，双方业主商定弹琴时间定于每晚10：00以前。一周后的晚9：20分，物业公司又接到陈女士投诉，反映2604家中钢琴声音大，影响了家中读小学孩子的正常睡眠，觉得原来商定的时间过晚，要求物业公司通知2604业主立即停止弹琴，如不合作后果自负。物业公司本着负责的态度，电话询问张女士能否提前停止弹琴，以照顾楼上上学的孩子，但遭到张女士的拒绝。

随后，服务中心人员直接到2604家中，同张女士协商此事，她认为2704业主的要求不合理。不得已只得到2704家中说明情况，但2704业主不满意。在这种情况下，管理人员又到2604家中协调，请她换位思考（引导换位思考，促成相互理解，是解决类似矛盾的基本方法）。通过不厌其烦的沟通与协调，终于感动了两家业主。最后，2604业主不但当即停止弹琴，而且与2704业主达成新的协议，时间由以前的10：00改为9：00，双方取得了谅解。

【点评】

搞物业管理不仅需要一张巧嘴，而且需要一双快腿。业主之间闹矛盾，不能觉得与己无关，要主动两边跑、两边说。跑的次数多了，说的话总能听进去。

10.6 设备运行事故案例

10.6.1 电梯机房突然跳闸案

【案情介绍】

某大厦26楼的电梯机房突然发生跳闸，造成电梯及其他设备停止运行。事故发生后，该大厦管理处设备部员工迅速投入抢险工作。由电梯公司派驻大厦的工作人员留守电梯机房，并关闭电梯电源，以免突然恢复供电对电梯及其他设备造成冲击，在必要时使用手动闸装置，使电梯轿厢移动。设备部员工进入楼面，使用三角钥匙首先开启了其余25层电梯各外门，又通过对轿厢和对承重位置判断电梯轿厢所在层面，并及时到达该层，以手动方式开启内外门，营救被困乘客。同时，对乘客及业户进行解释及安抚，全过程耗时仅十分钟。由于客梯电源暂时不能恢复，大部分业户使用消防梯下楼，造成消防梯严重堵塞。管理处安排大厦保安在1层消防梯口维持秩序，消防梯驾驶员及时到场使用手动方式运行。45分钟后，电梯故障排除，经通电试验无误后，客梯恢复正常运行。

【分析】

本案例的发生是由于配电间至电梯机房的客梯输电排长期使用，致使绝缘破损造成短路，引起配电间总闸跳闸。整个过程处理迅速，人员安排得当，且保证在安全操作规范下进行，处理故障的员工头脑冷静，经验丰富，能及时作出正确判断及行动，并能准确分析事故原因，为及时排除故障争取了时间。

由电梯机房故障所引发的一系列事件，从表面上看得到了圆满的解决，但是透过现象看本质，仍能发现不少问题。电梯作为高层楼宇的上下交通运输工具，是每位业户及来访者使用最频繁的公共设施。它的日常保养和维护有着一系列严格的规章和制度。特别是电梯机房，它是保证整幢大楼电梯正常运行的重要部位，犹如一个人的心脏，电梯机房发生丝毫的故障都会直接影响电梯的正常运行和使用。电梯在运行或使用过程中出现故障问题，严重的可能危及乘客的安全，所以大厦管理处在平时的工作中不能有丝毫的懈怠。

在本次事故处理过程中也暴露了另外一些问题：遇到停电，电梯对讲机失效时，无法及时了解梯内状况；营救人员与机房缺乏有效沟通手段；部分部门员工对故障判别存有经验主义，对设备缺乏有效维护等。该大厦管理处针对这些问题采取了一些措施，定期对设备进行校验、维护；对电梯机房进行不定时巡查；对电梯对讲机系统采用后备应急电源；对管理设备的员工配发对讲机；加强各部门之间的交流及沟通。同时还制定一套完整的应急方案，在碰到电梯故障、电梯困人等突发事故时，能按照预定方案及时、有效、安全地采取一系列应急措施，保证每位乘客的人身安全。

10.6.2 电梯“意外”致人摔死案

【案情介绍】

到朋友处玩耍的何晴一脚迈出电梯，竟跌下5m高的石坎身亡。沙区法院认为物业公司未在此处安装照明灯和警示标志，当天也未对电梯程序进行锁定，应承担主要民事赔偿责任，一审判赔25万元。

1. 跨出电梯摔下负二楼

据了解，去年7月13日，何晴和几位朋友驾车到位于沙区凤天路一小区拜访同学张先生，一行人耍得非常高兴，饭后打麻将一直搓到了次日凌晨2时方才尽兴。何和朋友从18楼的张先生家走出来后，欲乘电梯返回车库。但众人此时均记不清车库究竟在几楼，遂按照平常习惯按下了B1（负一楼）按钮。电梯门打开后，眼前一片漆黑。正当大家准备打开手机照明时，未料何晴已走出电梯。“啊!”的一声惨叫后，就没了动静。大家赶紧报警。物管公司工作人员赶赴现场后发现，何已跌下落差高达5m的负二楼，当场死亡。

2. 物管称电梯根本到不了负一楼

何的家属认为事发地没有电灯、警示标志和栏杆，这是造成何跌落身亡的原因。随后何的家属将物管公司告上法院，要求赔偿死亡赔偿金、精神损失费等各类损失计30余万元。物管公司工作人员在法庭上辩称，负一楼物业是非住宅用房，根本未出售，电梯上也设定了锁定程序，通过电梯根本到不了负一楼，他们判断何和朋友是从楼上走到负一楼的，何自己未尽到注意义务跌下梯坎，物业公司不应承担任何责任。

3. 法院判物管未尽管理责任

法院经审理认为，何第一次到朋友家玩耍，不熟悉地形，误入没有安装电灯、警示标志和防护栏杆的负一楼。由于物业公司管理失误，在事发当天对该电梯能够到达负一楼的指令程序未进行锁定，使何顺利通过电梯进入负一楼电梯间。故该公司对何的损害后果应承担主要责任，何本人未尽到谨慎的注意义务，在对周围环境不明的情况下仍在黑暗中摸索前行，是其损害后果发生的次要原因。一审判决由物业公司赔偿25万元。

4. 特别提醒

沙区法院有关负责人也提醒广大市民，此案比较离奇，电梯是大家每天都要接触到的，建筑物在地下部分的建筑，除了停车场外还有商场等附属设施，最多的还有负六楼、负七楼。市民在上电梯前最好能看一下自己所处位置，特别是自己从未去过的大楼，提高注意力，避免发生类似的意外。

10.7 其他案例

10.7.1 拖欠物业服务费纠纷案

【案情介绍】

2000年1月，滕某入住三好家园一套住房。此后，滕某以“房屋存在质量问题，小区围墙距离上诉人的房屋过近，物业公司没有尽到物业管理服务义务，物业费与服务标准不相符。”为由，从2001年11月3日起至2003年11月3日止一直未交付物业费。

原审判决认为，物业公司为滕某提供了大量的全面的物业服务，滕某应交纳相应费用。判决滕某给付物业公司物业管理费3802元，并支付逾期付款违约金，负担案件受理费270元。某法院法维持原判。

【法官评析】

物业公司与业主之间是物业合同关系；而开发商与业主之间是商品房买卖合同关系。房屋质量等问题属于业主与开发商之间商品房买卖合同调整范畴。因此，业主不能以房屋质量问题，向物业公司拒绝交纳物业费。但是，如果在物业合同中约定了物业公司有对房屋维护和修缮义务，业主要求物业公司进行维修，物业公司未履行义务的，业主有权拒绝交纳物业费。

10.7.2　小区物业服务质量纠纷案

【案情介绍】

2003年4月，杨女士等人购买了丰台区某小区的房屋，并与开发公司签订了《前期物业管理服务协议》。2004年7月1日，开发公司与物业公司签订《物业管理委托合同》，委托其对小区实行物业管理。该合同对物业管理服务的标准作了约定，其中包括小区整体形象安全舒适，环境卫生干净、利落，保洁工作高标准、高质量、无死角，房屋的公共楼梯、扶手、走廊、地下室等部位保持清洁，无随意堆放杂物和被占用现象，花草树木长势良好、无病虫灾、无死枝、无死株和干枝，达到四季常青、三季有花。当年，物业公司进驻小区进行物业管理。之后，杨女士等人只向物业公司交纳了2003年4月3日以前的物业管理费1240元，但此后至今的6950元物业费一直未付。于是，物业公司起诉到法院要求杨女士立即交纳拖欠的物业费。

杨女士等人说，物业公司自入驻小区后，从未认真履行物业管理服务职能，已给小区业主造成严重物品损害和精神损害。小区至今未有正式保安队伍，安全问题严重失控，已发生多起入户盗窃和物品丢失损坏事件；为大量收取停车管理费用，物业公司违法侵占小区消防通道和公共通道，封堵小区东西大门，停放车辆收取费用，严重阻碍了小区业主的正常出行且消防隐患严重；任意张贴悬挂广告招牌，已造成物业相关设施损坏；小区内随意施工和维修养护不当，已造成小区绿化环境损坏和部分设施损坏；小区内环境卫生状况极差，严重污染业主的生活环境；管理失控，业主基础资料已严重失实。物业公司的服务质量极差，让业主们忍无可忍，为此，他们曾多次口头及书面致函要求物业公司立即更改，但物业公司没有任何答复和改进。

杨女士等人觉得，物业公司严重侵害了小区业主的权益，根据《前期物业管理服务协议》的规定，在物业公司不履行职责及劝阻无改进时，其有权拒付物业管理费。

杨女士等人向法院提供了照片及小区物业管理满意度调查问卷，用以证明物业管理行为未达标。

北京市丰台区人民法院判决被告杨女士等四人应向物业公司交纳70%的物业费。

【律师视点】

自2002年物业公司向业主提供了物业管理服务，且杨女士等人也实际享受到了物业公司提供的服务，故应当支付物业服务费。根据杨女士等人提供的照片及物业管理满意度调查问卷，可以认定该小区存在着部分公共设施不整洁且损坏、树木枯黄、草地光秃、草地上留有粪便、停车秩序混乱等问题，物业公司提供的物业管理服务存有一定的瑕疵，故应当对其诉求的物业服务费予以一定比例的扣减，扣减的比例根据物业服务的实际情况确定为30%。

附录一　中华人民共和国　物权法

（2007年3月16日第十届全国人民代表大会第五次会议通过）

（摘录第六章、第七章）

第六章　业主的建筑物区分所有权

第七十条　业主对建筑物内的住宅、经营性用房等专有部分享有所有权，对专有部分以外的共有部分享有共有和共同管理的权利。

第七十一条　业主对其建筑物专有部分享有占有、使用、收益和处分的权利。业主行使权利不得危及建筑物的安全，不得损害其他业主的合法权益。

第七十二条　业主对建筑物专有部分以外的共有部分，享有权利，承担义务；不得以放弃权利不履行义务。

业主转让建筑物内的住宅、经营性用房，其对共有部分享有的共有和共同管理的权利一并转让。

第七十三条　建筑区划内的道路，属于业主共有，但属于城镇公共道路的除外。建筑区划内的绿地，属于业主共有，但属于城镇公共绿地或者明示属于个人的除外。建筑区划内的其他公共场所、公用设施和物业服务用房，属于业主共有。

第七十四条　建筑区划内，规划用于停放汽车的车位、车库应当首先满足业主的需要。

建筑区划内，规划用于停放汽车的车位、车库的归属，由当事人通过出售、附赠或者出租等方式约定。

占用业主共有的道路或者其他场地用于停放汽车的车位，属于业主共有。

第七十五条　业主可以设立业主大会，选举业主委员会。

地方人民政府有关部门应当对设立业主大会和选举业主委员会给予指导和协助。

第七十六条　下列事项由业主共同决定：

（一）制定和修改业主大会议事规则；

（二）制定和修改建筑物及其附属设施的管理规约；

（三）选举业主委员会或者更换业主委员会成员；

（四）选聘和解聘物业服务企业或者其他管理人；

（五）筹集和使用建筑物及其附属设施的维修资金；

（六）改建、重建建筑物及其附属设施；

（七）有关共有和共同管理权利的其他重大事项。

决定前款第五项和第六项规定的事项，应当经专有部分占建筑物总面积三分之二以上的业主且占总人数三分之二以上的业主同意。决定前款其他事项，应当经专有部分占建筑物总面积过半数的业主且占总人数过半数的业主同意。

第七十七条　业主不得违反法律、法规以及管理规约，将住宅改变为经营性用房。业主将住宅改变为经营性用房的，除遵守法律、法规以及管理规约外，应当经有利害关系的业主同意。

第七十八条　业主大会或者业主委员会的决定，对业主具有约束力。

业主大会或者业主委员会作出的决定侵害业主合法权益的，受侵害的业主可以请求人民法院予以撤销。

第七十九条　建筑物及其附属设施的维修资金，属于业主共有。经业主共同决定，可以用于电梯、水箱等共有部分的维修。维修资金的筹集、使用情况应当公布。

第八十条　建筑物及其附属设施的费用分摊、收益分配等事项，有约定的，按照约定；没有约定或者约定不明确的，按照业主专有部分占建筑物总面积的比例确定。

第八十一条　业主可以自行管理建筑物及其附属设施，也可以委托物业服务企业或者其他管理人管理。

对建设单位聘请的物业服务企业或者其他管理人，业主有权依法更换。

第八十二条　物业服务企业或者其他管理人根据业主的委托管理建筑区划内的建筑物及其附属设施，并接受业主的监督。

第八十三条　业主应当遵守法律、法规以及管理规约。

业主大会和业主委员会，对任意弃置垃圾、排放污染物或者噪声、违反规定饲养动物、违章搭建、侵占通道、拒付物业费等损害他人合法权益的行为，有权依照法律、法规以及管理规约，要求行为人停止侵害、消除危险、排除妨害、赔偿损失。业主对侵害自己合法权益的行为，可以依法向人民法院提起诉讼。

第七章　相邻关系

第八十四条　不动产的相邻权利人应当按照有利生产、方便生活、团结互助、公平合理的原则，正确处理相邻关系。

第八十五条　法律、法规对处理相邻关系有规定的，依照其规定；法律、法规没有规定的，可以按照当地习惯。

第八十六条　不动产权利人应当为相邻权利人用水、排水提供必要的便利。

对自然流水的利用，应当在不动产的相邻权利人之间合理分配。对自然流水的排放，应当尊重自然流向。

第八十七条　不动产权利人对相邻权利人因通行等必须利用其土地的，应当提供必要的便利。

第八十八条　不动产权利人因建造、修缮建筑物以及铺设电线、电缆、水管、暖气和燃气管线等必须利用相邻土地、建筑物的，该土地、建筑物的权利人应当提供必要的便利。

第八十九条　建造建筑物，不得违反国家有关工程建设标准，妨碍相邻建筑物的通风、采光和日照。

第九十条　不动产权利人不得违反国家规定弃置固体废物，排放大气污染物、水污染物、噪声、光、电磁波辐射等有害物质。

第九十一条 不动产权利人挖掘土地、建造建筑物、铺设管线以及安装设备等，不得危及相邻不动产的安全。

第九十二条 不动产权利人因用水、排水、通行、铺设管线等利用相邻不动产的，应当尽量避免对相邻的不动产权利人造成损害；造成损害的，应当给予赔偿。

附录二　物业管理条例

中华人民共和国国务院令［2007］第504号

现公布《国务院关于修改〈物业管理条例〉的决定》，自2007年10月1日起施行。

总　理：温家宝

二〇〇七年八月二十六日

国务院关于修改《物业管理条例》的决定

根据《中华人民共和国物权法》的有关规定，国务院决定对《物业管理条例》作如下修改：

一、将第十条第一款修改为："同一个物业管理区域内的业主，应当在物业所在地的区、县人民政府房地产行政主管部门或者街道办事处、乡镇人民政府的指导下成立业主大会，并选举产生业主委员会。

但是，只有一个业主的，或者业主人数较少且经全体业主一致同意，决定不成立业主大会的，由业主共同履行业主大会、业主委员会职责。"

删除第十条第二款。

二、将第十一条修改为："下列事项由业主共同决定：

（一）制定和修改业主大会议事规则；

（二）制定和修改管理规约；

（三）选举业主委员会或者更换业主委员会成员；

（四）选聘和解聘物业服务企业；

（五）筹集和使用专项维修资金；

（六）改建、重建建筑物及其附属设施；

（七）有关共有和共同管理权利的其他重大事项。"

三、将第十二条修改为："业主大会会议可以采用集体讨论的形式，也可以采用书面征求意见的形式；但是，应当有物业管理区域内专有部分占建筑物总面积过半数的业主且占总人数过半数的业主参加。

业主可以委托代理人参加业主大会会议。

业主大会决定本条例第十一条第（五）项和第（六）项规定的事项，应当经专有部分占建筑物总面积2/3以上的业主且占总人数2/3以上的业主同意；决定本条例第十一条规定的其他事项，应当经专有部分占建筑物总面积过半数的业主且占总人数过半数的业主同意。

业主大会或者业主委员会的决定，对业主具有约束力。

业主大会或者业主委员会作出的决定侵害业主合法权益的，受侵害的业主可以请求人民法院予以撤销。”

四、将第十九条第二款修改为：“业主大会、业主委员会作出的决定违反法律、法规的，物业所在地的区、县人民政府房地产行政主管部门或者街道办事处、乡镇人民政府，应当责令限期改正或者撤销其决定，并通告全体业主。”

此外，根据《中华人民共和国物权法》的有关规定，将“物业管理企业”修改为“物业服务企业”，将“业主公约”修改为“管理规约”，将“业主临时公约”修改为“临时管理规约”，并对个别条文的文字作了修改。

本决定自2007年10月1日起施行。

《物业管理条例》根据本决定作相应的修订，重新公布。

物业管理条例

（2003年6月8日中华人民共和国国务院令第379号公布　根据2007年8月26日《国务院关于修改〈物业管理条例〉的决定》修订）

第一章　总则

第一条　为了规范物业管理活动，维护业主和物业服务企业的合法权益，改善人民群众的生活和工作环境，制定本条例。

第二条　本条例所称物业管理，是指业主通过选聘物业服务企业，由业主和物业服务企业按照物业服务合同约定，对房屋及配套的设施设备和相关场地进行维修、养护、管理，维护物业管理区域内的环境卫生和相关秩序的活动。

第三条　国家提倡业主通过公开、公平、公正的市场竞争机制选择物业服务企业。

第四条　国家鼓励采用新技术、新方法，依靠科技进步提高物业管理和服务水平。

第五条　国务院建设行政主管部门负责全国物业管理活动的监督管理工作。

县级以上地方人民政府房地产行政主管部门负责本行政区域内物业管理活动的监督管理工作。

第二章　业主及业主大会

第六条　房屋的所有权人为业主。

业主在物业管理活动中，享有下列权利：

（一）按照物业服务合同的约定，接受物业服务企业提供的服务；

（二）提议召开业主大会会议，并就物业管理的有关事项提出建议；

（三）提出制定和修改管理规约、业主大会议事规则的建议；

（四）参加业主大会会议，行使投票权；

（五）选举业主委员会成员，并享有被选举权；

（六）监督业主委员会的工作；

（七）监督物业服务企业履行物业服务合同；

（八）对物业共用部位、共用设施设备和相关场地使用情况享有知情权和监督权；

（九）监督物业共用部位、共用设施设备专项维修资金（以下简称专项维修资金）的管理和使用；

（十）法律、法规规定的其他权利。

第七条 业主在物业管理活动中，履行下列义务：

（一）遵守管理规约、业主大会议事规则；

（二）遵守物业管理区域内物业共用部位和共用设施设备的使用、公共秩序和环境卫生的维护等方面的规章制度；

（三）执行业主大会的决定和业主大会授权业主委员会作出的决定；

（四）按照国家有关规定交纳专项维修资金；

（五）按时交纳物业服务费用；

（六）法律、法规规定的其他义务。

第八条 物业管理区域内全体业主组成业主大会。

业主大会应当代表和维护物业管理区域内全体业主在物业管理活动中的合法权益。

第九条 一个物业管理区域成立一个业主大会。

物业管理区域的划分应当考虑物业的共用设施设备、建筑物规模、社区建设等因素。具体办法由省、自治区、直辖市制定。

第十条 同一个物业管理区域内的业主，应当在物业所在地的区、县人民政府房地产行政主管部门或者街道办事处、乡镇人民政府的指导下成立业主大会，并选举产生业主委员会。但是，只有一个业主的，或者业主人数较少且经全体业主一致同意，决定不成立业主大会的，由业主共同履行业主大会、业主委员会职责。

第十一条 下列事项由业主共同决定：

（一）制定和修改业主大会议事规则；

（二）制定和修改管理规约；

（三）选举业主委员会或者更换业主委员会成员；

（四）选聘和解聘物业服务企业；

（五）筹集和使用专项维修资金；

（六）改建、重建建筑物及其附属设施；

（七）有关共有和共同管理权利的其他重大事项。

第十二条 业主大会会议可以采用集体讨论的形式，也可以采用书面征求意见的形式；但是，应当有物业管理区域内专有部分占建筑物总面积过半数的业主且占总人数过半数的业主参加。

业主可以委托代理人参加业主大会会议。

业主大会决定本条例第十一条第（五）项和第（六）项规定的事项，应当经专有部分占建筑物总面积2/3以上的业主且占总人数2/3以上的业主同意；决定本条例第十一条规定的其他事项，应当经专有部分占建筑物总面积过半数的业主且占总人数过半数的业主同意。

业主大会或者业主委员会的决定，对业主具有约束力。

业主大会或者业主委员会作出的决定侵害业主合法权益的，受侵害的业主可以请求人民法院予以撤销。

第十三条 业主大会会议分为定期会议和临时会议。

业主大会定期会议应当按照业主大会议事规则的规定召开。经20%以上的业主提议，业主委员会应当组织召开业主大会临时会议。

第十四条 召开业主大会会议，应当于会议召开15日以前通知全体业主。

住宅小区的业主大会会议，应当同时告知相关的居民委员会。

业主委员会应当做好业主大会会议记录。

第十五条 业主委员会执行业主大会的决定事项，履行下列职责：

（一）召集业主大会会议，报告物业管理的实施情况；

（二）代表业主与业主大会选聘的物业服务企业签订物业服务合同；

（三）及时了解业主、物业使用人的意见和建议，监督和协助物业服务企业履行物业服务合同；

（四）监督管理规约的实施；

（五）业主大会赋予的其他职责。

第十六条 业主委员会应当自选举产生之日起30日内，向物业所在地的区、县人民政府房地产行政主管部门和街道办事处、乡镇人民政府备案。

业主委员会委员应当由热心公益事业、责任心强、具有一定组织能力的业主担任。

业主委员会主任、副主任在业主委员会成员中推选产生。

第十七条 管理规约应当对有关物业的使用、维护、管理，业主的共同利益，业主应当履行的义务，违反管理规约应当承担的责任等事项依法作出约定。

管理规约应当尊重社会公德，不得违反法律、法规或者损害社会公共利益。

管理规约对全体业主具有约束力。

第十八条 业主大会议事规则应当就业主大会的议事方式、表决程序、业主委员会的组成和成员任期等事项作出约定。

第十九条 业主大会、业主委员会应当依法履行职责，不得作出与物业管理无关的决定，不得从事与物业管理无关的活动。

业主大会、业主委员会作出的决定违反法律、法规的，物业所在地的区、县人民政府房地产行政主管部门或者街道办事处、乡镇人民政府，应当责令限期改正或者撤销其决定，并通告全体业主。

第二十条 业主大会、业主委员会应当配合公安机关，与居民委员会相互协作，共同做好维护物业管理区域内的社会治安等相关工作。

在物业管理区域内，业主大会、业主委员会应当积极配合相关居民委员会依法履行自治管理职责，支持居民委员会开展工作，并接受其指导和监督。

住宅小区的业主大会、业主委员会作出的决定，应当告知相关的居民委员会，并认真听取居民委员会的建议。

第三章 前期物业管理

第二十一条 在业主、业主大会选聘物业服务企业之前，建设单位选聘物业服务企业的，应当签订书面的前期物业服务合同。

第二十二条 建设单位应当在销售物业之前，制定临时管理规约，对有关物业的使用、维护、管理，业主的共同利益，业主应当履行的义务，违反临时管理规约应当承担的责任等事项依法作出约定。

建设单位制定的临时管理规约，不得侵害物业买受人的合法权益。

第二十三条 建设单位应当在物业销售前将临时管理规约向物业买受人明示，并予以说明。

物业买受人在与建设单位签订物业买卖合同时，应当对遵守临时管理规约予以书面承诺。

第二十四条 国家提倡建设单位按照房地产开发与物业管理相分离的原则，通过招投标的方式选聘具有相应资质的物业服务企业。

住宅物业的建设单位，应当通过招投标的方式选聘具有相应资质的物业服务企业；投标人少于3个或者住宅规模较小的，经物业所在地的区、县人民政府房地产行政主管部门批准，可以采用协议方式选聘具有相应资质的物业服务企业。

第二十五条 建设单位与物业买受人签订的买卖合同应当包含前期物业服务合同约定的内容。

第二十六条 前期物业服务合同可以约定期限；但是，期限未满、业主委员会与物业服务企业签订的物业服务合同生效的，前期物业服务合同终止。

第二十七条 业主依法享有的物业共用部位、共用设施设备的所有权或者使用权，建设单位不得擅自处分。

第二十八条 物业服务企业承接物业时，应当对物业共用部位、共用设施设备进行查验。

第二十九条 在办理物业承接验收手续时，建设单位应当向物业服务企业移交下列资料：

（一）竣工总平面图，单体建筑、结构、设备竣工图，配套设施、地下管网工程竣工图等竣工验收资料；

（二）设施设备的安装、使用和维护保养等技术资料；

（三）物业质量保修文件和物业使用说明文件；

（四）物业管理所必需的其他资料。

物业服务企业应当在前期物业服务合同终止时将上述资料移交给业主委员会。

第三十条 建设单位应当按照规定在物业管理区域内配置必要的物业管理用房。

第三十一条 建设单位应当按照国家规定的保修期限和保修范围，承担物业的保修责任。

第四章 物业管理服务

第三十二条 从事物业管理活动的企业应当具有独立的法人资格。

国家对从事物业管理活动的企业实行资质管理制度。具体办法由国务院建设行政主管部门制定。

第三十三条 从事物业管理的人员应当按照国家有关规定，取得职业资格证书。

第三十四条 一个物业管理区域由一个物业服务企业实施物业管理。

第三十五条 业主委员会应当与业主大会选聘的物业服务企业订立书面的物业服务合同。

物业服务合同应当对物业管理事项、服务质量、服务费用、双方的权利义务、专项维修资金的管理与使用、物业管理用房、合同期限、违约责任等内容进行约定。

第三十六条 物业服务企业应当按照物业服务合同的约定，提供相应的服务。

物业服务企业未能履行物业服务合同的约定，导致业主人身、财产安全受到损害的，应当依法承担相应的法律责任。

第三十七条 物业服务企业承接物业时，应当与业主委员会办理物业验收手续。

业主委员会应当向物业服务企业移交本条例第二十九条第一款规定的资料。

第三十八条 物业管理用房的所有权依法属于业主。未经业主大会同意，物业服务企业不得改变物业管理用房的用途。

第三十九条 物业服务合同终止时，物业服务企业应当将物业管理用房和本条例第二十九条第一款规定的资料交还给业主委员会。

物业服务合同终止时，业主大会选聘了新的物业服务企业的，物业服务企业之间应当做好交接工作。

第四十条 物业服务企业可以将物业管理区域内的专项服务业务委托给专业性服务企业，但不得将该区域内的全部物业管理一并委托给他人。

第四十一条 物业服务收费应当遵循合理、公开以及费用与服务水平相适应的原则，区别不同物业的性质和特点，由业主和物业服务企业按照国务院价格主管部门会同国务院建设行政主管部门制定的物业服务收费办法，在物业服务合同中约定。

第四十二条 业主应当根据物业服务合同的约定交纳物业服务费用。业主与物业使用人约定由物业使用人交纳物业服务费用的，从其约定，业主负连带交纳责任。

已竣工但尚未出售或者尚未交给物业买受人的物业，物业服务费用由建设单位交纳。

第四十三条 县级以上人民政府价格主管部门会同同级房地产行政主管部门，应当加强对物业服务收费的监督。

第四十四条 物业服务企业可以根据业主的委托提供物业服务合同约定以外的服务项目，服务报酬由双方约定。

第四十五条 物业管理区域内，供水、供电、供气、供热、通信、有线电视等单位应当向最终用户收取有关费用。

物业服务企业接受委托代收前款费用的，不得向业主收取手续费等额外费用。

第四十六条 对物业管理区域内违反有关治安、环保、物业装饰装修和使用等方面法律、法规规定的行为，物业服务企业应当制止，并及时向有关行政管理部门报告。

有关行政管理部门在接到物业服务企业的报告后，应当依法对违法行为予以制止或者依法处理。

第四十七条 物业服务企业应当协助做好物业管理区域内的安全防范工作。发生安全事故时，物业服务企业在采取应急措施的同时，应当及时向有关行政管理部门报告，协助做好救助工作。

物业服务企业雇请保安人员的，应当遵守国家有关规定。保安人员在维护物业管理区域内的公共秩序时，应当履行职责，不得侵害公民的合法权益。

第四十八条 物业使用人在物业管理活动中的权利义务由业主和物业使用人约定，但不得违反法律、法规和管理规约的有关规定。

物业使用人违反本条例和管理规约的规定，有关业主应当承担连带责任。

第四十九条 县级以上地方人民政府房地产行政主管部门应当及时处理业主、业主委员会、物业使用人和物业服务企业在物业管理活动中的投诉。

第五章 物业的使用与维护

第五十条 物业管理区域内按照规划建设的公共建筑和共用设施，不得改变用途。

业主依法确需改变公共建筑和共用设施用途的，应当在依法办理有关手续后告知物业服务企业；物业服务企业确需改变公共建筑和共用设施用途的，应当提请业主大会讨论决定同意后，由业主依法办理有关手续。

第五十一条 业主、物业服务企业不得擅自占用、挖掘物业管理区域内的道路、场地，损害业主的共同利益。

因维修物业或者公共利益，业主确需临时占用、挖掘道路、场地的，应当征得业主委员会和物业服务企业的同意；物业服务企业确需临时占用、挖掘道路、场地的，应当征得业主委员会的同意。

业主、物业服务企业应当将临时占用、挖掘的道路、场地，在约定期限内恢复原状。

第五十二条 供水、供电、供气、供热、通信、有线电视等单位，应当依法承担物业管理区域内相关管线和设施设备维修、养护的责任。

前款规定的单位因维修、养护等需要，临时占用、挖掘道路、场地的，应当及时恢复原状。

第五十三条 业主需要装饰装修房屋的，应当事先告知物业服务企业。

物业服务企业应当将房屋装饰装修中的禁止行为和注意事项告知业主。

第五十四条 住宅物业、住宅小区内的非住宅物业或者与单幢住宅楼结构相连的非住宅物业的业主，应当按照国家有关规定交纳专项维修资金。

专项维修资金属于业主所有，专项用于物业保修期满后物业共用部位、共用设施设备的维修和更新、改造，不得挪作他用。

专项维修资金收取、使用、管理的办法由国务院建设行政主管部门会同国务院财政部门制定。

第五十五条 利用物业共用部位、共用设施设备进行经营的，应当在征得相关业主、业主大会、物业服务企业的同意后，按照规定办理有关手续。业主所得收益应当主要用于补充专项维修资金，也可以按照业主大会的决定使用。

第五十六条 物业存在安全隐患，危及公共利益及他人合法权益时，责任人应当及时维修养护，有关业主应当给予配合。

责任人不履行维修养护义务的，经业主大会同意，可以由物业服务企业维修养护，费用由责任人承担。

第六章　法律责任

第五十七条　违反本条例的规定，住宅物业的建设单位未通过招投标的方式选聘物业服务企业或者未经批准，擅自采用协议方式选聘物业服务企业的，由县级以上地方人民政府房地产行政主管部门责令限期改正，给予警告，可以并处10万元以下的罚款。

第五十八条　违反本条例的规定，建设单位擅自处分属于业主的物业共用部位、共用设施设备的所有权或者使用权的，由县级以上地方人民政府房地产行政主管部门处5万元以上20万元以下的罚款；给业主造成损失的，依法承担赔偿责任。

第五十九条　违反本条例的规定，不移交有关资料的，由县级以上地方人民政府房地产行政主管部门责令限期改正；逾期仍不移交有关资料的，对建设单位、物业服务企业予以通报，处1万元以上10万元以下的罚款。

第六十条　违反本条例的规定，未取得资质证书从事物业管理的，由县级以上地方人民政府房地产行政主管部门没收违法所得，并处5万元以上20万元以下的罚款；给业主造成损失的，依法承担赔偿责任。

以欺骗手段取得资质证书的，依照本条第一款规定处罚，并由颁发资质证书的部门吊销资质证书。

第六十一条　违反本条例的规定，物业服务企业聘用未取得物业管理职业资格证书的人员从事物业管理活动的，由县级以上地方人民政府房地产行政主管部门责令停止违法行为，处5万元以上20万元以下的罚款；给业主造成损失的，依法承担赔偿责任。

第六十二条　违反本条例的规定，物业服务企业将一个物业管理区域内的全部物业管理一并委托给他人的，由县级以上地方人民政府房地产行政主管部门责令限期改正，处委托合同价款30%以上50%以下的罚款；情节严重的，由颁发资质证书的部门吊销资质证书。委托所得收益，用于物业管理区域内物业共用部位、共用设施设备的维修、养护，剩余部分按照业主大会的决定使用；给业主造成损失的，依法承担赔偿责任。

第六十三条　违反本条例的规定，挪用专项维修资金的，由县级以上地方人民政府房地产行政主管部门追回挪用的专项维修资金，给予警告，没收违法所得，可以并处挪用数额2倍以下的罚款；物业服务企业挪用专项维修资金，情节严重的，并由颁发资质证书的部门吊销资质证书；构成犯罪的，依法追究直接负责的主管人员和其他直接责任人员的刑事责任。

第六十四条　违反本条例的规定，建设单位在物业管理区域内不按照规定配置必要的物业管理用房的，由县级以上地方人民政府房地产行政主管部门责令限期改正，给予警告，没收违法所得，并处10万元以上50万元以下的罚款。

第六十五条 违反本条例的规定，未经业主大会同意，物业服务企业擅自改变物业管理用房的用途的，由县级以上地方人民政府房地产行政主管部门责令限期改正，给予警告，并处1万元以上10万元以下的罚款；有收益的，所得收益用于物业管理区域内物业共用部位、共用设施设备的维修、养护，剩余部分按照业主大会的决定使用。

第六十六条 违反本条例的规定，有下列行为之一的，由县级以上地方人民政府房地产行政主管部门责令限期改正，给予警告，并按照本条第二款的规定处以罚款；所得收益，用于物业管理区域内物业共用部位、共用设施设备的维修、养护，剩余部分按照业主大会的决定使用：

（一）擅自改变物业管理区域内按照规划建设的公共建筑和共用设施用途的；

（二）擅自占用、挖掘物业管理区域内道路、场地，损害业主共同利益的；

（三）擅自利用物业共用部位、共用设施设备进行经营的。

个人有前款规定行为之一的，处1000元以上1万元以下的罚款；单位有前款规定行为之一的，处5万元以上20万元以下的罚款。

第六十七条 违反物业服务合同约定，业主逾期不交纳物业服务费用的，业主委员会应当督促其限期交纳；逾期仍不交纳的，物业服务企业可以向人民法院起诉。

第六十八条 业主以业主大会或者业主委员会的名义，从事违反法律、法规的活动，构成犯罪的，依法追究刑事责任；尚不构成犯罪的，依法给予治安管理处罚。

第六十九条 违反本条例的规定，国务院建设行政主管部门、县级以上地方人民政府房地产行政主管部门或者其他有关行政管理部门的工作人员利用职务上的便利，收受他人财物或者其他好处，不依法履行监督管理职责，或者发现违法行为不予查处，构成犯罪的，依法追究刑事责任；尚不构成犯罪的，依法给予行政处分。

第七章 附则

第七十条 本条例自2003年9月1日起施行。

附录三　住宅室内装饰装修管理办法

中华人民共和国建设部令

第110号

《住宅室内装饰装修管理办法》已于2002年2月26日经第53次部常务会议讨论通过，现予发布，自2002年5月1日起施行。

部长：汪光焘

二〇〇二年三月五日

住宅室内装饰装修管理办法

第一章　总则

第一条　为加强住宅室内装饰装修管理，保证装饰装修工程质量和安全，维护公共安全和公众利益，根据有关法律、法规，制定本办法。

第二条　在城市从事住宅室内装饰装修活动，实施对住宅室内装饰装修活动的监督管理，应当遵守本办法。

本办法所称住宅室内装饰装修，是指住宅竣工验收合格后，业主或者住宅使用人（以下简称装修人）对住宅室内进行装饰装修的建筑活动。

第三条　住宅室内装饰装修应当保证工程质量和安全，符合工程建设强制性标准。

第四条　国务院建设行政主管部门负责全国住宅室内装饰装修活动的管理工作。

省、自治区人民政府建设行政主管部门负责本行政区域内的住宅室内装饰装修活动的管理工作。

直辖市、市、县人民政府房地产行政主管部门负责本行政区域内的住宅室内装饰装修活动的管理工作。

第二章　一般规定

第五条　住宅室内装饰装修活动，禁止下列行为：

（一）未经原设计单位或者具有相应资质等级的设计单位提出设计方案，变动建筑主体和承重结构；

（二）将没有防水要求的房间或者阳台改为卫生间、厨房间；

（三）扩大承重墙上原有的门窗尺寸，拆除连接阳台的砖、混凝土墙体；

（四）损坏房屋原有节能设施，降低节能效果；

（五）其他影响建筑结构和使用安全的行为。

本办法所称建筑主体，是指建筑实体的结构构造，包括屋盖、楼盖、梁、柱、支撑、墙体、连接接点和基础等。

本办法所称承重结构，是指直接将本身自重与各种外加作用力系统地传递给基础地基的主要结构构件和其连接接点，包括承重墙体、立杆、柱、框架柱、支墩、楼板、梁、屋架、悬索等。

第六条 装修人从事住宅室内装饰装修活动，未经批准，不得有下列行为：

（一）搭建建筑物、构筑物；

（二）改变住宅外立面，在非承重外墙上开门、窗；

（三）拆改供暖管道和设施；

（四）拆改燃气管道和设施。

本条所列第（一）项、第（二）项行为，应当经城市规划行政主管部门批准；第（三）项行为，应当经供暖管理单位批准；第（四）项行为应当经燃气管理单位批准。

第七条 住宅室内装饰装修超过设计标准或者规范增加楼面荷载的，应当经原设计单位或者具有相应资质等级的设计单位提出设计方案。

第八条 改动卫生间、厨房间防水层的，应当按照防水标准制订施工方案，并做闭水试验。

第九条 装修人经原设计单位或者具有相应资质等级的设计单位提出设计方案变动建筑主体和承重结构的，或者装修活动涉及本办法第六条、第七条、第八条内容的，必须委托具有相应资质的装饰装修企业承担。

第十条 装饰装修企业必须按照工程建设强制性标准和其他技术标准施工，不得偷工减料，确保装饰装修工程质量。

第十一条 装饰装修企业从事住宅室内装饰装修活动，应当遵守施工安全操作规程，按照规定采取必要的安全防护和消防措施，不得擅自动用明火和进行焊接作业，保证作业人员和周围住房及财产的安全。

第十二条 装修人和装饰装修企业从事住宅室内装饰装修活动，不得侵占公共空间，不得损害公共部位和设施。

第三章 开工申报与监督

第十三条 装修人在住宅室内装饰装修工程开工前，应当向物业管理企业或者房屋管理机构（以下简称物业管理单位）申报登记。

非业主的住宅使用人对住宅室内进行装饰装修，应当取得业主的书面同意。

第十四条 申报登记应当提交下列材料：

（一）房屋所有权证（或者证明其合法权益的有效凭证）；

（二）申请人身份证件；

（三）装饰装修方案；

（四）变动建筑主体或者承重结构的，需提交原设计单位或者具有相应资质等级的设计单位提出的设计方案；

（五）涉及本办法第六条行为的，需提交有关部门的批准文件，涉及本办法第七条、第八条行为的，需提交设计方案或者施工方案；

（六）委托装饰装修企业施工的，需提供该企业相关资质证书的复印件。

非业主的住宅使用人，还需提供业主同意装饰装修的书面证明。

第十五条 物业管理单位应当将住宅室内装饰装修工程的禁止行为和注意事项告知装修人和装修人委托的装饰装修企业。

装修人对住宅进行装饰装修前，应当告知邻里。

第十六条 装修人，或者装修人和装饰装修企业，应当与物业管理单位签订住宅室内装饰装修管理服务协议。

住宅室内装饰装修管理服务协议应当包括下列内容：

（一）装饰装修工程的实施内容；

（二）装饰装修工程的实施期限；

（三）允许施工的时间；

（四）废弃物的清运与处置；

（五）住宅外立面设施及防盗窗的安装要求；

（六）禁止行为和注意事项；

（七）管理服务费用；

（八）违约责任；

（九）其他需要约定的事项。

第十七条 物业管理单位应当按照住宅室内装饰装修管理服务协议实施管理，发现装修人或者装饰装修企业有本办法第五条行为的，或者未经有关部门批准实施本办法第六条所列行为的，或者有违反本办法第七条、第八条、第九条规定行为的，应当立即制止；已造成事实后果或者拒不改正的，应当及时报告有关部门依法处理。对装修人或者装饰装修企业违反住宅室内装饰装修管理服务协议的，追究违约责任。

第十八条 有关部门接到物业管理单位关于装修人或者装饰装修企业有违反本办法行为的报告后，应当及时到现场检查核实，依法处理。

第十九条 禁止物业管理单位向装修人指派装饰装修企业或者强行推销装饰装修材料。

第二十条 装修人不得拒绝和阻碍物业管理单位依据住宅室内装饰装修管理服务协议的约定，对住宅室内装饰装修活动的监督检查。

第二十一条 任何单位和个人对住宅室内装饰装修中出现的影响公众利益的质量事故、质量缺陷以及其他影响周围住户正常生活的行为，都有权检举、控告、投诉。

第四章 委托与承接

第二十二条 承接住宅室内装饰装修工程的装饰装修企业，必须经建设行政主管部门资质审查，取得相应的建筑业企业资质证书，并在其资质等级许可的范围内承揽工程。

第二十三条 装修人委托企业承接其装饰装修工程的，应当选择具有相应资质等级的装饰装修企业。

第二十四条 装修人与装饰装修企业应当签订住宅室内装饰装修书面合同，明确双方的权利和义务。

住宅室内装饰装修合同应当包括下列主要内容：

（一）委托人和被委托人的姓名或者单位名称、住所地址、联系电话；

（二）住宅室内装饰装修的房屋间数、建筑面积，装饰装修的项目、方式、规格、质量要求以及质量验收方式；

（三）装饰装修工程的开工、竣工时间；

（四）装饰装修工程保修的内容、期限；

（五）装饰装修工程价格，计价和支付方式、时间；

（六）合同变更和解除的条件；

（七）违约责任及解决纠纷的途径；

（八）合同的生效时间；

（九）双方认为需要明确的其他条款。

第二十五条 住宅室内装饰装修工程发生纠纷的，可以协商或者调解解决。不愿协商、调解或者协商、调解不成的，可以依法申请仲裁或者向人民法院起诉。

第五章 室内环境质量

第二十六条 装饰装修企业从事住宅室内装饰装修活动，应当严格遵守规定的装饰装修施工时间，降低施工噪声，减少环境污染。

第二十七条 住宅室内装饰装修过程中所形成的各种固体、可燃液体等废物，应当按照规定的位置、方式和时间堆放和清运。严禁违反规定将各种固体、可燃液体等废物堆放于住宅垃圾道、楼道或者其他地方。

第二十八条 住宅室内装饰装修工程使用的材料和设备必须符合国家标准，有质量检验合格证明和有中文标识的产品名称、规格、型号、生产厂厂名、厂址等。禁止使用国家明令淘汰的建筑装饰装修材料和设备。

第二十九条 装修人委托企业对住宅室内进行装饰装修的，装饰装修工程竣工后，空气质量应当符合国家有关标准。装修人可以委托有资格的检测单位对空气质量进行检测。检测不合格的，装饰装修企业应当返工，并由责任人承担相应损失。

第六章 竣工验收与保修

第三十条 住宅室内装饰装修工程竣工后，装修人应当按照工程设计合同约定和相应的质量标准进行验收。验收合格后，装饰装修企业应当出具住宅室内装饰装修质量保修书。

物业管理单位应当按照装饰装修管理服务协议进行现场检查，对违反法律、法规和装饰装修管理服务协议的，应当要求装修人和装饰装修企业纠正，并将检查记录存档。

第三十一条 住宅室内装饰装修工程竣工后，装饰装修企业负责采购装饰装修材料及设备的，应当向业主提交说明书、保修单和环保说明书。

第三十二条 在正常使用条件下，住宅室内装饰装修工程的最低保修期限为二年，有防水要求的厨房、卫生间和外墙面的防渗漏为五年。保修期自住宅室内装饰装修工程竣工验收合格之日起计算。

第七章　法律责任

第三十三条　因住宅室内装饰装修活动造成相邻住宅的管道堵塞、渗漏水、停水停电、物品毁坏等，装修人应当负责修复和赔偿；属于装饰装修企业责任的，装修人可以向装饰装修企业追偿。

装修人擅自拆改供暖、燃气管道和设施造成损失的，由装修人负责赔偿。

第三十四条　装修人因住宅室内装饰装修活动侵占公共空间，对公共部位和设施造成损害的，由城市房地产行政主管部门责令改正，造成损失的，依法承担赔偿责任。

第三十五条　装修人未申报登记进行住宅室内装饰装修活动的，由城市房地产行政主管部门责令改正，处5百元以上1千元以下的罚款。

第三十六条　装修人违反本办法规定，将住宅室内装饰装修工程委托给不具有相应资质等级企业的，由城市房地产行政主管部门责令改正，处5百元以上1千元以下的罚款。

第三十七条　装饰装修企业自行采购或者向装修人推荐使用不符合国家标准的装饰装修材料，造成空气污染超标的，由城市房地产行政主管部门责令改正，造成损失的，依法承担赔偿责任。

第三十八条　住宅室内装饰装修活动有下列行为之一的，由城市房地产行政主管部门责令改正，并处罚款：

（一）将没有防水要求的房间或者阳台改为卫生间、厨房间的，或者拆除连接阳台的砖、混凝土墙体的，对装修人处5百元以上1千元以下的罚款，对装饰装修企业处1千元以上1万元以下的罚款；

（二）损坏房屋原有节能设施或者降低节能效果的，对装饰装修企业处1千元以上5千元以下的罚款；

（三）擅自拆改供暖、燃气管道和设施的，对装修人处5百元以上1千元以下的罚款；

（四）未经原设计单位或者具有相应资质等级的设计单位提出设计方案，擅自超过设计标准或者规范增加楼面荷载的，对装修人处5百元以上1千元以下的罚款，对装饰装修企业处1千元以上1万元以下的罚款。

第三十九条　未经城市规划行政主管部门批准，在住宅室内装饰装修活动中搭建建筑物、构筑物的，或者擅自改变住宅外立面、在非承重外墙上开门、窗的，由城市规划行政主管部门按照《城市规划法》及相关法规的规定处罚。

第四十条　装修人或者装饰装修企业违反《建设工程质量管理条例》的，由建设行政主管部门按照有关规定处罚。

第四十一条　装饰装修企业违反国家有关安全生产规定和安全生产技术规程，不按照规定采取必要的安全防护和消防措施，擅自动用明火作业和进行焊接作业的，或者对建筑安全事故隐患不采取措施予以消除的，由建设行政主管部门责令改正，并处1千元以上1万元以下的罚款；情节严重的，责令停业整顿，并处1万元以上3万元以下的罚款；造成重大安全事故的，降低资质等级或者吊销资质证书。

第四十二条 物业管理单位发现装修人或者装饰装修企业有违反本办法规定的行为不及时向有关部门报告的，由房地产行政主管部门给予警告，可处装饰装修管理服务协议约定的装饰装修管理服务费 2 至 3 倍的罚款。

第四十三条 有关部门的工作人员接到物业管理单位对装修人或者装饰装修企业违法行为的报告后，未及时处理，玩忽职守的，依法给予行政处分。

第八章 附则

第四十四条 工程投资额在 30 万元以下或者建筑面积在 300 平方米以下，可以不申请办理施工许可证的非住宅装饰装修活动参照本办法执行。

第四十五条 住宅竣工验收合格前的装饰装修工程管理，按照《建设工程质量管理条例》执行。

第四十六条 省、自治区、直辖市人民政府建设行政主管部门可以依据本办法，制定实施细则。

第四十七条 本办法由国务院建设行政主管部门负责解释。

第四十八条 本办法自 2002 年 5 月 1 日起施行。

附录四　城市异产毗连房屋管理规定

中华人民共和国建设部部令

城市异产毗连房屋管理规定

(1989 年 11 月 21 日 第 5 号)

第一条　为加强城市异产毗连房屋的管理，维护房屋所有人、使用人的合法权益，明确管理、修缮责任，保障房屋的正常使用，特制定本规定。

第二条　本规定适用于城市（指直辖市、市、建制镇，下同）内的界产毗连房屋。本规定所称异产毗连房屋，系指结构相连或具有共有、共用设备和附属建筑，而为不同所有人所共有的房屋。

第三条　异产毗连房屋的所有人按照城市房地产行政主管部门核发的所有权证规定的范围行使权利，并承担相应的义务。

第四条　建设部负责全国的城市异产毗连房屋管理工作。县级以上地方人民政府房地产行政主管部门负责本辖区的城市异产毗连房屋管理工作。

第五条　所有人和使用人对房屋的使用和修缮，必须符合城市规划、房地产管理、消防和环境保护等部门的要求，并应按照有利使用、共同协商、公平台理的原则，正确处理毗连关系。

第六条　所有人和使用人对共有、共用的门厅、阳台、屋面、楼道、厨房、厕所以及院落、上下水设施等，应共同合理使用并承担相应的义务；除另有约定外，任何一方不得多占、独占。所有人和使用人在房屋共有、共用部位，不得有损害他方利益的行为。

第七条　异产毗连房屋所有人以外的人如需使用异产毗连房屋的共有部位时，应取得各所有人一致同意。并签定书面协议。

第八条　一方所有人如需改变共有部位的外形或结构时，除须经城市规划部门批准外，还须征得其他所有人的书面同意。

第九条　凡异产毗连房屋发生自然损坏（因不可抗力造成的损坏，视同自然损坏)，所需修缮费用依下列原则处理：

（一）共有房屋主体结构中的基础、柱、梁、墙的修缮，由共有房屋所有人按份额比例分担。

（二）共有墙体的修缮（包括因结构需要而涉及的相邻部位的修缮），按两侧均分后，再由每侧房屋所有人按份额比例分担。

（三）楼盖的修缮，其楼面与顶棚部位，由所在层房屋所有人负责；其结构部位，由毗连层上下房屋所有人按份额比例分担。

（四）屋盖的修缮。

1. 不上人房盖，由修缮所及范围覆盖下各层的房屋所有人按份额比例分担。

2. 可上人屋盖（包括屋面和周边护栏），如为各层所共用，由修缮所及范围覆盖下各层的房屋所有人按份额比例分担；如仅为若干层使用，使用层的房屋所有人分担一半，其余一半由修缮所及范围覆盖下各层房屋所有人按份额比例分担。

（五）楼梯及楼梯间（包括出屋面部分）的修缮：

1. 各层共用楼梯，由房屋所有人按份额比例分担。

2. 为某些层所专用的楼梯，由其专用的房屋所有人按份额比例分担。

（六）房屋共有部位必要的装饰，由受益的房屋所有人按份额比例分担。

（七）房屋共有、共用的设备和附属建筑（如电梯、水泵、暖气、水卫、电照、沟管、垃圾道、化粪池等）的修缮，由所有人按份额比例分担。

（八）房屋拆除，其拆卸支付或残值回收，由房屋所有人按份额比例分配。

第十条 异产毗连房屋的自然损坏，应按第九条规定及时修缮，不得拖延或拒绝；否则，造成损失的，责任人应负责赔偿。

第十一条 异产毗连房屋因使用不当造成损坏，由责任人负责。

第十二条 异产毗连房屋的一方所有人或使用人有造成房屋危险行为时。他方有权采取必要措施，防止危险发生；如造成损失，责任方应负责赔偿。

第十三条 异产毗连房屋的一方所有人或使用人超越权利范围，侵害他方权益的，应停止侵害，并赔偿由此而造成的损失。

第十四条 异产毗连房屋的所有人或使用人发生纠纷时，纠纷的任何一方均可申请房屋所在地房地产行政主管部门调处，也可直接向房屋所在地人民法院起诉。

第十五条 异产毗连房屋经房屋安全鉴定机构鉴定为危险房屋的，房屋所有人必须按有关规定及时治理。

第十六条 异产毗连房屋的所有人可组成房屋管理组织，也可委托其他组织，在当地房地产行政主管部门的指导下，负责房屋的使用、修缮等管理工作。

第十七条 售给个人的异产毗连公有住房，其共有部位和共用设备的维修办法，将依照国家住房制度改革的有关文件另行规定。

第十八条 其他产权共有的房屋，参照本规定执行。

第十九条 县级以上地方人民政府房地产行政主管部门可依据本规定，结合当地情况，制定实施细则，经同级人民政府批准后，报上一级主管部门备案。

第二十条 未设镇建制的工矿区可参照本规定执行。

第二十一条 本规定由建设部负责解释。

第二十二条 本规定自 1990 年 1 月 1 日起施行。

附录五　物业服务收费管理办法

《物业服务收费管理办法》

发改价格［2003］1864号

各省、自治区、直辖市计委（发展改革委）、物价局、建设厅、房地局：

为规范物业管理服务收费行为，保障业主和物业管理企业的合法权益，根据《中华人民共和国价格法》和《物业管理条例》，我们制定了《物业服务收费管理办法》，现印发给你们，请按照执行。

附：《物业服务收费管理办法》

中华人民共和国国家发展和改革委员会

中华人民共和国建设部

二〇〇三年十一月十三日

附：

物业服务收费管理办法

第一条　为规范物业服务收费行为，保障业主和物业管理企业的合法权益，根据《中华人民共和国价格法》和《物业管理条例》，制定本办法。

第二条　本办法所称物业服务收费，是指物业管理企业按照物业服务合同的约定，对房屋及配套的设施设备和相关场地进行维修、养护、管理，维护相关区域内的环境卫生和秩序，向业主所收取的费用。

第三条　国家提倡业主通过公开、公平、公正的市场竞争机制选择物业管理企业；鼓励物业管理企业开展正当的价格竞争，禁止价格欺诈，促进物业服务收费通过市场竞争形成。

第四条　国务院价格主管部门会同国务院建设行政主管部门负责全国物业服务收费的监督管理工作。

县级以上地方人民政府价格主管部门会同同级房地产行政主管部门负责本行政区域内物业服务收费的监督管理工作。

第五条　物业服务收费应当遵循合理、公开以及费用与服务水平相适应的原则。

第六条　物业服务收费应当区分不同物业的性质和特点分别实行政府指导价和市场调节价。具体定价形式由省、自治区、直辖市人民政府价格主管部门会同房地产行政主管部门确定。

第七条　物业服务收费实行政府指导价的，有定价权限的人民政府价格主管部门应当会同房地产行政主管部门根据物业管理服务等级标准等因素，制定相应的基准价及其浮动幅度，并定期公布。具体收费标准由业主与物业管理企业根据规定的基准价和浮动幅度在物业服务合同中约定。

实行市场调节价的物业服务收费，由业主与物业管理企业在物业服务合同中约定。

第八条 物业管理企业应当按照政府价格主管部门的规定实行明码标价，在物业管理区域内的显著位置，将服务内容、服务标准以及收费项目、收费标准等有关情况进行公示。

第九条 业主与物业管理企业可以采取包干制或者酬金制等形式约定物业服务费用。

包干制是指由业主向物业管理企业支付固定物业服务费用，盈余或者亏损均由物业管理企业享有或者承担的物业服务计费方式。

酬金制是指在预收的物业服务资金中按约定比例或者约定数额提取酬金支付给物业管理企业，其余全部用于物业服务合同约定的支出，结余或者不足均由业主享有或者承担的物业服务计费方式。

第十条 建设单位与物业买受人签订的买卖合同，应当约定物业管理服务内容、服务标准、收费标准、计费方式及计费起始时间等内容，涉及物业买受人共同利益的约定应当一致。

第十一条 实行物业服务费用包干制的，物业服务费用的构成包括物业服务成本、法定税费和物业管理企业的利润。

实行物业服务费用酬金制的，预收的物业服务资金包括物业服务支出和物业管理企业的酬金。

物业服务成本或者物业服务支出构成一般包括以下部分：

1. 管理服务人员的工资、社会保险和按规定提取的福利费等；
2. 物业共用部位、共用设施设备的日常运行、维护费用；
3. 物业管理区域清洁卫生费用；
4. 物业管理区域绿化养护费用；
5. 物业管理区域秩序维护费用；
6. 办公费用；
7. 物业管理企业固定资产折旧；
8. 物业共用部位、共用设施设备及公众责任保险费用；
9. 经业主同意的其他费用。

物业共用部位、共用设施设备的大修、中修和更新、改造费用，应当通过专项维修资金予以列支，不得计入物业服务支出或者物业服务成本。

第十二条 实行物业服务费用酬金制的，预收的物业服务支出属于代管性质，为所交纳的业主所有，物业管理企业不得将其用于物业服务合同约定以外的支出。

物业管理企业应当向业主大会或者全体业主公布物业服务资金年度预决算并每年不少于一次公布物业服务资金的收支情况。

业主或者业主大会对公布的物业服务资金年度预决算和物业服务资金的收支情况提出质询时，物业管理企业应当及时答复。

第十三条 物业服务收费采取酬金制方式，物业管理企业或者业主大会可以按照物业服务合同约定聘请专业机构对物业服务资金年度预决算和物业服务资金的收支情况进行审计。

第十四条 物业管理企业在物业服务中应当遵守国家的价格法律法规，严格履行物业服务合同，为业主提供质价相符的服务。

第十五条 业主应当按照物业服务合同的约定按时足额交纳物业服务费用或者物业服务资金。业主违反物业服务合同约定逾期不交纳服务费用或者物业服务资金的，业主委员会应当督促其限期交纳；逾期仍不交纳的，物业管理企业可以依法追缴。

业主与物业使用人约定由物业使用人交纳物业服务费用或者物业服务资金的，从其约定，业主负连带交纳责任。

物业发生产权转移时，业主或者物业使用人应当结清物业服务费用或者物业服务资金。

第十六条 纳入物业管理范围的已竣工但尚未出售，或者因开发建设单位原因未按时交给物业买受人的物业，物业服务费用或者物业服务资金由开发建设单位全额交纳。

第十七条 物业管理区域内，供水、供电、供气、供热、通信、有线电视等单位应当向最终用户收取有关费用。物业管理企业接受委托代收上述费用的，可向委托单位收取手续费，不得向业主收取手续费等额外费用。

第十八条 利用物业共用部位、共用设施设备进行经营的，应当在征得相关业主、业主大会、物业管理企业的同意后，按照规定办理有关手续。业主所得收益应当主要用于补充专项维修资金，也可以按照业主大会的决定使用。

第十九条 物业管理企业已接受委托实施物业服务并相应收取服务费用的，其他部门和单位不得重复收取性质和内容相同的费用。

第二十条 物业管理企业根据业主的委托提供物业服务合同约定以外的服务，服务收费由双方约定。

第二十一条 政府价格主管部门会同房地产行政主管部门，应当加强对物业管理企业的服务内容、标准和收费项目、标准的监督。物业管理企业违反价格法律、法规和规定，由政府价格主管部门依据《中华人民共和国价格法》和《价格违法行为行政处罚规定》予以处罚。

第二十二条 各省、自治区、直辖市人民政府价格主管部门、房地产行政主管部门可以依据本办法制定具体实施办法，并报国家发展和改革委员会、建设部备案。

第二十三条 本办法由国家发展和改革委员会会同建设部负责解释。

第二十四条 本办法自2004年1月1日起执行，原国家计委、建设部印发的《城市住宅小区物业管理服务收费暂行办法》（计价费［1996］266号）同时废止。

附录六　住宅专项维修资金管理办法

中华人民共和国建设部令
中华人民共和国财政部
第165号

《住宅专项维修资金管理办法》已经2007年10月30日建设部第142次常务会议讨论通过，经财政部联合签署，现予发布，自2008年2月1日起施行。

建设部部长　汪光焘
财政部部长　谢旭人
二〇〇七年十二月四日

住宅专项维修资金管理办法

第一章　总则

第一条　为了加强对住宅专项维修资金的管理，保障住宅共用部位、共用设施设备的维修和正常使用，维护住宅专项维修资金所有者的合法权益，根据《物权法》、《物业管理条例》等法律、行政法规，制定本办法。

第二条　商品住宅、售后公有住房住宅专项维修资金的交存、使用、管理和监督，适用本办法。

本办法所称住宅专项维修资金，是指专项用于住宅共用部位、共用设施设备保修期满后的维修和更新、改造的资金。

第三条　本办法所称住宅共用部位，是指根据法律、法规和房屋买卖合同，由单幢住宅内业主或者单幢住宅内业主及与之结构相连的非住宅业主共有的部位，一般包括：住宅的基础、承重墙体、柱、梁、楼板、屋顶以及户外的墙面、门厅、楼梯间、走廊通道等。

本办法所称共用设施设备，是指根据法律、法规和房屋买卖合同，由住宅业主或者住宅业主及有关非住宅业主共有的附属设施设备，一般包括电梯、天线、照明、消防设施、绿地、道路、路灯、沟渠、池、井、非经营性车场车库、公益性文体设施和共用设施设备使用的房屋等。

第四条　住宅专项维修资金管理实行专户存储、专款专用、所有权人决策、政府监督的原则。

第五条　国务院建设主管部门会同国务院财政部门负责全国住宅专项维修资金的指导和监督工作。

县级以上地方人民政府建设（房地产）主管部门会同同级财政部门负责本行政区域内住宅专项维修资金的指导和监督工作。

第二章　交存

第六条　下列物业的业主应当按照本办法的规定交存住宅专项维修资金：

（一）住宅，但一个业主所有且与其他物业不具有共用部位、共用设施设备的除外；

（二）住宅小区内的非住宅或者住宅小区外与单幢住宅结构相连的非住宅。

前款所列物业属于出售公有住房的，售房单位应当按照本办法的规定交存住宅专项维修资金。

第七条　商品住宅的业主、非住宅的业主按照所拥有物业的建筑面积交存住宅专项维修资金，每平方米建筑面积交存首期住宅专项维修资金的数额为当地住宅建筑安装工程每平方米造价的5%至8%。

直辖市、市、县人民政府建设（房地产）主管部门应当根据本地区情况，合理确定、公布每平方米建筑面积交存首期住宅专项维修资金的数额，并适时调整。

第八条　出售公有住房的，按照下列规定交存住宅专项维修资金：

（一）业主按照所拥有物业的建筑面积交存住宅专项维修资金，每平方米建筑面积交存首期住宅专项维修资金的数额为当地房改成本价的2%。

（二）售房单位按照多层住宅不低于售房款的20%、高层住宅不低于售房款的30%，从售房款中一次性提取住宅专项维修资金。

第九条　业主交存的住宅专项维修资金属于业主所有。

从公有住房售房款中提取的住宅专项维修资金属于公有住房售房单位所有。

第十条　业主大会成立前，商品住宅业主、非住宅业主交存的住宅专项维修资金，由物业所在地直辖市、市、县人民政府建设（房地产）主管部门代管。

直辖市、市、县人民政府建设（房地产）主管部门应当委托所在地一家商业银行，作为本行政区域内住宅专项维修资金的专户管理银行，并在专户管理银行开立住宅专项维修资金专户。

开立住宅专项维修资金专户，应当以物业管理区域为单位设账，按房屋户门号设分户账；未划定物业管理区域的，以幢为单位设账，按房屋户门号设分户账。

第十一条　业主大会成立前，已售公有住房住宅专项维修资金，由物业所在地直辖市、市、县人民政府财政部门或者建设（房地产）主管部门负责管理。

负责管理公有住房住宅专项维修资金的部门应当委托所在地一家商业银行，作为本行政区域内公有住房住宅专项维修资金的专户管理银行，并在专户管理银行开立公有住房住宅专项维修资金专户。

开立公有住房住宅专项维修资金专户，应当按照售房单位设账，按幢设分账；其中，业主交存的住宅专项维修资金，按房屋户门号设分户账。

第十二条　商品住宅的业主应当在办理房屋入住手续前，将首期住宅专项维修资金存入住宅专项维修资金专户。

已售公有住房的业主应当在办理房屋入住手续前，将首期住宅专项维修资金存入公有住房住宅专项维修资金专户或者交由售房单位存入公有住房住宅专项维修资金专户。

公有住房售房单位应当在收到售房款之日起30日内，将提取的住宅专项维修资金存入公有住房住宅专项维修资金专户。

第十三条 未按本办法规定交存首期住宅专项维修资金的，开发建设单位或者公有住房售房单位不得将房屋交付购买人。

第十四条 专户管理银行、代收住宅专项维修资金的售房单位应当出具由财政部或者省、自治区、直辖市人民政府财政部门统一监制的住宅专项维修资金专用票据。

第十五条 业主大会成立后，应当按照下列规定划转业主交存的住宅专项维修资金：

（一）业主大会应当委托所在地一家商业银行作为本物业管理区域内住宅专项维修资金的专户管理银行，并在专户管理银行开立住宅专项维修资金专户。

开立住宅专项维修资金专户，应当以物业管理区域为单位设账，按房屋户门号设分户账。

（二）业主委员会应当通知所在地直辖市、市、县人民政府建设（房地产）主管部门；涉及已售公有住房的，应当通知负责管理公有住房住宅专项维修资金的部门。

（三）直辖市、市、县人民政府建设（房地产）主管部门或者负责管理公有住房住宅专项维修资金的部门应当在收到通知之日起30日内，通知专户管理银行将该物业管理区域内业主交存的住宅专项维修资金账面余额划转至业主大会开立的住宅专项维修资金账户，并将有关账目等移交业主委员会。

第十六条 住宅专项维修资金划转后的账目管理单位，由业主大会决定。业主大会应当建立住宅专项维修资金管理制度。

业主大会开立的住宅专项维修资金账户，应当接受所在地直辖市、市、县人民政府建设（房地产）主管部门的监督。

第十七条 业主分户账面住宅专项维修资金余额不足首期交存额30%的，应当及时续交。

成立业主大会的，续交方案由业主大会决定。

未成立业主大会的，续交的具体管理办法由直辖市、市、县人民政府建设（房地产）主管部门会同同级财政部门制定。

第三章 使用

第十八条 住宅专项维修资金应当专项用于住宅共用部位、共用设施设备保修期满后的维修和更新、改造，不得挪作他用。

第十九条 住宅专项维修资金的使用，应当遵循方便快捷、公开透明、受益人和负担人相一致的原则。

第二十条 住宅共用部位、共用设施设备的维修和更新、改造费用，按照下列规定分摊：

（一）商品住宅之间或者商品住宅与非住宅之间共用部位、共用设施设备的维修和更新、改造费用，由相关业主按照各自拥有物业建筑面积的比例分摊。

（二）售后公有住房之间共用部位、共用设施设备的维修和更新、改造费用，由相关业主和公有住房售房单位按照所交存住宅专项维修资金的比例分摊；其中，应由业主承担的，再由相关业主按照各自拥有物业建筑面积的比例分摊。

（三）售后公有住房与商品住宅或者非住宅之间共用部位、共用设施设备的维修和更新、改造费用，先按照建筑面积比例分摊到各相关物业。其中，售后公有住房应分摊的费用，再由相关业主和公有住房售房单位按照所交存住宅专项维修资金的比例分摊。

第二十一条 住宅共用部位、共用设施设备维修和更新、改造，涉及尚未售出的商品住宅、非住宅或者公有住房的，开发建设单位或者公有住房单位应当按照尚未售出商品住宅或者公有住房的建筑面积，分摊维修和更新、改造费用。

第二十二条 住宅专项维修资金划转业主大会管理前，需要使用住宅专项维修资金的，按照以下程序办理：

（一）物业服务企业根据维修和更新、改造项目提出使用建议；没有物业服务企业的，由相关业主提出使用建议；

（二）住宅专项维修资金列支范围内专有部分占建筑物总面积三分之二以上的业主且占总人数三分之二以上的业主讨论通过使用建议；

（三）物业服务企业或者相关业主组织实施使用方案；

（四）物业服务企业或者相关业主持有关材料，向所在地直辖市、市、县人民政府建设（房地产）主管部门申请列支；其中，动用公有住房住宅专项维修资金的，向负责管理公有住房住宅专项维修资金的部门申请列支；

（五）直辖市、市、县人民政府建设（房地产）主管部门或者负责管理公有住房住宅专项维修资金的部门审核同意后，向专户管理银行发出划转住宅专项维修资金的通知；

（六）专户管理银行将所需住宅专项维修资金划转至维修单位。

第二十三条 住宅专项维修资金划转业主大会管理后，需要使用住宅专项维修资金的，按照以下程序办理：

（一）物业服务企业提出使用方案，使用方案应当包括拟维修和更新、改造的项目、费用预算、列支范围、发生危及房屋安全等紧急情况以及其他需临时使用住宅专项维修资金的情况的处置办法等；

（二）业主大会依法通过使用方案；

（三）物业服务企业组织实施使用方案；

（四）物业服务企业持有关材料向业主委员会提出列支住宅专项维修资金；其中，动用公有住房住宅专项维修资金的，向负责管理公有住房住宅专项维修资金的部门申请列支；

（五）业主委员会依据使用方案审核同意，并报直辖市、市、县人民政府建设（房地产）主管部门备案；动用公有住房住宅专项维修资金的，经负责管理公有住房住宅专项维修资金的部门审核同意；直辖市、市、县人民政府建设（房地产）主管部门或者负责管理公有住房住宅专项维修资金的部门发现不符合有关法律、法规、规章和使用方案的，应当责令改正；

（六）业主委员会、负责管理公有住房住宅专项维修资金的部门向专户管理银行发出划转住宅专项维修资金的通知；

（七）专户管理银行将所需住宅专项维修资金划转至维修单位。

第二十四条 发生危及房屋安全等紧急情况，需要立即对住宅共用部位、共用设施设备进行维修和更新、改造的，按照以下规定列支住宅专项维修资金：

（一）住宅专项维修资金划转业主大会管理前，按照本办法第二十二条第四项、第五项、第六项的规定办理；

（二）住宅专项维修资金划转业主大会管理后，按照本办法第二十三条第四项、第五项、第六项和第七项的规定办理。

发生前款情况后，未按规定实施维修和更新、改造的，直辖市、市、县人民政府建设（房地产）主管部门可以组织代修，维修费用从相关业主住宅专项维修资金分户账中列支；其中，涉及已售公有住房的，还应当从公有住房住宅专项维修资金中列支。

第二十五条 下列费用不得从住宅专项维修资金中列支：

（一）依法应当由建设单位或者施工单位承担的住宅共用部位、共用设施设备维修、更新和改造费用；

（二）依法应当由相关单位承担的供水、供电、供气、供热、通信、有线电视等管线和设施设备的维修、养护费用；

（三）应当由当事人承担的因人为损坏住宅共用部位、共用设施设备所需的修复费用；

（四）根据物业服务合同约定，应当由物业服务企业承担的住宅共用部位、共用设施设备的维修和养护费用。

第二十六条 在保证住宅专项维修资金正常使用的前提下，可以按照国家有关规定将住宅专项维修资金用于购买国债。

利用住宅专项维修资金购买国债，应当在银行间债券市场或者商业银行柜台市场购买一级市场新发行的国债，并持有到期。

利用业主交存的住宅专项维修资金购买国债的，应当经业主大会同意；未成立业主大会的，应当经专有部分占建筑物总面积三分之二以上的业主且占总人数三分之二以上业主同意。

利用从公有住房售房款中提取的住宅专项维修资金购买国债的，应当根据售房单位的财政隶属关系，报经同级财政部门同意。

禁止利用住宅专项维修资金从事国债回购、委托理财业务或者将购买的国债用于质押、抵押等担保行为。

第二十七条 下列资金应当转入住宅专项维修资金滚存使用：

（一）住宅专项维修资金的存储利息；

（二）利用住宅专项维修资金购买国债的增值收益；

（三）利用住宅共用部位、共用设施设备进行经营的，业主所得收益，但业主大会另有决定的除外；

（四）住宅共用设施设备报废后回收的残值。

第四章 监督管理

第二十八条 房屋所有权转让时，业主应当向受让人说明住宅专项维修资金交存和结余情况并出具有效证明，该房屋分户账中结余的住宅专项维修资金随房屋所有权同时过户。

受让人应当持住宅专项维修资金过户的协议、房屋权属证书、身份证等到专户管理银行办理分户账更名手续。

第二十九条 房屋灭失的，按照以下规定返还住宅专项维修资金：

（一）房屋分户账中结余的住宅专项维修资金返还业主；

（二）售房单位交存的住宅专项维修资金账面余额返还售房单位；售房单位不存在的，按照售房单位财务隶属关系，收缴同级国库。

第三十条 直辖市、市、县人民政府建设（房地产）主管部门，负责管理公有住房住宅专项维修资金的部门及业主委员会，应当每年至少一次与专户管理银行核对住宅专项维修资金账目，并向业主、公有住房售房单位公布下列情况：

（一）住宅专项维修资金交存、使用、增值收益和结存的总额；

（二）发生列支的项目、费用和分摊情况；

（三）业主、公有住房售房单位分户账中住宅专项维修资金交存、使用、增值收益和结存的金额；

（四）其他有关住宅专项维修资金使用和管理的情况。

业主、公有住房售房单位对公布的情况有异议的，可以要求复核。

第三十一条 专户管理银行应当每年至少一次向直辖市、市、县人民政府建设（房地产）主管部门，负责管理公有住房住宅专项维修资金的部门及业主委员会发送住宅专项维修资金对账单。

直辖市、市、县建设（房地产）主管部门，负责管理公有住房住宅专项维修资金的部门及业主委员会对资金账户变化情况有异议的，可以要求专户管理银行进行复核。

专户管理银行应当建立住宅专项维修资金查询制度，接受业主、公有住房售房单位对其分户账中住宅专项维修资金使用、增值收益和账面余额的查询。

第三十二条 住宅专项维修资金的管理和使用，应当依法接受审计部门的审计监督。

第三十三条 住宅专项维修资金的财务管理和会计核算应当执行财政部有关规定。

财政部门应当加强对住宅专项维修资金收支财务管理和会计核算制度执行情况的监督。

第三十四条 住宅专项维修资金专用票据的购领、使用、保存、核销管理，应当按照财政部以及省、自治区、直辖市人民政府财政部门的有关规定执行，并接受财政部门的监督检查。

第五章　法律责任

第三十五条　公有住房售房单位有下列行为之一的，由县级以上地方人民政府财政部门会同同级建设（房地产）主管部门责令限期改正：

（一）未按本办法第八条、第十二条第三款规定交存住宅专项维修资金的；

（二）违反本办法第十三条规定将房屋交付买受人的；

（三）未按本办法第二十一条规定分摊维修、更新和改造费用的。

第三十六条　开发建设单位违反本办法第十三条规定将房屋交付买受人的，由县级以上地方人民政府建设（房地产）主管部门责令限期改正；逾期不改正的，处以3万元以下的罚款。

开发建设单位未按本办法第二十一条规定分摊维修、更新和改造费用的，由县级以上地方人民政府建设（房地产）主管部门责令限期改正；逾期不改正的，处以1万元以下的罚款。

第三十七条　违反本办法规定，挪用住宅专项维修资金的，由县级以上地方人民政府建设（房地产）主管部门追回挪用的住宅专项维修资金，没收违法所得，可以并处挪用金额2倍以下的罚款；构成犯罪的，依法追究直接负责的主管人员和其他直接责任人员的刑事责任。

物业服务企业挪用住宅专项维修资金，情节严重的，除按前款规定予以处罚外，还应由颁发资质证书的部门吊销资质证书。

直辖市、市、县人民政府建设（房地产）主管部门挪用住宅专项维修资金的，由上一级人民政府建设（房地产）主管部门追回挪用的住宅专项维修资金，对直接负责的主管人员和其他直接责任人员依法给予处分；构成犯罪的，依法追究刑事责任。

直辖市、市、县人民政府财政部门挪用住宅专项维修资金的，由上一级人民政府财政部门追回挪用的住宅专项维修资金，对直接负责的主管人员和其他直接责任人员依法给予处分；构成犯罪的，依法追究刑事责任。

第三十八条　直辖市、市、县人民政府建设（房地产）主管部门违反本办法第二十六条规定的，由上一级人民政府建设（房地产）主管部门责令限期改正，对直接负责的主管人员和其他直接责任人员依法给予处分；造成损失的，依法赔偿；构成犯罪的，依法追究刑事责任。

直辖市、市、县人民政府财政部门违反本办法第二十六条规定的，由上一级人民政府财政部门责令限期改正，对直接负责的主管人员和其他直接责任人员依法给予处分；造成损失的，依法赔偿；构成犯罪的，依法追究刑事责任。

业主大会违反本办法第二十六条规定的，由直辖市、市、县人民政府建设（房地产）主管部门责令改正。

第三十九条　对违反住宅专项维修资金专用票据管理规定的行为，按照《财政违法行为处罚处分条例》的有关规定追究法律责任。

第四十条　县级以上人民政府建设（房地产）主管部门、财政部门及其工作人员利用职务上的便利，收受他人财物或者其他好处，不依法履行监督管理职责，或者发现违法行为不予查处的，依法给予处分；构成犯罪的，依法追究刑事责任。

第六章　附则

第四十一条　省、自治区、直辖市人民政府建设（房地产）主管部门会同同级财政部门可以依据本办法，制定实施细则。

第四十二条　本办法实施前，商品住宅、公有住房已经出售但未建立住宅专项维修资金的，应当补建。具体办法由省、自治区、直辖市人民政府建设（房地产）主管部门会同同级财政部门依据本办法制定。

第四十三条　本办法由国务院建设主管部门、财政部门共同解释。

第四十四条　本办法自2008年2月1日起施行，1998年12月16日建设部、财政部发布的《住宅共用部位共用设施设备维修基金管理办法》（建住房〔1998〕213号）同时废止。

附录七　房屋建筑工程质量保修办法

房屋建筑工程质量保修办法

中华人民共和国建设部令

第80号

《房屋建筑工程质量保修办法》已于2000年6月26日经第24次部常务会议讨论通过，现予发布，自发布之日起施行。

部长：俞正声

二〇〇〇年六月三十日

房屋建筑工程质量保修办法

第一条　为保护建设单位、施工单位、房屋建筑所有人和使用人的合法权益，维护公共安全和公众利益，根据《中华人民共和国建筑法》和《建设工程质量管理条例》，制订本办法。

第二条　在中华人民共和国境内新建、扩建、改建各类房屋建筑工程（包括装修工程）的质量保修，适用本办法。

第三条　本办法所称房屋建筑工程质量保修，是指对房屋建筑工程竣工验收后在保修期限内出现的质量缺陷，予以修复。

本办法所称质量缺陷，是指房屋建筑工程的质量不符合工程建设强制性标准以及合同的约定。

第四条　房屋建筑工程在保修范围和保修期限内出现质量缺陷，施工单位应当履行保修义务。

第五条　国务院建设行政主管部门负责全国房屋建筑工程质量保修的监督管理。

县级以上地方人民政府建设行政主管部门负责本行政区域内房屋建筑工程质量保修的监督管理。

第六条　建设单位和施工单位应当在工程质量保修书中约定保修范围、保修期限和保修责任等，双方约定的保修范围、保修期限必须符合国家有关规定。

第七条　在正常使用下，房屋建筑工程的最低保修期限为：

（一）地基基础工程和主体结构工程，为设计文件规定的该工程的合理使用年限；

（二）屋面防水工程、有防水要求的卫生间、房间和外墙面的防渗漏，为5年；

（三）供热与供冷系统，为2个采暖期、供冷期；

（四）电气管线、给排水管道、设备安装为2年；

（五）装修工程为2年。

其他项目的保修期限由建设单位和施工单位约定。

第八条　房屋建筑工程保修期从工程竣工验收合格之日起计算。

第九条 房屋建筑工程在保修期限内出现质量缺陷，建设单位或者房屋建筑所有人应当向施工单位发出保修通知。

施工单位接到保修通知后，应当到现场核查情况，在保修书约定的时间内予以保修。发生涉及结构安全或者严重影响使用功能的紧急抢修事故，施工单位接到保修通知后，应当立即到达现场抢修。

第十条 发生涉及结构安全的质量缺陷，建设单位或者房屋建筑所有人应当立即向当地建设行政主管部门报告，采取安全防范措施；由原设计单位或者具有相应资质等级的设计单位提出保修方案，施工单位实施保修，原工程质量监督机构负责监督。

第十一条 保修完成后，由建设单位或者房屋建筑所有人组织验收。涉及结构安全的，应当报当地建设行政主管部门备案。

第十二条 施工单位不按工程质量保修书约定保修的，建设单位可以另行委托其他单位保修，由原施工单位承担相应责任。

第十三条 保修费用由质量缺陷的责任方承担。

第十四条 在保修期内，因房屋建筑工程质量缺陷造成房屋所有人、使用人或者第三方人身、财产损害的，房屋所有人、使用人或者第三方可以向建设单位提出赔偿要求。建设单位向造成房屋建筑工程质量缺陷的责任方追偿。

第十五条 因保修不及时造成新的人身、财产损害，由造成拖延的责任方承担赔偿责任。

第十六条 房地产开发企业售出的商品房保修，还应当执行《城市房地产开发经营管理条例》和其他有关规定。

第十七条 下列情况不属于本办法规定的保修范围：

（一）因使用不当或者第三方造成的质量缺陷；

（二）不可抗力造成的质量缺陷。

第十八条 施工单位有下列行为之一的，由建设行政主管部门责令改正，并处1万元以上3万元以下的罚款。

（一）工程竣工验收后，不向建设单位出具质量保修书的；

（二）质量保修的内容、期限违反本办法规定的。

第十九条 施工单位不履行保修义务或者拖延履行保修义务的，由建设行政主管部门责令改正，处10万元以上20万元以下的罚款。

第二十条 军事建设工程的管理，按照中央军事委员会的有关规定执行。

第二十一条 本办法由国务院建设行政主管部门负责解释。

第二十二条 本办法自发布之日起施行。

附录八 房屋接管验收标准

房屋接管验收标准

1991 年 2 月 4 日建设部以建标（91）69 号文发布了 ZBP30001－90《房屋接管验收标准》，并于 1991 年 7 月 1 日起实施。《标准》全文如下：

1 主题内容与适用范围

1.1 为确保房屋住用的安全和正常的使用功能。明确在房屋接管验收中交接双方应遵守的事项，特制定本标准。

1.2 凡按规定交房管部门接管的房屋，应按本标准执行；依法代管，依约托管和单位自有房屋的接管，可参照本标准执行。

1.3 本标准主要适用于一般民用建筑的接管验收，工业建筑、大型公共建筑、文物保护建筑及某些有特殊设备和使用要求的建筑的接管验收可参照使用。

2 引用标准

GBJ7 建筑地基基础设计规范

GBJ10 钢筋混凝土结构设计规范

GBJ11 建筑抗震设计规范

GBJ14 室外排水设计规范

GBJ16 建筑设计防火规范

GBJ45 高层民用建筑设计防火规范

GBJ206 木结构工程施工及验收规范

GBJ207 屋面工程施工及验收规范

GBJ232 电气装置安装工程施工及验收规范

GBJ242 采暖与卫生工程施工及验收规范 GJ13 危险房屋鉴定标准

3 术语和定义

3.1 本标准提及的“接管验收”，主要是指地方政府设置的房屋管理部门（以下简称“房管部门”）接管建设单位移交的新建房屋和实行产权转移的原有房屋进行的验收。

3.2 本标准提及的“凡按规定交房管部门接管的房屋”，主要是指中央或地方政府投资建造并决定由房管部门直接管理的房屋。市、县政府用收取的住宅建设配套费建造的房屋。征（拨）地拆迁安置中按规定把产权划归政府的房屋。人民法院依法判决没收并通知接管的房屋，以及其他应由政府接收并决定交房管部门接管的房屋。

3.3 新建房屋

建成后未经确认产权的房屋。

3.4　原有房屋

已取得房屋所有权证，并已投入使用的房屋。

4　新建房屋的接管验收

4.1　新建房屋的接管验收，是在竣工验收合格的基础上，以主体结构安全和满足使用功能为主要内容的再检验。

4.2　接管验收应具备的条件：

a. 建设工程全部施工完毕，并业经竣工验收合格；

b. 供电、采暖、给排水、卫生、道路等设备和设施能正常使用；

c. 房屋幢、户编号业经有关部门确认。

4.3　接管验收应检索提交的资料

4.3.1　产权资料：

a. 项目批准文件；

b. 用地批准文件；

c. 建筑执照；

d. 拆迁安置资料。

4.3.2　技术资料：

a. 竣工图－包括总平面、建筑、结构、设备、附属工程及隐蔽管线的全套图纸；

b. 地质勘察报告；

c. 工程合同及开、竣工报告；

d. 工程预决算；

e. 图纸会审记录；

f. 工程设计变更通知及技术核定单（包括质量事故处理记录）；

g. 隐蔽工程验收签证；

h. 沉降观察记录；

i. 竣工验收证明书；

j. 钢材、水泥等主要材料的质量保证书；

k. 新材料、构配件的鉴定合格证书；

l. 水、电、采暖、卫生器具、电梯等设备的检验合格证书；

m. 砂浆、混凝土试块试压报告；

n. 供水、供暖的试压报告。

4.4　接管验收程序

4.4.1　建设单位书面提请接管单位接管验收。

4.4.2　接管单位按“4.2”和“4.3”条进行审核，对具备条件的，应在15日内签发验收通知并约定验收时间。

4.4.3　接管单位会同建设单位按“4.5”条进行检验。

4.4.4　对验收中发现的质量问题，按4.6.1和4.6.2条处理。

4.4.5　经检验符合要求的房屋，接管单位应签署验收合格凭证，签发接管文件。

4.5 质量与使用功能的检验

4.5.1 主体结构

4.5.1.1 地基基础的沉降不得超过GBJ7的允许变形值；不得引起上部结构的开裂或相邻房屋的损坏。

4.5.1.2 钢筋混凝土构件产生变形、裂缝，不得超过GBJ10的规定值。

4.5.1.3 砖石结构必须有足够的强度和刚度。不允许有明显裂缝。

4.5.1.4 木结构应结点牢固、支撑系统可靠，无蚁害，其构件的选材必须符合GBJ206中2.1.1条的有关规定。

4.5.1.5 凡应抗震设防的房屋，必须符合GBJ11的有关规定。

4.5.2 外墙不得渗水

4.5.3 屋面

4.5.3.1 各类屋面必须符合GBJ207中4.0.6条的规定，排水畅通，无积水、不渗漏。

4.5.3.2 平屋面应有隔热保温措施，三层以上房屋在公用部位应设置屋面检修孔。

4.5.3.3 阳台和三层以上房屋的屋面应有组织排水、出水口，檐沟、落水管应安装牢固、接口严密，不渗漏。

4.5.4 楼地面

4.5.4.1 面层与基层必须粘结牢固，不空鼓、整体面层平整、不允许有裂缝、脱皮和起砂等缺陷；块料面层应表面平正，接缝均匀顺直，无缺棱掉角。

4.5.4.2 卫生间、阳台、盥洗间地面与相邻地面的相对标高应符合设计要求，不应有积水，不允许倒泛水和渗漏。

4.5.4.3 木楼地面应平整牢固，接缝密合。

4.5.5 装修

4.5.5.1 钢木门窗应安装平正牢固，无翘曲变形，开关灵活，零配件装配齐全，位置准确，钢门窗缝隙严密，木门窗缝隙适度。

4.5.5.2 进户门不得使用胶合板制作，门锁应安装牢固，底层外窗、楼层公共走道窗，进户门上的亮子均应装设铁栅栏。

4.5.5.3 木装修工程应表面光洁，线条顺直，对缝严密，不露钉帽，与基层必须钉牢。

4.5.5.4 门窗玻璃应安装平整，油灰饱满，粘贴牢固。

4.5.5.5 抹灰应表面平整，不应有空鼓、裂缝和起泡等缺陷。

4.5.5.6 饰面砖应表面洁净，粘贴牢固，阴阳角与线脚顺直，无缺棱掉角。

4.5.5.7 油漆、刷浆应色泽一致，表面不应有脱皮、漏刷现象。

4.5.6 电气

4.5.6.1 电气线路安装应平整、牢固、顺直，过墙应有导管，导线连接必须紧密，铝导线连接不得采用铰接或绑接，采用管子配线时，连接点必须紧密、可靠，使管路在结构上和电气上均连成整体并有可靠的接地。每回路导线间和对地绝缘电阻值不得小于1MΩ/KV。

4.5.6.2 应按套安装电表或预留表位，并有电器接地装置。

4.5.6.3 照明器具等低压电器安装支架必须牢固，部件齐全，接触良好，位置正确。

4.5.6.4 各种避雷装置的所有连接点必须牢固可靠，接地电阻值必须符合GBJ232的要求。

4.5.6.5 电梯应能准确地启动运行、选层、平层、停层曳引机的噪声和震动声不得超过GBJ232的规定值。制动器、限速器及其他安全设备应动作灵敏可靠。安装的隐蔽工程、试运转记录、性能检测记录及完整的图纸资料均应符合要求。

4.5.6.6 对电视信号有屏蔽影响的住宅，电视信号场强微弱或被高层建筑遮挡及反射波复杂地区的住宅，应设置电视共用天线。

4.5.6.7 除上述要求外，同时应符合地区性“低压电气装置规程”的有关要求。

4.5.7 水卫消防

4.5.7.1 管道应安装牢固，控制部件启闭灵活，无滴漏。水压试验及保温、防腐措施必须符合GBJ242的要求，应按套安装水表或预留表位。

4.5.7.2 高位水箱进水管与水箱检查口的设置应便于检修。

4.5.7.3 卫生间、厨房内的排污管应分设，出户管长不宜超过8m，并不应使用陶瓷管、塑料管。地漏、排污管接口、检查口不得渗漏，管道排水必须流畅。

4.5.7.4 卫生器具质量良好，接口不得渗漏，安装应平正、牢固，部件齐全、制动灵活。

4.5.7.5 水泵安装应平稳、运行时无较大震动。

4.5.7.6 消防设施必须符合GBJ16、GBJ45的要求，并且有消防部门检验合格签证。

4.5.8 采暖

4.5.8.1 采暖工程的验收时间必须在采暖期以前两个月进行。

4.5.8.2 锅炉、箱罐等压力容器应安装平正、配件齐全、不得有变形、裂纹、磨损、腐蚀等缺陷。安装完毕后，必须有专业部门的检验合格签证。

4.5.8.3 炉排必须进行经12h以上试运转。炉排之间、炉排与的炉铁之间不得互相摩擦，且无杂音，不跑偏、不凸起，不受卡，返转应自如。

4.5.8.4 各种仪器、仪表应齐全精确，安全装置必须灵敏，可靠，控制阀门应开关灵活。

4.5.8.5 炉门、灰门、煤斗闸板、烟、风挡板应安装平正、启闭灵活，闭合严密，风室隔墙不得透风漏气。

4.5.8.6 管道的管径、坡度及检查井必须符合GBJ242的要求。管沟大小及管道排列应便于维修，管架、支架、吊架应牢固。

4.5.8.7 设备、管道不应有跑、冒、滴、漏现象。保温、防腐措施必须符合GBJ242的规定。

4.5.8.8 锅炉辅机应运转正常，无杂音。消烟除尘，消音减振设备应齐全。水质、烟尘排放浓度应符合环保要求。

4.5.8.9 经过48h连续试运行，锅炉和附属设备的热工，机械性能及采暖区室温必须符合设计要求。

4.5.9 附属工程及其他

4.5.9.1 室外排水系统的标高、窨井（检查井）设置，管道坡度、管径均必须符合GBJ14第二章第2.3.4节的要求。管道应顺直且排水通畅。井盖应搁置稳妥并设置井圈。

4.5.9.2 化粪池应按排污量合理设置，池内无垃圾杂物，进出水口高差不得小于5cm。立管与粪池间的连接管道应有足够坡度，并不应超过两个弯。

4.5.9.3 明沟、散水、落水沟头不得有断裂、积水现象。

4.5.9.4 房屋和入口处必须做室外道路，并与主干道相通，路面不应有积水、空鼓和断裂现象。

4.5.9.5 房屋应按单元设置信报箱，其规格、位置须符合有关规定。

4.5.9.6 挂物钩、晒衣架应安装牢固。烟道、通风道、垃圾道应畅通，无阻塞物。

4.5.9.7 单体工程必须做到工完料净场地清、临时设施及过渡用房拆除清理完毕、室外地面平整、室内外高差符合设计要求。

4.5.9.8 群体建筑应检验相应的市政、公建配套工程和服务设施，达到应有的质量和使用功能要求。

4.6 质量问题的处理

4.6.1 影响房屋结构安全和设备使用安全的质量问题，必须约定期限由建设单位负责进行加固补强返修、直至合格。

影响相邻房屋的安全问题，由建设单位负责处理。

4.6.2 对于不影响房屋结构安全和设备使用安全的质量问题。可约定期限由建设单位负责维修，也可采取费用补偿的办法，由接管单位处理。

5 原有房屋的接管验收

5.1 接管验收应具备的条件

a. 房屋所有权、使用权清楚；

b. 土地使用范围明确。

5.2 接管验收应检索提交的资料

5.2.1 产权资料：

a. 房屋所有权证；

b. 土地使用证；

c. 有关司法、公证文书和协议；

d. 房屋分户使用清册；

e. 房屋设备及定、附着物清册。

5.2.2 技术资料：

a. 房地产平面图；

b. 房屋分间平面图；

c. 房屋及设备技术资料。

5.3 接管验收程序

5.3.1 移交人书面提请接管单位接管验收。

5.3.2 接管单位按5.1和5.2条进行审核。对具备条件的，应在15日内签发验收通知并约定验收时间。

5.3.3 接管单位会同移交人按5.4条进行检验。

5.3.4 对检验中发现的危损问题，按5.5条处理。

5.3.5 交接双方共同清点房屋、装修、设备和定、附着物，核实房屋使用状况。

5.3.6 经检验符合要求的房屋，接管单位应签署验收合格凭证，签发接管文件、办理房屋所有权转移登记。

5.3.7 移交人配合接管单位按接管单位的规定与房屋使用人重新建立租赁关系。

5.4 质量与使用功能的检验

5.4.1 以CJ13—86和国家有关规定作检验依据。

5.4.2 从外观检查建筑物整体的变异状态。

5.4.3 检查房屋结构、装修和设备的完好与损坏程度。

5.4.4 查验房屋使用情况（包括建筑年代、用途变迁、拆改添建、装修和设备情况）。评估房屋现有价值，建立资料档案。

5.5 危险和损坏问题的处理

5.5.1 属有危险的房屋，应由移交人负责排险解危后，始得接管。

5.5.2 属有损坏的房屋，由移交人和接管单位协商解决，既可约定期限由移交人负责维修，也可采用其他补偿形式。

5.5.3 属法院判决没收并通知接管的房屋，按法院判决办理。

6 交接双方的责任

6.1 为尽快发挥投资效益，建设单位应按4.2和4.3条的要求提前做好房屋交验准备。房屋竣工后，及时提出接管验收申请，接管单位应在15日内审核完毕、及时签发验收通知并约定时间验收。经检验符合要求。接管单位应在7日内签署验收合格凭证，并应及时签发接管文件，未经接管的新建房屋一律不得分配使用。

6.2 接管验收时，交接双方均应严格按照本标准执行。验收不合格时，双方协议处理办法，并商定时间复验，建设单位应按约返修合格，组织复验。

6.3 房屋接管交付使用后，如发生隐蔽性的重大质量事故，应由接管单位会同建设单位组织设计、施工等单位，共同分析研究，查明原因，如属设计、施工、材料的原因应由建设单位负责处理，如属使用不当，管理不善的原因，则应由接管单位负责处理。

6.4 新建房屋自验收接管之日起，应执行建筑工程保修的有关规定由建设单位负责保修，并应向接管单位预付保修保证金。接管单位在需要时用于代修、保修期满，按实结算，也可以在验收接管时，双方达成协议，建设单位一次性拨付保修费用，由接管单位负责保修，保修保证金和保修费的标准由各地自定。

6.5 新建房屋一经接管，建设单位应负责在三个月内组织办理承租手续，逾期不办，应承担因房屋空置而产生的经济损失和事故责任。

6.6 执行本标准有争议而又不能协商解决时，双方均得申请市、县房地产管理机关进行协调或裁决。

主要参考文献

1. 中华人民共和国. 物权法（摘录第六章、第七章）. 北京：2007
2. 中华人民共和国国务院. 物业管理条例. 北京：2007
3. 中华人民共和国建设部. 住宅室内装饰装修管理办法. 北京：2002
4. 中华人民共和国建设部. 城市异产毗连房屋管理规定. 北京：1989
5. 中华人民共和国发改委. 物业服务收费管理办法. 北京：2003
6. 中华人民共和国建设部，财政部. 住宅专项维修资金管理办法. 北京：2007
7. 中华人民共和国建设部. 房屋建筑工程质量保修办法. 北京：2000
8. 中华人民共和国建设部. 房屋接管验收标准. 北京：1991
9. 中国物业管理协会. 物业管理务实. 北京：中国建筑工业出版社，2006
10. 王荷著. 物业管理经营之道. 北京：机械工业出版社，2006
11. 郭红光主编. 物业经理日智. 北京：机械工业出版社，2006
12. 国家职业资格培训教程物业管理师. 北京：中中央广播大学出版社，2004
13. 刘俊主编. 物业人员实操培训. 北京：电子工业出版社，2006
14. 谢凯主编. 小区物业管理（第四版）. 广州：广东人民出版社，2002
15. 魏晓安，张晓华主编. 物业设备管理. 武汉：华中科技大学出版社，2006
16. 戴文龙编著. 现代企业管理全书. 广州：广东经济出版社，2008